한국산업인력공단 시행

2023

손해평가사 1차

「상법」 보험편 및 농어업재해보험법령

편저 사마자격증수험서연구원

자격증series ; 사마만의 證시리즈
證; [증거 증],
밝히다. 깨닫다
최고의 실력을 證명하다.

證

- 농업재해보험 손해평가요령 포함
- 2단편집으로 문제를 바로 체크!
- 단원별 핵심문제
- 기출문제 분석과 반영

사마출판
booksama.com

차 례

손해평가사 소개 / 4

제1편 I 「상법」보험편

제1장   보험법 통칙
01. 보험의 개념 / 9
02. 보험법의 법원 / 12
03. 보험계약의 관계자 / 15
04. 보험계약의 요소 / 20
05. 보험계약의 체결 / 26
06. 보험계약의 효과 / 30
07. 보험자의 면책사유 / 49
08. 타인을 위한 보험 / 51

제2장   손해보험
01. 손해보험의 총설 / 57
02. 손해보험의 요소 / 61
03. 손해보험의 효과 / 71
04. 보험목적의 양도 / 79
05. 손해보험 계약의 변경·소멸 / 81

제3장   각종 손해보험
01. 화재보험 / 83
02. 책임보험 / 86
03. 재보험 / 92
04. 보증보험 / 93
제1편 핵심문제 / 95

 제 2편 | 농어업재해보험법령 및 농업재해보험 손해평가요령

제1장 농어업재해보험법
01. 총칙 / 135
02. 재해보험사업 / 138
03. 재보험사업 및 농어업재해재보험기금 / 153
04. 보험사업의 관리 / 156
05. 벌칙 / 159
제2장 농업재해보험 손해평가요령
01. 농업재해보험 손해평가요령 / 163
제2편 핵심문제 / 185

 부록 | 기출문제

제1회 기출문제 / 209
제2회 기출문제 / 232
제3회 기출문제 / 255
제4회 기출문제 / 283
제5회 기출문제 / 311
제6회 기출문제 / 344
제7회 기출문제 / 373
제8회 기출문제 / 402

손해평가사 소개

손해평가사

공정하고 객관적인 손해액산정과 보험금지급을 위하여 농작물의 농업재해로 인한 손해에 대해 보험관련 법규와 약관을 근거로 전문적인 능력과 지식을 활용하여 보험사고의 조사/평가하는 일을 수행

※ 근거법령 : 농어업재해보험법

손해평가사 수행직무

❶ 피해사실의 확인

❷ 보험가액 및 손해액의 평가

❸ 그 밖의 손해평가에 필요한 사항

손해평가사 응시자격·시험과목·합격자결정기준

❶ 응시자격 : 제한없음

❷ 제1차 시험은 선택형 필기시험으로 각 과목 100점 만점으로 각 과목 40점 이상의 점수를 취득한 자 중 평균점수가 60점 이상인 자를 합격자로 한다.

시험구분	시 험 과 목	문항수	합격자 결정기준
1차 시험 (4지택일형)	1. 『상법』보험편 2. 농어업재해보험법령(「농어업재해보험법」,「농어업재해보험법 시행령」및 농림축산식품부장관이 고시하는 손해평가 요령을 말한다.) 3. 농학개론 중 재배학 및 원예작물학	75문항 (과목당 25문항 /90분)	과목별 100점 만점에 40점 이상 취득한 자 중 평균점수가 60점 이상인자

❸ 제2차 시험은 제1차 선택형 필기시험에 합격한 자를 대상으로 농산물 품질관리사 직무수행에 필요한 실무를 시험과목으로 하여 100점 만점에 60점 이상인 자를 합격자로 한다. 이 경우 제2차 시험에 합격하지 못한 자에 대하여는 다음 회에 실시하는 시험에 한하여 제1차 선택형 필기시험을 면제한다.

시험구분	시험과목	문항수	합격자 결정기준
2차 시험 (서술형)	1. 농작물재해보험 및 가축재해보험의 이론과 실무 2. 농작물재해보험 및 가축재해보험 손해평가 이론과 실무	과목별 10문항 (단답형 5문항, 서술형 5문항 /120분)	과목별 100점 만점에 40점 이상 취득한 자 중 평균점수가 60점 이상인자

제1편 「상법」보험편

MEMO

손해평가사 대비

제1장 | 보험법 통칙

01 보험의 개념

① 보험의 개요

(1) 의의

보험이란 동일한 우발적 사고 발생의 위험에 처하고 있는 많은 사람이 보험단체를 구성하고 보험료의 형식으로 미리 금전을 내어서 공통준비재산을 형성하고, 단체의 구성원 중에 우발적 사고가 발생하였을 때에 그것으로부터 보험금의 급여를 받아 경제적 불안에서 구제를 받을 수 있는 제도이다.

제638조(보험계약의 의의) 보험계약은 당사자 일방이 약정한 보험료를 지급하고 재산 또는 생명이나 신체에 불확정한 사고가 발생할 경우에 상대방이 일정한 보험금이나 그 밖의 급여를 지급할 것을 약정함으로써 효력이 생긴다.

(2) 보험의 목적

보험제도는 적극적으로 사고 발생을 방지하고자 하는 것이 아니라, 소극적으로 사고 발생으로 인한 경제적 수요를 충족시키는 것을 목적으로 한다.

(3) 보험가입 대상이 되는 위험의 성질

   1) 다수의 동질적 위험
   2) 우연한 사고의 발생
   3) 명확하고 측정가능한 위험
   4) 보험사가 감당할만한 크기의 손실

② 보험의 종류

(1) 물건보험과 인보험(보험사고의 대상에 따른 분류)

보험사고가 보험자의 물건 즉 재화에 대한 사고로 인한 손해를 보상하는 것이 물건보험이고, 보험사고가 사람의 생명·신체의 사고로 인한 손해를 보상하는 것이 인보험이다.

(2) 정액보험과 비정액보험(보험금 지급방법에 따른 분류)

정액보험은 미리 정한 액수를 지급하지만 비정액보험이란 보험사고에 의한 실제손해액을 보험금으로 지급한다.

(3) 상법의 분류

1) 손해보험 : 화재보험, 운송보험, 해상보험, 책임보험, 자동차보험
2) 인보험 : 생명보험, 상해보험

③ 보험법의 이념

(1) 윤리·선의성

보험계약은 위험을 전제로 이루어지는 사행계약이다. 그러나 보험계약이 투기 또는 도박 등의 목적으로 악용될 때 및 사기적 이익을 목적으로 할 때에는 도덕적 위험이 생길 수 있다.

(2) 단체·기술성

보험은 동질적 위험에 노출된 다수인이 각 개인생활의 위험을 분배하고 평균화함으로써 위험에 대비하고자 하는 단체성을 가지며, 위험단체를 기초로 하여 대수의 법칙에 따라 위험을 효율적으로 분배하는 기술성을 가진다.

* 대수의 법칙
  관찰 대상의 수를 늘려갈수록 개개의 단위가 가지고 있는 고유의 요인은 중화되고 그 집단에 내재된 본질적인 경향성이 나타나게 되는 현상을 가리킨다. 이러한 경향성은 관찰의 기간을 늘릴수록 안전도가 높아지면서 하나의 법칙성에 도달하게 된

6회 기출문제

보험계약의 의의와 성립에 관한 설명으로 옳지 않은 것은?

① 보험계약의 성립은 특별한 요식행위를 요하지 않는다.
② 보험계약의 사행계약성으로 인하여 상법은 도덕적 위험을 방지하고자 하는 다수의 규정을 두고 있다.
③ 보험자가 상법에서 정한 낙부통지기간 내에 통지를 해태한 때에는 청약을 거절한 것으로 본다.
④ 보험계약은 쌍무·유상계약이다.

▶ ③

다. 대수의 법칙은 보험료 계산원리 중 하나로 이용된다. 즉 인간의 수명이나 각 연령별 사망률을 장기간에 걸쳐 많은 모집단에서 구하고 이것을 기초로 보험 금액과 보험료율 등을 산정한다.

(3) 공공·사회성

보험계약은 계약당사자 간의 개인적 이해관계만을 조정하기 위한 것이 아니라 일반 대중의 이해와 관련된다. 다수인이 동종·동질의 보험계약에 의하여 공동재산을 구성하고 우연한 사고에 의한 경제상의 수요충족을 구함에 있어 공공성과 사회성을 가진다. 이에 상법상 보험자의 자격을 제한하거나 보통약관에 대한 행정상의 감독 및 특약에 의한 보험계약자의 이익을 침해하지 못하도록 하고 있다.

(4) 상대적 강행법성

1) 불이익변경금지의 원칙

보험편의 규정을 당사자 간의 특약으로 보험계약자 측에 불리하게 변경하지 못하지만 보험자에게 불리하게 변경하는 것은 가능하다.

> **제663조(보험계약자 등의 불이익변경금지)**
> 이 편의 규정은 당사자 간의 특약으로 보험계약자 또는 피보험자나 보험수익자의 불이익으로 변경하지 못한다. 그러나 재보험 및 해상보험 기타 이와 유사한 보험의 경우에는 그러하지 아니하다.

* 편면적 강행규정

보험약관에서, 상법상 「불이익변경금지의 원칙」은 상대적 강행규정으로서 이에 위반하는 약관조항은 비록 주무관청의 인가를 받은 경우에도 무효가 되어 그 효력이 없게 된다. 이는 보험에 관한 전문지식이 상대적으로 부족한 보험가입자를 두텁게 보호하기 위한 규정으로서, 편면적·상대적 강행규정의 성격을 갖게 되는 것이다.

약관상의 상대적 강행규정의 예를 들면, 보험회사가 약관의 교부 및 설명의무를 위반한 때에는 보험계약자는 보험계약이 성립한 날로 부터 3개월 내에 보험계약을 취소할 수 있는데(상법제638-3조), 이와 같은 규정은 보험계약자를 보호하기 위한 상대적 강행규정 이다.

2) 작성자불이익의 원칙

고객보호라는 측면에서 약관 내용이 명백하지 못하거나 의심스러운 때에는 고객에게 유리하게, 즉 약관 작성자에게 불리하게 제한적으로 해석한다는 원칙이다.

02 보험법의 법원

❶ 보통보험약관

(1) 개념

보통보험약관(普通保險約款)이란 보험자가 다수의 계약을 위하여 미리 작성한 보험 계약의 내용을 이루는 일반적·정형적인 계약조항이다. 보통보험약관은 표준적·일반적인 계약조항이므로 보통 보험계약만으로는 불충분하며 다시 상세한 약정을 하는 경우가 있다. 이것을 특별보험약관 또는 부가약관이라고 한다.

(2) 구속력의 근거

보통보험약관이 계약당사자에 대하여 구속력을 갖는 것은 그 자체가 법규범 또는 법 규범적인 성질을 가진 약속이기 때문이 아니라 보험계약 당사자 사이에서 그 약관을 약속내용에 포함시키기로 '합의'하였기 때문이다.(의사설)

> **대법원 판례 (1985 · 11 · 26 · 선고 84다카2543)**
>
> 보통보험약관이 계약 당사자에 대하여 구속력을 갖는 것은 그 자체가 법규범 또는 법 규범적 성질을 가진 계약이기 때문이 아니라 보험계약당사자 사이에서 계약내용에 포함시키기로 합의하였기 때문이라고 볼 것인바, 일반적으로 당사자 사이에서 보통 보험약관을 계약내용에 포함시킨 보험계약서가 작성된 경우에는 계약자가 그 보험약관의 내용을 알지 못하는 경우에도 그 약관의 구속력을 배제할 수 없는 것이 원칙이나 다만 당사자 사이에서 명시적으로 약관에 관하여 달리 약정한 경우에는 위 약관의 구속력은 배제된다.

(3) 구속력의 한계

약관의 구속력은 계약자가 그 계약내용을 알지 못하더라도 배제할 수 없으나, 당사자가 명시적으로 약관의 내용과 달리 약정한 경우에는 배제된다.

② 보험약관 교부·설명의무

(1) 의의

보험 약관의 교부 및 설명 의무란 보험계약을 체결할 때 보험회사가 청약자에게 보험 약관을 교부하고 그 약관의 중요한 내용을 알려야 하는 의무를 말한다.

종래에는 보험계약자들이 보험계약을 체결하면서 보험 계약의 내용이 되는 보험약관을 제대로 알지 못하고 보험자가 일방적으로 작성한 청약서에 의하여 청약하는 경우가 대부분이었다. 그래서 보험 사고시 보험계약자가 전혀 몰랐던 약관 내용을 보험회사가 적용하려고 들어 예측하지 못했던 불이익을 받는 경우가 많았음을 고려하여 1991년 상법 개정시 신설된 규정이다. 즉 보험계약을 체결할 때 향후 보험 계약자나 보험회사를 구속하게 될 내용을 미리 알고 나서 보험에 가입하라는 취지이다.

> **상법 제638조의3(보험약관의 교부. 설명 의무)**
>
> ① 보험자는 보험계약을 체결할 때에 보험계약자에게 보험약관을 교부하고 그 약관의 중요한 내용을 설명하여야 한다.
> ② 보험자가 제1항을 위반한 경우 보험계약자는 보험계약이 성립한 날부터 3개월 이내에 그 계약을 취소할 수 있다. (편면적 강행규정)

(2) 보험약관의 교부·설명 의무자

보험자, 보험모집인, 보험대리상, 보험중개인

(3) 교부·설명의 대상에 해당하는 중요사항

1) 설명해야 되는 중요한 내용
    ① 보험료와 그 지급방법

② 보험금액
③ 보험기간(특히 보험자의 책임개시를 정한 경우 그 시기)
④ 보험사고의 내용
⑤ 보험계약의 해지사유 또는 보험자의 면책사유 등
* 설명의무의 대상인지 여부에 대한 입증책임은 보험자에게 있다.
* 설명의무의 이행 여부가 보험계약의 체결 여부에 영향을 미치는 경우
* 보험자가 서면으로 질문한 사항은 중요한 사항으로 추정

2) 설명을 요하지 않는 사항
① 가입자가 잘 알고 있는 사항
② 거래상 널리 알려진 사항
③ 법령이 정한 사항 등
* 설명의무의 이행 여부가 보험계약의 체결 여부에 영향을 미치지 않는 경우

(4) 시기
보험계약의 체결당시

(5) 위반의 효과

1) 계약의 취소
보험자가 교부·설명의무를 위반한 경우 보험계약자는 보험계약이 성립한 날부터 3개월 이내에 그 계약을 취소할 수 있다.

2) 약관규제법과의 관계
보험계약자가 3개월 이내에 계약의 취소권을 행사하지 않았다고 하여 그 약관 조항의 작용을 추인 또는 승인한 것으로 볼 수 없다.(판례)

3) 설명을 잘못한 경우
① 개별약정우선의 원칙
약관에서 정하고 있는 사항에 관하여 당사자와 고객이 약관의 내용과 다르게 합의한 때에는 그 합의가 약관에 우선한다.
② 판례
보험모집인이 약관 내용과 다른 설명을 하여 보험계약이

2회 기출문제

보험약관의 중요한 내용에 대한 보험자의 설명의무가 발생하지 않는 경우를 모두 고른 것은? (다툼이 있으면 판례에 따름)

ㄱ. 설명의무의 이행 여부가 보험계약의 체결 여부에 영향을 미치지 않는 경우
ㄴ. 보험약관에 정하여진 사항이 거래상 일반적이고 공통된 것이어서 보험계약자가 별도의 설명 없이도 충분히 예상할 수 있었던 사항인 경우
ㄷ. 보험계약자의 대리인이 그 약관의 내용을 충분히 잘 알고 있는 경우

① ㄷ
② ㄱ, ㄴ
③ ㄴ, ㄷ
④ ㄱ, ㄴ, ㄷ

 ④

체결된 경우에도 보험자는 그 잘못된 설명에 따라 보험계약자에게 책임을 져야 한다.

4) 고지의무 위반과의 관계

보험자 측에서 약관의 설명의무에 위반하여 고지의무에 관한 사항이 계약내용으로 되지 아니하는 경우에는 보험사가 계약을 해지할 수 없다.(판례)

03 보험계약의 관계자

① 보험계약의 성격

(1) 보험계약의 상법상의 정의

제638조(보험계약의 의의) 보험계약은 당사자 일방이 약정한 보험료를 지급하고 재산 또는 생명이나 신체에 불확정한 사고가 발생할 경우에 상대방이 일정한 보험금이나 그 밖의 급여를 지급할 것을 약정함으로써 효력이 생긴다.

(2) 보험계약의 성질

1) 유상·쌍무계약

보험계약은 보험사고의 발생을 전제로 보험계약자의 보험료 지급에 대하여 보험자는 일정한 보험금액, 기타 급여를 지급할 것을 약정하는 유상계약이다. 또한 보험계약자의 보험료 지급채무와 보험자의 위험부담채무가 보험계약과 동시에 채무로서 이행되어야 하는 대가관계가 성립하는 쌍무계약이다.

2) 불요식·낙성계약

어음행위와 같이 계약 체결에 일정한 형식을 필요로 하는 계약을 요식계약이라 하고, 계약 자유의 원칙에 따라 아무런 형식을 요하지 않는 계약을 불요식계약이라고 한다. 보험계약은 그 의사표시와 더불어 특별한 방식을 요하지 않는 불요식계약이며, 보험계약을 체결함에 있어 청약과 승낙이라는 당사자 쌍방의 의사합치만으로 성립하고 특별한 급여를 요하지 않으므로 낙성계약이다.

* 당사자의 합의 이외에 급여를 하여야만 성립하는 계약을 요물계약이라 한다.
* 보험료 지급은 특별한 급여인가?
상법상 보험자의 책임은 당사자 간에 다른 약정이 없으면 최초의 보험료를 지급받을 때부터 개시한다(상법 제656조)라고 되어 있는데, 이는 보험기간의 시기에 관한 것일 뿐 보험계약의 효력발생요건을 말하는 것이 아니다. 또한 보험 청약서를 제출하거나 보험증권을 교부하는 것도 법률상 요건이 아니다.

3) 상행위성

보험의 인수는 영업을 통하여 해야 한다는 점에서 보험계약 행위는 상행위이다.

4) 사행계약성

보험계약은 계약당사자가 이행하여야 할 급여의무나 급여내용의 전부 또는 일부가 우발적 사고나 불확실성에 의존하는 사행계약이다. 우연한 또는 우발적 사고의 종류는 계약상 확정되지만 그 보험사고의 발생은 불확정하여야 한다. 불확실성은 보험사고의 발생여부, 시기, 방법 중 어느 하나가 불확정하면 되고 더 나아가 그 불확정성은 당사자의 주관적 관점에서 불확정하면 계약이 성립한다.

5) 계속계약성

보험계약은 보험계약자의 보험료 지급의무와 보험금 지급의무가 일정기간동안 계속하여 존재한다.

6) 부합계약성

부합계약이란 계약의 형식은 취하고 있으나, 내용(보통약관)은 미리 당사자의 일방이 결정하고 상대방은 이에 따를 수밖에 없는 계약으로 상대방은 그 내용이 자신의 의사와 일치할 때 계약을 성립시키고 일반적으로 상대방은 그 계약의 내용에 영향을 미치지 못한다. 보험계약은 성질상 다수의 가입자를 대량으로 정형화시켜 계약을 처리하므로 보험사가 미리 설정한 보통보험약관에 의하여 계약을 체결하므로 부합계약성을 가진다.

7) 독립계약성

보험계약은 독립하여 존재하며 주된 계약에 부대하여 위험을 인수하는 계약은 보험계약이 아니다.

> **2회 기출문제**
>
> 보험계약의 성질이 아닌 것은?
> ① 낙성계약
> ② 무상계약
> ③ 불요식계약
> ④ 선의계약
>
> ➡ ②

② 보험계약의 당사자

(1) 보험자

1) 의의

    보험자는 보험계약의 직접 당사자로서 보험사고가 발생했을 때 일정한 급여 또는 기타 급여를 지급할 의무를 지는 자를 말한다.

2) 권리와 의무

    ① 권리

    보험료청구권, 계약해지권, 보험금반환청구권
    보험금액 감액청구권, 손해보험에서 대위권

    ② 의무

    보험금 지급의무, 보험증권 교부의무, 보험료 반환의무, 이익배당의무, 보험약관교부명시의무, 보험료적립금 반환의무(인보험), 해약환급금반환의무(인보험), 보험증권대부의무(인보험)

(2) 보험계약자

1) 의의

    자기의 명의로 보험계약을 체결하는 상대방으로서 1차적으로 보험료 지급의무를 지는 자이다. 보험계약자로서의 자격에는 제한이 없고, 대리인을 통한 계약이나 수인이 공동으로 보험계약자가 될 수 있다.

2) 권리와 의무

    ① 권리

　　　　　보험증권교부청구권, 보험료반환청구권, 보험료감액청구
　　　　　권, 임의해지권
　　　　　보험수익자 지정변경권(인보험)
　　② 의무
　　　　　보험료 지급의무, 고지의무, 통지의무, 위험유지의무
　　　　　손해방지의무(손해보험)

③ 피보험자와 보험수익자

(1) 피보험자

1) 의의

　피보험자란 손해보험에서 피보험이익의 주체로서 보험사고의 발생시 손해의 보상을 받을 수 있는 자를 말한다. 즉, 보험사고로 생긴 재산상의 손해보상을 보험자에게 직접 청구할 수 있는 자이다.

　인보험의 경우 생명이나 신체에 대하여 보험에 붙여진 자를 말한다.

2) 권리와 의무

　① 권리
　　　손해보상청구권(손해보험), 계약동의권(인보험)
　② 의무
　　　고지의무, 통지의무, 위험유지의무, 손해방지의무(손해보험)

(2) 보험수익자

　보험사고 발생시 보험금을 지급받을 자로서 인보험에서만 존재한다. 손해보험에서는 피보험자가 보험금지급청구권을 가지므로 피보험자와 수익자는 동일하다.

④ 보험자와 보험보조자

(1) 보험대리상

1) 의의

보험대리상이란 일정한 보험자를 위해서 계속적으로 보험계약 체결을 대리하거나 중개하는 독립된 상인을 말한다.

2) 보험대리상의 권한

① 보험료수령권, 보험증권교부권, 보험계약 관련 의사표시권, 의사표시 수령권

② 보험자와 보험대리상과의 약정으로 보험대리상의 권한을 제한하는 중개대리상도 가능하다.

③ 보험대리상의 권한을 제한하더라도 그 권한 제한을 이유로 보험자가 선의의 보험계약자에게 대항하지 못한다.(상법 제64조의 2 제2항 단서)

(2) 보험중개사

보험중개사란 보험회사와 보험계약자 사이의 보험계약 성립을 중개하는 것을 영업으로 하는 독립된 상인으로서 특정한 보험자만을 위해 중개하는 것이 아니라는 점에서 보험대리상과 구별된다.

① 보험대리상 : 특정한 보험자만을 위해 중개

② 보험중개사 : 여러 보험자를 위해 중개

③ 보험대리상이 아니면서 특정한 보험자를 위하여 계속적으로 보험계약의 체결을 중개하는 자는 제1회 보험료수령권한과 보험증권교부권한을 가진다.

(3) 보험설계사

1) 의의

보험설계사는 보험자의 사용인으로서 특정한 보험회사에 종속되어 보험자를 위하여 보험에 가입할 자에 대하여 보험계약의 청약을 인수하는 자를 말한다.

고지수령권과 보험계약체결권이 없으며 제1회 보험료수령권한과 보험증권교부권한을 가진다.

① 보험료수령권한은 보험자가 작성한 영수증을 보험계약자에

1회 기출문제

보험대리상이 갖는 권한으로 옳지 않은 것은?

① 보험자 명의의 보험계약체결권
② 보험계약자에 대한 위험변경증가권
③ 보험계약자에 대한 보험증권교부권
④ 보험계약자로부터의 보험료수령권

▶ ②

2회 기출문제

보험대리상이 갖는 권한이 아닌 것은?

① 보험계약자로부터 보험료를 수령할 수 있는 권한
② 보험계약자로부터 보험계약의 취소에 관한 의사표시를 수령할 수 있는 권한
③ 보험자로부터 보험금을 수령할 수 있는 권한
④ 보험계약자에게 보험계약의 변경에 관한 의사표시를 할 수 있는 권한

▶ ③

6회 기출문제

보험대리상이 아니면서 특정한 보험자를 위하여 계속적으로 보험계약의 체결을 중개하는 자의 권한을 모두 고른 것은?

ㄱ. 보험자가 작성한 보험증권을 보험계약자에게 교부할 수 있는 권한
ㄴ. 보험자가 작성한 영수증 교부를 조건으로 보험계약자로부터 보험료를 수령할 수 있는 권한
ㄷ. 보험계약자로부터 보험계약의 취소의 의사표시를 수령할 수 있는 권한
ㄹ. 보험계약자에게 보험계약의

체결에 관한 의사표시를 할 수 있는 권한
① ㄱ, ㄴ ② ㄱ, ㄷ
③ ㄴ, ㄷ ④ ㄷ, ㄹ

➡ ①

2회 기출문제

보험대리상이 아니면서 특정한 보험자를 위하여 계속적으로 보험계약의 체결을 중개하는 자가 행사할 수 있는 권한으로 옳은 것은?

① 보험자가 작성한 영수증을 보험계약자에게 교부하지 않고 보험계약자로부터 보험료를 수령할 수 있는 권한
② 보험계약자로부터 보험계약의 청약에 관한 의사표시를 수령할 수 있는 권한
③ 보험계약자에게 보험계약의 체결에 관한 의사표시를 할 수 있는 권한
④ 보험자가 작성한 보험증권을 보험계약자에게 교부할 수 있는 권한

➡ ④

1회 기출문제

고지의무에 관한 설명으로 옳지 않은 것은?

① 보험설계사는 고지수령권을 가진다.
② 보험자가 서면으로 질문한 사항은 중요한 사항으로 추정한다.
③ 고지의무를 부담하는 자는 보험계약자와 피보험자이다.
④ 고지의무자의 고의 또는 중대한 과실로 부실의 고지를 한 경우 고지의무 위반이 된다.

➡ ①

게 교부하는 경우만 인정한다.
② 보험설계사가 되고자 하는 자는 금융위원회가 정하는 바에 따라 금융감독원에 등록하여야 한다.

2) 체약대리권의 존부 – 부정
보험설계사는 보험계약의 체결대리권이 없는 중개인에 불과하고, 보험모집인이 약관 내용과 다른 설명을 하여 모집계약이 체결된 경우에 대해서도 개별약정우선의 원칙을 적용하여 보험자는 그 잘못된 설명에 대하여 보험계약자에게 책임을 진다.(판례)

3) 고지·통지수령권의 존부 – 부정

4) 제1회 보험료수령권의 존부 – 긍정

5) 명시·설명의무 – 긍정
보험계약의 모집에 종사하는 자는 보험상품의 내용, 보험료율의 체계 및 보험청약서상 기재사항의 변동사항 등 보험계약의 중요한 내용에 대하여 구체적이고 상세한 명시·설명의무를 부담한다.(판례)

6) 보험자의 사용자 책임 –보험업법 제102조
보험자의 행위 외형상 모집행위와 관련된 행위라고 판단되면 보험자는 사용자책임을 부담한다.

04 보험계약의 요소

❶ 보험의 목적

손해보험의 경우 보험사고 발생의 객체가 되는 물건이나 재산을 말하고, 인보험의 경우 자연인(피보험자) 즉 사람의 생명이나 신체를 말한다.

② 보험사고

(1) 의의
보험계약에서 정한 보험자의 보험금지급책임을 구체화하는 불확정한 사고

(2) 보험사고의 우연성 요건
1) 우연한 사고이어야 한다. 우연이란 보험사고의 발생여부, 시기, 방법 중 어느 하나만이라도 불확정하면 인정되며, 객관적으로 확정되었다 하더라도 당사자 입장에서 주관적으로 불확정하다면 인정된다.
2) 발생 가능한 사고이어야 한다.
3) 적법한 사고이어야 한다. 따라서 고의적으로 유발한 사고는 보험사고가 아니다.
4) 사고발생의 대상이 존재해야 한다.
   ① 이미 발생한 사고나 발생할 수 없는 사고를 보험금지급의 요건으로 하는 보험계약은 무효이다.
   ② 제644조(보험사고의 객관적 확정의 효과) 보험계약당시에 보험사고가 이미 발생하였거나 또는 발생할 수 없는 것인 때에는 그 계약은 무효로 한다. 그러나 당사자 쌍방과 피보험자가 이를 알지 못한 때에는 그러하지 아니하다.

(3) 보험사고의 특정성
보험사고는 사고의 범위가 특정되어야 한다.
* 화재보험에 가입된 건물이 멸실되더라도 그것이 수재(水災)로 인한 것이라면 보험사고로 인정될 수 없다.

③ 보험기간 (위험기간, 담보기간, 책임기간, 부보기간)

(1) 의의
보험자의 책임이 시작되어 끝날 때까지의 기간으로, 보험기간 내에 발생한 보험사고만이 보험사고로 인정된다.

1) [판례] 보험계약 당시에 이미 보험사고가 발생하였지만, 보험계약의 당사자 쌍방 및 피보험자가 모두 선의라 하더라도 책임개시시기 이전에 보험사고가 발생한 경우에는 보험금지급의무가 없다.
2) 보험기간 내 사고가 발생하고 그 기간 경과 후에 손해가 발생한 경우 보험자의 책임이 인정된다.
3) 보험계약기간과 보험기간은 일치할 필요는 없고, 특약에 의하여 보험기간을 달리 정할 수 있다.
4) 보험료 기간 : 보험료를 산출하기 위한 위험측정의 단위기간

(2) 보험기간의 시기

1) 책임개시 시점
   ① 당사자가 보험계약에서 보험기간을 명백히 하지 않은 경우의 보험기간 : 최초의 보험료가 지급된 때로부터 개시
   ② 최초 보험료 : 그 지급이 없으면 보험자의 책임이 개시되지 아니하는 보험료
   ㉠ 제650조(보험료의 지급과 지체의 효과) 보험계약자는 계약체결 후 지체 없이 보험료의 전부 또는 제1회 보험료를 지급하여야 하며, 보험계약자가 이를 지급하지 아니하는 경우에는 다른 약정이 없는 한 계약성립 후 2월이 경과하면 그 계약은 해제된 것으로 본다.
   ㉡ 계속 보험료가 약정한 시기에 지급되지 아니한 때에는 보험자는 상당한 기간을 정하여 보험계약자에게 최고하고 그 기간 내에 지급되지 아니한 때에는 그 계약을 해지할 수 있다.
   ㉢ 특정한 타인을 위한 보험의 경우에 보험계약자가 보험료의 지급을 지체한 때에는 보험자는 그 타인에게도 상당한 기간을 정하여 보험료의 지급을 최고한 후가 아니면 그 계약을 해제 또는 해지하지 못한다.

2) 소급보험
   당사자 간 합의 하에 보험계약성립 전의 어느 시기를 보험기간으로 정하는 것
   ① 제643조(소급보험) 보험계약은 그 계약 전의 어느 시기(時

期)를 보험기간의 시기(始期)로 할 수 있다.

④ 보험금액과 보험료

(1) 보험금액

1) 의의

보험금액이란 보험사고가 발생하면 보험자가 지급하기로 약정한 금액을 말한다. 손해보험에서는 당사자가 정한 보험가액의 한도 내에서 손해보상책임의 최고한도액이다.

2) 보험금액지급 의무자

제658조(보험금액의 지급) 보험자는 보험금액의 지급에 관하여 약정기간이 있는 경우에는 그 기간 내에, 약정기간이 없는 경우에는 제657조제1항(사고발생 통지)의 통지를 받은 후 지체 없이 지급할 보험금액을 정하고 그 정하여진 날부터 10일 내에 피보험자 또는 보험수익자에게 보험금액을 지급하여야 한다.

3) 소멸시효

제662조(소멸시효) 보험금청구권은 3년간, 보험료 또는 적립금의 반환청구권은 3년간, 보험료청구권은 2년간 행사하지 아니하면 시효의 완성으로 소멸한다.

4) 면책사유

① 보험사고가 보험계약자 또는 피보험자나 보험수익자의 고의 또는 중대한 과실로 인하여 생긴 때에는 보험자는 보험금액을 지급할 책임이 없다.

② 보험사고가 전쟁 기타의 변란으로 인하여 생긴 때에는 당사자 간에 다른 약정이 없으면 보험자는 보험금액을 지급할 책임이 없다.

5) 감액청구와 반환청구

① 초과보험 : 보험금액이 보험계약의 목적의 가액을 현저하게 초과하는 경우 보험자는 보험금액의 감액을 청구할 수 있다.

㉠ 보험료의 감액은 장래에 대하여서만 그 효력이 있다.

6회 기출문제

청구권에 관한 소멸시효 기간으로 옳지 않은 것은?

① 보험금청구권 : 3년
② 보험료청구권 : 3년
③ 적립금반환청구권 : 3년
④ 보험료반환청구권 : 3년

▶ ②

ⓒ 감액하는 가액은 계약당시의 가액에 의하여 정한다.
ⓒ 보험가액이 보험기간 중에 현저하게 감소된 때에도 감액청구 할 수 있다.
ⓔ 초과보험계약이 보험계약자의 사기로 인하여 체결된 때에는 그 계약은 무효로 한다. 그러나 보험자는 그 사실을 안 때까지의 보험료를 청구할 수 있다.
② 반환청구 : 보험사고가 발생하더라도 보험자의 면책사유가 생기면 이미 지급한 보험금액의 반환을 청구할 수 있다.

(2) 보험료

1) 의의
   보험료는 보험자가 위험을 인수한 대가로 보험계약자가 부담하는 보수로서 순보험료와 부가보험료로 구성되어 있다.

2) 보험료지급 의무자
   1차적으로 보험계약자가 지급의무를 지지만, 계약자의 파산선고나 보험료 지급지체시 2차적으로 보험수익자 또는 피보험자도 지급할 의무가 있다.

3) 청구권의 소멸시효
   보험금청구권은 3년간, 보험료 또는 적립금의 반환청구권은 3년간, 보험료청구권은 2년간 행사하지 아니하면 시효의 완성으로 소멸한다.

4) 감액청구와 반환청구
   ① 감액청구
      ⓐ 상법 647조 (특별위험의 소멸로 인한 보험료의 감액청구) 보험계약의 당사자가 특별한 위험을 예기하여 보험료의 액을 정한 경우에 보험기간 중 그 예기한 위험이 소멸한 때에는 보험계약자는 그 후의 보험료의 감액을 청구할 수 있다.
      ⓑ 상법 제669조(초과보험) 보험금액이 보험계약의 목적의 가액(보험가액)을 현저하게 초과한 때에는 보험자 또는 보험계약자는 보험료와 보험금액의 감액을 청구할 수 있다.
   ② 반환청구
      제648조(보험계약의 무효로 인한 보험료반환청구) 보험계

약의 전부 또는 일부가 무효인 경우에 보험계약자와 피보험자가 선의이며 중대한 과실이 없는 때에는 보험자에 대하여 보험료의 전부 또는 일부의 반환을 청구할 수 있다. 보험계약자와 보험수익자가 선의이며 중대한 과실이 없는 때에도 같다.

5) 보험료의 지급과 지체의 효과
   ① 보험계약자는 계약체결 후 지체 없이 보험료의 전부 또는 제1회 보험료를 지급하여야 하며, 보험계약자가 이를 지급하지 아니하는 경우에는 다른 약정이 없는 한 계약 성립 후 2월이 경과하면 그 계약은 해제된 것으로 본다.
   ② 계속 보험료가 약정한 시기에 지급되지 아니한 때에는 보험자는 상당한 기간을 정하여 보험계약자에게 최고하고 그 기간 내에 지급되지 아니한 때에는 그 계약을 해지할 수 있다.

6) 보험료 체납과 보상액의 공제
   보험자가 손해를 보상할 경우에 보험료의 지급을 받지 아니한 잔액이 있으면 그 지급기일이 도래하지 아니한 때라도 보상할 금액에서 이를 공제할 수 있다.

7) 보험료의 지급과 보험자의 책임개시
   보험자의 책임은 당사자 간에 다른 약정이 없으면 최초 보험료를 지급받은 때로부터 개시한다.

(3) 보험료 불가분의 원칙

1) 의의
   다른 약정이 없는 한 보험료 기간 중에 보험관계가 소멸하더라도 그 보험료 기간에 해당하는 보험료는 전액지급 하여야 한다는 원칙이다.

2) 상법상 보험료 불가분의 원칙 인정여부
   ① 상법에서는 명시적으로 이 원칙을 두고 있지 않으며, 나아가 보험사고가 발생하기 전에는 보험계약자는 언제든지 계약의 전부 또는 일부를 해지할 수 있다고 규정하고 있다. (상법 제649조 ①항)
   ② 계약의 해지시 보험약관에서 미경과 기간에 대한 보험료를 반환하도록 정하고 있다면 그 보험약관은 유효하다.

1회 기출문제

보험료의 지급과 보험자의 책임개시에 관한 설명으로 옳지 않은 것은?

① 보험설계사는 보험자가 작성한 영수증을 보험계약자에게 교부하는 경우에만 보험료수령권이 있다.
② 보험자의 책임은 당사자 간에 다른 약정이 없으면 최초 보험료를 지급 받은 때로부터 개시한다.
③ 보험료불가분의 원칙에 의해 보험계약자는 다른 약정이 있더라도 일시에 보험료를 지급하여야 한다.
④ 보험자의 보험료청구권은 2년간 행사하지 아니하면 시효의 완성으로 소멸한다.

➡ ③

6회 기출문제

보험자가 손해를 보상할 경우에 보험료의 지급을 받지 아니한 잔액이 있을 경우와 관련하여 상법 제677조(보험료 체납과 보상액의 공제)의 내용으로 옳은 것은?

① 보험자는 보험계약에 대한 납입최고 및 해지예고 통보를 하지 않고도 보험계약을 해지할 수 있다.
② 보험자는 보상할 금액에서 지급기일이 도래하지 않은 보험료는 공제할 수 없다.
③ 보험자는 보험금 전부에 대한 지급을 거절할 수 있다.
④ 보험자는 보상할 금액에서 지급기일이 도래한 보험료를 공제할 수 있다.

➡ ④

2회 기출문제

( )에 들어갈 내용이 순서대로 올바르게 연결된 것은?

> ㄱ. 보험자가 보험계약자로부터 보험계약의 청약과 함께 보험료 상당액의 전부 또는 일부의 지급을 받은 때에는 다른 약정이 없으면 ( ) 그 상대방에 대하여 낙부의 통지를 발송하여야 한다.
> ㄴ. 보험자가 보험약관의 교부·설명 의무를 위반한 경우 보험계약자는 보험계약이 성립한 날부터 ( ) 그 계약을 취소할 수 있다.
> ㄷ. 보험자는 보험계약이 성립한 때에는 ( ) 보험증권을 작성하여 보험계약자에게 교부하여야 한다.

① 30내에 - 3개월 이내에 - 지체 없이
② 30일내에 - 30일내에 - 지체 없이
③ 지체 없이 - 3개월 이내에 - 30일내에
④ 지체 없이 - 30일내에 - 30일내에

6회 기출문제

보험계약의 성립에 관한 설명으로 옳지 않은 것은?

① 보험계약은 보험계약자의 청약과 이에 대한 보험자의 승낙으로 성립한다.
② 보험계약자로부터 청약을 받은 보험자는 보험료 지급여부와 상관없이 청약일로부터 30일 이내에 승낙의사표시를 발송하여야 한다.
③ 보험자가 미경과 기간에 대한 보험료를 반환할 의무가 있다 하더라도 이미 보험금을 지급한 부분에 대하여는 보험료를 반환할 의무는 없다.

05 보험계약의 체결

❶ 보험계약의 성립

(1) 보험계약의 성립

보험계약은 낙성계약이며, 불요식계약으로 보험계약자의 청약과 보험자의 승낙으로 성립한다.

(2) 낙부통지의무와 승낙의제

보험계약자로부터 청약과 함께 보험료의 전부 또는 일부를 받은 보험자는 원칙적으로 30일 내에 낙부의 통지를 발송하여야 하며, 그 기간 내에 낙부통지를 해태한 때에는 승낙한 것으로 간주한다.

(3) 보험자의 책임

보험자가 보험계약자로부터 보험계약의 청약과 함께 보험료 상당액의 전부 또는 일부를 받은 경우에 그 청약을 승낙하기 전에 보험계약에서 정한 보험사고가 생긴 때에는 그 청약을 거절할 사유가 없는 한 보험자는 보험계약상의 책임을 진다. 그러나 인보험계약의 피보험자가 신체검사를 받아야 하는 경우에 그 검사를 받지 아니한 때에는 그러하지 아니하다.

(4) 승낙 전 사고발생에 대한 책임

1) 의의

보험자가 보험계약자로부터 청약과 함께 보험료를 받았으나, 아직 승낙을 하지 않은 상태에서 보험사고가 발생한 경

우, 청약을 거절할 사유가 없는 이상 보험자는 책임을 부담한다.

2) 청약을 거절할 사유

① 청약을 거절할 사유란 객관적인 보험인수 기준에 의하면 인수할 수 없는 위험상태 또는 사정이 있는 것으로서 적격 피보험체가 아닌 경우를 말하고, 이 증명 책임은 보험자에게 있다.

② 사고발생 사실을 보험자에게 고지하지 아니하였다는 사정은 청약을 거절할 사유가 될 수 없다.(판례)

② 고지의무

(1) 의의

고지의무란 보험계약자 또는 피보험자가 보험계약의 성립시 계약체결에 영향을 미칠 중요한 사항을 보험자에게 고지하여야 하는 의무를 말한다.

> **제651조(고지의무위반으로 인한 계약해지)**
> 보험계약당시에 보험계약자 또는 피보험자가 고의 또는 중대한 과실로 인하여 중요한 사항을 고지하지 아니하거나 부실의 고지를 한 때에는 보험자는 그 사실을 안 날로부터 1월내에, 계약을 체결한 날로부터 3년 내에 한하여 계약을 해지할 수 있다. 그러나 보험자가 계약 당시에 그 사실을 알았거나 중대한 과실로 인하여 알지 못한 때에는 그러하지 아니하다.
>
> **제651조의2(서면에 의한 질문의 효력)**
> 보험자가 서면으로 질문한 사항은 중요한 사항으로 추정한다.

(2) 고지의무의 내용

1) 당사자

보험계약자와 피보험자 및 대리인

> **제646조(대리인이 안 것의 효과)**
> 대리인에 의하여 보험계약을 체결한 경우에 대리인이 안 사유는 그 본인이 안 것과 동일한 것으로 한다.

고지의무의 수령권

---

③ 보험자의 승낙의사표시는 반드시 서면으로 할 필요는 없다.
④ 보험자가 보험계약자로부터 보험계약의 청약과 함께 보험료 상당액의 전부 또는 일부를 받은 경우에 그 청약을 승낙하기 전에 보험계약에서 정한 보험사고가 생긴 때에는 그 청약을 거절할 사유가 없는 한 보험자는 보험계약상의 책임을 진다.

➡ ②

2회 기출문제

고지의무에 관한 설명으로 옳은 것은?

① 보험자는 보험대리상의 고지수령권을 제한할 수 없다.
② 보험자가 서면으로 질문한 사항은 중요한 고지사항으로 간주된다.
③ 보험계약자는 고지의무가 있다.
④ 보험자는 보험사고 발생 전에 한하여 고지의무 위반을 이유로 하여 해지할 수 있다.

➡ ③

1회 기출문제

고지의무에 관한 설명으로 옳지 않은 것은?

① 보험설계사는 고지수령권을 가진다.
② 보험자가 서면으로 질문한 사항은 중요한 사항으로 추정한다.
③ 고지의무를 부담하는 자는 보험계약자와 피보험자이다.
④ 고지의무자의 고의 또는 중대한 과실로 부실의 고지를 한 경우 고지의무 위반이 된다.

➡ ①

6회 기출문제

보험계약자 甲은 보험자 乙과 손해보험계약을 체결하면서 계약에 관한 사항을 고지하지 않았다. 이에 대한 보험자 乙의 상법상 계약해지권에 관한 설명으로 옳은 것은?

① 甲의 고지의무위반 사실에 대한 乙의 계약해지권은 계약체결일로부터 최대 1년 내에 한하여 행사할 수 있다.
② 乙은 甲의 중과실을 이유로 상법상 보험계약해지권을 행사할 수 없다.
③ 乙의 계약해지권은 甲이 고지의무를 위반했다는 사실을 계약당시에 乙이 알 수 있었는지 여부와 상관없이 행사할 수 있다.
④ 甲이 고지하지 않은 사실이 계약과 관련하여 중요하지 않은 것이라면 乙은 상법상 고지의무위반을 이유로 보험계약을 해지할 수 없다.

➡ ④

고지의무의 수령권은 보험자, 체약대리상, 보험의에게 있으나, 중개대리상, 보험중개사, 보험설계사에게는 수령권이 없다.

2) 고지시기
보험계약 성립시(청약시가 아니다)

3) 고지사항 - 중요한 사항
보험자가 그 사실을 알았더라면 보험자가 보험계약을 체결하지 않았거나 또는 적어도 동일조건으로 계약을 체결하지 않았을 것으로 인정되는 사실
① 보험자가 서면으로 질문한 사항은 중요한 사항으로 추정
② 중복보험을 체결한 사실은 중요한 사항이 아니다.(판례)

(3) 고지의무위반

1) 보험금지급 여부
고지의무(告知義務)를 위반한 사실이 보험사고 발생에 영향을 미치지 아니하였음이 증명된 경우에는 보험금을 지급할 책임이 있다.
* 고지의무위반사실이 보험사고 발생과의 사이에 인과관계가 부존재한다는 점에 관한 입증책임은 보험계약자에게 있다.

2) 계약의 해지
① 해지권의 행사
㉠ 의의
보험계약당시에 보험계약자 또는 피보험자가 고의 또는 중대한 과실로 인하여 중요한 사항을 고지하지 아니하거나 부실의 고지를 한 때에는 보험자는 그 사실을 안 날로부터 1월내에, 계약을 체결한 날로부터 3년내에 한하여 계약을 해지할 수 있다. 그러나 보험자가 계약당시에 그 사실을 알았거나 중대한 과실로 인하여 알지 못한 때에는 그러하지 아니하다.
㉡ 요건
가. 고의 또는 중대한 과실에 의한 고지의무 위반
나. 중요한 사항의 불고지 또는 부실의 고지
② 해지 제한사유
㉠ 보험자가 그 사실을 안 날로부터 1월, 계약을 체결

날로부터 3년이 경과한 때
　　　　ⓛ 보험자가 계약당시에 그 사실을 알았거나 중대한 과실로 인하여 알지 못한 때
　③ 인과관계의 문제
　　보험계약자가 고지의무위반과 보험사고 간에 인과관계가 없음을 입증한 경우, 보험자가 고지의무위반을 이유로 해지할 수 있는가의 문제
　　　㉠ 종전 판례 : 해지할 수 없다.
　　　㉡ 최근 판례 : 인보험에서 긍정한 사례가 있음
　④ 고지의무위반에 의한 해지의 효과
　　　㉠ 장래효
　　　　보험자는 그 때까지의 보험료를 청구할 수 있다.
　　　㉡ 장래효에 대한 예외
　　　　보험사고가 이미 발생한 후에 보험자가 보험계약을 해지하더라도 보험자는 보험금액을 지급할 책임이 없을 뿐만 아니라 이미 지급한 금액의 반환까지 청구할 수 있다.
　　　㉢ 해지의 상대방
　　　　계약의 상대방 당사자나 그 상속인에 대하여 해지의 의사표시를 해야 하고, 타인을 위한 보험에서 보험금수익자에 대하여 해지의 의사표시를 하여도 효력이 없다.
　　　㉣ 해지의 법적 성질
　　　　고지의무는 보험계약이 완전하게 효력을 발생할 수 있도록 하는 전제조건이며, 피보험자나 보험계약자가 해지에 의한 불이익을 피하기 위한 간접의무이다. 따라서 그 이행을 강제하거나 또는 그 불이행에 대하여 손해배상을 청구할 수 있는 것이 아니라 의무위반의 효과에 따라 계약을 해지할 수 있을 뿐이다.
　⑤ 교부설명의무위반과의 관계
　　보험자가 보험계약자의 고지의무와 계약해지 등의 부실고지로 인한 불이익에 관한 약관규정에 대하여 제대로 설명하지 않아서 명시설명의무를 위반하고, 보험계약자측은 그 약관에 규정된 고지의무를 위반한 경우, 보험자의 해지권은 부정된다.(판례)

(4) 착오·사기로 인한 취소여부

1회 기출문제

보험계약자의 고지의무위반으로 인한 보험자의 계약해지권에 관한 설명으로 옳은 것은?

① 고지의무위반 사실이 보험사고의 발생에 영향을 미치지 않은 경우 보험자는 계약을 해지하더라도 보험금을 지급할 책임이 있다.
② 보험자는 보험사고 발생 전에 한하여 해지권을 행사할 수 있다.
③ 보험자가 계약을 해지한 경우 보험금을 지급할 책임이 없으며 이미 지급한 보험금에 대해서는 반환을 청구할 수 없다.
④ 보험자는 고지의무위반사실을 안 날로부터 3월내에 해지권을 행사할 수 있다.

▶ ①

보험자는 상법상 계약을 해지할 수 있으며, 민법의 일반원칙에 따라 그 보험계약을 취소할 수 있다.

06 보험계약의 효과

❶ 보험자의 의무

(1) 보험금지급의무

1) 발생요건
   ① 보험계약의 존재
   ② 보험사고의 발생
   ③ 보험기간내의 발생
      ㉠ 보험기간을 약정한 경우 : 약정한 시기에 보험기간 개시
      ㉡ 보험기간을 약정하지 않은경우 : 최초의 보험료를 지급받은 때로부터 개시
   ④ 보험자 면책사유의 부존재
      ㉠ 보험계약자 측의 고의 또는 중대한 과실
      ㉡ 전쟁 기타 변란
      ㉢ 보통보험약관상 면책조항이 있는 경우 그 내용이 상법 제663조의 불이익변경금지원칙에 위배되지 않는 이상 보험금 지급책임을 면한다.

> **보험계약자 측의 고의 중대한 과실에 관한 판례**
> 보험자가 면책되기 위해서는 그 행위가 단순히 공동원인의 하나였음을 증명하는 것으로는 부족하고 피해자 등의 고의행위가 보험사고 발생의 유일하거나 결정적 원인이었음을 보험자가 증명해야 한다.

> **제660조(전쟁위험 등으로 인한 면책)**
> 보험사고가 전쟁 기타의 변란으로 인하여 생긴 때에는 당사자 간에 다른 약정이 없으면 보험자는 보험금액을 지급할 책임이 없다.

> **제663조(보험계약자 등의 불이익변경금지)**
> 이 편의 규정은 당사자 간의 특약으로 보험계약자 또는 피보험자나 보험수익자의 불이익으로 변경하지 못한다. 그러나 재보험 및 해상보험 기타 이와 유사한 보험의 경우에는 그러하지 아니하다.

2) 대표자책임이론

보험사고의 발생이 보험계약자, 피보험자, 보험수익자 본인의 고의나 중과실에 기한 것은 아니지만 그와 특수한 관계에 있는 자(동거가족이나 동거피용자 등)의 고의나 중과실에 기해 발생한 경우에도 보험자를 면책시키자는 이론
  * 피보험자와 특수한 관계가 있는 경우 일단 그 보험사고 발생에 대하여 피보험자의 귀책사유가 있는 것으로 추정될 뿐이고, 피보험자가 보험사고의 발생에 자신의 귀책사유가 없었음을 입증한 때에는 보험자의 책임이 면책되지 않는다.(판례)

3) 법인의 고의 중과실에 대한 보험자의 면책약관(판례)

보통보험약관상 '법인의 이사 또는 업무집행기관의 고의 또는 중과실에 의한 손해에 대하여 보험사가 면책된다'고 규정된 경우, 대표기관이란 법인의 대표권 및 업무집행권을 가진 대표기관을 의미하며, 주식회사의 대표권이 없는 이사의 경우 해당 이사가 회사를 실질적으로 지배하고 있거나 또는 보험금의 수령에 의한 이익을 직접 받을 수 있는 지위에 있는 해당 이사의 고의나 중과실에 의한 보험사고의 유발이 회사의 행위와 동일한 것으로 평가될 수 있어야 보험자는 면책될 수 있다.

4) 지급방법과 시기
   ① 지급방법
   금전지급이 원칙이나, 약정이 있는 경우 현물지급이나 기타의 급부 가능
   ② 지급시기
      ㉠ 약정한 때 : 약정한 시기에 지급
      ㉡ 약정이 없는 경우
         보험계약자 등이 보험사고가 발생하였음을 보험자에게 통지하면 보험사는 지체 없이 지급할 보험금액을 결정

하여야 하고, 이를 정한 날로부터 '10일' 이내에 피보험자 또는 보험수익자에게 보험금액을 지급하여야 한다.
(상법 제658조)

5) 소멸시효와 기산점

소멸시효는 보험금청구권은 3년간, 보험료 및 적립금청구권은 3년간, 보험료청구권은 2년간이다.

① 지급시기를 정한 경우

약정된 시기가 기산점이다. 그러나 채권자가 그 책임 있는 사유로 그 절차를 마치지 못한 경우에는 그러한 절차를 마치는데 소요되는 상당한 기간이 경과한 때로부터 진행된다.

② 지급시기를 정하지 않은 경우

㉠ 보험사고발생을 통지한 경우

보험청구권의 소멸시효는 보험사고가 발생한 때로부터 진행한다.

㉡ 보험사고발생을 통지하지 않은 경우

보험사고가 발생한 때로부터 진행한다. 그러나 보험사고가 발생한 것인지 여부가 객관적으로 분명하지 아니하여 보험금 청구권자가 과실 없이 보험사고의 발생을 알 수 없었던 경우에는 보험금 청구권자가 보험사고의 발생을 알았거나 알 수 있었던 때로부터 소멸시효가 진행한다.

(2) 보험료반환의무

1) 원칙

보험기간이 경과하기까지 보험사고가 발생하지 않더라도 보험료를 반환할 의무는 없다.

2) 예외

① 보험계약의 무효

보험계약의 전부 또는 일부가 무효인 경우 보험계약자와 피보험자가 선의이며 중대한 과실이 없는 때에는 보험료의 전부 또는 일부를 임의로 해지할 수 있다. 그러나 타인을 위한 보험계약자는 그 타인의 동의를 얻지 아니하거나 보험증권을 소지하지 아니하면 그 계약을 해지하지 못한다.

② 사고발생 전 임의해지

[1회 기출문제]

보험자의 보험금 지급과 면책사유에 관한 설명으로 옳은 것은?

① 보험금은 당사자 간에 특약이 있는 경우라도 금전이외의 현물로 지급할 수 없다.
② 보험자의 보험금 지급은 보험사고 발생의 통지를 받은 후 10일 이내에 지급할 보험금액을 정하고 10일 이후에 이를 지급하여야 한다.
③ 보험의 목적인 과일의 자연 부패로 인하여 발생한 손해에 대해서 보험자는 보험금을 지급하여야 한다.
④ 건물을 특약 없는 화재보험에 가입한 보험계약에서 홍수로 건물이 멸실된 경우 보험자는 보험금을 지급하지 않아도 된다.

➡ ④

보험사고가 발생하기 전에는 보험계약자는 그 계약의 전부 또는 일부를 언제든지 해지할 수 있다. 다만, 타인을 위한 보험계약자는 그 타인의 동의를 얻지 아니하거나 보험증권을 소지하지 아니하면 그 계약을 해지하지 못한다.

㉠ 보험자가 보험금을 지급한 때에도 보험금액이 감액되지 아니하는 보험의 경우 보험계약자는 사고발생 후에도 보험계약을 임의해지 할 수 있다.

㉡ 보험사고가 발생하기 전에도 보험계약자가 임의로 해지한 경우 보험계약자는 미경과 보험료의 반환을 청구할 수 있다.

(3) 보험증권 교부의무

① 보험증권은 보험계약의 성립요건이 아니라 증거증권일 뿐이다.

② 보험증권의 교부청구권은 보험계약자의 권리이며, 타인을 위한 보험이라 하더라도 피보험자나 보험수익자에게 귀속되지 않는다.

③ 보험자는 보험계약이 성립한 때에는 지체 없이 보험증권을 작성하여 보험계약자에게 교부하여야 한다.(보험계약자의 청구가 있어야 발행하는 것이 아님)

상법제640조(보험증권의 교부)

① 보험자는 보험계약이 성립한 때에는 지체 없이 보험증권을 작성하여 보험계약자에게 교부하여야 한다. 그러나 보험계약자가 보험료의 전부 또는 최초의 보험료를 지급하지 아니한 때에는 그러하지 아니하다.
② 기존의 보험계약을 연장하거나 변경한 경우에는 보험자는 그 보험증권에 그 사실을 기재함으로써 보험증권의 교부에 갈음할 수 있다.

---

④ 보험증권을 멸실 또는 훼손한 경우에는 보험증권의 재교부를 청구할 수 있다.

(4) 보험약관의 설명의무

1) 의의
 * 상법제638조의3(보험약관의 교부·설명 의무)
 ① 보험자는 보험계약을 체결할 때에 보험계약자에게 보험약관을 교부하고 그 약관의 중요한 내용을 설명하여야

2회 기출문제

보험증권에 관한 설명으로 옳지 않은 것은?

① 보험계약자가 보험료의 전부 또는 최초의 보험료를 지급하지 아니한 때에는 보험자의 보험증권교부의무가 발생하지 않는다.
② 기존의 보험계약을 변경한 경우에는 보험자는 그 보험증권에 그 사실을 기재함으로써 보험증권의 교부에 갈음할 수 있다.
③ 보험계약의 당사자는 보험증권의 교부가 있은 날로부터 10일내에 한하여 그 증권내용의 정부에 관한 이의를 할 수 있음을 약정할 수 있다.
④ 보험계약자의 청구에 의하여 보험증권을 재교부하는 경우 그 증권작성의 비용은 보험계약자가 부담한다.

▶ ③

6회 기출문제

보험증권의 교부에 관한 내용으로 옳은 것은?

ㄱ. 보험계약이 성립하고 보험계약자가 최초의 보험료를 지급했다면 보험자는 지체 없이 보험증권을 작성하여 보험계약자에게 교부하여야 한다.
ㄴ. 보험증권을 현저하게 훼손한 때에는 보험계약자는 보험증권의 재교부를 청구할 수 있다. 이 경우에 증권작성비용은 보험자의 부담으로 한다.
ㄷ. 기존의 보험계약을 연장한 경우에는 보험자는 그 사실

을 보험증권에 기재하여 보험증권의 교부에 갈음할 수 있다.

① ㄱ, ㄴ　　② ㄱ, ㄷ
③ ㄴ, ㄷ　　④ ㄱ, ㄴ, ㄷ

▶ ②

2회 기출문제

보험약관의 교부·설명의무에 관한 설명으로 옳은 것을 모두 고른 것은?

ㄱ. 보험약관에 기재되어 있는 보험료와 그 지급방법, 보험자의 면책사유는 보험자가 보험계약을 체결할 때 보험계약자에게 설명하여야 하는 중요한 내용에 해당한다.
ㄴ. 보험자는 보험계약이 성립하면 지체 없이 보험약관을 보험계약자에게 교부하여야 하나, 그 보험계약자가 보험료의 전부나 최초 보험료를 지급하지 아니한 때에는 보험약관을 교부하지 않아도 된다.
ㄷ. 보험계약이 성립한 날로부터 2개월이 경과한 시점이라면 보험자가 상법상 보험약관의 교부·설명의무를 위반한 경우에도 그 계약을 취소할 수 없다.

① ㄱ　　② ㄷ
③ ㄱ, ㄴ　　④ ㄴ, ㄷ

▶ ①

한다.
② 보험자가 제1항을 위반한 경우 보험계약자는 보험계약이 성립한 날부터 3개월 이내에 그 계약을 취소할 수 있다. (편면적강행규정)

2) 보험약관의 중요한 내용의 의의

보험약관의 중요한 내용이 무엇인가는 보험의 종류에 따라 다르지만 일반적인 경우에 설명의 의무가 부여되는 중요한 요소는 다음과 같다.

① 보험료와 지급방법
② 보험금액
③ 보험기간(특히 보험자의 책임개시 시기를 정한 경우에는 그 시기)
④ 보험사고의 내용
⑤ 보험계약의 해지사유 또는 면책사유

> **약관의 규제에 관한 법률 제3조(약관의 작성 및 설명의무 등)**
>
> ① 사업자는 고객이 약관의 내용을 쉽게 알 수 있도록 한글로 작성하고, 표준화·체계화된 용어를 사용하며, 약관의 중요한 내용을 부호, 색채, 굵고 큰 문자 등으로 명확하게 표시하여 알아보기 쉽게 약관을 작성하여야 한다.
> ② 사업자는 계약을 체결할 때에는 고객에게 약관의 내용을 계약의 종류에 따라 일반적으로 예상되는 방법으로 분명하게 밝히고, 고객이 요구할 경우 그 약관의 사본을 고객에게 내주어 고객이 약관의 내용을 알 수 있게 하여야 한다.

3) 설명의무자

설명의무자는 보험자이나 실거래에서는 보험설계사, 보험대리점, 보험중개사를 통하여 이루어진다.

(5) 보험약관의 교부·설명의무의 위반효과

1) 계약의 취소

보험자가 교부·설명의무를 위반한 경우 보험계약자는 보험계약이 성립한 날부터 3개월 이내에 그 계약을 취소할 수 있다. (편면적강행규정)

3개월의 기간은 제척기간이며 계약을 취소한 경우에는 계약은 소급적 무효가 된다.

2) 보험료의 반환

보험자는 계약이 취소되면 보험계약자가 지급한 보험료를 전액 반환하여야 한다.

② 보험계약자 등의 의무

(1) 보험료 지급의무

1) 보험료의 법적 성질

보험료는 보험계약이 유상·쌍무계약이라는 본질상의 필요에 따라 보험자의 위험인수, 즉 손해의 보상 또는 일정한 금액의 급부에 대한 대가로서의 성질을 가진다.

2) 보험료 지급의무자

1차적으로 보험계약자, 2차적으로(타인을 위한 보험계약의 경우) 보험계약자의 파산 또는 기타의 사유로 지급이 불가능한 경우 그 권리를 포기하지 않는 한 피보험자 또는 보험수익자가 진다.

보험계약자가 수인인 경우 각 보험계약자는 연대하여 그 보험료를 지급할 의무가 있다.

3) 지급방법

보험료는 금전지급이 원칙이다.

(2) 보험료 지급의 시기와 그 해태

1) 지급시기 : 약정이 없는 이상 계약체결 후 지체 없이 지급하여야 한다. 계속 보험료는 약정한 시기에 지급한다.

> **제656조(보험료의 지급과 보험자의 책임개시)**
>
> 보험자의 책임은 당사자 간에 다른 약정이 없으면 최초의 보험료의 지급을 받은 때로부터 개시한다.

2) 소멸시효 : 2년

> **제662조(소멸시효)**

2회 기출문제

소멸시효기간이 다른 하나는?

① 보험금청구권
② 보험료청구권
③ 보험료의 반환청구권
④ 적립금의 반환청구권

▶ ②

2회 기출문제

보험료의 지급과 지체에 관한 설명으로 옳지 않은 것은?

① 보험료는 보험계약자만이 지급의무를 부담하므로 특정한 타인을 위한 보험의 경우에 보험계약자가 보험료의 지급을 지체한 때에는 보험자는 그 타인에 대한 최고 없이도 그 계약을 해지할 수 있다.
② 보험자의 책임은 당사자 간에 다른 약정이 없으면 최초의 보험료의 지급을 받은 때로부터 개시한다.
③ 보험계약자가 보험료를 지급하지 아니하는 경우에는 다른 약정이 없는 한 계약성립 후 2월이 경과하면 그 계약은 해제된 것으로 본다.
④ 계속 보험료가 약정한 시기에 지급되지 아니한 때에는 보험자는 상당한 기간을 정하여 보험계약자에게 최고하고 그 기간 내에 지급되지 아니한 때에는 그 계약을 해지할 수 있다.

▶ ①

보험금청구권은 3년간, 보험료 또는 적립금의 반환청구권은 3년간, 보험료청구권은 2년간 행사하지 아니하면 시효의 완성으로 소멸한다.

3) 지급해태의 효과
① 계약의 해제
보험계약자는 계약체결 후 지체 없이 보험료의 전부 또는 제1회 보험료를 지급하여야 하며, 보험계약자가 이를 지급하지 아니하는 경우에는 다른 약정이 없는 한 계약 성립 후 2월이 경과하면 그 계약은 해제된 것으로 본다.
* 최초 보험료의 미지급 : 보험계약이 성립하여 계약상 책임기간이 시작된 후라도 보험자가 최초 보험료를 받지 아니한 경우 보험자는 보험사고가 발생하여도 그 책임을 지지 않는다.
② 계속 보험료의 경우 계약의 해지
계속 보험료가 약정한 시기에 지급되지 아니한 때에는 보험자는 상당한 기간을 정하여 보험계약자에게 최고하고 그 기간 내에 지급되지 아니한 때에는 그 계약을 해지할 수 있다.
③ 타인을 위한 보험의 경우 지급 최고
특정한 타인을 위한 보험의 경우에 보험계약자가 보험료의 지급을 지체한 때에는 보험자는 그 타인에게도 상당한 기간을 정하여 보험료의 지급을 최고한 후가 아니면 그 계약을 해제 또는 해지하지 못한다.
* (판례) 보험자가 계속 보험료의 연체를 이유로 해지한 경우라도 연체 이전의 보험 사고에 대해서는 보험자가 보험금을 지급하여야 한다.

(3) 보험료의 감액과 반환청구

1) 보험료의 감액청구
① 특별히 예기한 위험이 소멸한 경우
보험계약의 당사자가 특별히 예기한 위험에 대하여 보험액을 정한 경우 보험기간 중 그 예기한 위험이 소멸한 때에는 보험계약자는 그 위험소멸 후의 보험료에 대한 감액을 청구할 수 있다.
② 현저한 초과보험의 경우

보험계약 당시에 보험금액이 보험가액을 현저히 초과한 때나 계약체결 후 보험기간 중 보험가액이 감소된 경우 보험료의 감액을 청구할 수 있다. 이때 보험가액은 계약당시 보험가액을 기준으로 하며, 보험료의 감액은 장래에 향하여만 그 효력이 있다. 또한 보험자도 보험금액의 가액을 청구할 수 있다.

2) 보험료의 반환청구
  ① 보험계약의 전부 또는 일부가 무효인 경우
    보험계약자와 피보험자가 선의이며 중대한 과실이 없는 때에는 보험자에 대하여 보험료의 전부 또는 일부의 반환을 청구할 수 있다. 보험계약자와 보험수익자가 선의이며 중대한 과실이 없는 때에도 같다.
  ② 사고발생전의 임의해지
    ㉠ 보험사고가 발생하기 전에는 보험계약자는 언제든지 계약의 전부 또는 일부를 해지할 수 있다. 그러나 제639조의 보험계약(타인을 위한 보험)의 경우에는 보험계약자는 그 타인의 동의를 얻지 아니하거나 보험증권을 소지하지 아니하면 그 계약을 해지하지 못한다.
    ㉡ 보험사고의 발생으로 보험자가 보험금액을 지급한 때에도 보험금액이 감액되지 아니하는 보험의 경우에는 보험계약자는 그 사고발생 후에도 보험계약을 해지할 수 있다.

(4) 실효약관의 효력

1) 실효약관의 의의
  제2회 이후의 보험료는 그 납입 기일로부터 상당한 기간의 유예기간을 두고, 그 기간 안에 보험료 지급이 없으면 보험계약은 자동적으로 효력을 잃는다는 약관

2) 실효약관의 효력
  상법 제663조는 보험계약 등 불이익 변경금지의 원칙을 두고 있고, 실효약관은 상법 제650조 제②항의 해지절차인 '최고'와 '해지의 통지'를 무시하고 있는 약관이다. 판례는 실효약관이 상법 제650조의 최고절차를 무시한 것으로 무효라고 판시하고 있어, 보험자는 최고절차를 이행해야 한

1회 기출문제

보험계약자가 보험료의 감액을 청구할 수 있는 경우에 해당하는 것은?

① 보험계약 무효 시 보험계약자와 피보험자가 선의이며 중대한 과실이 없는 경우
② 보험계약 무효 시 보험계약자와 보험수익자가 선의이며 중대한 과실이 없는 경우
③ 특별한 위험의 예기로 보험료를 정한 때에 그 위험이 보험기간 중 소멸한 경우
④ 보험사고 발생 전의 임의해지 시 미경과보험료에 대해 다른 약정이 없는 경우

▶ ③

다.
3) 실효약관의 최고기간과 보험자 보상책임
① 최고기간 중 보험사고는 보험자의 책임이다.
② 최고절차를 충실히 이행했다는 입증책임은 보험자에게 있다.
③ 최고기간 경과 후 보험자가 보험계약을 해지하면 해지 이후에 발생한 보험사고에 대하여 보험자는 면책된다.
④ 보험계약자는 계약해지 후 일정기간(부활기간) 안에 보험계약의 부활을 청구할 수 있다.

(5) 해지예고부 최고의 효력
1) 해지예고부 최고의 효력
계속 보험료의 지급이 지체되는 경우에 보험자가 최고기간을 정하여 지급을 최고하면서 동시에 '기간 내에 보험료를 납입하지 않으면 그 기간 경과 시에 계약이 해지된다'는 뜻을 미리 붙이는 것으로 기간경과 후 별도의 의사표시가 없어도 계약은 해지된다.
2) 보험약관에서 납입유예기간을 정한 경우
보험약관에서 납입유예기간을 정한 경우 납입유예기간을 지난 일자를 기준으로 한 '최고'를 거쳐 그 기간이 지나면 별도의 의사표시 없이 해지의 효과가 생기게 하는 것은 유효하다.(판례)

(6) 보험계약의 부활
1) 의의
보험계약이 해지되고 해지환급금이 지급되지 아니한 경우에 보험계약자는 일정한 기간 내에 연체보험료에 약정이자를 붙여 보험자에게 지급하고 그 계약의 부활을 청구할 수 있다.
2) 보험계약자의 부활의 요건
① 기존계약이 계속 보험료의 불지급으로 인해 최고의 절차를 거쳐 해지되어야 한다.
② 보험자가 보험계약자에게 해지환급금을 지급하지 않아야 한다.
③ 보험계약자가 부활청구기간 내에 청구해야 하고, 또한 연

1회 기출문제

보험계약 부활에 관한 설명으로 옳은 것은?

① 보험계약자의 고지의무위반으로 보험자가 보험계약을 해지하여야 한다.
② 보험계약자의 최초보험료 미지급으로 보험자가 보험계약을 해지하여야 한다.
③ 보험계약자가 연체보험료에 법정이자를 더하여 보험자에게 지급하여야 한다.
④ 보험자가 보험계약을 해지하고 해지환급금을 지급하지 않았어야 한다.

➡ ④

2회 기출문제

보험계약의 부활에 관하여 ( )에 들어갈 내용으로 옳은 것은?

( )되고 해지환급금이 지급되지 아니한 경우에 보험계약자는 일정한 기간 내에 연체보험료에 약정이자를 붙여 보험자에게 지급하고 그 계약의 부활을 청구할 수 있다.

① 위험변경증가의 통지의무 위반으로 인하여 보험계약이 해지
② 고지의무위반으로 인하여 보험계약이 해지
③ 계속 보험료의 불지급으로 인하여 보험계약이 해지
④ 보험계약의 전부가 무효로

➡ ③

체보험료와 이에 대한 약정이자를 지급해야 한다.
④ 보험자가 보험계약자의 부활청약에 대하여 승낙하여야 하고, 보험계약자는 고지의무를 이행하여야 한다.

3) 보험계약의 부활의 효과
① 보험자의 납부의 통지
보험자는 보험계약자로부터 부활의 청구와 함께 연체보험료 및 약정이자를 지급 받은 때에는 다른 약정이 없는 한 30일 내에 납부의 통지를 발송하여야 한다.
② 납부의 통지 해태
보험자가 그 기간 내에 납부의 통지를 하지 아니하면 보험자의 승낙이 의제된다.
③ 통지기간 내에 보험사고가 발생
통지기간 내에 보험사고가 발생한 때에는 부활의 청구를 거절할 사유가 없는 한 부활계약상의 책임을 진다.
④ 부활계약의 성립 후 보험자의 부활계약상의 책임개시 시기
최초 보험료를 지급받은 때로부터 개시된다.

(7) 위험변경·증가와 사고발생통지의무

1) 위험변경·증가의 통지의무
① 의의
위험변경·증가의 통지의무란 보험기간 중에 보험계약자 또는 피보험자가 사고발생의 위험이 현저하게 변경 또는 증가된 사실을 안 때에는 지체 없이 보험자에게 통지해야 하는 것을 말한다.
② 통지대상 및 통지의 방식과 시기
보험계약 당시에 보험자가 그 사실을 알았더라면 보험계약을 체결하지 않았거나 또는 적어도 동일한 조건으로 보험계약을 체결하지 않았을 것이라고 인정되는 보험자 또는 통지의 수령권이 있는 제3자가 통지의 대상이며, 통지의 방식은 서면이든 구두이든 불문하며 통지할 사실을 안 때에는 지체 없이 통지하여야 한다.
㉠ 통지의무의 대상인 경우
- 화재보험계약 체결 후 건물의 구조와 용도를 상당히 변경한 경우
- 화재보험의 목적인 공장건물을 회사의 근로자들이

1회 기출문제

보험료에 관한 설명으로 옳지 않은 것은?

① 보험계약자는 계약체결 후 지체 없이 보험료의 전부 또는 최초보험료를 지급하여야 한다.
② 보험계약자의 최초보험료 미지급 시 다른 약정이 없는 한 계약성립 후 2월의 경과로 그 계약은 해제된 것으로 본다.
③ 계속 보험료 미지급으로 보험자가 계약을 해지하기 위해서는 보험계약자에게 상당기간을 정하여 그 기간 내에 지급할 것을 최고하여야 한다.
④ 타인을 위한 보험의 경우 보험계약자의 보험료지급 지체시 보험자는 그 타인에게 보험료 지급을 최고하지 않아도 계약을 해지할 수 있다.

➡ ④

2회 기출문제

위험변경증가의 통지의무에 관한 설명으로 옳지 않은 것은?

① 보험자는 보험계약자 또는 피보험자가 위험변경증가의 통지의무를 고의 또는 중과실로 해태한 경우에만 그 통지의무 위반을 이유로 계약을 해지할 수 있다.
② 보험기간 중에 보험계약자는 사고발생의 위험의 현저한 증가 사실을 안 때에는 지체 없이 보험자에게 통지하여야 한다.
③ 보험기간 중에 피보험자는 사고발생의 위험의 현저한 변경 사실을 안 때에는 지체 없이 보험자에게 통지하여야 한다.
④ 보험자가 피보험자로부터 위험변경증가의 통지를 받은 때에는 1월 내에 보험료의 증액을 청구하거나 계약을 해지할 수 있다.

▶ ①

1회 기출문제

위험의 변경증가에 관한 설명으로 옳은 것을 모두 고른 것은?

ㄱ. 위험변경증가통지의무는 보험계약자 또는 피보험자가 부담한다.
ㄴ. 보험계약자의 위험변경증가 통지의무는 피보험자의 행위로 인한 위험변경의 경우에 한한다.
ㄷ. 보험자는 위험변경증가통지를 받은 때로부터 1월 이내에 보험료의 증액을 청구할 수 있다.
ㄹ. 보험자는 위험변경증가의 사실을 안 날로부터 6월 이내에 한하여 계약을 해지할 수 있다.

상당기간 점거하여 농성한 경우
- 자동차보험 체결 후 자동차의 구조가 현저히 변경된 경우
ⓒ 통지의무의 대상이 아닌 경우
- 지입차주가 렌터카를 타인의 유상운송에 제공한 경우
- 생명보험 가입 후 다수의 생명보험계약을 체결한 경우

③ 통지의무의 발생요건
㉠ 위험의 변경 또는 증가는 보험기간 중에 생긴 것이어야 한다.
㉡ 위험의 변경이나 증가는 현저해야 하고, 그 변경이나 증가가 보험계약자 또는 피보험자의 행위로 인한 것이 아니어야 한다.
㉢ 보험계약자 또는 피보험자가 그 위험의 현저한 변경이나 증가된 사실을 알았어야 한다.

④ 통지의 효과 : 보험료의 증액청구(형성권) 또는 계약의 해지
 * 보험자가 위험변경증가의 통지를 받은 때에는 1월 내에 보험료의 증액을 청구하거나 계약을 해지할 수 있다.

⑤ 통지의무 위반의 효과
㉠ 통지의무를 해태한 때에는 보험자는 그 사실을 안 날로부터 1월내에 한하여 계약을 해지할 수 있다.(고의·중과실 불문)
㉡ 상법 제655조 보험사고가 발생한 후라도 보험자가 제650조(보험료지급지체해지), 제651조(고지의무위반 해지), 제652조(위험변경 해지) 및 제653조(고의·중과실로 위험증가 해지)에 따라 계약을 해지하였을 때에는 보험금을 지급할 책임이 없고 이미 지급한 보험금의 반환을 청구할 수 있다.
다만, 고지의무(告知義務)를 위반한 사실 또는 위험이 현저하게 변경되거나 증가된 사실이 보험사고 발생에 영향을 미치지 아니하였음이 증명된 경우에는 보험금을 지급할 책임이 있다.

2) 사고발생의 통지의무
   ① 의의
     사고발생의 통지의무란 보험계약자 또는 피보험자나 보험수익자는 보험사고의 발생을 안 때에는 지체 없이 보험자에게 그 통지를 발송하여야 하는 것을 말한다.
   ② 통지의무의 내용
     ㉠ 통지의무자 : 보험계약자, 피보험자, 보험수익자
     ㉡ 통지의 상대방 : 보험자 또는 통지의 수령권이 있는 제3자
     ㉢ 통지의 시기·방법 : 사고발생을 안 때에는 지체 없이 통지하여야 하며 통지의 방법은 서면이든 구두이든 불문한다.
   ③ 통지의 효과
     제657조제1항(사고발생 통지)의 통지를 받은 후 지체 없이 지급할 보험금액을 정하고 그 정하여진 날부터 10일내에 피보험자 또는 보험수익자에게 보험금액을 지급하여야 한다.
   ④ 통지의무위반의 효과
     보험계약자 또는 피보험자나 보험수익자가 제1항의 통지의무를 해태함으로 인하여 손해가 증가된 때에는 보험자는 그 증가된 손해를 보상할 책임이 없다.
3) 손해보험의 특수한 통지의무
   ① 중복보험에서의 통지의무
     동일한 보험계약의 목적과 동일한 사고에 관하여 수개의 보험계약을 체결하는 경우에 보험계약자는 각 보험사에 대하여 각 계약내용을 통지하여야 한다. 이 의무를 해태하면 사기의 목적이 있는 것으로 보아 계약은 무효가 된다.
   ② 보험목적의 양도 통지의무
     ㉠ 피보험자가 보험의 목적을 양도한 때에는 양수인은 보험계약상의 권리와 의무를 승계한 것으로 추정한다.
     ㉡ 보험의 목적을 양도한 경우에 양도인 또는 양수인은 보험자에 대하여 지체 없이 그 사실을 통지하여야 한다.
   ③ 책임보험에서의 통지의무
     ㉠ 피보험자가 제3자로부터 배상청구를 받았을 때에는 지

① ㄱ, ㄴ   ② ㄱ, ㄷ
③ ㄴ, ㄹ   ④ ㄷ, ㄹ

▶ ②

체 없이 보험자에게 그 통지를 발송하여야 한다.
ⓒ 피보험자가 제1항의 통지를 게을리하여 손해가 증가된 경우 보험자는 그 증가된 손해를 보상할 책임이 없다. 다만, 피보험자가 제657조제1항의 통지를 발송한 경우에는 그러하지 아니하다.
ⓒ 피보험자가 제3자에 대하여 변제, 승인, 화해 또는 재판으로 인하여 채무가 확정된 때에는 지체 없이 보험자에게 그 통지를 발송하여야 한다.
  가. 보험자는 특별한 기간의 약정이 없으면 전항(채무확정)의 통지를 받은 날로부터 10일내에 보험금액을 지급하여야 한다.
  나. 피보험자가 보험자의 동의 없이 제3자에 대하여 변제, 승인 또는 화해를 한 경우에는 보험자가 그 책임을 면하게 되는 합의가 있는 때에도 그 행위가 현저하게 부당한 것이 아니면 보험자는 보상할 책임을 면하지 못한다.

(8) 위험유지의무

1) 의의

위험유지의무란 보험계약자 또는 피보험자나 보험수익자는 보험기간 중에 보험사고의 위험을 증가시켜서는 안된다는 의무를 말한다.

이는 보험계약자 등이 보험사고의 위험을 스스로 증가 또는 변경시킨다는 주관적 위험이라는 점에서 상법 제652조의 위험변경·증가의 객관적 위험과 구분된다.

2) 의무위반의 효과

① 보험계약자 등의 고의나 중과실로 인한 위험증가와 계약해지

보험기간 중에 보험계약자, 피보험자 또는 보험수익자의 고의 또는 중대한 과실로 인하여 사고발생의 위험이 현저하게 변경 또는 증가된 때에는 보험자는 (통지여부를 불문하고) 그 사실을 안 날부터 1월내에 보험료의 증액을 청구하거나 계약을 해지할 수 있다.

② [판례] 생명보험 계약에서 피보험자의 직업이나 직종의 변경된 경우 변경된 직업 또는 직종에 따라 적용해야 할 보

험요율에 따라서 보험금을 삭감하여 지급한 것은 실질적으로 약정된 보험금 중에서 삭감한 부분에 대하여 보험계약을 해지한 것이다.

3) 계약해지의 효과

이미 보험사고가 발생했다고 하더라도 보험자는 보험금액을 지급할 책임이 없고, 보험금액을 지급한 경우에도 그 반환을 청구할 수 있다.

③ 보험계약의 무효·변경·소멸

(1) 보험계약의 무효

1) 무효의 의의

보험계약의 무효란 보험계약이 성립하더라도 법률상 당연히 그 효력이 생기지 않는 것으로서 보험계약의 체결 전 상태로 소급하여 효력을 상실하는 것이다.

2) 보험계약의 무효

① 보험계약의 취소로 인한 무효

㉠ 보험약관의 교부·설명 의무의 위반

보험자는 보험계약을 체결할 때에 보험계약자에게 보험약관을 교부하고 그 약관의 중요한 내용을 설명하여야 한다.

보험자가 이 의무를 위반한 경우 보험계약자는 보험계약이 성립한 날부터 3개월 이내에 그 계약을 취소할 수 있다. (편면적 강행규정)

㉡ 계약이 취소되면 보험계약은 무효가 되고 보험자는 보험계약자에게 보험료 전부를 반환하여야 한다.

② 보험사고의 객관적 확정으로 인한 효과

보험계약당시에 보험사고가 이미 발생하였거나 또는 발생할 수 없는 것인 때에는 그 계약은 무효로 한다. 그러나 당사자 쌍방과 피보험자가 이를 알지 못한 때에는 그러하지 아니하다.

③ 초과·중복보험에 보험계약자의 사기로 인한 효과

㉠ 초과보험

1회 기출문제

보험약관의 조항 중 그 효력이 인정되지 않는 것은?

① 보험계약체결일 기준 1월 전부터 보험기간이 시작되기로 하는 조항
② 보험증권교부일로부터 2월 이내에 증권내용에 이의를 할 수 있도록 하는 조항
③ 약관설명의무 위반 시 보험계약자가 1월 이내에 계약을 취소할 수 있도록 하는 조항
④ 보험계약자의 보험료 반환청구권의 소멸시효기간을 3년으로 하는 조항

▶ ③

6회 기출문제

다음은 중복보험에 관한 설명이다. ( )에 들어갈 용어로 옳은 것은?

동일한 보험계약의 목적과 동일한 사고에 관하여 수개의 보험계약이 동시에 또는 순차로 체결된 경우에 그 (ㄱ)의 총액이 (ㄴ)을 초과한 때에는 보험자는 각자의 (ㄷ)의 한도에서 연대책임을 진다.

① ㄱ: 보험금액, ㄴ: 보험가액, ㄷ: 보험금액
② ㄱ: 보험금액, ㄴ: 보험가액, ㄷ: 보험가액
③ ㄱ: 보험료, ㄴ: 보험가액, ㄷ: 보험금액
④ ㄱ: 보험료, ㄴ: 보험금액, ㄷ: 보험금액

▶ ①

보험금액이 보험계약의 목적의 가액(보험가액)을 현저하게 초과한 때에는 보험자 또는 보험계약자는 보험료와 보험금액의 감액을 청구할 수 있다. 그러나 보험료의 감액은 장래에 대하여서만 그 효력이 있다.
초과보험의 경우에 계약이 보험계약자의 사기로 인하여 체결된 때에는 그 계약은 무효로 한다. 그러나 보험자는 그 사실을 안 때까지의 보험료를 청구할 수 있다.

ⓒ 중복보험

동일한 보험계약의 목적과 동일한 사고에 관하여 수개의 보험계약이 동시에 또는 순차로 체결된 경우에 그 보험금액의 총액이 보험가액을 초과한 때에는 보험자는 각자의 보험금액의 한도에서 연대책임을 진다. 이 경우에는 각 보험자의 보상책임은 각자의 보험금액의 비율에 따른다.
중복보험의 경우에 계약이 보험계약자의 사기로 인하여 체결된 때에는 그 계약은 무효로 한다. 그러나 보험자는 그 사실을 안 때까지의 보험료를 청구할 수 있다.

④ 타인의 생명보험의 경우

타인의 사망을 보험사고로 하는 보험계약에는 보험계약 체결 시에 그 타인의 서면에 의한 동의를 얻어야 한다. 동의를 얻지 못한 보험계약은 효력이 발생되지 않으므로 당연히 무효로 해석함이 타당하다.

⑤ 보험계약자 등 불이익변경금지의 원칙에 반하는 계약

당사자 간의 특약으로 보험계약자 또는 피보험자나 보험수익자의 불이익으로 변경하지 못한다. 이에 반하는 계약은 무효로 한다. 반대로 보험약자 등에게 유리한 계약은 유효로 해석된다.(상대적 강행법규)
그러나 재보험 및 해상보험 기타 이와 유사한 보험의 경우에는 그러하지 아니하다.

(2) 보험계약관계의 변경

1) 특별위험의 소멸로 인한 보험료의 감액청구

보험계약의 당사자가 특별한 위험을 예기하여 보험료의 액을 정한 경우에 보험기간 중 그 예기한 위험이 소멸한 때에는 보험계약자는 그 후의 보험료의 감액을 청구할 수 있다.

2) 위험의 변경 또는 증가
　① 의의
　　보험계약 체결 후 그 계약의 전제가 되는 보험사고발생의 가능성이 양적으로 현저하게 변경 또는 증가된 경우로서 '현저하게'라는 의미는 위험률에 따라 적용되는 보험료 또는 인수조건이 달라지는 정도를 말한다.
　② 객관적 위험의 변경 또는 증가
　　㉠ 통지의무
　　　보험기간 중 보험계약자 등이 통제할 수 없는 위험의 현저한 변경 또는 증가로서 그 사실을 안 때에는 지체 없이 보험자에게 통지하여야 한다.
　　㉡ 통지의무의 이행
　　　보험자가 위험변경증가의 통지를 받은 때에는 1월 내에 보험료의 증액을 청구하거나 계약을 해지할 수 있다.
　　㉢ 통지의무의 위반
　　　가. 계약의 해지 : 통지의무를 위반한 경우 보험자는 그 사실을 안 날로부터 1개월 내에 한하여 계약을 해지할 수 있다. 보험자는 보험금을 지급할 의무를 면한다.
　　　나. 보험계약자 등의 면책 : 고지의무(告知義務)를 위반한 사실 또는 위험이 현저하게 변경되거나 증가된 사실이 보험사고 발생에 영향을 미치지 아니하였음이 증명된 경우에는 보험금을 지급할 책임이 있다.
　③ 주관적 위험의 변경 또는 증가
　　㉠ 위험의 유지의무
　　　보험계약자가 계약당시에 인수한 위험을 보험기간 중 보험계약자나 피보험자 또는 보험수익자의 고의 또는 중대한 과실로 변경 증가시키지 아니할 의무가 위험의 유지의무이다. 즉 계약당시의 위험과 같은 상태를 유지할 의무이다.
　　㉡ 의무위반의 효과
　　　보험기간 중에 보험계약자, 피보험자 또는 보험수익자의 고의 또는 중대한 과실로 인하여 사고발생의 위험이

6회 기출문제

위험변경증가와 계약해지에 관한 설명으로 옳은 것을 모두 고른 것은?

> ㄱ. 위험변경증가의 통지를 해태한 때에는 보험자는 그 사실을 안 날부터 1월 내에 보험료의 증액을 청구하거나 계약을 해지할 수 있다.
> ㄴ. 보험계약자 등의 고의나 중과실로 인하여 위험이 현저하게 변경 또는 증가된 때에는 보험자는 그 사실을 안 날부터 1월 내에 보험료의 증액을 청구하거나 계약을 해지할 수 있다.
> ㄷ. 보험사고가 발생한 후라도 보험사가 위험변경증가에 따라 계약을 해지하였을 때에는 보험금을 지급할 책임이 없고 이미 지급한 보험금의 반환을 청구할 수 있다. 다만, 위험이 현저하게 변경되거나 증가된 사실이 보험사고 발생에 영향을 미치지 아니하였음이 증명된 경우에는 보험금을 지급할 책임이 있다.

① ㄱ, ㄴ　　② ㄱ, ㄷ
③ ㄴ, ㄷ　　④ ㄱ, ㄴ, ㄷ

▶ ③

현저하게 변경 또는 증가된 때에는 보험자는 그 사실을 안 날부터 1월 내에 보험료의 증액을 청구하거나 계약을 해지할 수 있다.
ⓒ 보험계약자의 면책
위험이 현저하게 변경되거나 증가된 사실이 보험사고 발생에 영향을 미치지 아니하였음이 증명된 경우에는 보험자는 보험금을 지급할 책임이 있다.
④ 보험목적의 양도로 인한 위험의 변경 또는 증가
피보험자가 변경되어 위험이 현저하게 변경 또는 증가된 경우 보험계약은 실효되는 것이 아니라 보험자가 보험료의 증액을 청구하거나 계약을 해지할 수 있다고 본다.
3) 당사자의 파산
① 보험자의 파산
㉠ 보험자가 파산의 선고를 받은 때에는 보험계약자는 계약을 해지할 수 있다.
㉡ 보험자의 파산으로 인한 해지 규정에 의하여 해지하지 아니한 보험계약은 파산선고 후 3월을 경과한 때에는 그 효력을 잃는다.
② 보험계약자의 파산
타인을 위한 보험에서 보험계약자가 파산선고를 받거나 보험료의 지급을 지체한 때에는 그 타인이 그 권리를 포기하지 아니하는 한 그 타인도 보험료를 지급할 의무가 있다.

(3) 보험계약의 소멸

1) 보험사고의 발생
보험사고의 발생으로 보험금액이 지급되면 보험계약은 종료한다. 그러나 손해보험계약에서 보험사고로 일부손해가 발생하여 보험금액이 일부만 지급된 경우에는 그 나머지 보험금액의 한도 내에서 보험기간 동안 보험계약관계의 존속을 인정하기도 한다.
다만, 책임보험계약에서는 보험사고로 보험금액이 지급된다 하더라도 보험기간 동안 보험계약관계는 그대로 유지된다.
2) 보험기간의 만료
보험자의 책임기간 만료로 보험계약은 소멸한다. 그러나 보

6회 기출문제

다음 ( )에 들어갈 기간으로 옳은 것은?

> 보험자가 파산의 선고를 받은 때에는 보험계약자는 계약을 해지할 수 있으며, 해지하지 아니한 보험계약은 파산선고 후 ( )을 경과한 때에는 그 효력을 잃는다.

① 10일　　② 1월
③ 3월　　④ 6월

▶ ③

통보험약관에서 보험기간의 만료 시에 차기보험료를 지급받음으로써 보험계약이 지속될 수 있도록 약정할 수 있다.
3) 보험계약의 실효
① 보험자의 파산
보험자가 파산선고를 받은 때에는 보험계약자는 계약을 해지할 수 있다. 해지하지 아니한 보험계약은 파산선고 후 3월이 경과하면 실효된다.
② 보험목적의 양도
피보험자가 보험의 목적을 양도한 때에는 양수인은 보험계약상의 권리와 의무를 승계한 것으로 추정한다. 양도에 대하여 양수인이 반증한 경우 계약은 실효된다.
③ 잔존금액체감주의를 채택한 경우
보험금액체감주의를 채택한 경우에는 보험가입금액이 일정금액 미만인 경우 보험 계약의 효력을 상실하도록 규정한 경우 실효된다.
4) 보험료 부지급으로 인한 계약의 해제
① 보험료의 지급과 지체의 효과
㉠ 보험계약자는 계약체결 후 지체 없이 보험료의 전부 또는 제1회 보험료를 지급하여야 하며, 보험계약자가 이를 지급하지 아니하는 경우에는 다른 약정이 없는 한 계약 성립 후 2월이 경과하면 그 계약은 해제된 것으로 본다. 즉 보험계약은 보험자의 의사표시와 관계없이 그 효력을 잃는다.
㉡ 계속 보험료가 약정한 시기에 지급되지 아니한 때에는 보험자는 상당한 기간을 정하여 보험계약자에게 최고하고 그 기간 내에 지급되지 아니한 때에는 그 계약을 해지할 수 있다.
② 특정한 타인을 위한 보험의 경우 최고
특정한 타인을 위한 보험의 경우에 보험계약자가 보험료의 지급을 지체한 때에는 보험자는 그 타인에게도 상당한 기간을 정하여 보험료의 지급을 최고한 후가 아니면 그 계약을 해제 또는 해지하지 못한다.
5) 당사자의 의사에 따른 보험계약의 해지
① 보험자에 의한 보험계약의 해지

⊙ 보험료 부지급으로 인한 해지
특정한 타인을 위한 보험의 경우에 보험계약자가 보험료의 지급을 지체한 때에는 보험자는 그 타인에게도 상당한 기간을 정하여 보험료의 지급을 최고한 후에 보험계약을 해제 또는 해지할 수 있다.

ⓒ 고지의무위반으로 인한 해지
가. 보험계약당시에 보험계약자 또는 피보험자가 고의 또는 중대한 과실로 인하여 중요한 사항을 고지하지 아니하거나 부실의 고지를 한 때에는 보험자는 그 사실을 안 날로부터 1월 내에, 계약을 체결한 날로부터 3년 이내에 한하여 계약을 해지할 수 있다.
나. 그러나 보험자가 계약당시에 그 사실을 알았거나 중대한 과실로 인하여 알지 못한 때에는 그러하지 아니하다.

ⓒ 위험변경·증가의 통지의무 위반으로 인한 해지
가. 보험기간 중에 보험계약자 또는 피보험자가 사고발생의 위험이 현저하게 변경 또는 증가된 사실을 안 때에는 지체 없이 보험자에게 통지하여야 한다. 이를 해태한 때에는 보험자는 그 사실을 안 날로부터 1월 내에 한하여 계약을 해지할 수 있다.
나. 보험자가 위험변경증가의 통지를 받은 때에는 1월 내에 보험료의 증액을 청구하거나 계약을 해지할 수 있다.

ⓔ 위험유지의무위반으로 인한 해지
보험기간 중에 보험계약자, 피보험자 또는 보험수익자의 고의 또는 중대한 과실로 인하여 사고발생의 위험이 현저하게 변경 또는 증가된 때에는 보험자는 그 사실을 안 날부터 1월 내에 보험료의 증액을 청구하거나 계약을 해지할 수 있다.

ⓜ 약관규정에 의한 해지
약관에 일정한 요건이 규정되어 있고 규정된 사실이 발생한 경우 보험계약을 해지할 수 있도록 정할 수 있다.

2회 기출문제

보험계약의 해지와 특별위험의 소멸에 관한 설명으로 옳은 것은?

① 타인을 위한 보험계약의 경우 보험증권을 소지하지 않은 보험계약자는 그 타인의 동의를 얻지 않은 경우에도 보험사고가 발생하기 전에는 언제든지 계약의 전부 또는 일부를 해지할 수 있다.
② 보험사고의 발생으로 보험자가 보험금액을 지급한 때에도 보험금액이 감액되지 아니하는 보험의 경우에는 보험계약자는 그 사고발생 후에도 보험계약을 해지할 수 있다.

② 보험계약자에 의한 보험계약의 해지
　㉠ 임의해지
　　가. 보험사고가 발생하기 전에는 보험계약자는 언제든지 계약의 전부 또는 일부를 해지할 수 있다. 그러나 타인을 위한 보험계약의 경우에는 보험계약자는 그 타인의 동의를 얻지 아니하거나 보험증권을 소지하지 아니하면 그 계약을 해지하지 못한다.
　　나. 보험사고의 발생으로 보험자가 보험금액을 지급한 때에도 보험금액이 감액되지 아니하는 보험의 경우에는 보험계약자는 그 사고발생 후에도 보험계약을 해지할 수 있다.
　　다. 임의해지하는 경우에는 보험계약자는 당사자 간에 다른 약정이 없으면 미경과보험료의 반환을 청구할 수 있다.
　㉡ 보험자의 파산
　　보험자가 파산의 선고를 받은 때에는 보험계약자는 계약을 해지할 수 있다.
③ 특정한 상태의 종료로 인한 계약의 종료
　전쟁, 여행, 항해, 운송 등을 전제로 한 보험에서는 그 상태의 종료로 인하여 보험 계약도 종료한다.

07 보험자의 면책사유

❶ 법정면책사유

(1) 일반적 면책사유

1) 보험계약자 등의 고의 또는 중과실로 인한 보험사고
　① 일반보험
　　보험사고가 보험계약자 또는 피보험자나 보험수익자의 고의 또는 중대한 과실로 인하여 생긴 때에는 보험자는 보험

---

③ 보험사고가 발생하기 전에 보험계약의 전부 또는 일부를 해지하는 경우에 보험계약자는 당사자 간에 다른 약정이 없으면 미경과보험료의 반환을 청구할 수 없다.
④ 보험계약의 당사자가 특별한 위험을 예기하여 보험료의 액을 정한 경우에 보험기간 중 그 예기한 위험이 소멸한 때에도 보험계약자는 그 후의 보험료의 감액을 청구할 수 없다.

➡ ②

6회 기출문제

임의해지에 관한 설명으로 옳지 않은 것은?

① 보험계약자는 원칙적으로 보험사고가 발생하기 전에는 언제든지 계약의 전부 또는 일부를 해지할 수 있다.
② 보험사고가 발생하기 전이라도 타인을 위한 보험의 경우에 보험계약자는 그 타인의 동의를 얻지 못하거나 보험증권을 소지하지 않은 경우에는 계약의 전부 또는 일부를 해지할 수 없다.
③ 보험사고의 발생으로 보험자가 보험금액을 지급한 때에는 보험금액이 감액되지 아니하는 보험 경우에는 보험계약자는 그 사고발생 후에도 보험계약을 해지할 수 없다.
④ 보험사고 발생 전에 보험계약자가 계약을 해지하는 경우, 당사자 사이의 특약으로 미경과 보험료의 반환을 제한할 수 있다.

➡ ③

금액을 지급할 책임이 없다.
② 책임보험
보험자는 피보험자의 고의에 의한 사고는 면책받지만, 중과실로 인한 사고의 경우에는 보험자의 책임을 인정하는 것이 일반적이다.
③ 대표자 책임이론
보험계약자가 민사상 배상책임을 지는 경우(가족이나 사용인)의 고의 또는 중과실로 보험사고가 발생한 때에는 보험자의 책임을 인정할 것인가의 문제가 대표자 책임이론이다.
우리나라의 경우 특별한 규정이 없는 한 대표자의 책임을 부정하여 보험자의 책임을 인정한다. 다만, 보험계약자와 밀접한 관련이 있는 자와 보험계약자가 상호 책임있는 사유(공모, 교사, 방조 등)가 있는 경우 보험자는 면책된다.

2) 전쟁위험 등으로 인한 면책
보험사고가 전쟁 기타의 변란으로 인하여 생긴 때에는 당사자 간에 다른 약정이 없으면 보험자는 보험금액을 지급할 책임이 없다.

3) 보험계약자 등의 의무위반으로 인한 보험자의 계약해지
보험사고가 발생한 후라도 보험자가 보험료지급의무, 고지의무, 위험변경증가의 통지의무 및 위험유지의무 등을 위반하여 계약을 해지하였을 때에는 보험금을 지급할 책임이 없고 이미 지급한 보험금의 반환을 청구할 수 있다.
다만, 고지의무를 위반한 사실 또는 위험이 현저하게 변경되거나 증가된 사실이 보험사고 발생에 영향을 미치지 아니하였음이 증명된 경우에는 보험금을 지급할 책임이 있다.

4) 보험자의 무책사유(책임자체가 발생하지 않은 경우)
① 보험사고의 객관적 확정의 효과
보험계약당시에 보험사고가 이미 발생하였거나 또는 발생할 수 없는 것인 때에는 그 계약은 무효로 한다. 그러나 당사자 쌍방과 피보험자가 이를 알지 못한 때에는 그러하지 아니하다.
② 사기에 의해 체결된 초과보험과 중복보험
초과보험과 중복보험의 계약이 보험계약자의 사기로 인하

1회 기출문제

보험계약의 선의성을 유지하기 위한 제도로 옳지 않은 것은?

① 보험자의 보험약관설명의무
② 보험계약자의 손해방지의무
③ 보험계약자의 중요사항 고지의무
④ 인위적 보험사고에 대한 보험자면책

▶ ①

6회 기출문제

보험사고의 객관적 확정의 효과에 관한 설명으로 옳은 것은?

① 보험계약당시에 보험사고가 이미 발생하였더라도 그 계약은 무효로 하지 않는다.
② 보험계약당시에 보험사고가 발생할 수 없는 것이라도 그 계약은 무효로 하지 않는다.
③ 보험계약당시에 보험사고가 이미 발생하였지만 보험수익자가 이를 알지 못한 때에는 그 계약은 무효로 하지 않는다.
④ 보험계약당시에 보험사고가 발생할 수 없는 것이었지만 당사자 쌍방과 피보험자가 그 사실을 몰랐다면 그 계약은 무효로 하지 않는다.

▶ ④

여 체결된 때에는 그 계약은 무효로 한다. 그러나 보험자는 그 사실을 안 때까지의 보험료를 청구할 수 있다.

(2) 특수한 면책사유

일반손해보험에서 보험 목적의 성질, 하자 또는 자연소모로 인한 손해는 보험자가 이를 보상할 책임이 없다.

(3) 약관상 면책사유

법정면책사유 외에 보험종목에 따라 인수하기 어려운 위험에 대하여 보험자가 약관으로 면책사유를 규정한 것을 면책약관이라 한다. 이 면책약관은 보험제도의 본질에 반하지 않고, 공서양속, 신의성실의 원칙과 보험계약자 등의 불이익금지원칙에 반하지 않는 한 유효하다. 또한 상대적 면책사유인 중과실, 전쟁위험 특약과 같은 경우는 유효할 수 있다.

> **6회 기출문제**
>
> **초과보험에 관한 설명으로 옳지 않은 것은?**
> ① 보험금액이 보험계약의 목적의 가액을 현저하게 초과한 경우에 성립한다.
> ② 보험가액이 보험기간 중 현저하게 감소된 때에도 초과보험에 관한 규정이 적용된다.
> ③ 보험계약자 또는 보험자는 보험료와 보험금액의 감액을 청구할 수 있으나 보험료의 감액은 장래에 대하여서만 그 효력이 있다.
> ④ 계약이 보험계약자의 사기에 인하여 체결된 때에는 보험자는 그 사실을 안 날로부터 1월 내에 계약을 해지할 수 있다.
>
> ▶ ④

08 타인을 위한 보험

1 서설

(1) 의의

① 타인을 위한 보험이란 보험계약자가 타인의 이익을 위하여 자기의 명의로 체결한 보험계약을 말한다.
② 타인 : 손해보험에서 피보험자, 인보험에서는 보험수익자가 타인이다. 손해보험에서는 보험계약자와 피보험자가 다른 보험계약이고, 인보험에서는 보험계약자와 보험수익자가 다른 보험계약이다.

(2) 법적성질 : 제3자를 위한 특수한 계약

타인을 위한 보험계약은 피보험자와 보험수익자가 계약당사자가 아닌 제3자이므로 민법상 제3자를 위한 계약설이 통설인데,

> **6회 기출문제**
>
> **보험계약에 관한 설명으로 옳은 것은?**
> ① 보험의 목적의 성질, 하자 또는 자연소모로 인한 손해는 보험자가 보상할 책임이 없다.
> ② 피보험자가 보험의 목적을 양도한 때에는 양수인은 보험계약상의 권리와 의무를 승계한 것으로 간주한다.
> ③ 손해방지의무는 보험계약자에게만 부과되는 의무이다.
> ④ 보험의 목적이 양도된 경우 보험의 목적의 양도인 또는 양수인은 보험자에 대하여 30일 이내에 그 사실을 통지하여야 한다.
>
> ▶ ①

민법상 제3자를 위한 계약에서는 제3자가 수익의 의사를 표시함으로써 권리가 발생하는데 반하여 타인을 위한 보험계약에서는 의사표시 없이도 당연히 권리를 취득한 점에서 차이가 있다.

(3) 책임보험과 구별

[사례] 운송인 갑이 하주 을의 물건을 운손하면서 A보험회사와 물건 멸실을 보험사고로 하여 보험계약을 체결한 경우
① 타인을 위한 보험 : 을을 피보험자로 하는 계약
② 자기를 위한 책임보험 : 갑이 물건별실에 따른 을에 대한 배상책임을 보상하기 위해 자신을 피보험자로 한 계약

❷ 요건

(1) 타인에게 귀속시킨다는 의사표시

보험계약당사자 사이에 특정 또는 불특정 타인을 위한 보험계약이라는 의사표시가 있어야 한다.
① 의사표시는 명시적이든 묵시적이든 불문한다.
② 타인은 계약 당시는 물론이고 계약 성립 후 사고발생 전에 특정해도 무방하다.
③ 타인이 구체적으로 명시되어야 하는 것도 아니다. 이른바 불특정 타인을 위한 보험계약도 유효하다.
[판례] 타인을 위한 상해보험에서 보험수익자는 그 지정행위 시점에서 반드시 특정되어 있어야 하는 것은 아니고 보험사고 발생시에 특정될 수 있으면 충분하므로, 배우자 또는 상속인과 같이 보험금을 수익할 자의 지위나 자격 등을 통하여 불특정인을 보험수익자로 지정할 수도 있고, 보험사고 발생시 보험수익자를 특정할 수 있다면 그러한 지정행위는 유효하다.

상법 제639조(타인을 위한 보험)
① 보험계약자는 위임을 받거나 위임을 받지 아니하고 특정 또는 불특정의

> 타인을 위하여 보험계약을 체결할 수 있다. 그러나 손해보험계약의 경우에 그 타인의 위임이 없는 때에는 보험계약자는 이를 보험자에게 고지하여야 하고, 그 고지가 없는 때에는 타인이 그 보험계약이 체결된 사실을 알지 못하였다는 사유로 보험자에게 대항하지 못한다.
> ② 제1항의 경우에는 그 타인은 당연히 그 계약의 이익을 받는다. 그러나 손해보험계약의 경우에 보험계약자가 그 타인에게 보험사고의 발생으로 생긴 손해의 배상을 한 때에는 보험계약자는 그 타인의 권리를 해하지 아니하는 범위 안에서 보험자에게 보험금액의 지급을 청구할 수 있다.
> ③ 제1항의 경우에는 보험계약자는 보험자에 대하여 보험료를 지급할 의무가 있다. 그러나 보험계약자가 파산선고를 받거나 보험료의 지급을 지체한 때에는 그 타인이 그 권리를 포기하지 아니하는 한 그 타인도 보험료를 지급할 의무가 있다.

(2) 위임요부

보험계약자는 위임을 받거나 위임을 받지 아니하고 특정 또는 불특정의 타인을 위하여 보험계약을 체결할 수 있다고 하여 반드시 타인의 위임이 있어야 하는 것은 아니다.

(3) 고지의무

손해보험계약의 경우에 그 타인의 위임이 없는 때에는 보험계약자는 이를 보험자에게 고지하여야 하고, 그 고지가 없는 때에는 타인이 그 보험계약이 체결된 사실을 알지 못하였다는 사유로 보험자에게 대항하지 못한다.

③ 계약의 효과

(1) 보험계약자의 지위

1) 보험금지급청구권 등

타인을 위한 보험의 성질상 피보험자 또는 보험수익자가 보험자에 대하여 보험금청구권을 가지며 보험계약자는 실질상의 이익을 갖지 아니한다.
그러나 손해보험계약의 경우에 보험계약자가 그 타인에게 보험사고의 발생으로 생긴 손해의 배상을 한 때에는 보험계약자는 그 타인의 권리를 해하지 아니하는 범위 안에서 보

6회 기출문제

타인을 위한 보험에 관한 설명으로 옳은 것은?

① 보험계약자는 위임을 받아야만 특정한 타인을 위하여 보험계약을 체결할 수 있다.
② 타인을 위한 손해보험계약의 경우에 보험계약자는 그 타인의 서면위임을 받아야만 보험자와 계약을 체결할 수 있다.
③ 타인을 위한 손해보험계약의 경우에 보험계약자가 그 타인에게 보험사고의 발생으로 생긴 손해의 배상을 한 때에는 타인의 권리를 해하지 않는 범위 내에서 보험자에게 보험 금액의 지급을 청구할 수 있다.
④ 타인을 위해서 보험계약을 체결한 보험계약자는 보험자에게 보험료를 지급할 의무가 없다.

▶ ③

험자에게 보험금액의 지급을 청구할 수 있다.

2) 보험계약자의 법적 권리

보험증권교부청구권, 보험료감액청구권, 보험료반환청구권, 보험계약해지권과 인보험의 경우 보험수익자 지정·변경권을 갖는다. 다만, 타인을 위한 보험에서 계약해지권의 경우에는 보험계약자는 그 타인의 동의를 얻지 아니하거나 보험증권을 소지하지 아니하면 그 계약을 해지하지 못한다.

2) 의무

보험료지급의무, 고지의무, 위험변경·증가의 통지의무, 위험유지의무, 보험사고의 발생 통지의무 등 일반적인 보험계약자로서의 모든 의무를 지며 손해보험에서는 손해방지경감의무를 진다.

(2) 타인(피보험자·보험수익자)의 지위

1) 타인의 권리

① 보험금 및 그 밖의 급여청구권을 갖는다.

② 보험자는 보험계약자와의 관계에 따른 모든 사유로써 피보험자나 보험수익자에게 대항할 수 있다. 인보험의 경우 보험계약자가 보험수익자의 지정·변경권을 갖는 범위 내에서 권리의 제한을 받는다.

③ 타인은 보험계약의 해지권과 보험료반환청구권을 갖지 못한다.

2) 타인의 의무

① 2차적 보험료지급의무

보험계약자가 파산선고를 받거나 보험료의 지급을 지체한 때에는 그 타인이 그 권리를 포기하지 아니하는 한 그 타인도 보험료를 지급할 의무가 있다.

② 특정한 타인을 위한 보험의 경우에 보험계약자가 보험료의 지급을 지체한 때에는 보험자는 그 타인에게도 상당한 기간을 정하여 보험료의 지급을 최고한 후가 아니면 그 계약을 해제 또는 해지하지 못한다.

③ 고지의무, 보험사고발생 통지의무, 위험유지의무, 손해보험에서 손해방지의무

[판례] 생명보험의 보험계약자가 스스로를 피보험자로 하

1회 기출문제

타인을 위한 보험계약의 보험계약자가 피보험자의 동의를 얻어야 할 수 있는 것은?

① 보험증권교부청구권
② 보험사고 발생 전 보험계약해지권
③ 특별위험 소멸에 따른 보험료감액청구권
④ 보험계약 무효에 따른 보험료반환청구권

➡ ②

면서, 수익자는 만기까지 자신이 생존할 경우에는 자기 자신을, 자신이 사망할 경우에는 '상속인'이라고만 지정하고 그 피보험자가 사망하여 보험사고가 발생한 경우, 보험금 청구권은 상속인들의 고유재산이며, 상속재산이 아니다.

MEMO

손해평가사 대비

제 2장 | 손해보험

01 손해보험의 총설

❶ 손해보험계약의 개념

(1) 손해보험계약의 의의

1) 보험계약

보험계약은 당사자 일방이 약정한 보험료를 지급하고 재산 또는 생명이나 신체에 불확정한 사고가 발생할 경우에 상대방이 일정한 보험금이나 그 밖의 급여를 지급할 것을 약정함으로써 효력이 생긴다.

2) 손해보험계약

손해보험계약의 보험자는 보험사고로 인하여 생길 피보험자의 재산상의 손해를 보상할 책임이 있다. 따라서 사람의 생명 또는 신체에 생길 우연한 사고에 대비하는 인보험계약과 구별된다.

(2) 손해배상과 손해보상

1) 손해

손해보험계약에서 손해란 사고발생 전의 이익 상태와 사고 발생 후의 이익 상태의 차이를 의미하며, 손해배상이나 손해보상은 그 손해를 원상회복하여 사고 전의 상태로 복구하는 기능을 가진다.

2) 손해배상

손해배상이란 채무불이행이나 불법행위로 발생한 손해를 피해자 이외의 자가 전보(塡補)하는 것을 말한다. 즉 손해배상은 손해의 제거가 아니라, 배상으로 손해를 전보하는 것

1회 기출문제

보험의 목적에 보험자의 담보 위험으로 인한 손해가 발생한 후 그 목적이 보험자의 비담보 위험으로 멸실된 경우 보험자의 보상책임은?

① 보험자는 모든 책임에서 면책된다.
② 보험자의 담보 위험으로 인한 손해만 보상한다.
③ 보험자의 비담보 위험으로 인한 손해만 보상한다.
④ 보험자는 멸실된 손해 전체를 보상한다.

▶ ②

6회 기출문제

손해보험에 관한 설명으로 옳지 않은 것은?

① 보험자는 보험사고로 인하여 생길 보험계약자의 재산상의 손해를 보상할 책임이 있다.
② 금전으로 산정할 수 있는 이익에 한하여 보험계약의 목적으로 할 수 있다.
③ 보험계약의 목적은 상법 보험편 손해보험 장에서 규정하고 있으나 인보험 장에서는 그러하지 아니하다.
④ 중복보험의 경우에 보험자 1인에 대한 권리의 포기는 다른 보험자의 권리의무에 영향을 미치지 아니한다.

▶ ①

01 손해보험의 총설 | 57

이다. 손해배상의 방법에는 원상회복주의와 금전배상주의가 있으며 우리 민법은 금전배상주의(민법 제394조·제763조)를 원칙으로 하고 있다. 이때의 손해란 배상의무자의 행위와 상당인과관계가 있는 모든 손해를 말한다.
3) 손해보상
손해보험계약에서 손해보상이란 보험료를 받고 위험을 담보한 대가로서 보험계약의 내용에 따라 보험금액의 한도에서 보험사고로 보험자가 입은 재산상의 손해만을 보상하는 것이다.

② 손해보상의 원칙

(1) 총설

1) 손해보상의 원칙의 의의

손해보상의 원칙 (실손보상의 원칙, 이득금지의 원칙)이란 손해보험에서 피보험자가 보험사고로 인하여 입은 경제적인 손실(loss)에 대하여 보험자가 실제 발생한 손해액 이상 보상하지 않는다는 손해보험의 대원칙을 말한다.

손해보험은 부정액보험으로서 보험사고가 발생시 보험자의 책임범위는 보험가액과 보험금액의 범위 내에서 실손해액에 따라 보상금액이 결정된다.

2) 인정이유

① 피보험자의 경제력 유지 : 피보험자가 사고로부터 손해가 발생할 시에 보험금을 받아 사고 직전의 경제력을 복원하도록 한다.

② 보험계약의 도박화 방지 : 보험사고의 발생으로 실제 손해액 이상의 보험금을 받는 다면 이득이 생겨, 고의사고 유발과 같은 도덕적 위험이 생기므로, 보험금이 실제현금가액을 초과하지 않으면 도덕적 위험상황은 감소하게 된다.

③ 이득금지원칙 : 실손보상을 통해 손해의 범위 내에서 보상하므로, 손해를 야기한 위험의 결과로 이득을 취할 수 없다.

(2) 손해보상의 원칙의 내용

1) 원칙의 내용

  손해보험은 이득금지의 원칙에 따라 대체, 수리 등의 원상회복 과정으로 이루어진다. 보상정산은 재축비, 재조달비 등의 대체비용에서 피해물의 감가분을 감가상각(공제)하고, 복구 등으로 피해물의 가치가 증가되었다면 신구교환공제를 통해 이득을 금지시킨다.

2) 상법의 규정

  ① 피보험의 이익제도 : 피보험이익을 보험계약의 목적으로 표현하고, 금전적으로 산정할 수 있는 이익이라고 규정하고 있으며, 이는 피보험자가 보험의 목적에 대한 피보험이익이 있어야 한다는 것을 뜻한다. 즉, 피보험이익이 없으면 그 손해에 대해 보상을 청구할 수 없다.

    또한 손해보험에서는 보험사고로 인하여 상실된 피보험자가 얻을 이익이나 보수는 다른 약정이 없으면 보상할 손해액에 산입하지 않는다.(상법 제668조 보험계약의 목적, 상법 제667조 상실이익 등 불산입)

  ② 보험자 대위 : 상법에서는 보험자가 보험의 목적에 대해 권리를 취득하는 잔존물 대위와 보험계약자 또는 피보험자가 제3자에 갖는 권리를 취득하는 청구권 대위를 통해서 잔존물의 매각, 가해자에 대한 손해배상청구권을 통해 이중의 이득을 얻지 못하도록 하고 있다.(상법 제681조 보험목적 대위, 상법 제682조 제3자 보험대위)

  ③ 타보험계약 : 보상책임이 있는 다른 보험계약이 존재할 경우, 보험계약 간의 보험분담 지급에 대해 약관조항을 두어 실손해액 이상 지급되는 것을 방지한다.

    (ex〉다른 자동차운전 특별약관)

  ④ 실제현금 가액 : 보험자가 보상할 손해액은 그 손해가 발생한 때와 곳의 가액으로 산정한다고 규정하여, 손해발생시와 때에 따라 감가상각을 고려하여 이득이 생기는 것을 방지하고 있다.(상법 676조 손해액의 산정 기준)

  ⑤ 중복보험의 책임분담 : 중복보험 가입시 보험자는 보험금액의 한도 내에서 연대책임과 비례주의에 의해 이중으로 보상되지 않도록 하고 있다.(상법 제672)

3) 실손 보상 보험보상원칙
① 타보험약관조항 : 보상책임이 있는 다른 보험계약이 존재할 경우, 보험계약 간의 보험 분담 지급에 대해 약관조항을 두어 실손해액 이상 지급되는 것을 방지한다.
② 과실상계, 손익상계 : 형평의 원칙에 의해 기여한 과실이 있다면 그 비율만큼 공제하고, 손해를 입음과 동시에 이익을 얻었다면 그 이익을 공제한다.
③ 신구교환공제 : 주요 부품의 교환, 대수선공사로 수리 후 사고이전 보다 가치가 상승할 경우 이를 지급보험금에서 공제[자동차 자차]

(3) 손해보상의 원칙의 적용 예외
1) 생명보험 : 생명보험에서는 이득금지의 원칙이 적용되지 않는다.
2) 신가보험 : 보험자가 보상할 손해액은 그 손해가 발생한 때와 곳의 가액에 의하여 산정한다. 그러나 당사자 간에 다른 약정이 있는 때에는 그 신품가액에 의하여 손해액을 산정할 수 있다.
3) 전손시 협정보험가액 : 기평가보험에서 당사자 간에 보험가액을 정한 때에는 그 가액은 사고발생시의 가액으로 정한 것으로 추정한다. 그러나 그 가액이 사고발생시의 가액을 현저하게 초과할 때에는 사고발생시의 가액을 보험가액으로 한다.
4) 손해방지비용 : 보험계약자와 피보험자는 손해의 방지와 경감을 위하여 노력하여야 한다. 그러나 이를 위하여 필요 또는 유익하였던 비용과 보상액이 보험금액을 초과한 경우라도 보험자가 이를 부담한다.
5) 손해보험의 정액형 상품 : 상금보험이나 방어비용 등 해당 보험금 지급요건이 충족되면 실제 소요비용에 상관없이 보험금이 지급되므로 이득이 발생할 수도 있으므로 실손보상의 예외가 된다.

③ 손해보험의 종류

(1) 상법상 손해보험의 종류

화재보험, 운송보험, 해상보험, 책임보험, 자동차보험, 보증보험

(2) 전통적인 손해보험

화재보험, 운송보험, 해상보험

(3) 상해보험은 인보험에 속하지만 손해보험의 한 상품으로 분류된다.

02 손해보험의 요소

① 피보험이익(보험계약의 목적)

(1) 의의

피보험이익이란 보험사고가 발생함으로써 피보험자가 손해를 입을 염려가 있는 경제적 이익으로 손해보험에서만 존재하는 특유의 요소이다. 상법 668조에서는 피보험이익을 보험계약의 목적이라고 하여 보험계약은 금전으로 산정할 수 있는 이익에 한정하고 있다.

손해보험계약은 피보험자에게 보험사고로 인하여 어떤 이익을 주려는 제도가 아니라 현실적으로 발생한 손해를 보상하려는 것이 목적이므로 손해의 보상도 피보험이익의 범위로 제한되는 것이다.

(2) 보험의 목적과의 구별

1) 피보험이익(보험계약의 목적)
   보험의 목적에 대하여 가지고 있는 경제적 이해관계
2) 보험의 목적 : 보험계약의 대상인 재화
3) 보험의 목적과 피보험이익의 차이
   동일한 목적에 대하여 경제적 이해관계가 다름에 따라 수개

2회 기출문제

손해보험계약에 관한 설명으로 옳은 것은?

① 피보험이익은 반드시 금전으로 산정할 수 있어야 하는 것은 아니다.
② 보험사고로 인하여 상실된 피보험자가 얻을 이익은 당사자 간에 다른 약정이 없으면 보험자가 보상할 손해액에 산입한다.
③ 피보험이익은 보험의 목적을 의미한다.
④ 보험자는 보험의 목적인 기계의 자연적 소모로 인한 손해에 대하여는 보상책임이 없다.

▶ ④

2회 기출문제

손해보험에 관한 설명으로 옳은 것은?

① 집합된 물건을 일괄하여 보험의 목적으로 한 때에는 그 목적에 속한 물건이 보험기간 중 수시로 교체된 경우에도 보험사고의 발생 시에 현존하는 물건은 보험의 목적에 포함된 것으로 한다.
② 보험계약자는 불특정의 타인을 위하여는 보험계약을 체결할 수 없다.
③ 손해가 피보험자와 생계를 같이 하는 가족의 고의로 인하여 발생한 경우에 보험금의 전부를 지급한 보험자는 그 지급한 금액의 한도에서 그 가족에 대한 피보험자의 권리를 취득하지 못한다.
④ 타인을 위한 보험에서 보험계약자가 보험료의 지급을 지체한 때에는 그 타인이 그 권리를 포기하여도 그 타인은 보험료를 지급하여야 한다.

▶ ①

1회 기출문제

손해보험계약에서의 피보험이익에 관한 설명으로 옳지 않은 것은?

① 피보험이익은 보험의 도박화를 방지하는 기능이 있다.
② 피보험이익은 적법한 것이어야 한다.
③ 피보험이익은 보험자의 책임범위를 정하는 표준이 된다.
④ 동일한 건물에 대하여 소유권자와 저당권자는 각자 독립한 보험계약을 체결할 수 없다.

▶ ④

의 피보험이익이 있을 수 있고, 피보험이익이 다르면 동일한 목적물에 대한 보험계약이라도 별개의 보험 계약이 된다.

(3) 피보험이익의 기능

1) 피보험이익의 성립요건
   ① 경제적 이익 : 피보험이익은 금전으로 산정할 수 있는 것이어야 한다. 금전으로 산정할 수 있다는 것은 객관적 평가가 가능하다는 것이고 경제적 이익이 될 수 있는 한 그것이 법률상 관계이든, 적극적이든, 소극적이든, 현실적 손해이든, 상실이익이든 묻지 않는다.
   ② 적법한 이익 : 피보험이익이 법률적 보호를 받을 수 있는 것이어야 한다. 피보험이익의 적법성은 객관적인 표준에 따라야 하고 그것이 선의이든 악의이든 불문한다.
   ③ 확정적 이익 : 피보험이익은 보험계약 체결당시에 그 존재 및 소속이 확정되어 있거나 적어도 사고발생시까지는 확정할 수 있는 것이어야 한다. 이익이 확정될 수 있으면 현재의 이익뿐만 아니라 장래의 이익이든 조건부 이익이든 보험계약의 목적으로 할 수 있다.

> **상법 제687조(포괄보험)**
> 집합된 물건을 일괄하여 보험의 목적으로 한 때에는 그 목적에 속한 물건이 보험기간 중에 수시로 교체된 경우에도 보험사고의 발생시에 현존한 물건은 보험의 목적에 포함된 것으로 한다.

> **상법 제689조제2항(희망이익보험)**
> 운송물의 도착으로 인하여 얻을 이익은 약정이 있는 때에 한하여 보험가액 중에 산입한다.

2) 피보험이익의 기능
   ① 보험자의 책임범위 결정
      손해보험은 피보험이익이 생긴 손해를 보상할 목적으로 하므로 보험자의 보상 책임은 피보험이익의 가액을 최고한도로 한다.
   ② 보험의 도박화, 인위적 위험, 초과보험의 방지
      보험사고의 발생 시에 피보험자는 피보험이익의 평가액을 한도로 보상받을 수 있으므로 인위적인 위험초래를 통한

이익을 방지할 수 있다. 또한 보험은 불로소득이 아니므로 초과보험이나 중복보험은 인정하지 않는다.

③ 일부보험의 보상액 결정기준

일부보험에서 보험자의 보상액은 보험금액의 보상가액에 대하여 비율에 따라 보상한다.

④ 보험계약의 동일성을 구별하는 기준

보험계약에서 피보험이익의 구별을 통해 보험계약의 동일성을 구별할 수 있다. 피보험이익이 다르면 동일한 보험의 목적에 수개의 보험계약을 체결할 수 있다.

[판례] 특정 건물에 대하여 소유권자와 저당권자가 각각 화재보험계약을 체결하였어도 양자의 피보험이익이 다른 이상 두 개의 보험계약은 중복보험이 아니다.

(4) 피보험이익의 구성

1) 소유자 이익

보험의 목적의 소유자가 그 재화에 대하여 가지는 이익으로써 그 재화를 처분함으로써 얻을 수 있는 교환가치를 말한다.

2) 담보이익

보험의 목적에 대하여 저당권, 질권, 유치권 등을 소유하는 이익을 말한다. 담보권자는 자기의 채권의 금액을 한도로 단독으로 부보할 수 있다.

3) 사용이익

보험의 목적에 대한 사용가치에 대한 이익이다. 사용이익은 보험의 목적에 대한 소유여부를 불문하고, 그것이 법률관계에 근거하든 사실관계에 근거하든 불문한다.

4) 수익이익

사용이익이란 보험의 목적인 물건을 소유하여 얻는 자체의 이익이다. 임대료, 용선료 등과 가득이익 즉 보험의 목적인 물건에 대하여 용역을 제공하는 자가 그 물건이 무사함으로써 얻는 이익(선원의 급료, 도착할 재물의 매매를 중개하는 자의 수수료 등)도 포함한다.

5) 대상이익

대상이익이란 어느 대상을 취득하기 위하여 미리 지출된 비

1회 기출문제

손해보험에 관한 설명으로 옳지 않은 것은?

① 보험의 목적의 성질 및 하자로 인한 손해는 보험자가 보상할 책임이 있다.

② 피보험이익은 적어도 사고발생시까지 확정할 수 있는 것이어야 한다.

③ 보험자가 손해를 보상할 경우에 보험료의 지급을 받지 않은 잔액이 있으면 이를 공제할 수 있다.

④ 경제적 가치를 평가할 수 있는 이익은 피보험이익이 된다.

▶ ①

용이 있는 경우 보험사고로 인하여 그 대상의 취득이 방해 받는데 대한 피보험이익이다.(운송화물의 증가가치를 취득할 목적으로 하주가 지출하는 운임)

6) 비용이익

예를 들어 신가보험에서 재축 또는 재조달가액과 시가와의 차액부분이 비용이익이다.

7) 책임이익

어떤 사실의 발생으로 피보험자가 제3자에 대하여 손해를 입혔을 경우 제3자에게 재산적 급부를 하게 되는 피보험이익이다.

8) 희망이익

희망이익이란 화물이 목적지에 무사히 도착하는 것에 의해 얻어지는 이익이다. 기대이익 또는 상상이익이라고도 한다. 화물이 목적지에 도착하면 희망할 수 있는 이익이다. 불확실한 미래의 사고로부터 재산상의 손해를 보상받을 수 있는 피보험 이익의 하나이다.

② 보험가액과 보험금액

(1) 의의

1) 보험가액

보험가액이란 손해보험에 있어서 피보험이익의 금전적 평가액(예, 건물의 가액)을 말한다. 이는 보험자가 보상해야 할 법률상의 최고한도이다.

2) 보험금액

보험금액이란 보험사고가 발생하면 보험자가 지급하기로 하는 보험자의 책임의 계약상 최고한도를 말한다.

[판례] 교통사고 피해자가 보험자로부터 사고로 인한 보험금을 수령하였음에도 보험사업자로부터 또다시 피해보상금을 수령한 것을 원인으로 한 위 보험자의 피해자에 대한 부당이득반환청구권의 소멸시효기간은 10년이다.

(2) 보험가액과 보험금액의 관계

① 보험가액과 보험금액이 일치하는 보험계약은 '전부보험'
② 보험금액이 보험가액을 현저히 초과하는 경우는 '초과보험'
③ 보험가액보다 보험금액이 적은 보험계약은 '일부보험'

(3) 보험가액의 결정(미평가보험과 기평가보험)

1) 의의

손해보험계약은 보험사고로 인한 피보험이익상의 손해를 보상하는 계약이다. 피보험 이익의 평가액이 보험가액이다. 문제는 보험가액이 보험기간 중에 변동하므로 당사자 간에 다툼의 소지가 있어서 상법상 평가에 대한 규정이 중요하다.

2) 미평가보험

① 의의

당사자 간에 보험가액 즉 피보험이익의 가액을 미리 정하지 아니한 때에는 사고발생시의 가액을 보험가액으로 한다. 이때는 보험금액이 보험가액으로 되지 않는다.

② 보험가액 불변주의

일반적으로 보험기간이 짧고 시간적으로 보험가액의 변동이 적으며 손해발생의 때와 장소를 결정하기 어려운 해상, 운송보험에서는 평가가 용이한 시점의 가액을 표준으로 전 보험기간을 통하여 보험가액으로 정하고 있는데 이것을 보험가액불변주의라 한다.

보험가액불변주의를 채택하면 보험가액에 문제가 생기더라도 그 진실한 가액 여하에도 불구하고 언제나 평가가 용이한 시점의 가액을 기준으로 삼기 때문에 분쟁의 여지가 적고 보험료산정이 용이하다.

③ 상법상 운용

㉠ 초과보험 : 초과보험의 보험가액은 계약당시의 가액에 의하여 정한다.(상법 제669조 제2항)

㉡ 선박보험 : 선박의 보험에 있어서는 보험자의 책임이 개시될 때의 선박가액을 보험가액으로 한다.(상법 제696조 제1항)

㉢ 적하보험 : 적하의 보험에 있어서는 선적한 때와 곳의

1회 기출문제

보험가액에 관한 설명으로 옳은 것은?

① 보험자의 계약상의 최고보상한도로서의 의미를 가진다.
② 일부보험은 어느 경우에도 보험자가 보험가액을 한도로 실제손해를 보상할 책임을 진다.
③ 피보험이익을 금전으로 평가한 가액을 의미한다.
④ 보험가액은 보험금액과 항상 일치한다.

▶ ③

6회 기출문제

보험가액에 관한 설명으로 옳지 않은 것은?

① 당사자간에 보험가액을 정한 때에는 그 가액은 사고발생시의 가액으로 정한 것으로 추정한다.
② 당사자간에 정한 보험가액이 사고발생시의 가액을 현저하게 초과할 때에는 그 원인에 따라 당사자 간에 정한 보험가액과 사고발생시의 가액 중 협의하여 보험가액을 정한다.
③ 상법상 초과보험을 판단하는 보험계약의 목적의 가액은 계약당시의 가액에 의하여 정하는 것이 원칙이다.
④ 당사자간에 보험가액을 정하지 아니한 때에는 사고발생시의 가액을 보험가액으로 한다.

▶ ②

적하의 가액과 선적 및 보험에 관한 비용을 보험가액으로 한다.(상법 제697조)
- ㉣ 희망이익보험 : 적하의 도착으로 인하여 얻을 이익 또는 보수의 보험에 있어서는 계약으로 보험가액을 정하지 아니한 때에는 보험금액을 보험가액으로 한 것으로 추정한다.(상법 제698조)
- ㉤ 운송보험 : 운송물의 보험에 있어서는 발송한 때와 곳의 가액과 도착지까지의 운임 기타의 비용을 보험가액으로 한다.(상법 제689조 제1항)

3) 기평가보험
① 의의
기평가보험이란 보험계약체결 당시에 당사자 간에 보험가액을 정한 것을 말한다. 그 가액은 사고발생시의 가액으로 정한 것으로 추정한다. 그러나 이득금지 원칙상 협정가액이 사고발생시의 가액을 현저히 초과한 경우에는 사고발생시의 가액을 보험가액으로 하도록 상법은 규정하고 있다. (상법 제670조 단서)
[판례-입증책임] 보험자는 협정보험가액이 사고발생시의 가액을 현저하게 초과한다는 점에 대한 입증책임을 진다.

② 보험증권상의 기재
보험증권 상에 보험가액의 기재가 된 것을 기평가보험증권이라 한다. 손해보험계약에서 기평가보험의 보험가액에 대한 합의는 명시적이어야 한다.

③ 상법상의 운용
- ㉠ 기평가보험 : 당사자 간에 보험가액을 정한 때에는 그 가액은 사고발생시의 가액으로 정한 것으로 추정한다. 그러나 그 가액이 사고발생시의 가액을 현저하게 초과할 때에는 사고발생시의 가액을 보험가액으로 한다.(상법 제670조)
- ㉡ 초과보험 : 사전에 초과된 기평가금액이 현저하게 초과된 경우 '현저하게'란 의미는 거래의 통념에 따른 객관적인 표준에 따르고, 이 경우 보험계약에 사기의 목적이 있을 때에는 그 계약 전체를 무효로 한다.(상법 제670조, 제669조 제4항)

1회 기출문제

기평가보험과 미평가보험에 관한 설명으로 옳지 않은 것은?

① 기평가보험이란 보험계약 체결시 당사자 간에 피보험이익의 평가에 관하여 미리 합의한 보험을 말한다.
② 기평가보험의 경우 당사자 간에 보험가액을 정한 때에는 그 가액은 사고발생시의 가액으로 정한 것으로 추정한다.
③ 기평가보험의 경우 협정보험가액이 사고발생시의 가액을 현저하게 초과할 때에는 협정보험가액을 보험가액으로 한다.
④ 보험계약체결시 당사자 간에 보험가액을 정하지 아니한 경우에는 사고발생시의 가액을 보험가액으로 한다.

➡ ③

③ 초과보험

(1) 의의
초과보험이란 보험금액이 보험가액을 현저하게 초과한 보험을 말한다.

(2) 상법상 규정(상법 제669조)
1) 보험금감액청구
   보험금액이 보험계약의 목적의 가액을 현저하게 초과한 때에는 보험자 또는 보험계약자는 보험료와 보험금액의 감액을 청구할 수 있다. 그러나 보험료의 감액은 장래에 대하여서만 그 효력이 있다. 또한 물가의 하락 등으로 보험가액이 보험기간 중에 현저하게 감소된 때에도 감액청구가 가능하다.
2) 보험가액의 산정시기
   보험가액은 계약당시의 가액에 의하여 정한다.
3) 보험계약자의 사기에 의한 보험계약의 체결
   보험계약이 보험계약자의 사기로 인하여 초과보험이 체결된 때에는 그 계약은 무효로 한다. 그러나 보험자는 그 사실을 안 때까지의 보험료를 청구할 수 있다.

(3) 유형
1) 단순 초과보험 : 당사자가 선의인 경우
   초과보험이라는 사실에 대하여 당사자가 선의인 경우 보험자 또는 보험계약자는 보험료와 보험금액의 감액청구를 할 수 있다. 이는 형성권이며 장래에 향하여 효력이 있다.
2) 사기적 초과보험 : 보험계약자의 사기에 의해 체결된 경우
   ① 전부무효 : 보험계약자의 사기로 인해 초과보험이 체결된 때에는 그 계약은 전부 무효로 한다. 무효에 대한 입증책임은 보험자가 부담한다.
   ② 보험료의 청구 : 보험자는 초과보험의 사실을 안 때까지의 보험료를 청구할 수 있다.

2회 기출문제

손해보험계약에서의 보험가액에 관한 설명으로 옳지 않은 것은?

① 초과보험에서 보험가액은 계약당시의 가액에 의하여 정한다.
② 일부보험이란 보험가액의 일부를 보험에 붙인 경우를 말한다.
③ 당사자 간에 보험가액을 정하지 아니한 때에는 사고발생시의 가액을 보험가액으로 한다.
④ 기평가보험에서의 보험가액이 사고발생시의 가액을 현저하게 초과할 때에는 계약당시에 정한 보험가액으로 한다.

▶ ④

❹ 중복보험

(1) 의의

중복보험이란 피보험이익이 동일하고 보험사고와 보험기간을 공통으로 하는 보험계약을 체결한 경우 수인의 보험자와 수개의 손해보험계약이 병존하는 것을 말한다. 우리 상법은 보험계약의 체결시기와 관련하여 동시·이시를 불문한다.

> **상법 제672조(중복보험)**
>
> 동일한 보험계약의 목적과 동일한 사고에 관하여 수개의 보험계약이 동시에 또는 순차로 체결된 경우에 그 보험금액의 총액이 보험가액을 초과한 때에는 보험자는 각자의 보험금액의 한도에서 연대책임을 진다. 이 경우에는 각 보험자의 보상책임은 각자의 보험금액의 비율에 따른다.
> [판례] 건물임차인인 창고업자와 건물소유자가 각각 화재보험계약을 체결하더라도 피보험이익이 달라서 중복보험이 아니다.

(2) 유형

1) 초과중복보험
   수개의 보험계약의 보험금액의 합계가 보험가액을 초과하는 경우
2) 병존보험
   수개의 보험의 보험금액 총액이 보험가액에 미달하거나 일치하는 경우

(3) 단순 중복보험의 효과

1) 보험자의 보상책임
   ① 연대책임주의
      각각의 보험자는 각자의 보험금액 한도에서 연대책임을 진다. 만약 한 쪽의 보험자가 이행하지 않더라도 다른 쪽 보험자가 보험금액 한도에서 보상할 책임을 지며, 보상 후에는 한 쪽의 보험자에게 구상권을 가진다.
   ② 비례보상주의
      보험자 각자의 보상책임은 보험금액의 비율에 따라서 결정된다.

1회 기출문제

중복보험에 관한 설명으로 옳은 것을 모두 고른 것은?

ㄱ. 중복보험계약이 동시에 체결된 경우든 다른 때에 체결된 경우든 각 보험자는 각자의 보험금액의 한도에서 연대책임을 진다.
ㄴ. 중복보험의 경우 보험자 1인에 대한 권리의 포기는 다른 보험자의 권리의무에 영향을 미치지 않는다.
ㄷ. 중복보험계약이 보험계약자의 사기로 인하여 체결된 때에는 그 계약은 무효가 되므로 보험자는 그 사실을 안 때까지의 보험료를 청구할 수 없다.

① ㄱ, ㄴ
② ㄱ, ㄷ
③ ㄴ, ㄷ
④ ㄱ, ㄴ, ㄷ

▶ ①

2) 보험자 1인에 대한 권리의 포기(예, 보험자가 2명인 경우)
   피보험자가 연대책임을 지는 2인의 보험자 중 1명으로부터 보험금액을 지급받은 후 지급하지 않은 1인에 대하여 권리를 포기하더라도 지급한 1인의 구상권에는 영향이 없다.
3) 보험계약자의 다수계약 통지의무
   중복보험의 경우 보험계약자는 각 보험에 대하여 각 보험계약의 내용을 통지하여야 한다.
   [판례-통지의무의 해태] 통지의무를 해태했다 하여 사기적 중복보험이라고 할 수는 없고, 보험자는 고지의무 위반을 이유로 보험계약을 해지할 수 있을 뿐이다.
4) 중복보험에 의한 초과보험시 보험금액과 보험료의 감액청구
   중복보험에 의하여 보험금액이 보험가액을 현저하게 초과한 때에는 보험자 또는 보험계약자는 보험금액과 보험료의 감액청구를 할 수 있다. 선의의 경우 보험료감액청구는 장래에 대하여만 그 효력이 있다.

(4) 사기적 중복보험의 효력

보험계약자가 보험가액을 넘어 위법하게 재산적 이익을 얻을 목적으로 체결한 중복보험계약은 무효로 한다. 다만, 보험자는 그 사실을 안 때까지의 보험료를 청구할 수 있다.

⑤ 일부보험

(1) 의의

일부보험이란 보험금액이 보험가액에 미달하는 보험을 말한다. 전부보험의 상대적 개념이다. 따라서 보험가액이 존재하지 않는 책임보험에는 일부보험이 성립될 수 없지만 재보험가액이 존재하는 재보험에는 일부보험이 성립될 수 있다.

(2) 성립요건

보험금액이 보험가액에 미달하여야 한다. 보험가액의 산정은

6회 기출문제

일부보험에 관한 설명으로 옳지 않은 것은?

① 일부보험은 보험금액이 보험가액에 미달하는 보험이다.
② 특약이 없을 경우, 일부보험에서 보험자는 보험금액의 보험가액에 대한 비율에 따라 보상할 책임을 진다.
③ 일부보험에 관하여 당사자 간에 다른 약정이 있는 때에는 보험자는 실재 발생한 손해 전부를 보상할 책임을 진다.
④ 일부보험은 당사자의 의사와 상관없이 발생할 수 있다.

▶ ③

2회 기출문제

손해보험에서 보험가액과 보험금액과의 관계에 관한 설명으로 옳지 않은 것은?

① 보험금액이 보험계약의 목적의 가액을 현저하게 초과한 때에 보험자는 보험금액의 감액을 청구할 수 있지만, 보험계약자는 보험료의 감액을 청구할 수 없다.
② 일부보험의 경우에 보험계약의 당사자들은 보험자가 보험금액의 보험가액에 대한 비율과 상관없이 보험금액의 한도 내에서 그 손해를 보상할 책임이 있다는 약정을 할 수 있다.
③ 중복보험에서 수인의 보험자 중 1인에 대하여 피보험자가 권리를 포기하여도 다른 보험자의 권리의무에 영향을 미치지 않는다.
④ 중복보험에서 보험자가 각자의 보험금액의 한도에서 연대책임을 지는 경우 각 보험자의 보상책임은 각자의 보험금액의 비율에 따른다.

▶ ①

당사자와 협정이 있으면 그에 따르고 협정이 없으면 사고발생 시의 가액에 의한다.

(3) 효과

1) 비례부담의 원칙
   일부보험의 경우 보험자는 보험금액의 보험가액에 대한 비율에 따라 책임을 진다.
   ① 보험목적의 전부멸실 : 보험자는 협정한 보험금액을 지급하면 족하다.
   ② 보험목적의 일부멸실 : 비례부담의 원칙에 따라 보험자가 보험금액의 보험가액에 대한 비율에 따라 손해를 보상하는 것을 원칙으로 한다. 즉 손해액의 일부분만 보험자의 보상액이 되고 그 나머지는 피보험자가 부담한다.

2) 실손보상계약(제1차 위험보험)
   일부보험의 경우 당사자 간의 특약으로 일부 멸실의 경우 보험금액의 범위 내에서 전부보험과 마찬가지로 손해액의 전부를 보상하기로 약정할 수 있다. 보험자는 비례보상의 책임이 아니라 보험금액에 달하기까지 전부 보상한다.

3) 부보비율 조건부 실손보상
   보험계약의 당사자 간에 보험금액을 보험자가 요구하는 일정비율에 맞는 금액으로 설정했을 때는 실손보상(제1차 위험보험)을 한다.

2회 기출문제

일부보험에 있어서 일부손해가 발생하여 비례보상원칙을 적용한 결과에 관한 설명으로 옳지 않은 것은?

① 손해액은 보험가액보다 적다.
② 보험가액은 보상액보다 크다.
③ 보상액은 손해액보다 적다.
④ 보험금액은 보험가액보다 크다.

➡ ④

1회 기출문제

일부보험에 관한 설명으로 옳지 않은 것은?

① 보험금액이 보험가액보다 작아야 한다.
② 다른 약정이 없으면 보험자는 보험금액의 보험가액에 대한 비율에 따라 보상책임을 진다.
③ 특약이 없는 경우 보험기간 중에 물가 상승으로 보험가액이 증가한 때에는 일부보험으로 판단하지 않는다.
④ 다른 약정이 없으면 손해방지비용에 대해서도 비례보상주의를 따른다.

➡ ③

03 손해보험의 효과

❶ 보험자의 손해보험금 지급의무

(1) 요건

1) 보험계약의 존재 : 당사자 간의 유상·쌍무계약이 존재해야 한다.
2) 보험기간 내에 사고가 발생
   보험계약의 체결 당시에 이미 보험사고가 발생한 것을 당사자 쌍방과 피보험자가 알지 못한 경우와 보험사고는 보험기간 안에 발생하였으나 손해가 보험기간 후에 발생하여도 보험자는 책임을 진다.
3) 보험사고로 인해 피보험자에게 재산상의 손해가 발생
   보험사고와 재산상의 손해는 상당 인과관계에 있는 것이어야 한다.
   * 보험자의 면책사유
     ① 고의·중과실로 인한 사고(상법 제659조)
        보험사고가 보험계약자 또는 피보험자나 보험수익자의 고의 또는 중대한 과실로 인하여 생긴 때에는 보험자는 보험금액을 지급할 책임이 없다.
     ② 전쟁 등으로 인한 사고(상법 제660조)
        보험사고가 전쟁 기타의 변란으로 인하여 생긴 때에는 당사자 간에 다른 약정이 없으면 보험자는 보험금액을 지급할 책임이 없다.
     ③ 면책약관에 정한사고
     ④ 보험의 목적의 상실, 하자 또는 자연소모로 인한 손해 (상법 제678조)

(2) 손해의 보상

1) 손해액 산정
   ① 보험자가 보상할 손해액은 그 손해가 발생한 때와 곳의 가액에 의하여 산정한다. 그러나 당사자 간에 다른 약정이 있는 때에는 그 신품가액에 의하여 손해액을 산정할 수 있

2회 기출문제

손해보험에 있어서 보험사고와 보험금 지급에 관한 설명으로 옳지 않은 것은?

① 피보험자는 보험사고의 발생을 안 때에는 지체 없이 보험자에게 그 통지를 발송하여야 한다.
② 보험자는 보험금액의 지급에 관하여 약정기간이 없는 경우는 보험사고 발생의 통지를 받은 날로부터 10일내에 피보험자 또는 보험수익자에게 보험금액을 지급하여야 한다.
③ 보험사고가 보험계약자의 중대한 과실로 인하여 생긴 때에는 보험자는 보험금액을 지급할 책임이 없다.
④ 보험사고가 전쟁으로 인하여 생긴 때에는 당사자 간에 다른 약정이 없으면 보험자는 보험금액을 지급할 책임이 없다.

▶ ②

1회 기출문제

손해보험에서 손해액을 산정하는 기준으로 옳지 않은 것은?

① 보험자가 보상할 손해액은 그 손해가 발생한 때와 곳의 가액에 의하여 산정한다.
② 다른 약정이 있으면 신품가액에 의하여 손해액을 산정할 수 있다.
③ 손해액 산정 비용은 보험계약자의 부담으로 한다.
④ 다른 약정이 없으면 보험자가 보상할 손해액에는 피보험자가 얻을 이익을 산입하지 않는다.

▶ ③

6회 기출문제

손해액의 산정에 관한 설명으로 옳은 것은?

① 보험자가 보상할 손해액은 그 손해가 발생한 때와 곳의 가액에 의하여 산정하는 것이 원칙이다.
② 손해액 산정에 관하여 당사자 간에 다른 약정이 있는 때에는 신품가액에 의하여 산정할 수 있다.
③ 특약이 없는 한 보험자가 보상할 손해액에는 보험사고로 인하여 상실된 피보험자가 얻을 이익이나 보수를 산입 하지 않는다.
④ 손해액 산정에 필요한 비용은 보험자와 보험계약자가 공동으로 부담한다.

➡ ④

2회 기출문제

손해보험에서 손해액 산정에 관한 설명으로 옳은 것은?

① 당사자 간에 다른 약정이 없으면 보험자가 보상할 손해액은 그 손해가 발생한 때와 곳의 가액에 의한다.
② 손해가 발생한 때와 곳의 가액보다 신품가액이 작은 경우에는 당사자 간에 다른 약정이 없으면 신품가액에 따라 손해액을 산정하여야 한다.
③ 손해액의 산정에 관한 비용은 보험계약자의 부담으로 한다.
④ 보험사고로 인하여 상실된 피보험자의 보수는 당사자 간에 다른 약정이 없으면 보험자가 보상할 손해액에 산입한다.

➡ ①

다.
② 기평가보험(해상·운송보험)의 경우 협정보험가액 또는 일정 시점가액을 기준으로 산정한다.
③ 손해액의 산정에 관한 비용은 보험자의 부담으로 한다.

2) 손해보상의 방법
   특별한 규정이 없는 한 금전급여를 원칙으로 한다. 다만 약관에 의해 현물보상을 정한 경우에는 손해의 전부 또는 일부를 현물로 보상할 수 있다.

3) 손해보상의 범위
   ① 일반원칙 : 보험자의 손해보상범위는 보험금액 한도 내에서 피보험자가 보험사고로 입은 실손해액을 보상한다.
      ㉠ 신가보험 : 보험목적의 신조달가액을 보상
      ㉡ 손해방지비용 : 그 비용과 보상액의 합계액이 보험금액을 초과하더라도 보상
   ② 물건보험의 경우 보상범위
      ㉠ 전부보험 : 피보험자가 입은 실손해액 전부 보상
      ㉡ 일부보험 : 보험금액의 보험가액에 대한 비율, 즉 비례보상한다. 실손보상제를 채택한 경우에는 보험금액의 한도 내에서 실손해액의 전부를 보상한다.
      ㉢ 초과보험 : 보험가액을 한도로 실손해액 전부를 보상한다.
      ㉣ 중복보험 : 각 보험자의 보험금액의 비율에 따라 보험가액의 한도 내에서 보상한다.
      ㉤ 공동보험 : 보험증권상 확인된 자기 인수분을 한도로 비례 보상한다.

4) 손해보상금의 지급
   보험자는 보험금액의 지급에 관하여 약정기간이 있는 경우에는 그 기간 내에 약정기간이 없는 경우에는 제657조제1항의 통지를 받은 후 지체 없이 지급할 보험금액을 정하고 그 정하여진 날부터 10일내에 피보험자 또는 보험수익자에게 보험금액을 지급하여야 한다.

   ※ 보험사고발생의 통지의무(상법 제657조 제1항)
      보험계약자 또는 피보험자나 보험수익자는 보험사고의 발생을 안 때에는 지체 없이 보험자에게 그 통지를 발송하여

야 한다.
* 손해보상금지급의무의 소멸시효 : 3년

(3) 손해방지·경감비용

1) 손해방지와 경감의무의 이행비용
보험계약자와 피보험자는 손해의 방지와 경감을 위하여 노력하여야 하며, 이는 필요·유익한 경비로서 보험자는 보험금액과 별도로 이 경비를 부담하여야 한다.

2) 보험금액을 초과한 비용
방지와 경감을 위하여 필요 또는 유익하였던 비용과 보상액이 보험금액을 초과한 경우라도 보험자가 이를 부담한다.

(4) 보험료 체납과 보상액의 공제

보험자가 손해를 보상할 경우에 보험료의 지급을 받지 아니한 잔액이 있으면 그 지급 기일이 도래하지 아니한 때라도 보상할 금액에서 이를 공제할 수 있다.

② 보험계약자와 피보험자의 손해방지·경감의무

(1) 의의

보험계약자와 피보험자는 보험사고의 발생 시 손해의 방지와 경감을 위하여 노력하여야 한다. 보험계약자와 피보험자뿐만 아니라 이들의 대리인, 지배인 및 선장(상법 제773조)도 이 의무를 부담한다.

(2) 법적 성질

손해방지.경감의무는 법적 의무이며 보험자가 상대방에게 그 의무를 강제할 수는 없지만 그 의무위반으로 보험자가 손해를 입은 때에는 배상청구를 하거나 손해배상을 할 때 이를 공제할 수 있으므로 간접의무가 아닌 진정한 의무이다.

(3) 의무의 내용

1) 의무의 발생 시기
손해방지. 경감의무는 보험사고가 발생한 후에 인정된다.

1회 기출문제

보험자의 손해보상의무에 관한 설명으로 옳지 않은 것은?

① 손해보험계약의 보험자는 보험사고로 인하여 생길 피보험자의 재산상의 손해를 보상할 책임이 있다.
② 보험자의 보험금 지급의무는 2년의 단기시효로 소멸한다.
③ 화재보험계약의 목적을 건물의 소유권으로 한 경우 보험사고로 인하여 피보험자가 얻을 임대료수입은 특약이 없는 한 보험자가 보상할 손해액에 산입하지 않는다.
④ 신가보험은 손해보험의 이득금지원칙에도 불구하고 인정된다.

▶ ②

2회 기출문제

보험계약에 관한 설명으로 옳지 않은 것은?

① 보험계약은 그 계약 전의 어느 시기를 보험기간의 시기로 할 수 있다.
② 대리인에 의하여 보험계약을 체결한 경우에 대리인이 안 사유는 그 본인이 안 것과 동일한 것으로 한다.
③ 보험자가 손해를 보상할 경우에 보험료의 지급을 받지 아니한 잔액은 그 지급기일이 도래한 이후에만 보상할 금액에서 공제할 수 있다.
④ 보험자는 보험사고로 인하여 부담할 책임에 대하여 다른 보험자와 재보험계약을 체결할 수 있다.

▶ ③

> * 보험사고 발생 전에 사고의 발생을 방지할 수 있는 경우 보험계약자 등이 사고의 방지를 할 수 있었음에도 하지 않아 사고가 발생한 경우에는 손해방지의무와는 무관하다. 다만, 보험자는 부작위의 방식으로 행해진 고의에 의한 보험사고임을 주장하여 면책될 수 있다고 본다.

2) 일부 멸실의 경우 의무의 범위

전부 멸실만 담보한 보험계약의 경우 일부 멸실의 위험이 발생하면 이 의무는 생기지 않는다.

3) 손해방지·경감의무의 종류와 정도

손해의 발생을 방지할 뿐만 아니라 발생한 손해의 확대를 방지하는 행위까지 포함한다. 그 행위가 직접적이든 간접적이든 묻지 않으며 또한 효과적인 행위였는지도 묻지 않는다.

4) 보험자의 지시를 따를 의무

법률의 규정은 없으나 보험자가 보험사고발생의 통지를 받고 손해방지에 대한 지시를 한 경우에는 그에 따라야 할 의무가 있다고 본다.

(4) 의무해태의 효과

1) 상계 또는 공제 : 법률적으로 규정은 없으나 손해방지·경감의무를 이행하지 않은 경우 손해액을 보험자가 지급할 금액에서 상계·공제하는 것은 당연하다.

2) 고의 또는 중대한 과실로 인한 의무이행의 해태 : 손해배상청구 가능

(5) 의무이행의 효과(손해의 방지와 경감비용의 부담)

보험계약자 또는 피보험자는 보험사고의 발생시에 손해의 방지와 경감을 위하여 지출한 비용으로서 필요 또는 유익하였던 것을 손해방지비용이라고 하며 이는 언제나 보험자가 전액을 부담한다.

[판례] 책임유무가 판명되지 않는 상태에서 지출한 긴급구호비용도 보험자가 부담하는 것으로 해석한다.

1회 기출문제

보험계약자 및 피보험자의 손해방지의무에 관한 설명으로 옳지 않은 것은?

① 손해의 방지와 경감을 위하여 노력하여야 한다.
② 손해방지와 경감을 위하여 필요 또는 유익하였던 비용과 보상액이 보험금액을 초과한 경우 보험자가 이를 부담한다.
③ 보험사고 발생을 전제로 하므로 보험사고가 발생하면 생기는 것이다.
④ 보험자가 책임을 지지 않는 손해에 대해서도 손해방지의무를 부담한다.

▶ ④

③ 보험자 대위

(1) 의의

보험자 대위란 보험사고로 인한 피보험자의 손해를 보상해 준 보험자가 보험금을 지급한 경우에 그 피보험자 또는 보험계약자가 보험의 목적(잔존물 대위)이나 제3자에 대하여 가지는 권리(청구권 대위)를 법률상 당연히 취득하는 것을 말한다. 따라서 대위의 요건이 충족되면 당사자의 의사표시와 관계없이 당연히 권리가 보험자에게 이전된다.

보험자 대위는 인보험에서는 금지되지만 상해보험의 경우 특약이 있을 때 보험자가 피보험자의 권리를 해하지 아니한 범위 내에서 인정되고 있다.(상법 제729조 단서)

(2) 근거

손해보상계약은 보험사고로 인하여 피보험자에게 어떤 이득을 주려는 것이 아닌 손해의 보상만을 목적으로 하기 때문에 이중의 이득을 방지하기 위한 것이다(손해보상 계약성).

정책적 견지에서 보험계약자의 사고유발이나 도박화 위험을 방지하기 위한 수단으로 인정하기도 한다(정책성).

(3) 보험의 목적에 대한 보험자 대위(잔존물 대위)

1) 의의

보험의 목적이 전부 멸실한 경우 보험금액 전부를 지급한 보험자가 그 목적에 대한 피보험자의 권리를 법률의 규정에 의하여 당연히 취득하는 제도

ex) 화재보험의 목적인 건물이 전소 된 후에 석재의 조형물이 남은 경우 보험자가 보험금액의 전부를 지급하면 원래는 피보험자의 소유이던 그 조형물에 대한 권리를 보험자가 당연히 취득하게 된다.

2) 요건

① 보험목적의 전부멸실이어야 한다.
② 보험금액의 전부지급 : 전부지급이란 피보험자가 보험의 목적에 입은 손해뿐만 아니라 보험자가 부담하여야 하는 손해방지비용가지 지급한 것을 말한다.

6회 기출문제

보험목적에 관한 보험대위(잔존물대위)와 설명으로 옳지 않은 것은?

① 일부보험에서도 보험금액의 보험가액에 대한 비율에 따라 잔존물 대위권을 취득할 수 있다.
② 잔존물대위가 성립하기 위해서는 보험목적의 전부가 멸실하여야 한다.
③ 피보험자는 보험자로부터 보험금을 지급받기 전에는 잔존물을 임의로 처분할 수 있다.
④ 잔존물에 대한 권리가 보험자에게 이전되는 시점은 보험자가 보험금액을 전부 지급하고, 물권변동 절차를 마무리한 때이다.

▶ ④

1회 기출문제

잔존물 대위에 관한 설명으로 옳은 것은?

① 보험의 목적 일부가 멸실한 경우 발생한다.
② 보험금액의 전부를 지급하여야 보험자가 잔존물 대위권을 취득할 수 있다.
③ 일부보험의 경우에는 잔존물 대위가 인정되지 않는다.
④ 보험자는 잔존물에 대한 물권변동의 절차를 밟아야 대위권을 취득할 수 있다.

▶ ②

> **2회 기출문제**
>
> 상법 제681조(보험목적에 관한 보험대위)의 내용이다. ( )에 들어갈 내용을 순서대로 올바르게 연결된 것은?
>
> > 보험의 목적의 ( )가 멸실한 경우에 보험금액의 ( )를 지급한 보험자는 그 목적에 대한 피보험자의 권리를 취득한다. 그러나 보험가액의 ( )를 보험에 붙인 경우에는 보험자가 취득할 권리는 보험금액의 보험가액에 대한 비율에 따라 이를 정한다.
>
> ① 전부 또는 일부 – 일부 – 전부
> ② 전부 – 일부 – 일부
> ③ 전부 또는 일부 – 일부 – 일부
> ④ 전부 – 전부 – 일부
>
> ➡ ④

3) 대위의 효과
　① 권리이전의 성질
　　㉠ 이전되는 권리의 내용 : 보험자는 피보험자가 보험의 목적에 대하여 가졌던 모든 권리를 취득한다.
　　㉡ 이전되는 권리의 범위 : 보험목적의 소유권뿐만 아니라 채권 등도 포함한다.
　　㉢ 권리이전의 시기 : 보험자가 보험금액을 전부 지급한 때로부터 이전한다.
　② 일부보험의 경우
　　일부보험의 경우 보험자가 보험금액의 가액에 대한 비율에 따라 보상할 책임을 지므로 보험자가 보험금액을 전부 지급한 경우 보험금액의 보험가액에 대한 비율에 따라 권리를 취득하므로 피보험자와 공유관계가 된다.
　③ 피보험자의 협조의무
　　피보험자의 손해감소를 위한 조치나 필요한 통지 등 보험자의 권리행사에 협조하여야 한다.
　④ 목적물에 대한 부담과 대위권의 포기
　　보험자가 잔존물 소유에 따른 부담의 인수로 인하여 잔존물 제거의무 등 보험자에게 불이익한 경우에는 대위권을 포기할 수 있다.

(4) 제3자에 대한 보험자대위(청구권 대위)
　1) 의의
　　① 청구권 대위
　　　손해가 제3자의 행위로 인하여 발생한 경우에 보험금을 지급한 보험자는 그 지급한 금액의 한도에서 그 제3자에 대한 보험계약자 또는 피보험자의 권리를 취득한다. 다만, 보험자가 보상할 보험금의 일부를 지급한 경우에는 피보험자의 권리를 침해하지 아니하는 범위에서 그 권리를 행사할 수 있다.
　　② 청구권 대위의 제한
　　　보험계약자나 피보험자의 청구권 대위에 따른 권리가 그와 생계를 같이 하는 가족에 대한 것인 경우 보험자는 그 권리를 취득하지 못한다. 다만, 손해가 그 가족의 고의로 인하여 발생한 경우에는 그러하지 아니하다.

③ 청구권 대위의 인정이유
  ㉠ 이중이득의 방지
    제3자의 불법행위로 인하여 보험사고가 발생한 경우 피보험자는 제3자에 대한 손해배상청구권과 보험계약에 따른 보험금청구권을 동시에 가지게 된다. 이 경우 피보험자가 이 제도를 악용할 염려가 있다.
  ㉡ 가해자인 제3자의 면책방지
    보험자가 보험금을 지급함에 따라 불법행위를 한 제3자가 면책될 수 있다.
2) 청구권대위의 요건
  ① 제3자의 행위로 인한 보험사고 발생
    * 제3자에 포함되는가에 대한 판례의 태도
      ㉠ 타인을 위한 보험계약에서의 보험계약자는 제3자인가 : 인정
      ㉡ 보험계약자의 동거가족 등인 경우 그 가족은 제3자인가 : 부정(단, 고의인 경우 인정)
      ㉢ 피보험자의 과실로 보험사고 발생한 경우 피보험자는 제3자인가 : 부정
  ② 적법한 보험금의 지급
    전부 지급한 경우는 당연히 대위권을 가지지만 일부 지급한 경우에는 그 지급한 범위 내에서 대위권을 가진다.
    그러나 보험자가 보험계약에 따라 면책되거나 또는 단순히 임의로 한 지급에 지나지 않는 경우 대권을 취득하지 못한다.
  ③ 피보험자 등의 제3자에 대한 권리의 존재
    피보험자가 제3자에 대하여 손해배상청구권 등의 권리를 가져야 한다.
3) 효과
  ① 권리의 이전
    ㉠ 이전의 범위
      보험자는 지급한 보험금액의 한도에서만 제3자에 대한 권리를 취득한다. 권리를 취득하기 위한 별도의 의사표시는 필요치 않다. 제3자는 피보험자에 대한 항변으로서 보험자에 대하여 대항할 수 있고, 보험자가 대위로

취득하는 채권의 소멸시효 기간과 그 기산점은 애초에 피보험자 등이 제3자에 대하여 가지는 채권을 기준으로 판단하여야 한다.
ⓒ 보험금의 일부지급의 경우
보험자가 보상할 보험금의 일부를 지급한 경우에는 피보험자의 권리를 침해하지 아니하는 범위에서 그 권리를 행사할 수 있다.
② 피보험자에 의한 권리행사의 효과
㉠ 보험금액 지급 전의 행사
보험자가 보험금액을 지급하기 전에는 피보험자는 자유로이 제3자로부터 손해배상을 받을 수 있고 동 권리를 처분할 수도 있다. 이 경우 보험자는 자신이 제3자에게 그 권리를 행사하였더라면 취득할 수 있었던 금액만큼을 공제하고 보험금을 지급하면 된다. 즉, 보험자는 그 부분에 대하여 대위권을 행사할 수는 없다.
㉡ 보험금액 지급 후의 행사
가. 피보험자의 손해배상청구권의 포기
보험자가 피보험자에게 보험금액을 지급한 후에는 피보험자의 권리는 보험자에게 당연히 이전되므로 피보험자가 제3자에게 행사할 수 있는 권리는 존재하지 않는다.
나. 제3자의 피보험자에 대한 변제
피보험자가 보험금 수령 후에 제3자가 피보험자에게 손해배상금을 지급한 경우 지급은 무효이지만, 채권의 준점유자에 대한 변제(민법 제470조)로 유효로 취급되어 제3자의 채무는 소멸하므로 보험자는 청구권 대위의 침해를 이유로 피보험자에게 부당이득반환청구 내지는 손해배상청구권을 행사할 수 있다.(판례)

04 보험목적의 양도

① 의의

보험목적의 양도는 피보험자가 보험의 목적물을 타인에게 양도하는 것이며, 양수인은 피보험자가 가졌던 보험계약상의 권리와 의무를 승계한 것으로 추정한다.(상법 제679조 제1항) 다만, 이 규정은 인보험과 자동차보험 및 선박보험에는 적용되지 않는다.
  * 보험기간 중 자동차나 선박의 양도는 보험자의 승낙을 얻은 경우에 승계된다.

② 승계추정의 요건

(1) 보험목적이 물건일 것
집합물을 일괄하여 보험에 붙인 집합보험의 경우에는 물건의 일부를 양도하더라도 보험계약관계가 승계되지 않는다.

(2) 보험목적이 양도되었을 것
① 보험의 목적물이 물권적 양도방법에 의하여 양도되어야 한다.
② 채권계약만 있는 경우나 상속이나 합병과 같은 경우에는 본조의 양도에 포함되지 않는다.
③ 영업양도나 경락에 의한 이전은 본조에 포함된다.

(3) 양수인의 반대의사가 없을 것

③ 보험양도의 효과

(1) 대내적 효과
양도인의 권리와 의무가 양수인에게 이전된 것으로 추정한다. 즉,

> **2회 기출문제**
>
> 손해보험계약에 관한 설명으로 옳지 않은 것은?
> ① 피보험자도 손해방지의무를 부담한다.
> ② 보험자는 손해의 방지와 경감을 위하여 필요 또는 유익하였던 비용과 보상액이 보험금액을 초과하는 경우에도 이를 부담한다.
> ③ 보험목적의 양도 사실의 통지의무는 양도인만이 부담한다.
> ④ 보험자는 보험목적의 하자로 인한 손해를 보상할 책임이 없다.
>
> ➡ ③

추정될 뿐이므로 양수인의 명시적 반대의사가 있고 반대의 증명을 한 때에는 이전의 효력이 없고 그 계약은 실효된다.

1) 타인을 위한 보험계약

양수인은 피보험자의 지위를 승계하여 보험금청구권을 가지며, 위험변경증가의 통지의무, 위험유지의무, 사고발생의 통지의무, 손해방지의무를 진다.

2) 자기를 위한 보험계약

그 목적의 양도로 타인을 위한 보험계약이 되고 양수인은 피보험자의 지위뿐만 아니라 보험계약자의 지위를 승계한다.

(2) 대외적 효과

1) 통지의무와 법적 성질

보험이 양도된 경우에 양도인 또는 양수인은 보험자에 대하여 지체 없이 통지하여야 한다. 이때 보험자의 승낙을 대항요건으로 갖추어야 하는가가 문제인데 우리 상법은 보험자의 이익을 위한 취지에 불과하다고 하여 대항요건으로 보지는 않는다.

2) 통지의무위반의 효과

판례는 보험목적의 양도로 인하여 현저한 위험의 변경 또는 증가가 없는 경우에는 양도의 통지를 하지 않더라도 통지의무 위반을 이유로 당해 보험계약을 해지할 수 없다고 한다.

① 통지의무이행시의 계약관계

양도인이나 양수인의 보험의 목적을 양도한 때에는 보험자가 피보험자의 변경으로 인한 위험의 증감에 따라 보험료를 증감할 수 있고 계약을 해지할 수도 있다.

② 통지의무위반시의 효과

위험의 변경 또는 증가가 있는 경우에 한하여 보험자는 양도사실을 안 날로부터 1월내에 계약을 해지할 수 있다.

05 손해보험 계약의 변경·소멸

① 피보험이익의 소멸

(1) 원칙

피보험이익(보험계약의 목적)이 없으면 보험이 존재하지 않으므로 보험계약은 실효되어 계약관계는 종료된다.

(2) 보험자의 책임 개시 전

1) 보험계약자와 피보험자의 선의이며 중대한 과실이 없는 경우
   보험자는 수수료를 제외한 보험료를 반환하여야 한다.
2) 임의해지의 경우
   당사자 간에 다른 약정이 없는 한 보험계약자는 미경과 보험료를 청구할 수 있다.

(3) 보험자의 책임 개시 후

계약은 실효된다. 그러나 보험자는 보험료불가분의 원칙에 따라 이미 경과한 보험료는 물론 보험기간의 보험료를 반환할 필요가 없다.

② 보험목적의 양도

피보험자가 보험의 목적을 양도한 때에는 양수인은 보험계약상의 권리와 의무를 승계한 것으로 추정한다.

따라서 자기를 위한 보험계약은 타인을 위한 보험계약으로 변경되고, 양도에 대하여 양수인의 명백한 반증이 있다면 계약은 실효된다.

③ 보험가액의 변동

보험계약 당시의 보험가액이 보험기간 중 현저하게 감소하여 초과보험으로 변경된 경우 보험자와 보험계약자는 보험료와 보험금액의 감액을 청구할 수 있다. 다만, 그 청구의 효과는 장래에만 향한다.

반대로 보험계약 당시의 보험가액이 보험기간 중 현저하게 증가하여 일부보험으로 변경된 경우 보험자는 비례보상을 하거나 당사자의 약정에 따라 보상할 수도 있다.

④ 보험금청구권의 양도

(1) 의의

보험금청구권의 양도란 보험계약에 의하여 생긴 피보험자의 권리만을 양도하는 것을 말한다. 그 결과 피보험자와 보험청구권자가 달라진다.

(2) 양도의 효과

보험금청구권의 양도는 채권만의 양도이므로 피보험자는 여전히 통지의무 등 피보험자로서의 의무를 부담하며 보험금청구권이라는 채권만이 이전되게 된다.

(3) 보험사고 발생 전의 양도

보험의 목적과 피보험이익을 분리하는 것에 대하여 선량한 풍속 및 기타 사회질서에 반하지 않는 한 유효하다고 해석한다. 다만, 대항요건으로 통지 및 승낙이 필요하다.(민법 제450조)

(4) 보험사고 발생 후의 양도

이때의 청구권은 보통 채권에 불과하고 일반채권과 같이 양도, 질권 설정 등의 처분을 할 수 있다.

손해평가사 대비

제 3장 | 각종 손해보험

01 화재보험

(1) 의의

화재보험계약이란 화재로 인하여 생기는 손해를 전보(塡補)하는 보험으로서 손해보상으로서 보험금을 지급할 것을 목적으로 하는 손해보험계약이다.

화재보험의 목적물은 건물·동산 또는 집합된 물건 이외에도 교량·입목(立木)·삼림(森林) 등이 포함된다(상법 685 ·686조).

(2) 화재보험계약의 요소

1) 계약당사자

보험계약의 당사자는 보험자와 보험계약자이다.

2) 보험사고

화재보험의 보험사고는 '화재'이다. 화재란 화력의 연소 작용에 의한 재해인데 피보험자의 재산에 실질적인 발화가 요구된다. 화재로 인한 사고로부터 손해가 있어야 하는데 보험자가 보상책임을 지는 손해는 화재와 상당인과관계가 있는 모든 손해를 포함한다. 직접적인 손해뿐만 아니라 인과관계가 있는 간접손해도 포함한다.

3) 보험의 목적

상법에서는 보험의 목적으로 건물과 동산을 예시하고 있다.(상법 제685조) 그러나 이에 한정되는 것은 아니고 계약에 의해 목적의 범위를 정할 수 있다. 따라서 건물뿐만 아니라 부동산도 보험의 목적이 될 수 있다.

4) 피보험이익(보험계약의 목적)

화재보험에서 피보험이익은 동일한 목적물이라고 하더라도

2회 기출문제

화재보험에 관한 설명으로 옳지 않은 것은?

① 건물을 보험의 목적으로 한 때에는 그 소재지, 구조와 용도를 화재보험증권에 기재하여야 한다.
② 보험자는 화재의 소방에 따른 손해를 보상할 책임이 있다.
③ 보험자는 화재의 손해의 감소에 필요한 조치로 인한 손해를 보상할 책임이 있다.
④ 동산은 화재보험의 목적으로 할 수 없다.

▶ ④

2회 기출문제

화재보험에 관한 설명으로 옳지 않은 것은? (다툼이 있으면 판례에 따름)

① 화재보험에서는 일반적으로 위험 개별의 원칙이 적용된다.
② 화재가 발생한 건물의 철거비와 폐기물처리비는 화재와 상당인과관계가 있는 건물수리비에 포함된다.
③ 화재보험계약의 보험자는 화재로 인하여 생긴 손해를 보상할 책임이 있다.
④ 보험자는 화재의 소방 또는 손해의 감소에 필요한 조치로 인하여 생긴 손해에 대해서도 보상할 책임이 있다.

▶ ①

피보험자의 지위에 따라 소유자 이익, 임차인 이익, 담보권자의 이익 등이 될 수 있다. 피보험이익이 명확하지 않은 경우에는 소유자 이익으로 본다.

(3) 화재보험증권의 기재사항

화재보험증권에는 상법 제666조(손해보험증권의 기재사항)에 게기한 사항 외에 다음의 사항을 기재하여야 한다.
1) 건물을 보험의 목적으로 한 때에는 그 소재지, 구조와 용도
2) 동산을 보험의 목적으로 한 때에는 그 존치한 장소의 상태와 용도
3) 보험가액을 정한 때에는 그 가액

> **손해보험증권의 기재사항(상법 제666조)**
> 1. 보험의 목적
> 2. 보험사고의 성질
> 3. 보험금액
> 4. 보험료와 그 지급방법
> 5. 보험기간을 정한 때에는 그 시기와 종기
> 6. 무효와 실권의 사유
> 7. 보험계약자의 주소와 성명 또는 상호
> 7의2. 피보험자의 주소, 성명 또는 상호
> 8. 보험계약의 연월일
> 9. 보험증권의 작성지와 그 작성년월일

(4) 화재보험자의 손해보상책임

1) 위험의 보편성
   화재로 인하여 발생한 손해라면 그 화재의 원인 여하에 불구하고 보험자는 그 손해를 보상할 책임을 진다.
2) 화재보험의 면책사유
   ① 전쟁 기타 변란으로 인하여 생긴 화재의 손해
   보험사고가 전쟁 기타의 변란으로 인하여 생긴 때에는 당사자 간에 다른 약정이 없으면 보험자는 보험금액을 지급할 책임이 없다.(상법 제660조)
   ② 보험목적의 성질 또는 하자와 자연적 소모
   보험의 목적의 성질, 하자 또는 자연소모로 인한 손해는 보험자가 이를 보상할 책임이 없다.(상법 제678조)

2회 기출문제

손해보험증권에 반드시 기재해야 하는 사항이 아닌 것은?

① 보험의 목적
② 보험자의 설립년월일
③ 보험료와 그 지급방법
④ 무효와 실권의 사유

➡ ②

6회 기출문제

손해보험증권의 법정기재사항이 아닌 것은?

① 보험의 목적　② 보험금액
③ 보험료의 산출방법
④ 무효와 실권의 사유

➡ ③

6회 기출문제

화재보험증권에 관한 설명으로 옳은 것은?

① 화재보험증권의 교부는 화재보험계약의 성립요건이다.
② 화재보험증권은 불요식증권의 성질을 가진다.
③ 화재보험계약에서 보험가액을 정했다면 이를 화재보험증권에 기재하여야 한다.
④ 건물을 화재보험의 목적으로 한 경우에는 건물의 소재지, 구조와 용도는 화재보험증권의 법정기재사항이 아니다.

➡ ③

③ 보험계약자 또는 피보험자의 악의·중과실로 인하여 생긴 화재의 손해

보험사고가 보험계약자 또는 피보험자나 보험수익자의 고의 또는 중대한 과실로 인하여 생긴 때에는 보험자는 보험금액을 지급할 책임이 없다.(상법 제659조 제1항)

④ 특약에 의한 보험자 책임

전쟁 기타 변란으로 인하여 생긴 화재, 보험목적의 성질 또는 하자와 자연적 소모라는 사유로 인하여 생긴 손해의 경우에도 보험자가 책임을 진다는 약관은 유효하다. 또한 위 ③의 경우에도 피보험자 등이 중대한 과실이 있더라도 보험자가 책임을 진다는 특약은 유효하다. 다만, 피보험자 등의 고의로 인하여 발생한 손해는 특약이 있더라도 무효이다.

* 보통약관으로 정하고 있는 지진약관

보통 보험약관에서는 지진·분화(噴火)·폭발에 의한 화재를 면책사유로 하고 있고 이는 유효하다.

3) 화재보험자의 손해보상의 범위

보험자는 화재의 소방 또는 손해의 감소에 필요한 조치로 인하여 생긴 손해를 보상할 책임이 있다.(상법 제684조 소방 등의 조치로 인한 손해의 보상)

* 손해방지·경감을 위한 비용은 보험금액을 초과한 경우에도 보험자가 책임을 진다. 그러나 소방으로 인한 손해는 보험금액의 범위 내에서 책임을 지는 점이 다르다.

(5) 집합보험과 총괄보험

1) 집합보험

보험의 목적이 경제적으로 독립된 다수의 사람 또는 물건인 보험을 집합보험(集合保險)이라고 한다. 인보험의 경우(해상보험)에서도 볼 수 있으나, 주로 동산화재보험의 경우에 널리 이용되고 있다.

상법은 집합된 물건을 일괄하여 보험의 목적으로 한 때에는 피보험자의 가족과 사용인 물건도 보험의 목적에 포함된 것으로 하며, 이 경우에는 그 보험이 그 가족 또는 사용인을 위하여서도 체결한 것으로 보고 있다(상법 제686조). 이 경

1회 기출문제

화재보험에 관한 설명으로 옳지 않은 것은?

① 보험자는 화재로 인한 손해의 감소에 필요한 조치로 인하여 생긴 손해를 보상할 책임이 있다.
② 연소 작용에 의하지 아니한 열의 작용으로 인한 손해는 보험자의 보상 책임이 없다.
③ 화재로 인한 손해는 상당인과관계가 있어야 한다.
④ 화재 진화를 위해 살포한 물로 보험목적이 훼손된 손해는 보상하지 않는다.

▶ ④

6회 기출문제

집합보험에 관한 설명으로 옳은 것은? (다툼이 있으면 판례에 따름)

① 집합보험에서는 피보험자의 가족과 사용인의 물건도 보험 목적에 포함된다.
② 집합보험 중에서 보험의 목적이 특정되어 있는 것을 담보하는 보험을 총괄보험이라고 하며, 보험목적의 일부 또는 전부가 수시로 교체될 것을 예정하고 있는 보험을 특정보험이라 한다.
③ 집합된 물건을 일괄하여 보험의 목적으로 한 때에는 그 목적에 속한 물건이 보험기간 중에 수시로 교체된 경우에 보험사고의 발생 시에 현존한 물건에 대해서는 보험의 목적에서 제외된 것으로 한다.
④ 집합보험에서 보험목적의 일부에 대해서 고지의무 위반이 있는 경우, 보험자는 원칙적으로 계약 전체를 해지할 수 있다.

▶ ①

우 가족 또는 사용인의 물건에 관하여는 타인을 위한 보험계약을 인정한 것이라고 볼 수 있다.

2) 총괄보험

집합된 물건을 일괄하여 보험의 목적으로 한 때에는 그 목적에 속한 물건이 보험기간 중에 수시로 교체된 경우에도 보험사고의 발생 시에 현존한 물건은 보험의 목적에 포함된 것으로 한다.(상법 제687조)

* 예정보험
  예정보험이란 보험증권에 기재할 보험계약의 내용의 일부 또는 전부가 계약 당시에 확정되어 있지 않은 보험계약으로서 보험계약의 예약이 아니라 독립된 계약이다.

02 책임보험

(1) 책임보험의 개요

1) 의의

책임보험계약의 보험자는 피보험자가 보험기간 중의 사고로 인하여 제3자에게 배상할 책임을 진 경우에 이를 보상할 책임이 있다.(상법 제719조) 이는 피보험자에게 발생한 손해를 직접 보상하는 것이 아니라, 피보험자가 제3자에게 지는 배상책임을 보험자가 보상하는 간접손해의 보상이라는 점에서 일반적인 손해보험과는 다르다.

2) 책임보험의 종류

책임보험은 보험자의 보상책임을 지는 객체에 따라 신체장해배상책임보험과 재산손해배상책임보험으로, 피보험자의 대상에 따라 영업책임보험, 직업인책임보험 및 개인책임보험, 그리고 그 가입의 강제성 여부에 따라 임의책임보험, 강제책임보험으로 나눌 수 있다.

우리나라에서 시행되고 있는 강제책임보험으로서는 자동차

손해배상보장법에 의한 자동차손해배상책임보험, 화재로 인한 재해보상과 보험가입에 관한 법률에 의한 신체손해배상 특약부 화재보험, 산업재해보상보험법에 의한 산업재해보상보험 등이 있다.

3) 책임보험계약의 성질
① 손해보험성
피보험자가 보험기간 중의 사고로 인하여 제3자에게 손해배상책임을 진 경우에 보험자가 이로 인한 손해를 보상할 것을 목적으로 하는 일종의 손해보험이다.
② 재산보험성
책임보험은 특정한 물건에 발생한 손해가 아니라 피보험자의 전 재산에서 지출하게 되는 손해를 보상하는 재산보험성을 가진다.
③ 소극보험성
피보험자가 보험사고로 인하여 직접 입은 재산상의 손해를 보상하는 것이 아니고, 제3자에 대한 손해배상책임을 짐으로써 입은 이른바 간접손해를 보상할 것을 목적으로 하는 점에서 소극보험성을 가진다.

(2) 책임보험계약의 요소

1) 보험의 목적
책임보험의 목적은 특정한 재화가 아니라 피보험자가 제3자에게 지는 배상책임이며, 그 배상책임의 담보가 되는 것은 피보험자의 전재산이다. 따라서 피보험자가 제3자의 청구를 막기 위하여 지출하는 재판상의 비용도 포함된다.
영업책임보험의 경우 피보험자가 경영하는 사업에 관한 책임을 보험의 목적으로 한 때에는 피보험자의 대리인 또는 그 사업감독자의 제3자에 대한 책임도 보험의 목적에 포함된 것으로 한다.(상법 제721조)

2) 피보험이익
피보험자가 제3자에 대한 배상책임을 보험자에게 돌려 배상책임을 짐으로써 경제적 손해를 회피할 수 있는 경제적 이익이 피보험이익이다.
책임보험계약에서는 보험가액이 존재하지 않는다. 따라서

손해배상액은 보험금액과 손해액의 범위에서 결정한다. 다만, 보관자의 책임보험에서 임차인 기타 타인의 물건을 보관하는 자가 그 지급할 손해배상을 위하여 그 물건을 보험에 붙인 경우에는 그 물건의 소유자는 보험자에 대하여 직접 그 손해의 보상을 청구할 수 있어서 목적물이나 보상한도가 제한되므로 보험가액이 존재한다.

3) 보험사고
① 손해사고설(통설)
피보험자가 제3자에 대하여 배상책임을 부담하는 원인이 되는 사고가 발생한 것을 보험사고로 본다.
② 배상청구설
피보험자가 피해자인 제3자로부터 배상책임을 받는 것을 보험사고로 본다.
③ 책임부담설
피보험자가 법률상 손해배상책임을 부담하는 것을 보험사고로 본다.
④ 채무확정설
피보험자가 제3자에 대하여 부담할 채무가 확정된 것을 보험사고로 본다.

4) 피보험자의 손해배상책임
책임보험은 피보험자가 제3자에게 지는 배상책임이 전제되므로 성립하는 것이다. 이 책임은 법률상, 계약상, 불법행위, 채무불이행을 모두 포함하지만 민사상 책임의 경우 특별한 경우에 법률상 책임에 한정한다.

(3) 책임보험의 효과

1) 보험자의 의무
① 보험자의 보상의무
㉠ 보상책임의 발생요건
　가. 보험기간 중의 사고로 제3자가 사고를 입은 것
　나. 피보험자가 그 사고로 제3자에게 손해배상책임을 질 것
㉡ 면책사유
　가. 사고라고 하더라도 그것이 불가항력 또는 피해자

　　　의 자해행위로 발생한 경우에는 면책된다.
　나. 법정 및 약관면책사유가 있는 경우 면책된다.
　다. 보험사고가 보험계약자 또는 피보험자나 보험수익자의 고의 또는 중대한 과실로 인하여 생긴 때에는 보험자는 보험금액을 지급할 책임이 없다(상법 제659조 제1항). 그러나 중과실로 인한 손해를 보상책임으로 약정할 수 있다.

ⓒ 손해보상책임의 범위
　* 피보험자가 지출한 방어비용의 부담
　　가. 피보험자가 제3자의 청구를 방어하기 위하여 지출한 재판상 또는 재판 외의 필요비용은 보험의 목적에 포함된 것으로 한다. 피보험자는 보험자에 대하여 그 비용의 선급을 청구할 수 있다.
　　나. 피보험자가 담보의 제공 또는 공탁으로써 재판의 집행을 면할 수 있는 경우에는 보험자에 대하여 보험금액의 한도 내에서 그 담보의 제공 또는 공탁을 청구할 수 있다.
　　다. 가. 또는 나. 의 행위가 보험자의 지시에 의한 것인 경우에는 그 금액에 손해액을 가산한 금액이 보험금액을 초과하는 때에도 보험자가 이를 부담하여야 한다.
　* 영업책임보험의 경우
　　피보험자가 경영하는 사업에 관한 책임을 보험의 목적으로 한 때에는 피보험자의 대리인 또는 그 사업감독자의 제3자에 대한 책임도 보험의 목적에 포함된 것으로 한다.
　* 피보험자가 보험자의 동의 없이 제3자에 대하여 변제, 승인 또는 화해를 한 경우
　　보험자가 그 책임을 면하게 되는 합의가 있는 때에도 그 행위가 현저하게 부당한 것이 아니면 보험자는 보상할 책임을 면하지 못한다.
　* 보상시기
　　가. 보험자는 특별한 기간의 약정이 없으면 전항의 통지를 받은 날로부터 10일내에 보험금액을 지급하

여야 한다.
나. 보험자는 피보험자가 책임을 질 사고로 인하여 생긴 손해에 대하여 제3자가 그 배상을 받기 전에는 보험금액의 전부 또는 일부를 피보험자에게 지급하지 못한다.
② 방어의무
방어의무란 피해자가 피보험자를 상대로 소를 제기한 경우 보험자가 이를 방어해야 하는 의무이다. 이 의무를 위반하여 피보험자의 손해가 가중된 경우 보험자가 책임을 진다.
2) 피보험자의 의무
① 통지의무
㉠ 피보험자가 제3자로부터 배상청구를 받았을 때에는 지체 없이 보험자에게 그 통지를 발송하여야 한다. 피보험자가 통지를 게을리 하여 손해가 증가된 경우 보험자는 그 증가된 손해를 보상할 책임이 없다. 다만, 피보험자가 제657조제1항의 보험사고 발생의 통지를 발송한 경우에는 그러하지 아니하다.
㉡ 피보험자가 제3자에 대하여 변제, 승인, 화해 또는 재판으로 인하여 채무가 확정된 때에는 지체 없이 보험자에게 그 통지를 발송하여야 한다.
② 보험자에 대한 협조의무
보험자는 피보험자가 그 사고에 관하여 가지는 항변으로써 제3자에게 대항할 수 있다. 이 경우에 피보험자는 보험자의 요구가 있을 때에는 필요한 서류·증거의 제출, 증언 또는 증인의 출석에 협조하여야 한다.
3) 보험자와 제3자의 관계
① 의의
책임보험은 피보험자를 위한 계약이지만 보험자는 피보험자가 제3자에게 지는 재산적 급여에 대하여 손해의 보상을 하므로 손해보상목적의 한도 내에서 관계가 있다.
② 제3자에 대한 보험금의 지급
보험자는 피보험자가 책임을 질 사고로 인하여 생긴 손해에 대하여 제3자가 그 배상을 받기 전에는 보험금액의 전부 또는 일부를 피보험자에게 지급하지 못한다.

제3자는 피보험자가 책임을 질 사고로 입은 손해에 대하여 보험금액의 한도 내에서 보험자에게 직접 보상을 청구할 수 있다.

③ 보험자의 항변과 통지의무

제3자가 보험자에게 직접 보상을 청구하는 경우 보험자는 피보험자가 그 사고에 관하여 가지는 항변으로써 제3자에게 대항할 수 있다.

보험자가 제3자로부터 직접 청구를 받은 때에는 지체 없이 피보험자에게 이를 통지하여야 한다.

④ 소멸시효

보험금청구권은 3년간 행사하지 않으면 시효로 소멸한다. 또한 보험금청구의 전제가 되는 채권이 소멸시효로 소멸해도 보험금청구권은 소멸한다.

(4) 영업책임보험

1) 의의

피보험자가 경영하는 사업에 관한 책임을 보험의 목적으로 한 때에는 피보험자의 대리인 또는 그 사업감독자의 제3자에 대한 책임도 보험의 목적에 포함된 것으로 한다.

2) 보험의 목적

피보험자의 배상책임과 피보험자의 대리인 또는 사업감독자의 제3자에 대한 책임이 보험의 목적이다.

(5) 보관자책임보험

임차인 기타 타인의 물건을 보관하는 자가 그 지급할 손해배상을 위하여 그 물건을 보험에 붙인 경우에는 그 물건의 소유자는 보험자에 대하여 직접 그 손해의 보상을 청구할 수 있다. 이때 피보험자는 타인의 물건을 보관하는 보관자 자신이며 보관자가 자신을 위하여 보험계약을 체결해야 한다.

03 재보험

(1) 의의

보험계약상의 책임의 전부 또는 일부를 다른 보험자에게 인수(引受)시키는 보험

이 경우 제1의 보험자를 원보험자(原保險者) 또는 원수보험자(元受保險者)라고 하며, 다음 보험자를 재보험자라고 한다.

(2) 재보험의 기능

재보험은 혼자서 부담하기 어려운 다액의 보험계약을 하였을 경우, 위험분산이 불충분한 경우 등에 보험자가 지는 위험을 다시 분산시키는 것이다.

① 재보험은 보험자의 인수능력을 증가시킨다.
② 재보험은 대형재해로부터 보험자를 보호하는 역할을 한다.
③ 재보험은 수익의 안정성을 가져 올 수 있다.
④ 재보험은 미경과보험료 적립금에 대한 재정적 부담을 감소시킨다.

(3) 원보험과 재보험

① 원보험자는 재보험에 의하여 재보험자에게 위험을 전가시킬 수 있고, 원보험료와 재보험료와의 차액을 이득할 수 있다.
② 원보험과 재보험과는 전혀 별개의 독립적인 계약이며, 재보험 자체는 원보험이 무엇이냐에 구애됨 없이 책임보험(責任保險)이므로 책임보험에 관한 규정이 적용된다(상법 제661조).
③ 경제적으로는 원보험과 동질적인 성격을 가지고 있으며, 법률적으로도 원보험에 있어서의 특징이 재보험에 반영되는 일이 있다.

1회 기출문제

재보험계약에 관한 설명으로 옳지 않은 것은?

① 재보험계약은 원보험계약의 효력에 영향을 미치지 않는다.
② 화재보험에 관한 규정을 준용한다.
③ 재보험자의 제3자에 대한 대위권 행사가 인정된다.
④ 보험계약자의 불이익변경금지원칙은 적용되지 않는다.

➡ ②

04 보증보험

(1) 의의

매매·고용·도급 기타 계약에서 채무불이행에 의하여 채권자가 입게 되는 손해를 전보(塡補)하는 보험

채무자를 보험계약자, 채권자를 피보험자로 하는 손해보험의 일종인데, 내용적으로는 미국의 본드(bond:보증계약)와 같은 효과를 목적으로 한 것이다. 신원보증보험의 경우 종래에는 피용자를 개별적으로 다루는 개별보증의 형식을 취하였으나, 근래에는 다음과 같은 단체보험의 형식을 취하는 경향이 있다.

1) 일람표(一覽表)보증

일람표에 피보험자인 피용인의 성명·인원·보험금액 등을 기입하고 인사이동의 경우에는 이를 수정한다.

2) 포괄보증

은행을 비롯한 직장에서 이용되는 것으로서 일람표를 사용하지 않고 신규 채용되는 피용인은 자동적으로 보증의 대상이 된다.

특히, 은행(banker's bond)의 경우에는 신원보증 외에 은행 구내와 수송 도중의 도난위험, 건물·금고 등의 파괴, 위조·변조 등으로 인한 손해의 담보도 포함한다.

(2) 보증보험의 내용

1) 손해보험 중 책임보험

보증보험은 성질상 손해보험 중 책임보험에 속하므로 이에 관하여는 책임보험에 관한 상법의 규정이 적용된다(상법 제719조 이하). 그러나 보증보험에 관한 보통 보험약관 내지 특별보험약관이 우선적으로 적용되는 것은 물론이다.

2) 타인을 위한 보험

보증보험은 타인을 위한 보험형식으로 이용된다. 보증보험 계약에서는 보험자와 보험계약자 외에 별도의 피보험자가 존재한다. 보증보험의 당사자는 채무자와 보증보험회사이다. 채무이행자가 보험계약자이며, 보험계약자의 채무불이행으로 손해를 볼 수 있는 자를 피보험자로 하는 타인을 위한 보험이다.

그러나 타인을 위한 보험의 상법 제639조 제2항 단서는 적용하지 않는다.

* 상법 제639조 제2항 단서

    손해보험계약의 경우에 보험계약자가 그 타인에게 보험사고의 발생으로 생긴 손해의 배상을 한 때에는 보험계약자는 그 타인의 권리를 해하지 아니하고 범위 안에서 보험자에게 보험금액의 지급을 청구할 수 있다.

3) 손해보험

보증보험은 보험계약의 채무불이행으로 피보험자가 입은 손해를 담보하기 위한 것으로 손해보험의 성격을 갖는다.

4) 보험사고

보험계약자의 채무불이행이 보증보험에서 담보하는 보험사고이다. 이때 보험계약자의 고의사고도 담보되고, 보험계약자의 사기를 이유로 보증보험계약을 취소하는 경우 피보험자의 악의와 같은 특별한 사정이 없는 한 보험자는 보험계약의 취소로서 피보험자에게 대항할 수 없다.

5) 보증보험의 종류

한국에서 판매되고 있는 보증보험에는 신원보증보험, 이행보증보험, 납세보증보험, 인·허가 보증보험, 지급계약보증보험, 할부판매보증보험, 사채보증보험 등이 있다.

제1편 핵심문제

■■■ 핵심문제

1. 다음 중 보험가입의 대상이 될 수 없는 것을 고르시오.

   ① 다수의 동질적 위험
   ② 우연한 사고의 발생
   ③ 측정불가능한 위험
   ④ 보험사가 감당할만한 크기의 손실

   정답 및 해설 ③

   위험은 명확하고 측정가능하여야 한다.

2. 정액보험과 비정액보험에 관한 설명이다. 옳지 않은 것은?

   ① 양자는 지급보험금의 차이에 따른 구분이다.
   ② 손해보험금은 비정액보험으로서 보험사고에 따른 실제의 손해액에 따라 결정된다.
   ③ 비정액보험은 피보험이익을 필요로 한다.
   ④ 상해보험은 인보험으로 정액보험이다.

   정답 및 해설 ④

   상해보험은 인보험에 속하기는 하지만 보험사고가 발생하면 보험금이 재산상의 손해전보가 이루어지는 것으로 손해보험과 인보험의 이중적 성질을 가진다.

3. 보험법의 이념과 관련된 설명 중 옳지 않은 것은?

   ① 보험계약은 위험을 전제로 이루어지는 사행계약이다.
   ② 보험은 동질적 위험에 노출된 다수인이 각 개인생활의 위험을 분배하고 평균화함으로

써 위험에 대비하고자 하는 단체성을 가진다.
③ 보험계약은 계약당사자 간의 개인적 이해관계만을 조정하기 위한 것이 아니라 일반 대중의 이해와 관련되어 있다.
④ 보험계약은 성립되면 계약자는 계약의 내용에 따라야 한다.

정답 및 해설 ④

① 보험계약은 계약당사자가 이행하여야 할 급여의무나 급여내용의 전부 또는 일부가 우발적 사고나 불확실성에 의존하는 사행계약이다. ④ 보험약관에서, 상법상 「불이익변경금지의 원칙」은 상대적 강행규정으로서 이에 위반하는 약관조항은 비록 주무관청의 인가를 받은 경우에도 무효가 되어 그 효력이 없게 된다. 이는 보험에 관한 전문지식이 상대적으로 부족한 보험가입자를 두텁게 보호하기 위한 규정으로서, 편면적·상대적 강행규정의 성격을 갖게 되는 것이다.

4. 다음 중 형식적 의미의 보험법에 해당하는 것은?

① 보험계약법
② 상법 제4편과 보험업법 중 보험업자에 관한 규정
③ 보험업법
④ 상법 제4편

정답 및 해설 ②

5. 보험과 공제에 대한 다음 설명 중 옳지 않은 것은?

① 보험과 공제는 그 기능면에서 같다.
② 보험과 공제는 법률적 근거가 같다.
③ 공제가 상조라는 명목으로 정기적인 상조금을 조성한다면 실질상 보험업에 해당한다.
④ 농업협동조합 등에서 설치하는 공제회는 실질상 보험업에 해당한다.

정답 및 해설 ②

보험과 공제는 경제주체 간 상호부조를 목적으로 하는 점에서 기능상 같지만 법률적 근거는 다르다. 공제란 일반적으로 공통의 이익관계를 갖는 다수인의 집단이 결합하여 특정한 우발적 사건으로 발생하는 경제적 불안을 제거하기 위하여 공동 준비재산을 형성하는 제도로서 과학적인 기초가 결여된 점이 일반적인

민간보험과 다르며 비영리보험의 한 형태이다.

6. 보통보험약관의 구속력에 대한 설명으로 옳은 것은?

① 보통보험약관이 계약당사자에 대하여 구속력을 갖는 것은 그 자체가 법규범 또는 법규범적인 성질을 가진 약속이기 때문이다.
② 보통보험약관이 계약당사자에 대하여 구속력을 갖는 것은 보험계약 당사자 사이에서 그 약관을 약속내용에 포함시키기로 '합의'하였기 때문이다.
③ 보험약관을 계약내용에 포함시킨 보험계약서가 작성된 경우라도 계약자가 그 보험약관의 내용을 알지 못하는 경우에는 그 약관의 구속력을 배제할 수 있는 것이 원칙이다.
④ 보통약관과 다른 계약의 내용을 명시적으로 약정한 경우 약관의 내용이 우선한다.

정답 및 해설 ②

①② 보통보험약관이 계약당사자에 대하여 구속력을 갖는 것은 그 자체가 법규범 또는 법규범적인 성질을 가진 약속이기 때문이 아니라 보험계약 당사자 사이에서 그 약관을 약속내용에 포함시키기로 '합의'하였기 때문이다.(의사설)
③④ 보험약관의 내용을 당사자가 알지 못하는 경우에는 그 약관의 구속력을 배제할 수 없는 것이 원칙이나 다만 당사자 사이에서 명시적으로 약관에 관하여 달리 약정한 경우에는 위 약관의 구속력은 배제된다.

7. 보험약관의 교부·설명 의무자가 아닌 것은?

① 보험모집인
② 보험대리상
③ 보험중개인
④ 재보험자

정답 및 해설 ④

8. 보험약관의 중요내용에 대한 보험자의 설명의무가 발생하지 않는 경우는?

① 설명의무의 이행 여부가 보험계약의 체결 여부에 영향을 미치지 않는 경우
② 보험계약자가 별도의 설명 없이는 예상할 수 없는 사항인 경우
③ 보험계약의 해지사유 또는 보험자의 면책사유 등
④ 보험기간

정답 및 해설 ①

설명을 요하지 않는 경우
1. 설명의무의 이행 여부가 보험계약의 체결 여부에 영향을 미치지 않는 경우
2. 보험약관에 정하여진 사항이 거래상 일반적이고 공통된 것이어서 보험계약자가 별도의 설명 없이도 충분히 예상할 수 있었던 사항인 경우
3. 보험계약자의 대리인이 그 약관의 내용을 충분히 잘 알고 있는 경우
4. 법령이 정한 경우

9. 보험자가 교부·설명의무를 위반한 경우 보험계약자의 권리로서 옳지 않은 것은?

① 보험계약자는 보험계약이 성립한 날부터 1개월 이내에 그 계약을 취소할 수 있다.
② 보험계약자는 보험계약이 성립한 날부터 2개월 이내에 그 계약을 취소할 수 있다.
③ 보험계약자는 보험계약이 성립한 날부터 3개월 이내에 그 계약을 취소할 수 있다.
④ 보험계약자는 보험계약이 성립한 날부터 4개월 이내에 그 계약을 취소할 수 있다.

정답 및 해설 ④

보험자가 교부·설명의무를 위반한 경우 보험계약자는 보험계약이 성립한 날부터 3개월 이내에 그 계약을 취소할 수 있다.

10. 계속적 보험에서 보험자 측에서 약관의 설명의무에 위반하여 고지의무에 관한 사항이 계약내용으로 되지 아니하는 경우 보험자가 취할 수 있는 것으로 옳지 않은 것은?(논란이 있으면 판례에 따른다)

① 보험자는 계약을 해지할 수 있다.
② 보험자는 계약을 해지할 수 없다.
③ 보험자는 계약을 취소할 수 없다.

④ 보험자는 계약의 효력을 주장할 수 없다.

정답 및 해설 ②

보험자 측에서 약관의 설명의무에 위반하여 고지의무에 관한 사항이 계약내용으로 되지 아니하는 경우에는 보험사가 계약을 해지할 수 없다.(판례)

11. 보험계약의 법적성질에 대하여 옳지 않은 것은?

① 유상계약
② 쌍무계약
③ 요식계약
④ 낙성계약

정답 및 해설 ③

보험계약은 보험사고의 발생을 전제로 보험계약자의 보험료 지급에 대하여 보험자는 일정한 보험금액, 기타 급여를 지급할 것을 약정하는 유상계약이다. 또한 보험계약자의 보험료 지급채무와 보험자의 위험부담채무가 보험계약과 동시에 채무로서 이행되어야 하는 대가관계가 성립하는 쌍무계약이다.

보험계약은 그 의사표시와 더불어 특별한 방식을 요하지 않는 불요식계약이며, 보험계약을 체결함에 있어 청약과 승낙이라는 당사자 쌍방의 의사합치만으로 성립하고 특별한 급여를 요하지 않으므로 낙성계약이다. 특별한 급여를 요하면 요물계약이다.

12. 보험계약자의 권리가 아닌 것은?

① 손해보험에서 대위권
② 보험료반환청구권
③ 보험료감액청구권
④ 임의해지권

정답 및 해설 ①

손해보험에서 대위권은 보험자의 권리이다.

13. 다음의 보험의 당사자에 대한 설명이다. 옳지 않은 것은?

① 보험자는 보험계약의 직접 당사자로서 보험사고가 발생했을 때 일정한 급여 또는 기타 급여를 지급할 의무를 지는 자를 말한다.
② 피보험자란 손해보험에서 피보험이익의 주체로서 보험사고의 발생시 손해의 보상을 받을 수 있는 자를 말한다.
③ 보험수익자란 보험사고 발생시 보험금을 지급받을 자로서 인보험에서만 존재한다.
④ 보험중개사란 보험회사와 보험계약자 사이의 보험계약 성립을 중개하는 것을 영업으로 하는 독립된 상인으로서 특정한 보험자에 소속되어 있다.

정답 및 해설 ④

보험중개사란 보험회사와 보험계약자 사이의 보험계약 성립을 중개하는 것을 영업으로 하는 독립된 상인으로서 특정한 보험자만을 위해 중개하는 것이 아니라는 점에서 보험대리상과 구별된다.

14. 보험대리상이 갖는 권한으로 옳지 않은 것은?

① 보험계약체결권
② 보험료수령권
③ 보험계약의 해지권
④ 보험증권작성교부권

정답 및 해설 ④

보험증권의 작성권한은 보험자에게 있다.

보험대리상 등의 권한(제646조의2)
1. 보험계약자로부터 보험료를 수령할 수 있는 권한
2. 보험자가 작성한 보험증권을 보험계약자에게 교부할 수 있는 권한
3. 보험계약자로부터 청약, 고지, 통지, 해지, 취소 등 보험계약에 관한 의사표시를 수령할 수 있는 권한
4. 보험계약자에게 보험계약의 체결, 변경, 해지 등 보험계약에 관한 의사표시를 할 수 있는 권한

15. 다음은 보험보조자인 보험중개사에 대한 설명이다. 옳지 않은 것은?

① 보험중개사는 특정한 보험자만을 위해 중개한다.

② 보험중개사는 독립된 상인이다.
③ 보험중개사는 제1회 보험료수령권한만을 가진다.
④ 보험중개사는 보험증권을 교부할 수 있다.

정답 및 해설 ①

보험중개사는 독립된 상인으로서 여러 보험자를 위해 중개한다.
보험대리상이 아니면서 특정한 보험자를 위하여 계속적으로 보험계약의 체결을 중개하는 자는 제1회 보험료수령권한과 보험증권교부권한을 가진다.

16. 다음 보험설계사의 권한으로 옳은 것은?

① 보험계약체결권
② 보험료수령권
③ 고지수령권
④ 보험증권교부권

정답 및 해설 ④

보험설계사는 보험자의 사용인으로서 특정한 보험회사에 종속되어 보험자를 위하여 보험에 가입할 자에 대하여 보험계약의 청약을 인수하는 자를 말한다.
보험료수령권은 없으나 보험자가 작성한 영수증을 보험계약자에게 교부하는 경우 제1회 보험료수령권은 인정된다.

17. 보험사고 특성에 대한 설명으로 옳지 않은 것은?

① 우연한 사고이어야 한다.
② 발생가능한 사고이어야 한다.
③ 위법한 사고이어야 한다.
④ 사고의 범위가 특정되어야 한다.

정답 및 해설 ③

① 우연한 사고이어야 한다. 우연이란 보험사고의 발생여부, 시기, 방법 중 어느 하나만이라도 불확정하면

인정되며, 개관적으로 확정되었다 하더라도 당사자 입장에서 주관적으로 불확정하다면 인정된다.
③ 적법한 사고이어야 한다. 따라서 고의적으로 유발한 사고는 보험사고가 아니다.

18. 보험기간에 관련된 다음 설명으로 옳은 것은?

① 보험계약 당시에 보험사고가 발생하면 보험자의 책임이 개시된다.
② 보험기간 내 사고가 발생하고 그 기간 경과 후에 손해가 발생한 경우 보험자의 책임이 없다.
③ 당사자가 보험계약에서 보험기간을 명백히 하지 않은 경우의 보험기간은 최초의 보험료가 지급된 때로부터 개시된다.
④ 보험계약기간 내에 발생한 보험사고만이 보험사고로 인정된다.

정답 및 해설 ③

① 보험기간이란 보험자의 책임이 시작되어 끝날 때까지의 기간이다. 보험계약 당시에 이미 보험사고가 발생하였지만, 보험계약의 당사자 쌍방 및 피보험자가 모두 선의라 하더라도 책임개시시기 이전에 보험사고가 발생한 경우에는 보험금지급의무가 없다.
② 보험자의 책임이 있다.
④ 보험계약기간이 아니라 보험기간 내에 발생한 보험사고만이 보험사고로 인정된다.

19. 보험금액과 관련된 다음 설명 중 옳지 않은 것은?

① 보험금액이란 보험사고가 발생하면 보험자가 지급하기로 약정한 금액을 말한다.
② 손해보험에서는 당사자가 정한 보험가액의 한도 내에서 손해보상책임의 최고한도액이다.
③ 보험금청구권의 소멸시효는 5년이다.
④ 보험자는 보험금액지급에 대한 약정이 없는 경우 사고발생통지를 받으면 그 통지를 받은 후 지체 없이 지급할 보험금액을 정하고 그 정하여진 날부터 10일내에 피보험자 또는 보험수익자에게 보험금액을 지급하여야 한다.

정답 및 해설 ③

제662조(소멸시효) 보험금청구권은 3년간, 보험료 또는 적립금의 반환청구권은 3년간, 보험료청구권은 2년간 행사하지 아니하면 시효의 완성으로 소멸한다.

20. 다음 보험료와 관련된 설명으로 옳지 않은 것은?

① 보험료의 지급의무는 2차적으로 보험수익자 또는 피보험자도 질 수 있다.
② 보험계약자는 특별위험의 소멸로 인한 보험료의 감액청구가 가능하다.
③ 보험계약의 무효로 인한 보험료 반환청구시 보험계약자와 피보험자가 선의이며 과실이 없는 때에는 보험자에 대하여 보험료의 전부 또는 일부의 반환을 청구할 수 있다.
④ 보험금액이 보험계약의 목적의 가액을 현저하게 초과한 때에는 보험자 또는 보험계약자는 보험료와 보험금액의 감액을 청구할 수 있다.

정답 및 해설 ③
단순과실이 아니라 중대한 과실이 없어야 한다.

21. 보험계약자가 보험료의 지급을 지체한 경우 옳은 것은?

① 보험계약자가 계약체결 후 보험료를 지급하지 아니하는 경우에는 다른 약정이 없는 한 계약성립 후 2월이 경과하면 그 계약은 해제된 것으로 본다.
② 계속보험료가 약정한 시기에 지급되지 아니한 때에는 보험자는 최고 없이 그 계약을 해지할 수 있다.
③ 보험료를 체납한 경우 보험자가 손해를 보상하면 보험료의 지급을 받지 아니한 잔액이 있으면 그 지급기일이 도래한 경우에만 보상할 금액에서 이를 공제할 수 있다.
④ 보험료불가분의 원칙 상 다른 약정이 없는 한 보험료 기간 중에 보험관계가 소멸하면 소멸한 이후에 해당하는 보험료는 지급할 필요가 없다.

정답 및 해설 ①
② 계속 보험료가 약정한 시기에 지급되지 아니한 때에는 보험자는 상당한 기간을 정하여 보험계약자에게 최고하고 그 기간 내에 지급되지 아니한 때에는 그 계약을 해지할 수 있다.
③ 보험자가 손해를 보상할 경우에 보험료의 지급을 받지 아니한 잔액이 있으면 그 지급기일이 도래하지 아니한 때라도 보상할 금액에서 이를 공제할 수 있다.
④ 보험료불가분의 원칙이란 다른 약정이 없는 한 보험료 기간 중에 보험관계가 소멸더라도 그 보험료 기간에 해당하는 보험료는 전액지급 하여야 한다는 원칙이다. 다만, 상법에서는 명시적으로 이 원칙을 두고 있지 않으며, 나아가 보험사고가 발생하기 전에는 보험계약자는 언제든지 계약의 전부 또는 일부를 해지할 수 있다고 규정하고 있다.(상법 제649조 ①항)

22. 다음 빈 칸에 들어갈 말이 순서대로 올바르게 연결된 것을 고르시오.

> 1. 보험자가 보험계약자로부터 보험계약의 청약과 함께 보험료 상당액의 전부 또는 일부의 지급을 받은 때에는 다른 약정이 없으면 ( ) 그 상대방에 대하여 낙부의 통지를 발송하여야 한다.
> 2. 보험자가 보험약관의 교부·설명 의무를 위반한 경우 보험계약자는 보험계약이 성립한 날부터 ( ) 그 계약을 취소할 수 있다.
> 3. 보험자는 보험계약이 성립한 때에는 ( ) 보험증권을 작성하여 보험계약자에게 교부하여야 한다.

① 30일내에 - 3개월 이내에 - 지체 없이
② 30일내에 - 30일내에 - 지체 없이
③ 지체 없이 - 3개월 이내에 - 30일내에
④ 지체 없이 - 30일내에 - 30일내에

정답 및 해설 ①

23. 손해보험에서 다음 보기의 경우 보험자의 책임과 관련하여 옳은 것은?

> 보험자가 보험계약자로부터 보험계약의 청약과 함께 보험료 상당액의 전부 또는 일부를 받은 경우에 그 청약을 승낙하기 전에 보험계약에서 정한 보험사고가 생긴 때에 보험자의 보험계약상의 책임

① 보험자는 원칙적으로 책임이 없다.
② 그 청약을 거절할 사유가 없는 한 보험자는 보험계약상의 책임을 진다.
③ 사고발생 사실을 보험자에게 고지하지 아니하면 보험자에게 책임이 없다.
④ 그 청약을 거절할 사유가 없다는 증명책임은 계약자에게 있다.

정답 및 해설 ②
③ 사고발생 사실을 보험자에게 고지하지 아니하였다는 사정은 청약을 거절할 사유가 될 수 없다.(판례)

24. 고지의무에 관한 설명으로 옳은 것은?

① 보험자가 서면으로 질문한 사항은 중요한 고지사항으로 추정된다.
② 보험중개인은 고지수령권을 가진다.
③ 보험자는 보험대리상의 고지수령권을 제한할 수 없다.
④ 고지의무를 위반한 경우 보험자가 보험금을 지급할 책임이 있는 경우는 없다.

정답 및 해설 ①

② 보험중개인에게 고지수령권이 없다.
③ 보험자는 보험대리상의 권한 중 일부를 제한할 수 있다. 다만, 보험자는 그러한 권한 제한을 이유로 선의의 보험계약자에게 대항하지 못한다.
④ 고지의무(告知義務)를 위반한 사실 또는 위험이 현저하게 변경되거나 증가된 사실이 보험사고 발생에 영향을 미치지 아니하였음이 증명된 경우에는 보험금을 지급할 책임이 있다.

25. 고지의무와 관련된 설명으로 옳지 않은 것은?

① 보험설계사는 보험자의 사용인이며 보험계약의 체결을 중개하는 자로서 고지의무의 당사자는 아니다.
② 고지시기는 보험계약의 청약시이다.
③ 고지사항의 중요사항이란 보험자가 그 사실을 알았더라면 보험자가 보험계약을 체결하지 않았거나 또는 적어도 동일조건으로 계약을 체결하지 않았을 것으로 인정되는 사실
④ 손해보험에서 중복보험을 체결한 사실은 중요한 사항이 아니다.

정답 및 해설 ②

고지시기는 보험계약의 성립시이다.

26. 보험계약자의 고지의무위반의 효과로 옳지 않은 것은?

① 보험자는 고지의무(告知義務)를 위반한 사실이 보험사고 발생에 영향을 미치지 아니하였음이 증명된 경우에는 보험금을 지급할 책임이 있다.
② 고지의무위반사실이 보험사고 발생과의 사이에 인과관계가 부존재한다는 점에 관한 입증책임은 보험계약자에게 있다.
③ 보험계약당시에 보험계약자 또는 피보험자가 고의 또는 중대한 과실로 인하여 중요한

사항을 고지하지 아니하거나 부실의 고지를 한 때에는 보험자는 그 사실을 안 날로부터 1월 내에, 계약을 체결한 날로부터 3년 내에 한하여 계약을 해지할 수 있다.
④ 보험자는 보험사고 발생 전에 한하여 해지권을 행사할 수 있다.

정답 및 해설 ④

보험사고가 이미 발생한 후에 보험자가 보험계약을 해지하더라도 보험자는 보험금액을 지급할 책임이 없을 뿐만 아니라 이미 지급한 금액의 반환까지 청구할 수 있다.(장래효 예외)

27. 다음 중 보험계약의 해지 부정되는 경우는?

① 보험계약자의 과실에 의한 위험증가
② 보험료의 부지급
③ 고지의무위반 : 보험계약당시에 보험계약자 또는 피보험자가 고의 또는 중대한 과실로 인하여 중요한 사항을 고지하지 아니하거나 부실의 고지를 한 때
④ 위험변경증가의 통지의무 위반

정답 및 해설 ①

보험계약자 등의 고의나 중과실로 인한 위험증가

28. 다음 중 보험자에게 보험금 지급의무가 없는 경우는?(논란이 있으면 판례에 따른다)

① 보험기간 내 보험사고의 발생
② 보통보험약관상 보험자에 유리한 면책조항이 있는 경우
③ 피보험자의 귀책사유 없는 피보험자와 특수한 관계(가족 등)가 있는 자의 보험사고 발생
④ 약관과 달리 당사자 간에 전쟁이 나더라도 보험금을 지급하기로 하는 약정의 존재

정답 및 해설 ③

③ 피보험자와 특수한 관계가 있는 경우 일단 그 보험사고 발생에 대하여 피보험자의 귀책사유가 있는 것으로 추정될 뿐이고(보험금지급 면책), 피보험자가 보험사고의 발생에 자신의 귀책사유가 없었음을 입증한 때에는 보험자의 책임이 면책되지 않는다.(판례) 따라서 당연히 면책되는 것은 아니고 피보험자가 보험사

고의 발생에 자신의 귀책사유가 없었음을 입증한 때에는 보험금을 지급하여야 한다.
④ 제660조(전쟁위험 등으로 인한 면책) 보험사고가 전쟁 기타의 변란으로 인하여 생긴 때에는 당사자 간에 다른 약정이 없으면 보험자는 보험금액을 지급할 책임이 없다.

29. 보험금 지급과 관련한 다음 설명 중 옳지 않은 것은?

① 보험금 지급의 시기는 약정된 시기가 기산점이다.
② 지급시기를 정하지 않은 보험금청구권의 소멸시효는 보험사고가 발생한 때로부터 진행한다.
③ 보험의 목적의 자연소모로 인한 손해는 보험자가 이를 보상할 책임이 없다.
④ 보험자의 보험금 지급은 보험사고발생의 통지를 받은 후 10일 이내에 지급할 보험금액을 정하고 그 정하여진 날로부터 10일 이내에 이를 지급하여야 한다.

정답 및 해설 ④

제658조(보험금액의 지급) 보험자는 보험금액의 지급에 관하여 약정기간이 있는 경우에는 그 기간 내에 약정기간이 없는 경우에는 제657조제1항의 통지를 받은 후 지체 없이 지급할 보험금액을 정하고 그 정하여진 날부터 10일내에 피보험자 또는 보험수익자에게 보험금액을 지급하여야 한다.

30. 보험자의 보험료반환의무 및 보험해지에 관한 설명으로 옳은 것은?

① 보험기간이 경과하기까지 보험사고가 발생하지 않더라도 보험료를 반환할 의무는 없다.
② 타인을 위한 보험계약자는 그 타인의 동의를 얻지 아니하더라도 임의로 계약을 해지할 수 있다.
③ 보험자가 보험금을 지급한 때에 보험금액이 감액되지 아니하는 보험의 경우 보험계약자는 사고발생 후에도 보험계약을 임의해지 할 수 없다.
④ 보험사고가 발생하기 전에 보험계약자가 임의로 해지 한 경우 보험계약자는 미경과 보험료의 반환을 청구할 수 없다.

정답 및 해설 ①

② 타인을 위한 보험계약자는 그 타인의 동의를 얻지 아니하거나 보험증권을 소지하지 아니하면 그 계약을 해지 하지 못한다.

③ 보험자가 보험금을 지급한 때에도 보험금액이 감액되지 아니하는 보험의 경우 보험계약자는 사고발생 후에도 보험계약을 임의해지 할 수 있다.
④ 보험사고가 발생하기 전에도 보험계약자가 임의로 해지 한 경우 보험계약자는 미경과 보험료의 반환을 청구할 수 있다.

31. 보험증권에 관한 설명으로 다음 중 옳은 것은?

> ① 타인을 위한 보험의 경우 피보험자나 보험수익자에게 보험증권의 교부청구권이 귀속된다.
> ② 보험증권의 교부는 보험계약의 성립요건이다.
> ③ 보험자는 보험계약이 성립한 때에는 보험계약자의 청구가 있으면 지체 없이 보험증권을 작성하여 보험계약자에게 교부하여야 한다.
> ④ 기존의 보험계약을 연장하거나 변경한 경우에는 보험자는 그 보험증권에 그 사실을 기재함으로써 보험증권의 교부에 갈음할 수 있다.

정답 및 해설 ④

① 보험증권의 교부청구권은 보험계약자의 권리이며, 타인을 위한 보험이라 하더라도 피보험자나 보험수익자에게 귀속되지 않는다.
② 보험증권은 보험계약의 성립요건이 아니라 증거증권일 뿐이다.
③ 보험자는 보험계약이 성립한 때에는 지체 없이 보험증권을 작성하여 보험계약자에게 교부하여야 한다.(보험계약자의 청구가 있어야 발행하는 것이 아님)

32. 보보험증권에 관한 이의약관 효력으로 다음 보기의 빈칸에 알맞은 것은?

> 약관의 정부에 관한 이의제기 기간은 보험증권의 교부가 있은 날로부터 (   )을 내리지 못한다.
>
> ① 10일   ② 1월
> ③ 2월   ④ 3월

정답 및 해설 ②

제641조(증권에 관한 이의약관의 효력) 보험계약의 당사자는 보험증권의 교부가 있은 날로부터 일정한 기간 내에 한하여 그 증권내용의 정부에 관한 이의를 할 수 있음을 약정할 수 있다. 이 기간은 1월을 내리

지 못한다.

33. 보험약관의 교부·설명 의무에 관한 다음 설명 중 옳지 않은 것은?

① 보험약관에 기재되어 있는 보험료와 그 지급방법, 보험자의 면책사유는 보험자가 보험계약을 체결할 때 보험계약자에게 설명하여야 하는 중요한 내용에 해당한다.
② 보험계약자가 보험료의 전부나 최초 보험료를 지급하지 아니한 때에는 보험약관을 교부하지 않아도 된다.
③ 보험자가 교부·설명의무를 위반하여 계약이 취소되면 보험자는 보험계약자가 지급한 보험료 중 계약과 관련된 소요비용을 제외한 전액을 반환하여야 한다.
④ 보험자가 교부·설명의무를 위반한 경우 보험계약자는 보험계약이 성립한 날부터 3개월 이내에 그 계약을 취소할 수 있다.

정답 및 해설 ③

보험자는 계약이 취소되면 보험계약자가 지급한 보험료를 전액 반환하여야 한다.

34. 다음 각 권리의 소멸시효기간 중 다른 하나는?

① 보험금청구권
② 보험료청구권
③ 보험료의 반환청구권
④ 적립금의 반환청구권

정답 및 해설 ②

제662조(소멸시효) 보험금청구권은 3년간, 보험료 또는 적립금의 반환청구권은 3년간, 보험료청구권은 2년간 행사하지 아니하면 시효의 완성으로 소멸한다.

35. 다음 보기의 빈칸에 알맞은 것은?

보험계약자는 계약체결 후 지체 없이 보험료의 전부 또는 제1회 보험료를 지급하여야 하며, 보험계약자가 이를 지급하지 아니하는 경우에는 다른 약정이 없는 한 계약성립 후 (   )이 경과하면 그 계약은 해제된 것으로 본다.
① 1월
② 2월
③ 3월
④ 4월

정답 및 해설 ②

36. 보험료의 지급과 지체의 효과에 관한 다음 설명 중 옳지 않은 것은?

① 보험자의 책임은 당사자 간에 다른 약정이 없으면 보험증권을 교부한 날로부터 개시한다.
② 특정한 타인을 위한 보험의 경우에 보험계약자가 보험료의 지급을 지체한 때에는 보험자는 그 타인에게도 상당한 기간을 정하여 보험료의 지급을 최고한 후가 아니면 그 계약을 해제 또는 해지하지 못한다.
③ 계속 보험료가 약정한 시기에 지급되지 아니한 때에는 보험자는 상당한 기간을 정하여 보험계약자에게 최고하고 그 기간 내에 지급되지 아니한 때에는 그 계약을 해지할 수 있다.
④ 보험계약자는 계약체결 후 지체 없이 보험료의 전부 또는 제1회 보험료를 지급하여야 한다.

정답 및 해설 ①
보험자의 책임은 당사자 간에 다른 약정이 없으면 최초의 보험료의 지급을 받은 때로부터 개시한다.

37. 다음 중 보험계약자가 보험료의 감액을 청구할 수 있는 경우는?

① 보험계약의 전부무효
② 약정으로 정한 특별한 위험의 소멸
③ 사고발생 전의 임의해지
④ 타인을 위한 보험에서 그 타인의 동의를 얻은 임의해지

정답 및 해설 ②

①③④ 보험료 반환청구권이 발생한다.

38. 다음 중 약관에 대한 설명으로 옳지 않은 것은?

① 판례는 실효약관이 상법 제650조의 최고절차를 무시한 것으로 무효라고 판시하고 있다.
② 약관 상 정한 최고기간 중 보험사고는 보험자의 책임이다.
③ 보험약관에서 납입유예기간을 정한 경우 납입유예기간을 지난 일자를 기준으로 한 '최고'를 거쳐 그 기간이 지나면 별도의 의사표시 없이 해지의 효과가 생기게 하는 것은 유효하다.
④ 최고절차의 이행여부에 대한 입증책임은 계약자에게 있다.

정답 및 해설 ④

최고절차를 충실히 이행했다는 입증책임은 보험자에게 있다.

39. 보험계약의 부활요건으로 옳지 않은 것은?

① 기존계약이 계속 보험료의 불지급으로 인해 최고의 절차를 거쳐 해지되어야 한다.
② 보험자가 보험계약자에게 해지환급금을 지급하지 않아야 한다.
③ 보험계약자가 부활청구기간 내에 청구해야 하고, 또한 연체보험료와 이에 대한 법정이자를 지급해야 한다.
④ 보험자가 보험계약자의 부활청약에 대하여 승낙하여야 하고, 보험계약자는 새로이 고지의무를 이행하여야 한다.

정답 및 해설 ③

법정이자가 아니라 약정이자이다.

40. 보험계약의 부활의 효과에 대한 다음 설명으로 옳은 것은?

① 보험자는 보험계약자로부터 부활의 청구와 함께 연체보험료 및 약정이자를 지급 받은 때에는 다른 약정이 없는 한 30일 내에 납부의 통지를 발송하여야 한다.
② 보험자가 통지기간 내에 납부의 통지를 하지 아니하면 보험자의 승낙이 거절된 것으로 본다.
③ 통지기간 내에 보험사고가 발생한 때에는 보험자는 부활계약상의 책임을 진다.
④ 부활계약의 성립 후 보험자의 부활계약상의 책임은 연체보험료가 지급된 때로부터 개시된다.

정답 및 해설 ①

② 보험자의 승낙이 의제된다. ③ 통지기간 내에 보험사고가 발생한 때에는 부활의 청구를 거절할 사유가 없는 한 부활계약상의 책임을 진다. ④ 부활계약의 성립 후 보험자의 부활계약상의 책임개시 시기는 최초 보험료를 지급받은 때로부터 개시된다.

41. 다음은 위험변경·증가의 통지의무에 관한 설명이다. 옳은 것은?

① 통지의 방식은 서면으로 하여야 한다.
② 보험계약자 또는 피보험자가 통지할 사실을 안 때에는 지체 없이 통지하여야 한다.
③ 보험계약체결 당시 사고발생의 위험이 현저하게 변경 또는 증가된 사실을 안 때이다.
④ 위험의 변경이나 증가는 보험계약자 또는 피보험자의 행위로 인한 것이어야 한다.

정답 및 해설 ②

① 통지의 방식은 서면이든 구두이든 불문한다. ③ 위험의 변경 또는 증가는 보험기간 중에 생긴 것이어야 한다. ④ 위험의 변경이나 증가는 현저해야 하고, 그 변경이나 증가가 보험계약자 또는 피보험자의 행위로 인한 것이 아니어야 한다.

42. 다음 중 위험변경·증가의 통지의무에 대한 설명으로 옳지 않은 것은?

① 현저한 위험의 정도는 보험계약 당시에 보험자가 그 사실을 알았더라면 보험계약을 체결하지 않았거나 또는 적어도 동일한 조건으로 보험계약을 체결하지 않았을 것이라고 인정되는 위험이다.
② 통지의무를 해태한 때에는 보험자는 그 사실을 안 날로부터 1월 내에 한하여 계약을 해지할 수 있다.

③ 보험자가 위험변경증가의 통지를 받은 때에는 1월내에 보험료의 증액을 청구하거나 계약을 해지할 수 있다.
④ 통지의무를 위반하면 보험자는 계약을 해지한 후 이미 지급한 보험금을 반환받을 수는 없으나 해지 후 보험금을 지급할 책임은 없다.

정답 및 해설 ④

상법 제655조 보험사고가 발생한 후라도 보험자가 제650조(보험료지급지체해지), 제651조(고지의무위반해지), 제652조(위험변경 해지) 및 제653조(고의중과실로 위험증가 해지)에 따라 계약을 해지하였을 때에는 보험금을 지급할 책임이 없고 이미 지급한 보험금의 반환을 청구할 수 있다.

43. 사고발생의 통지의무와 관련된 다음 설명 중 틀린 것은?

① 통지의무자는 보험계약자 또는 피보험자나 보험수익자이다.
② 사고발생을 안 때에는 지체 없이 통지하여야 하며 통지의 방법은 서면이든 구두이든 불문한다.
③ 보험자는 사고발생 통지를 받은 날로부터 10일 내에 피보험자 또는 보험수익자에게 보험금액을 지급하여야 한다.
④ 통지의무자가 통지의무를 해태함으로 인하여 손해가 증가된 때에는 보험자는 그 증가된 손해를 보상할 책임이 없다.

정답 및 해설 ③

제657조제1항(사고발생 통지)의 통지를 받은 후 지체 없이 지급할 보험금액을 정하고 그 정하여진 날부터 10일 내에 피보험자 또는 보험수익자에게 보험금액을 지급하여야 한다.
 * 통지수령 -> 지체 없이 보험금액 결정 -> 결정된 날로부터 10일 내에 보험금 지급

44. 보험에는 특유의 통지의무가 있다. 설명이 옳지 않은 것은?

① 동일한 보험계약의 목적과 동일한 사고에 관하여 수개의 보험계약을 체결하는 경우에 보험계약자는 각 보험자에 대하여 각 계약내용을 통지하여야 한다
② 피보험자가 보험의 목적을 양도한 때에는 양수인은 보험계약상의 권리와 의무를 승계한 것으로 본다.
③ 피보험자가 보험자의 동의 없이 제3자에 대하여 변제, 승인 또는 화해를 한 경우에는

보험자가 그 책임을 면하게 되는 합의가 있는 때에도 그 행위가 현저하게 부당한 것이 아니면 보험자는 보상할 책임을 면하지 못한다.
④ 책임보험에서 피보험자가 제3자로부터 배상청구를 받았을 때에는 지체 없이 보험자에게 그 통지를 발송하여야 한다. 피보험자가 이 통지를 게을리 하여 손해가 증가된 경우 보험자는 그 증가된 손해를 보상할 책임이 없다.

정답 및 해설 ②

보험의 목적 양도는 양수인이 보험계약상의 권리와 의무를 승계한 것으로 추정한다.

45. 위험유지의무와 관련된 다음 설명 중 옳지 않은 것은?

① 위험유지의무는 보험계약자 등이 보험사고의 위험을 스스로 증가 또는 변경시킨다는 주관적 위험의 유지이다.
② 위험은 보험기간 중에 보험계약자, 피보험자 또는 보험수익자의 고의 또는 중대한 과실로 인하여 사고발생의 위험이 현저하게 변경 또는 증가된 것이다.
③ 보험자는 의무자 등의 통지여부를 불문하고 그 사실을 안 날로부터 1월내에 보험료의 증액을 청구하거나 계약을 해지할 수 있다.
④ 이 의무를 위반하면 보험자는 보험사고발생 전후를 불문하고 보험금액을 지급할 책임이 없다. 다만, 이미 보험금액을 지급한 경우에는 그 반환을 청구할 수 없다.

정답 및 해설 ④

이미 보험사고가 발생했다고 하더라도 보험자는 보험금액을 지급할 책임이 없고, 보험금액을 지급한 경우에도 그 반환을 청구할 수 있다.

46. 보험약관의 조항 중 그 효력이 인정되지 않는 것은?

① 보험자가 보험약관의 교부·설명 의무를 위반한 경우 보험계약자는 보험계약이 성립한 날부터 1개월 이내에 그 계약을 취소할 수 있다는 조항
② 보험계약체결일 기준 1월 전부터 보험기간이 시작되기로 하는 조항
③ 보험계약자의 보험료반환청구권의 소멸시효를 5년으로 하는 조항
④ 보험계약의 당사자가 보험증권의 교부가 있은 날로부터 그 증권내용의 정부에 관한

이의를 할 수 있는 기간을 3월로 하는 조항

정답 및 해설 ①

① 보험자가 보험약관의 교부·설명 의무를 위반한 경우 보험계약자는 보험계약이 성립한 날부터 3개월 이내에 그 계약을 취소할 수 있다. (편면적 강행규정) 즉, 3개월 이상으로 하는 조항은 계약자에게 불리하지 않으므로 유효하나 축소하지는 못한다. ② 보험계약은 그 계약전의 어느 시기를 보험기간의 시기로 할 수 있다. ③ 보험금청구권, 보험료 또는 적립금의 반환청구권 3년이며 연장할 수는 있으나 축소하지 못한다. ④ 이의제기 기간은 1개월을 내리지 못한다. 그러나 연장할 수는 있다.

47. 다음 설명 중 무효가 아닌 것은?

① 보험자가 계약체결 당시 약관의 중요내용을 설명하지 않아 후에 계약자가 그 계약을 취소한 경우
② 타인의 사망을 보험사고로 하는 보험계약에서 타인의 구두동의를 받고 체결된 경우
③ 중복보험의 경우에 계약이 보험계약자의 사기로 인하여 체결된 경우
④ 보험금액이 보험계약의 목적의 가액(보험가액)을 현저하게 초과한 경우

정답 및 해설 ④

사망보험은 타인의 서면동의를 받아야 하고, 단순히 초과보험이라고 해서 무효는 아니고 보험자 또는 보험계약자는 보험료와 보험금액의 감액을 청구할 수 있다.

48. 다음 설명 중 옳지 않은 것은?

① 보험계약의 당사자가 특별한 위험을 예기하여 보험료의 액을 정한 경우에 보험기간 중 그 예기한 위험이 소멸한 때에는 보험계약자는 그 후의 보험료의 감액을 청구할 수 있다.
② 보험자의 파산으로 인한 해지 규정에 의하여 해지하지 아니한 보험계약은 파산선고 후 3월을 경과한 때에는 그 효력을 잃는다.
③ 타인을 위한 보험에서 보험계약자가 파산선고를 받으면 그 계약은 해지된다.
④ 보험자의 책임은 당사자 간에 다른 약정이 없으면 최초의 보험료의 지급을 받은 때로부터 개시한다.

정답 및 해설 ③

타인을 위한 보험에서 보험계약자가 파산선고를 받거나 보험료의 지급을 지체한 때에는 그 타인이 그 권리를 포기하지 아니하는 한 그 타인도 보험료를 지급할 의무가 있다.

49. 다음 중 보험계약의 소멸사유가 아닌 것은?

① 책임보험계약에서 보험사고로 보험금액이 지급된 경우
② 보험자의 파산선고 후 계약이 해지되지 아니한 채 3월이 경과한 경우
③ 피보험자가 보험의 목적을 양도한 때에 양수인이 양도에 대하여 반증한 경우
④ 보험계약체결 후 보험계약자가 별다른 이유 없이 보험료를 지급하지 않고 2개월이 경과한 경우

정답 및 해설 ①

책임보험계약에서는 보험사고로 보험금액이 지급된다 하더라도 보험기간 동안 보험계약관계는 그대로 유지된다.

50. 다음은 보험계약의 해지사유이다. 옳지 않은 것은?

① 타인을 위한 보험계약의 경우 보험계약자의 임의해지
② 보험계약당시에 보험계약자 또는 피보험자가 고의 또는 중대한 과실로 인하여 중요한 사항을 고지하지 아니한 경우
③ 위험변경 · 증가의 통지의무 위반으로 인한 해지
④ 보험기간 중에 보험계약자, 피보험자 또는 보험수익자의 고의 또는 중대한 과실로 인하여 사고발생의 위험이 현저하게 변경 또는 증가된 경우

정답 및 해설 ①

타인을 위한 보험계약의 경우에는 보험계약자는 그 타인의 동의를 얻지 아니하거나 보험증권을 소지하지 아니하면 그 계약을 해지하지 못한다.

51. 다음은 보험자의 면책사유이다. 옳지 않은 것은?

① 책임보험에서 피보험자의 고의로 인한 사고의 경우
② 보험사고가 전쟁 기타의 변란으로 인하여 생긴 경우
③ 일반손해보험에서 보험 목적의 성질, 하자 또는 자연소모로 인한 손해
④ 보험계약당시에 보험사고가 이미 발생한 사실을 당사자 쌍방과 피보험자가 이를 알지 못한 경우

정답 및 해설 ④

① 보험자는 피보험자의 고의에 의한 사고는 면책 받지만, 중과실로 인한 사고의 경우에는 보험자의 책임을 인정하는 것이 일반적이다. ④ 보험계약당시에 보험사고가 이미 발생하였거나 또는 발생할 수 없는 것인 때에는 그 계약은 무효로 한다. 그러나 당사자 쌍방과 피보험자가 이를 알지 못한 때에는 그러하지 아니하다.

52. 타인을 위한 보험에 대한 다음 설명 중 옳지 않은 것은?

① 타인을 위한 보험이란 보험계약자가 타인의 이익을 위하여 타인의 명의로 체결한 보험계약을 말한다.
② 타인이란 손해보험에서 피보험자, 인보험에서는 보험수익자이다.
③ 타인을 위한 보험계약에서는 권리가 발생한 경우 그 타인의 수익의사표시 없이도 당연히 권리를 취득한다.
④ 타인은 계약 당시는 물론이고 계약성립 후 사고발생 전에 특정해도 무방하다.

정답 및 해설 ①

타인을 위한 보험이란 보험계약자가 타인의 이익을 위하여 자기의 명의로 체결한 보험계약을 말한다.

53. 상법 제639조 타인을 위한 보험에 대한 설명으로 타당하지 않은 것은?

① 손해보험계약에서 그 타인의 위임이 없이 타인을 위한 보험계약을 체결한 때에는 보험계약자는 이를 보험자에게 고지하여야한다.
② 타인은 권리발생 시 수익의 의사표시 없이 당연히 그 계약의 이익을 받는다.
③ 손해보험계약에서 보험금수익자는 그 타인이므로 보험계약자가 직접 보험자에게 보험금액의 지급을 청구할 수는 없다.
④ 보험계약자가 파산선고를 받거나 보험료의 지급을 지체한 때에는 그 타인이 그 권리

를 포기하지 아니하는 한 그 타인도 보험료를 지급할 의무가 있다.

정답 및 해설 ③

타인은 당연히 그 계약의 이익을 받는다. 그러나 손해보험계약의 경우에 보험계약자가 그 타인에게 보험사고의 발생으로 생긴 손해의 배상을 한 때에는 보험계약자는 그 타인의 권리를 해하지 아니하는 범위 안에서 보험자에게 보험금액의 지급을 청구할 수 있다.

54. 타인을 위한보험계약에서 타인의 권리와 의무에 대한 설명으로 옳지 않은 것은?

① 보험금 및 그 밖의 급여청구권
② 보험계약의 해지권
③ 2차적 보험료지급의무
④ 위험유지의무

정답 및 해설 ④

1. 타인의 권리 : 보험금 및 그 밖의 급여청구권
2. 타인의 의무 : 고지의무, 보험사고발생 통지의무, 위험유지의무, 손해보험에서 손해방지의무, 2차적 보험료지급의무
3. 계약자의 권리 : 보험계약의 해지권과 보험료반환청구권
4. 계약자의 의무 : 보험료지급의무, 고지의무, 위험변경·증가의 통지의무, 위험유지의무, 보험사고의 발생 통지의무, 손해보험에서 손해방지경감의무

55. 손해보험에 대한 다음 설명 중 옳지 않은 것은?

① 손해보험계약의 보험자는 보험사고로 인하여 생길 피보험자의 재산상의 손해를 보상할 책임이 있다.
② 손해보험계약에서 손해보상은 손해를 원상회복하여 사고 전의 상태로 복구하는 기능을 가진다.
③ 손해보험계약에서 손해보상이란 보험료를 받고 위험을 담보한 대가로서 보험계약의 내용에 따라 보험금액의 한도에서 보험사고로 보험자가 입은 재산상의 손해만을 보상하는 것이다.
④ 손해보험은 정액보험으로서 보험사고 발생시 보험자의 책임범위는 보험가액과 보험금

액의 범위 내에서 보상금액이 결정된다.

정답 및 해설 ④

손해보험은 부정액 보험으로서 보험사고 발생시 보험자의 책임범위는 보험가액과 보험금액의 범위 내에서 실손해액에 따라 보상금액이 결정된다.

56. 보험의 목적에 관하여 보험자가 부담할 손해가 생긴 경우 그 후 그 목적이 보험자가 부담하지 아니하는 보험사고의 발생으로 인하여 멸실된 때에 보험자의 책임은?

① 보험자는 모든 책임에서 면책된다.
② 보험자의 담보 위험으로 인한 손해만 보상한다.
③ 보험자의 비담보 위험으로 인한 손해만 보상한다.
④ 보험자는 멸실된 손해 전체를 보상한다.

정답 및 해설 ②

보험자는 담보된 범위 내에서 이미 생긴 손해를 보상할 책임을 면하지 못한다.

57. 손해보험에서 보상하는 보상내용으로 옳지 않은 것은?

① 보험자가 보상할 손해액은 그 손해가 발생한 때와 곳의 가액으로 산정한다.
② 보상 정산은 재축비, 재조달비 등의 대체비용에서 피해물의 감가분을 공제한다.
③ 보상책임이 있는 다른 보험계약이 존재할 경우 각각의 계약에 따라 보상받을 수 있다.
④ 손해보험에서는 보험사고로 인하여 상실된 피보험자가 얻을 이익이나 보수는 다른 약정이 없으면 보상할 손해액에 산입하지 않는다.

정답 및 해설 ③

① 보험자가 보상할 손해액은 그 손해가 발생한 때와 곳의 가액으로 산정한다. ② 보상 정산은 재축비, 재조달비 등의 대체비용에서 피해물의 감가분을 공제한다. ③ 보상책임이 있는 다른 보험계약이 존재할 경우 각각의 계약에 따라 보상받을 수 있다. ④ 손해보험에서는 보험사고로 인하여 상실된 피보험자가 얻을 이익이나 보수는 다른 약정이 없으면 보상할 손해액에 산입하지 않는다.

58. 다음 설명 중 옳지 않은 것은?

① 보험자 대위 규정은 보험자의 손해를 방지하기 위한 것이다.
② 보상책임이 있는 다른 보험계약이 존재할 경우, 보험계약간의 보험분담 지급에 대해 약관조항을 두어 실손해액 이상 지급되는 것을 방지한다.
③ 보험자가 보상할 손해액은 실제현금 가액이다.
④ 중복보험가입시 보험자는 보험금액의 한도 내에서 연대책임과 비례주의에 의해 이중으로 보상되지 않도록 하고 있다.

정답 및 해설 ①

상법에서는 보험자가 보험의 목적에 대해 권리를 취득하는 잔존물대위와 보험계약자 또는 피보험자가 제3자에 갖는 권리를 취득하는 청구권대위를 통해서 잔존물의 매각, 가해자에 대한 손해배상청구권을 통해 피보험자의 이중의 이득을 얻지 못하도록 하고 있다.(상법 제681조 보험목적 대위, 상법 제682조 제3자 보험대위)

59. 다음은 손해보험의 손해배상에서 실손보상 보험보상원칙에 대한 설명이다. 옳은 것은?

① 보상책임이 있는 다른 보험계약이 존재할 경우, 보험계약간의 보험분담 지급에 대해 약관조항을 두어 실손해액 이상 지급될 수 있다.
② 손해를 입음과 동시에 이익을 얻었다고 해서 그 이익까지 공제할 수는 없다.
③ 형평의 원칙에 의해 기여한 과실이 있다면 그 기여도를 인정한다.
④ 손해경감의 노력을 하기 위하여 필요 또는 유익하였던 비용과 보상액이 보험금액을 초과한 경우라도 보험자는 이를 부담하여야 한다.

정답 및 해설 ④

손해보험은 이득금지의 원칙에 따라 실손해액만을 보상한다. ① 타보험약관조항 : 보상책임이 있는 다른 보험계약이 존재할 경우, 보험계약간의 보험분담 지급에 대해 약관조항을 두어 실손해액 이상 지급되는 것을 방지한다. ②③ 과실상계, 손익상계 : 형평의 원칙에 의해 기여한 과실이 있다면 그 비율만큼 공제하고, 손해를 입음과 동시에 이익을 얻었다면 그 이익을 공제한다.

60. 실손보상원칙이 적용되지 않는 대상으로 옳지 않은 것은?

① 생명보험
② 다른 약정이 있는 신가보험
③ 손해보험의 정액형 상품
④ 타보험계약

정답 및 해설 ④

타보험약관조항은 보상책임이 있는 다른 보험계약이 존재할 경우, 보험계약간의 보험분담 지급에 대해 약관조항을 두어 실손해액 이상 지급되는 것을 방지한다.

손해보상의 원칙의 적용 예외
1. 생명보험 : 생명보험에서는 이득금지의 원칙이 적용되지 않는다.
2. 신가보험 : 보험자가 보상할 손해액은 그 손해가 발생한 때와 곳의 가액에 의하여 산정한다. 그러나 당사자 간에 다른 약정이 있는 때에는 그 신품가액에 의하여 손해액을 산정할 수 있다.
3. 전손 시 협정보험가액 : 기평가보험에서 당사자 간에 보험가액을 정한 때에는 그 가액은 사고발생시의 가액으로 정한 것으로 추정한다. 그러나 그 가액이 사고발생시의 가액을 현저하게 초과할 때에는 사고발생시의 가액을 보험가액으로 한다.
4. 손해방지비용 : 보험계약자와 피보험자는 손해의 방지와 경감을 위하여 노력하여야 한다. 그러나 이를 위하여 필요 또는 유익하였던 비용과 보상액이 보험금액을 초과한 경우라도 보험자가 이를 부담한다.
5. 손해보험의 정액형 상품 : 상금보험이나 방어비용 등 해당보험금 지급요건이 충족되면 실제 소요비용에 상관없이 보험금이 지급되므로 이득이 발생할 수도 있으므로 실손보상의 예외가 된다.

61. 손해보험에서 피보험이익에 대한 설명으로 옳은 것은?

① 손해보험계약에서 반드시 피보험이익이 존재해야 하는 것은 아니다.
② 보험의 목적이라고 하며 금전으로 환가할 수 없는 정신적인 손해도 피보험이익이 될 수 있다.
③ 피보험이익을 보험계약의 목적이라고 하여 보험계약은 금전으로 산정할 수 있는 이익에 한정하고 있다.
④ 생명보험에서 보호할 가치가 있는 손해라면 피보험이익이 존재한다.

정답 및 해설 ③

피보험이익이란 보험 계약의 목적이라고도 한다. 손해보험 계약은 손해의 전보(塡補)를 목적으로 하기 때문에 그 전체로서 피보험이익의 존재가 당연히 필요하며, 피보험이익이 없으면 손해보험이 있을 수 없다. 다만 금전으로 환가(換價)할 수 없는 정신적인 손해 등은 피보험이익에 해당되지 않으며, 피보험이익을 금전으로 평가한 가액을 보험가액이라고 한다. ④ 생명보험은 사람의 생사에 의한 보험이므로 그것에 의한 손해의 유무는 문제가 되지 않는다. 따라서 생명보험에는 피보험이익의 관념은 없다.

62. 손해보험계약에서 피보험이익에 대한 다음 설명 중 옳지 않은 것은?

① 보험계약은 금전으로 산정할 수 있는 이익에 한하여 보험계약의 목적으로 할 수 있다.
② 보험사고로 인하여 상실된 피보험자가 얻을 이익이나 보수는 당사자간에 다른 약정이 없으면 보험자가 보상할 손해액에 산입하지 아니한다.
③ 동일한 목적에 대하여 경제적 이해관계가 다름에 따라 수개의 피보험이익이 있을 수 있다.
④ 보험의 목적의 성질로 인한 손해는 보험자가 이를 보상할 책임이 있다.

정답 및 해설 ④

제678조(보험자의 면책사유) 보험의 목적의 성질, 하자 또는 자연소모로 인한 손해는 보험자가 이를 보상할 책임이 없다.

63. 손해보험에 관한 다음 설명 중 옳지 않은 것은?

① 집합된 물건을 일괄하여 보험의 목적으로 한 때에는 그 목적에 속한 물건이 보험기간 중 수시로 교체된 경우에도 보험사고의 발생 시에 현존하는 물건은 보험의 목적에 포함된 것으로 한다.
② 피보험이익은 적법한 것이어야 한다.
③ 손해가 피보험자와 생계를 같이 하는 가족의 고의로 인하여 발생한 경우에 보험금의 전부를 지급한 보험자는 그 지급한 금액의 한도에서 그 가족에 대한 피보험자의 권리를 취득한다.
④ 보험계약자는 불특정의 타인을 위하여는 보험계약을 체결할 수 없다.

정답 및 해설 ④

③ 보험계약자나 피보험자의 제3자에 대한 권리가 그와 생계를 같이 하는 가족에 대한 것인 경우 보험자는 그 권리를 취득하지 못한다. 다만, 손해가 그 가족의 고의로 인하여 발생한 경우에는 그러하지 아니하다. ④ 639조(타인을 위한 보험) 보험계약자는 위임을 받거나 위임을 받지 아니하고 특정 또는 불특정의 타인을 위하여 보험계약을 체결할 수 있다. 그러나 손해보험계약의 경우에 그 타인의 위임이 없는 때에는 보험계약자는 이를 보험자에게 고지하여야 하고, 그 고지가 없는 때에는 타인이 그 보험계약이 체결된 사실을 알지 못하였다는 사유로 보험자에게 대항하지 못한다.

64. 보험가액에 대한 다음 설명 중 옳지 않은 것은?

① 보험가액이란 손해보험에 있어서 보험자가 보상해야 할 법률상의 최고한도이다.
② 보험가액이란 보험사고가 발생하면 보험자가 지급하기로 하는 보험자의 책임의 계약상 최고한도를 말한다.
③ 보험가액은 보험금액과 일치할 수도 있고, 일치하지 않을 수도 있다.
④ 보험가액이란 손해보험에 있어서 피보험이익의 금전적 평가액을 말한다.

정답 및 해설 ②

보험금액에 대한 설명이다.

65. 보험가액의 결정과 관련된 다음 설명 중 옳지 않은 것은?

① 보험가액은 보험기간 중 변동될 수 있다.
② 당사자 간에 보험가액을 미리 정하지 아니한 때에는 사고발생시의 가액을 보험가액으로 한다.
③ 기평가보험의 경우 협정보험가액이 사고발생시의 가액을 현저하게 초과할 때에는 협정보험가액을 보험가액으로 한다.
④ 당사자 간에 보험가액을 정한 때에는 그 가액은 사고발생시의 가액으로 정한 것으로 추정한다. 그러나 그 가액이 사고발생시의 가액을 현저하게 초과할 때에는 사고발생시의 가액을 보험가액으로 한다.

정답 및 해설 ③

② 미평가보험 : 당사자 간에 보험가액 즉 피보험이익의 가액을 미리 정하지 아니한 때에는 사고발생시의 가액을 보험가액으로 한다. 이때는 보험금액이 보험가액으로 되지 않는다. ③④ 기평가보험 : 기평가보험이란 보험계약체결 당시에 당사자 간에 보험가액을 정한 것을 말한다. 그 가액은 사고발생시의 가액으로 정한 것으로 추정한다. 그러나 이득금지원칙상 협정가액이 사고발생시의 가액을 현저히 초과한 경우에는 사고발생시의 가액을 보험가액으로 하도록 상법은 규정하고 있다.(상법 제670조 단서)

66. 초과보험에 대한 다음 설명 중 옳은 것은?

① 보험가액은 사고발생시의 가액에 의하여 정한다.
② 물가의 하락 등으로 보험가액이 보험기간 중에 현저하게 감소된 때에도 감액청구가

가능하다.
③ 보험계약이 보험계약자의 사기로 인하여 초과보험이 체결된 때에는 그 계약은 취소할 수 있다.
④ 보험금액이 보험계약의 목적의 가액을 현저하게 초과한 때에는 보험자 또는 보험계약자는 이미 지급된 보험료와 보험금액의 감액을 청구할 수 있다.

정답 및 해설 ②

① 보험가액은 계약당시의 가액에 의하여 정한다. ③ 보험계약이 보험계약자의 사기로 인하여 초과보험이 체결된 때에는 그 계약은 전부무효로 한다. ④ 보험금액이 보험계약의 목적의 가액을 현저하게 초과한 때에는 보험자 또는 보험계약자는 보험료와 보험금액의 감액을 청구할 수 있다. 그러나 보험료의 감액은 장래에 대하여서만 그 효력이 있다.

67. 중복보험에 대한 다음 설명 중 옳지 않은 것은?

① 보험자 각자의 보상책임은 보험금액의 비율에 따라서 결정된다.
② 중복보험의 경우 보험자 1인에 대한 권리의 포기는 다른 보험자의 권리의무에 영향을 미치지 않는다.
③ 중복보험계약이 보험계약자의 사기로 인하여 체결된 때에는 그 계약은 무효가 되므로 보험자는 그 사실을 안 때까지의 보험료를 청구할 수 없다.
④ 중복보험에 의하여 보험금액이 보험가액을 현저하게 초과한 때에는 보험자 또는 보험계약자는 보험금액과 보험료의 감액청구를 할 수 있다. 선의의 경우 보험료감액청구는 장래에 대하여만 그 효력이 있다.

정답 및 해설 ③

① 동일한 보험계약의 목적과 동일한 사고에 관하여 수개의 보험계약이 동시에 또는 순차로 체결된 경우에 그 보험금액의 총액이 보험가액을 초과한 때에는 보험자는 각자의 보험금액의 한도에서 연대책임을 진다. 이 경우에는 각 보험자의 보상책임은 각자의 보험금액의 비율에 따른다. ② 피보험자가 연대책임을 지는 2인의 보험자 중 1명으로부터 보험금액을 지급받은 후 지급하지 않은 1인에 대하여 권리를 포기하더라도 지급한 1인의 구상권에는 영향이 없다. ③ 중복보험계약이 보험계약자의 사기로 인하여 체결된 때에는 그 계약은 무효로 한다. 그러나 보험자는 그 사실을 안 때까지의 보험료를 청구할 수 있다.

68. 손해보험에서 보험가액과 보험금액과의 관계에 관한 설명으로 옳지 않은 것은?

① 보험금액이 보험계약의 목적의 가액을 현저하게 초과한 때에 보험자는 보험금액의 감액을 청구할 수 있지만, 보험계약자는 보험료의 감액을 청구할 수 없다.
② 일부보험의 경우에 보험계약의 당사자들은 보험자가 보험금액의 보험가액에 대한 비율과 상관없이 보험금액의 한도 내에서 그 손해를 보상할 책임이 있다는 약정을 할 수 있다.
③ 중복보험에서 수인의 보험자 중 1인에 대하여 피보험자가 권리를 포기하여도 다른 보험자의 권리의무에 영향을 미치지 않는다.
④ 중복보험에서 보험자가 각자의 보험금액의 한도에서 연대책임을 지는 경우 각 보험자의 보상책임은 각자의 보험금액의 비율에 따른다.

정답 및 해설 ①

초과보험이라는 사실에 대하여 당사자가 선의인 경우 보험자 또는 보험계약자는 보험료와 보험금액의 감액청구를 할 수 있다. 이는 형성권이며 장래에 향하여 효력이 있다.

69. 일부보험에 대한 다음의 설명 중 옳지 않은 것은?

① 보험가액의 일부를 보험에 붙인 경우에는 보험자는 보험금액의 한도 내에서 그 손해를 보상할 책임을 진다.
② 일부보험에서 보험목적이 전부 멸실한 경우 보험자는 협정한 보험금액을 지급하면 족하다.
③ 일부보험에서 보험목적이 일부 멸실한 경우 비례부담의 원칙에 따라 보험자가 보험금액의 보험가액에 대한 비율에 따라 손해를 보상하는 것을 원칙으로 한다.
④ 일부보험의 경우 당사자 간의 특약으로 일부 멸실의 경우 보험금액의 범위 내에서 전부보험과 마찬가지로 손해액의 전부를 보상하기로 약정할 수 있다.

정답 및 해설 ①

보험가액의 일부를 보험에 붙인 경우에는 보험자는 보험금액의 보험가액에 대한 비율에 따라 보상할 책임을 진다. 그러나 당사자 간에 다른 약정이 있는 때에는 보험자는 보험금액의 한도 내에서 그 손해를 보상할 책임을 진다.

70. 다음 중 일부보험에 대한 설명으로 옳은 것은?

① 보상액은 손해액보다 적다.
② 계약성립 후 물가상승 등으로 보험가액이 높아지는 등 자연적으로 발생하는 경우는 일부보험으로 보지 않는다.
③ 손해액이 보험가액보다 클 수도 있다.
④ 보험계약의 당사자 간에 보험금액을 보험자가 요구하는 일정비율에 맞는 금액으로 설정했을 때는 비례보상을 한다.

정답 및 해설 ①

② 일부보험으로 본다. ③ 손해액은 보험가액보다 적다. ④ 부보비율 조건부 실손보상 : 보험계약의 당사자 간에 보험금액을 보험자가 요구하는 일정비율에 맞는 금액으로 설정했을 때는 실손보상(제1차 위험보험)을 한다.

71. 손해보험에서 보험금지급에 대한 설명 중 옳지 않은 것은?

① 보험계약의 체결 당시에 이미 보험사고가 발생한 것을 당사자 쌍방과 피보험자가 알지 못한 경우 보험자는 책임을 진다.
② 보험사고가 보험계약자 또는 피보험자나 보험수익자의 고의 또는 중대한 과실로 인하여 생긴 때에는 보험자는 보험금액을 지급할 책임이 없다.
③ 보험사고가 전쟁 기타의 변란으로 인하여 생긴 때에는 당사자 간에 다른 약정으로 보험자가 책임을 진다고 정하더라도 무효이다.
④ 면책약관에 정한 보험사고가 발생한 경우 보험자는 책임이 없다.

정답 및 해설 ③

① 보험계약의 체결 당시에 이미 보험사고가 발생한 것을 당사자 쌍방과 피보험자가 알지 못한 경우와 보험사고는 보험기간 안에 발생하였으나 손해가 보험기간 후에 발생하여도 보험자는 책임을 진다. ③ 보험사고가 전쟁 기타의 변란으로 인하여 생긴 때에는 당사자 간에 다른 약정이 없으면 보험자는 보험금액을 지급할 책임이 없다.

72. 손해보험에서 손해의 보상과 관련된 다음 설명 중 옳지 않은 것은?

① 보험자가 보상할 손해액은 그 손해가 발생한 때와 곳의 가액에 의하여 산정한다.
② 보상은 특별한 규정이 없는 한 금전급여를 원칙으로 한다.

③ 보험자의 손해보상범위는 보험가액 한도 내에서 피보험자가 보험사고로 입은 실손해액을 보상한다.
④ 손해방지비용은 그 비용과 보상액의 합계액이 보험금액을 초과하더라도 보상한다.

정답 및 해설 ③

① 보험자가 보상할 손해액은 그 손해가 발생한 때와 곳의 가액에 의하여 산정한다. 그러나 당사자 간에 다른 약정이 있는 때에는 그 신품가액에 의하여 손해액을 산정할 수 있다. ② 특별한 규정이 없는 한 금전급여를 원칙으로 한다. 다만 약관에 의해 현물보상을 정한 경우에는 손해의 전부 또는 일부를 현물로 보상할 수 있다. ③ 보험자의 손해보상범위는 보험금액 한도 내에서 피보험자가 보험사고로 입은 실손해액을 보상한다.

73. 손해보험에서 손해액 산정과 관련된 다음 설명 중 옳은 것은?

① 다른 약정이 있으면 신품가액에 의하여 손해액을 산정할 수 있다.
② 보험자가 보상할 손해액에는 피보험자가 얻을 이익을 산입하여야 한다.
③ 손해액의 산정에 관한 비용은 피보험자의 부담으로 한다.
④ 보험자가 보상할 손해액은 협정시 결정한 금액으로 한다.

정답 및 해설 ①

② 상실이익은 다른 약정이 없는 한 산입하지 않는다. ③ 손해액의 산정에 관한 비용은 보험자의 부담으로 한다. ④ 당사자 간에 다른 약정이 없으면 보험자가 보상할 손해액은 그 손해가 발생한 때와 곳의 가액에 의한다.

74. 보험자의 손해보상의무에 관한 설명으로 옳은 것은?

① 손해보상금지급의무의 소멸시효는 3년이다.
② 신가보험은 이득금지의 원칙에 반하여 부정된다.
③ 화재보험계약의 목적을 건물의 소유권으로 한 경우 보험사고로 인하여 피보험자가 얻을 임대료수입은 보험자가 보상할 손해액에 산입한다.
④ 보험자는 보험금액의 지급에 관하여 약정기간이 없는 경우에는 사고발생의 통지를 받은 후 지체 없이 지급할 보험금액을 지급하여야 한다.

정답 및 해설 ①

② 신가보험은 손해보험의 이득금지원칙에도 불구하고 인정된다. ③ 상실이익은 특약이 없는 한 산입하지 않는다. ④ 보험자는 보험금액의 지급에 관하여 약정기간이 있는 경우에는 그 기간 내에 약정기간이 없는 경우에는 제657조제1항의 통지를 받은 후 지체 없이 지급할 보험금액을 정하고 그 정하여진 날부터 10일 내에 피보험자 또는 보험수익자에게 보험금액을 지급하여야 한다.

75. 손해보험에서 보험료가 체납된 경우에 대한 설명으로 옳은 것은?

① 보험자가 손해를 보상할 경우에 보험료의 지급을 받지 아니한 잔액이 있으면 그 지급기일이 도래하지 아니한 때라도 보상할 금액에서 이를 공제할 수 있다.
② 보험자가 손해를 보상할 경우에 보험료의 지급을 받지 아니한 잔액이 있으면 그 지급기일이 도래한 금액만 보상할 금액에서 이를 공제할 수 있다.
③ 보험자가 손해를 보상할 경우에 보험료의 지급을 받지 아니한 잔액이 있더라도 보상할 금액에서 이를 공제할 수 없다.
④ 보험자가 손해를 보상할 경우에 보험료의 지급을 받지 아니한 잔액이 있으면 그 지급기일이 도래하지 아니한 때라도 먼저 보상하고 체납금액은 청구할 수 있다.

정답 및 해설 ①

76. 보험계약자와 피보험자의 손해방지·경감의무에 대한 다음 설명 중 옳지 않은 것은?

① 보험계약자와 피보험자뿐만 아니라 이들의 대리인, 지배인 및 선장도 이 의무를 부담한다.
② 손해방지비용은 보상할 때 비용과 보상액이 보험금액을 초과할 수 없다.
③ 손해방지·경감의무위반으로 보험자가 손해를 입은 때에는 배상청구를 하거나 손해배상을 할 때 이를 공제할 수 있다.
④ 보험계약자 등이 사고의 방지를 할 수 있었음에도 하지 않아 사고가 발생한 경우에는 손해방지의무와는 무관하다.

정답 및 해설 ②

보험계약자 또는 피보험자는 보험사고의 발생시에 손해의 방지와 경감을 위하여 지출한 비용으로서 필요 또는 유익하였던 것을 손해방지비용이라고 하며 이는 언제나 보험자가 전액을 부담한다.

77. 보험자 대위에 대한 다음 설명 중 옳지 않은 것은?

① 보험금액의 전부를 지급하여야 보험자가 잔존물 대위권을 취득할 수 있다.
② 보험자 대위권이 발생하면 당사자의 의사표시로 그 권리가 보험자에게 이전된다.
③ 상해보험의 경우 특약이 있을 때 보험자가 피보험자의 권리를 해하지 아니한 범위 내에서 인정된다.
④ 잔존물 대위의 경우 보험목적의 전부멸실이어야 한다.

정답 및 해설 ②

대위의 요건이 충족되면 당사자의 의사표시와 관계없이 당연히 권리가 보험자에게 이전된다.

78. 청구권 대위에 대한 다음설명으로 옳은 것은?

① 피보험자의 과실로 보험사고 발생한 경우 피보험자는 제3자로 본다.
② 손해가 피보험자의 가족의 고의로 인하여 발생한 경우에는 청구권 대위가 인정되지 않는다.
③ 타인을 위한 보험계약에서의 보험계약자는 제3자로 본다.
④ 보험자가 보험금을 전부 지급한 경우는 대위권을 가지지만 일부 지급한 경우에는 대위권을 갖지 못한다.

정답 및 해설 ③

① 제3자로 보지 않는다. ② 보험계약자나 피보험자의 청구권 대위에 따른 권리가 그와 생계를 같이 하는 가족에 대한 것인 경우 보험자는 그 권리를 취득하지 못한다. 다만, 손해가 그 가족의 고의로 인하여 발생한 경우에는 그러하지 아니하다. ③ 타인을 위한 보험계약에서의 보험계약자는 제3자로 인정한다. ④ 전부 지급한 경우는 당연히 대위권을 가지지만 일부 지급한 경우에는 그 지급한 범위 내에서 대위권을 가진다.

79. 보험목적의 양도와 관련된 다음 설명 중 옳지 않은 것은?

① 보험목적의 양수인은 피보험자가 가졌던 보험계약상의 권리와 의무를 승계한 것으로

추정한다.
② 집합물을 일괄하여 보험에 붙인 집합보험의 경우에는 물건의 일부를 양도하더라도 보험계약관계가 승계되지 않는다.
③ 양도인과 양수인 간에 보험목적 물건에 대한 양도합의로 양수인은 피보험자가 가졌던 보험계약상의 권리와 의무를 승계된다.
④ 보험의 목적의 양도인 또는 양수인은 보험자에 대하여 지체 없이 그 사실을 통지하여야 한다.

정답 및 해설 ③

③ 보험의 목적물이 물권적 양도방법에 의하여 양도되어야 한다.

80. 화재보험에 관한 다음 설명 중 옳은 것은?

① 건물뿐만 아니라 부동산도 보험의 목적이 될 수 있다.
② 보험자가 보상책임을 지는 손해는 화재와 관련된 직접적인 손해이다.
③ 건물을 보험의 목적으로 한 때에는 그 소재지, 구조와 용도를 화재보험증권에 기재하여야 한다.
④ 화재로 인하여 발생한 손해라면 그 화재의 원인 여하에 불구하고 보험자는 그 손해를 보상할 책임을 진다.

정답 및 해설 ①

① 상법에서는 보험의 목적으로 건물과 동산을 예시하고 있다.(상법 제685조) 그러나 이에 한정되는 것은 아니고 계약에 의해 목적의 범위를 정할 수 있다. 따라서 건물뿐만 아니라 부동산도 보험의 목적이 될 수 있다. ② 손해는 화재와 상당인과관계가 있는 모든 손해를 포함한다. 직접적인 손해뿐만 아니라 인과관계가 있는 간접손해도 포함한다.

81. 화재보험의 증권에 반드시 기재해야 하는 사항이 아닌 것은?

① 보험사고의 성질
② 동산을 보험의 목적으로 한 때에는 그 존치한 장소의 상태와 용도
③ 보험가액
④ 무효와 실권의 사유

정답 및 해설 ③

보험가액을 정한 경우에 기재할 뿐이다.

82. 화재보험에 대한 다음 설명 중 옳지 않은 것은?

① 보험사고가 보험계약자 또는 피보험자나 보험수익자의 고의 또는 중대한 과실로 인하여 생긴 때에는 보험자는 보험금액을 지급할 책임이 없다.
② 보통약관에 지진·분화(噴火)·폭발에 의한 화재를 면책사유로 하여도 무효이다.
③ 연소 작용에 의하지 아니한 열의 작용으로 인한 손해는 보험자의 보상 책임이 없다.
④ 화재 진화를 위해 살포한 물로 보험목적이 훼손된 손해는 보상한다.

정답 및 해설 ②

지진·분화(噴火)·폭발에 의한 화재를 면책약관은 유효하다.

83. 책임보험과 관련된 다음 설명 중 옳지 않은 것을 고르시오.

① 책임보험의 목적은 특정한 재화가 아니라 피보험자가 제3자에게 지는 배상책임이며, 그 배상책임의 담보가 되는 것은 피보험자의 전재산이다.
② 피보험자가 제3자의 청구를 막기 위하여 지출하는 재판상의 비용도 포함된다.
③ 책임보험계약에서도 보험가액이 존재한다.
④ 보험자는 특별한 기간의 약정이 없으면 보험사고의 통지를 받은 날로부터 10일내에 보험금액을 지급하여야 한다.

정답 및 해설 ③

책임보험계약에서는 보험가액이 존재하지 않는다. 따라서 손해배상액은 보험금액과 손해액의 범위에서 결정한다.

84. 재보험계약에 관한 설명으로 옳지 않은 것은?

① 재보험계약은 원보험계약의 효력에 영향을 미치지 않는다.

② 화재보험에 관한 규정을 준용한다.
③ 재보험자의 제3자에 대한 대위권행사가 인정된다.
④ 보험계약자의 불이익변경금지원칙은 적용되지 않는다.

정답 및 해설 ②

우리 상법은 그 성질에 반하지 않는 한 책임보험의 규정을 재보험계약에 준용한다. 제726조(재보험에의 준용) 이 절(책임보험)의 규정은 그 성질에 반하지 아니하는 범위에서 재보험계약에 준용한다.

제 2 편
농어업재해보험법령 및 농업재해보험 손해평가요령

MEMO

손해평가사 대비

제1장 │ 농어업재해보험법

01 총칙

(1) 목적 및 정의

1) 이 법은 농어업재해로 인하여 발생하는 농작물, 임산물, 양식수산물, 가축과 농어업용 시설물의 피해에 따른 손해를 보상하기 위한 농어업재해보험에 관한 사항을 규정함으로써 농어업 경영의 안정과 생산성 향상에 이바지하고 국민경제의 균형 있는 발전에 기여함을 목적으로 한다.

2) 정의

농어업재해	"농어업재해"란 농작물·임산물·가축 및 농업용 시설물에 발생하는 자연재해·병충해·조수해(鳥獸害)·질병 또는 화재(농업재해)와 양식수산물 및 어업용 시설물에 발생하는 자연재해·질병 또는 화재(어업재해)를 말한다.
농어업재해보험	"농어업재해보험"이란 농어업재해로 발생하는 재산 피해에 따른 손해를 보상하기 위한 보험을 말한다.
보험가입금액	"보험가입금액"이란 보험가입자의 재산 피해에 따른 손해가 발생한 경우 보험에서 최대로 보상할 수 있는 한도액으로서 보험가입자와 보험사업자 간에 약정한 금액을 말한다.
보험료	"보험료"란 보험가입자와 보험사업자 간의 약정에 따라 보험가입자가 보험사업자에게 내야 하는 금액을 말한다.
보험금	"보험금"이란 보험가입자에게 재해로 인한 재산 피해에 따른 손해가 발생한 경우 보험가입자와 보험사업자 간의 약정에 따라 보험사업자가 보험가입자에게 지급하는 금액을 말한다.
시범사업	"시범사업"이란 농어업재해보험사업(재해보험사업)을 전

6회 기출문제

농어업재해보험법상 농어업재해에 관한 설명이다. ( )에 들어갈 내용을 순서대로 옳게 나열한 것은?

> "농어업재해"란 농작물·임산물·가축 및 농업용 시설물에 발생하는 자연재해·병충해·(ㄱ)·질병 또는 화재와 양식수산물 및 어업용 시설물에 발생하는 자연재해·질병 또는 (ㄴ)를 말한다.

① ㄱ: 지진, ㄴ: 조수해(鳥獸害)
② ㄱ: 조수해(鳥獸害), ㄴ: 풍수해
③ ㄱ: 조수해(鳥獸害), ㄴ: 화재
④ ㄱ: 지진, ㄴ: 풍수해

▶ ③

1회 기출문제

다음 설명에 해당되는 용어는?

> 보험가입자의 재산 피해에 따른 손해가 발생한 경우 보험에서 최대로 보상할 수 있는 한도액으로서 보험가입자와 보험사업자 간에 약정한 금액

① 보험료   ② 보험금
③ 보험가입금액   ④ 손해액

▶ ③

국적으로 실시하기 전에 보험의 효용성 및 보험 실시 가능성 등을 검증하기 위하여 일정 기간 제한된 지역에서 실시하는 보험사업을 말한다.

3) 심의회
   ① 심의회
      이 법에 따른 농어업재해보험(이하 "재해보험"이라 한다) 및 농어업재해재보험(이하 "재보험"이라 한다)에 관한 다음 각 호의 사항을 심의하기 위하여 농림축산식품부장관 소속으로 농업재해보험심의회를 두고, 해양수산부장관 소속으로 어업재해보험심의회를 둔다.
   ② 심의사항
      ㉠ 재해보험 목적물의 선정에 관한 사항
      ㉡ 재해보험에서 보상하는 재해의 범위에 관한 사항
      ㉢ 재해보험사업에 대한 재정지원에 관한 사항
      ㉣ 손해평가의 방법과 절차에 관한 사항
      ㉤ 농어업재해재보험사업(이하 "재보험사업"이라 한다)에 대한 정부의 책임범위에 관한 사항
      ㉥ 재보험사업 관련 자금의 수입과 지출의 적정성에 관한 사항
      ㉦ 다른 법률에서 농업재해보험심의회 또는 어업재해보험심의회(이하 "심의회"라 한다)의 심의 사항으로 정하고 있는 사항
      ㉧ 그 밖에 농림축산식품부장관 또는 해양수산부장관이 필요하다고 인정하는 사항
   ③ 심의회의 구성
      ㉠ 심의회는 위원장 및 부위원장 각 1명을 포함한 21명 이내의 위원으로 구성한다.
      ㉡ 심의회의 위원장은 각각 농림축산식품부차관 및 해양수산부차관으로 하고, 부위원장은 위원 중에서 호선(互選)한다.
      ㉢ 심의회의 위원
         심의회의 위원은 다음 각 호의 어느 하나에 해당하는 자 중에서 각각 농림축산식품부장관 또는 해양수산부장관이 임명하거나 위촉하는 자로 한다. 이 경우 다음

2회 기출문제

농어업재해보험법상 다음 설명에 해당되는 용어는?

> 보험가입자에게 재해로 인한 재산 피해에 따른 손해가 발생한 경우 보험가입자와 보험사업자 간의 약정에 따라 보험사업자가 보험가입자에게 지급하는 금액

① 보험료   ② 손해평가액
③ 보험가입금액   ④ 보험금

➡ ④

1회 기출문제

농어업재해보험법상 농업재해보험심의회의 심의사항이 아닌 것은?

① 재해보험 상품의 인가
② 재해보험 목적물의 선정
③ 재해보험에서 보상하는 재해의 범위
④ 농어업재해재보험사업에 대한 정부의 책임 범위

➡ ①

6회 기출문제

농어업재해보험법령상 농업재해보험심의회 또는 어업재해보험심의회에 관한 설명으로 옳지 않은 것은?

① 심의회는 위원장 및 부위원장 각 1명을 포함한 21명 이내의 위원으로 구성한다.
② 심의회의 위원장은 각각 농림축산식품부장관 및 해양수산부장관으로 하고, 부위원장은 위원 중에서 호선(互選)한다.
③ 심의회의 회의는 재적위원 3분의

각 호에 해당하는 자가 각각 1명 이상 포함되어야 한다. 아래 가. 위원의 임기는 3년으로 한다.
가. 농림축산식품부장관 또는 해양수산부장관이 재해보험이나 농어업에 관한 학식과 경험이 풍부하다고 인정하는 자
나. 농림축산식품부 또는 해양수산부의 재해보험을 담당하는 3급 공무원 또는 고위공무원단에 속하는 공무원
다. 자연재해 또는 보험 관련 업무를 담당하는 기획재정부·행정안전부·금융위원회·산림청의 3급 공무원 또는 고위공무원단에 속하는 공무원

* 위원의 해촉
  농림축산식품부장관 또는 해양수산부장관은 법 제3조제4항제1호에 따른 위원이 다음 각 호의 어느 하나에 해당하는 경우에는 해당 위원을 해촉(解囑)할 수 있다.
  ⓐ 심신장애로 인하여 직무를 수행할 수 없게 된 경우
  ⓑ 직무와 관련된 비위사실이 있는 경우
  ⓒ 직무태만, 품위손상이나 그 밖의 사유로 인하여 위원으로 적합하지 아니하다고 인정되는 경우
  ⓓ 위원 스스로 직무를 수행하는 것이 곤란하다고 의사를 밝히는 경우

② 분과위원회의 설치
심의회는 그 심의 사항을 검토·조정하고, 심의회의 심의를 보조하게 하기 위하여 심의회에 분과위원회를 둘 수 있다.

분과위원회(시행령)
1. 농업인안전보험 분과위원회, 어업인안전보험 분과위원회
   어선원 및 어선 재해보상보험 분과위원회
2. 분과위원회의 구성
   ① 분과위원회는 분과위원장 1명을 포함한 9명 이내의 분과위원으로 성별을 고려하여 구성한다.
   ② 분과위원장 및 분과위원은 심의회의 위원 중에서 전문적인 지식과 경험 등을 고려하여 위원장이 지명한다.

1 이상의 요구가 있을 때 또는 위원장이 필요하다고 인정할 때에 소집한다.
④ 심의회의 회의는 재적위원 과반수의 출석으로 개의(開議)하고, 출석위원 과반수의 찬성으로 의결한다.

▶ ②

2회 기출문제

농어업재해보험법령상 농업재해보험심의회 및 회의에 관한 설명으로 옳지 않은 것은?

① 심의회는 위원장 및 부위원장 각 1명을 포함한 21명 이내의 위원으로 구성한다.
② 위원장은 심의회의 회의를 소집하며, 그 의장이 된다.
③ 심의회의 회의는 재적위원 5분의 1 이상의 요구가 있을 때 또는 위원장이 필요하다고 인정할 때에 소집한다.
④ 심의회의 회의는 재적위원 과반수의 출석으로 개의(開議)하고, 출석위원 과반수의 찬성으로 의결한다.

➡ ③

1회 기출문제

농어업재해보험법상 재해보험의 종류가 아닌 것은?

① 농기계재해보험
② 농작물재해보험
③ 양식수산물재해보험
④ 가축재해보험

➡ ①

③ 분과위원회의 회의는 위원장 또는 분과위원장이 필요하다고 인정할 때에 소집한다.

　ⓜ 심의회의 회의
　　가. 위원장은 심의회의 회의를 소집하며, 그 의장이 된다.
　　나. 심의회의 회의는 재적위원 3분의 1 이상의 요구가 있을 때 또는 위원장이 필요하다고 인정할 때에 소집한다.
　　다. 심의회의 회의는 재적위원 과반수의 출석으로 개의(開議)하고, 출석위원 과반수의 찬성으로 의결한다.
　ⓗ 법에 정한 사항 외에 심의회 및 분과위원회의 구성과 운영 등에 필요한 사항은 대통령령으로 정한다.

02 재해보험사업

(1) 재해보험의 종류 등

재해보험의 종류는 농작물재해보험, 임산물재해보험, 가축재해보험 및 양식수산물재해보험으로 한다. 이 중 농작물재해보험, 임산물재해보험 및 가축재해보험과 관련된 사항은 농림축산식품부장관이, 양식수산물재해보험과 관련된 사항은 해양수산부장관이 각각 관장한다.

(2) 보험목적물

보험목적물은 다음 각 호의 구분에 따르되, 그 구체적인 범위는 보험의 효용성 및 보험 실시 가능성 등을 종합적으로 고려하여 농업재해보험심의회 또는 어업재해보험심의회를 거쳐 농림축산식품부장관 또는 해양수산부장관이 고시한다.
　1) 농작물재해보험: 농작물 및 농업용 시설물
　2) 임산물재해보험: 임산물 및 임업용 시설물

3) 가축재해보험: 가축 및 축산시설물
4) 양식수산물재해보험: 양식수산물 및 양식시설물

(3) 보상의 범위 등

1) 재해보험에서 보상하는 재해의 범위는 해당 재해의 발생 빈도, 피해 정도 및 객관적인 손해평가방법 등을 고려하여 재해보험의 종류별로 대통령령으로 정한다.
2) 정부는 재해보험에서 보상하는 재해의 범위를 확대하기 위하여 노력하여야 한다.

재해보험에서 보상하는 재해의 범위(시행령 제8조 관련 별표1)	
재해보험의 종류	보상하는 재해의 범위
농작물·임산물 재해보험	자연재해, 조수해(鳥獸害), 화재 및 보험목적물별로 농림축산식품부장관이 정하여 고시하는 병충해
가축 재해보험	자연재해, 화재 및 보험목적물별로 농림축산식품부장관이 정하여 고시하는 질병
양식수산물 재해보험	자연재해, 화재 및 보험목적물별로 해양수산부장관이 정하여 고시하는 수산질병

비고: 재해보험사업자는 보험의 효용성 및 보험 실시 가능성 등을 종합적으로 고려하여 위의 대상 재해의 범위에서 다양한 보험상품을 운용할 수 있다.

재해보험의 종류	보험목적물
농작물 재해보험	사과.배.포도.단감.감귤.복숭아.참다래.자두.매실 살구.고구마.파.양파.마늘.고추.풋고추.파프리카.부추 수박.호박.딸기.토마토.오이.가지.참외.멜론.옥수수.벼.밀.콩 국화.장미.백합.카네이션.인삼.오디.차.느타리버섯 시금치.미나리.상추.배추.양배추.무
	위 농작물의 재배시설(부대시설 포함)
임산물 재해보험	떫은감.밤.대추.복분자.표고버섯.오미자
	위 임산물의 재배시설(부대시설 포함)
가축 재해보험	소.말.돼지.닭.오리.꿩.메추리.칠면조.사슴.거위.타조.양. 벌.토끼.관상조
	위 가축의 축사(부대시설 포함)
양식수산물	넙치.전복.조피볼락.굴참돔.돌돔.감성돔

2회 기출문제

농어업재해보험법상 재해보험의 종류와 보험목적물로 옳지 않은 것은?

① 농작물재해보험 : 농작물 및 농업용 시설물
② 임산물재해보험 : 임산물 및 임업용 시설물
③ 축산물재해보험 : 축산물 및 축산시설물
④ 양식수산물재해보험 : 양식수산물 및 양식시설물

▶ ③

6회 기출문제

농어업재해보험법령상 재해보험사업에 관한 내용으로 옳지 않은 것은?

① 재해보험의 종류는 농작물재해보험, 임산물재해보험, 가축재해보험 및 양식수산물재해보험으로 한다.
② 재해보험에서 보상하는 재해의 범위는 해당 재해의 발생 범위, 피해 정도 및 주관적인 손해평가방법 등을 고려하여 재해보험의 종류별로 대통령령으로 정한다.
③ 정부는 재해보험에서 보상하는 재해의 범위를 확대하기 위하여 노력하여야 한다.
④ 가축재해보험에서 보상하는 재해의 범위는 자연재해, 화재 및 보험목적물별로 농림축산식품장관이 정하여 고시하는 질병이다.

▶ ②

재해보험	농어.쥐치.기타볼락.숭어.강도다리
	위 수산물의 양식시설(부대시설 포함)

※ 비고 : 재해보험사업자는 보험의 효용성 및 보험 실시 가능성 등을 종합적으로 고려하여 위의 대상 재해보험 범위에서 다양한 보험상품을 운용할 수 있다.

(4) 보험가입자의 기준

재해보험에 가입할 수 있는 자는 농림업, 축산업, 양식수산업에 종사하는 개인 또는 법인으로 하고, 구체적인 보험가입자의 기준은 대통령령으로 정한다.

1) 농작물재해보험 : 법제5조에 따라 농림축산식품부장관이 고시하는 농작물을 재배하는 자
2) 임산물재해보험 : 법제5조에 따라 농림축산식품부장관이 고시하는 임산물을 재배하는 자
3) 가축재해보험 : 법제5조에 따라 농림축산식품부장관이 고시하는 가축을 사육하는 자
4) 양식수산물재해보험 : 법제5조에 따라 해양수산부장관이 고시하는 양식수산물을 양식하는 자

(5) 보험사업자

1) 재해보험사업을 할 수 있는 자는 다음 각 호와 같다.
   ① 「수산업협동조합법」에 따른 수산업협동조합중앙회(이하 "수협중앙회"라 한다)
   ② 「산림조합법」에 따른 산림조합중앙회
   ③ 「보험업법」에 따른 보험회사
2) 재해보험사업의 약정 체결
   ① 재해보험사업을 하려는 자는 농림축산식품부장관 또는 해양수산부장관과 재해보험사업의 약정을 체결하여야 한다.
   ② 약정을 위한 서류
      약정을 체결하려는 자는 다음 각 호의 서류를 농림축산식품부장관 또는 해양수산부장관에게 제출하여야 한다.
      ㉠ 사업방법서, 보험약관, 보험료 및 책임준비금산출방법서
      ㉡ 그 밖에 대통령령으로 정하는 서류
   ③ 재해보험사업의 약정을 체결하는 데 필요한 사항은 대통령령으로 정한다.

재해보험사업의 약정체결 시 내용(시행령)

농림축산식품부장관 또는 해양수산부장관은 법 제8조제2항에 따라 재해보험사업을 하려는 자와 재해보험사업의 약정을 체결할 때에는 다음 각 호의 사항이 포함된 약정서를 작성하여야 한다.

1. 약정기간에 관한 사항
2. 재해보험사업의 약정을 체결한 자(이하 "재해보험사업자"라 한다)가 준수하여야 할 사항
3. 재해보험사업자에 대한 재정지원에 관한 사항
4. 약정의 변경·해지 등에 관한 사항
5. 그 밖에 재해보험사업의 운영에 관한 사항
* 법 제8조제3항제2호에서 "대통령령으로 정하는 서류"란 정관을 말한다.

(6) 보험요율의 산정

법 제8조제2항에 따라 농림축산식품부장관 또는 해양수산부장관과 재해보험사업의 약정을 체결한 자(이하 "재해보험사업자"라 한다)는 재해보험의 보험요율을 객관적이고 합리적인 통계자료를 기초로 하여 보험목적물별 또는 보상방식별로 산정하되, 대통령령으로 정하는 행정구역 단위 또는 권역 단위로 산정하여야 한다.

* 행정구역 단위 또는 권역 단위(시행령)
    법 제9조에서 "대통령령으로 정하는 행정구역 단위 또는 권역 단위"란 다음 각 호의 구분에 따른 단위를 말한다.
    ① 행정구역 단위 : 특별시·광역시·도·특별자치도 또는 시·군·자치구
    ② 권역 단위 : 농림축산식품부장관 또는 해양수산부장관이 행정구역 단위와는 따로 구분하여 고시하는 지역 단위

(7) 보험모집

1) 재해보험을 모집할 수 있는 자는 다음 각 호와 같다.
    ① 산림조합중앙회와 그 회원조합의 임직원, 수협중앙회와 그 회원조합 및 「수산업협동조합법」에 따라 설립된 수협은행의 임직원
    ② 「수산업협동조합법」 제60조(제108조, 제113조 및 제168조에 따라 준용되는 경우를 포함한다)의 공제규약에 따른 공제모집인으로서 수협중앙회장 또는 그 회원 조합장이 인정

6회 기출문제

농어업재해보험법령상 농림축산식품부장관 또는 해양수산부장관이 재해보험사업을 하려는 자와 재해보험사업의 약정을 체결할 때에 포함되어야 하는 사항이 아닌 것은?

① 약정기간에 관한 사항
② 재해보험사업의 약정을 체결한 자가 준수하여 할 사항
③ 국가에 대한 재정지원에 관한 사항
④ 약정의 변경·해지 등에 관한 사항

➡ ③

6회 기출문제

농어업재해보험법령상 보험요율의 산정에 있어서 기준이 되는 행정구역 단위가 아닌 것은?

① 특별시   ② 광역시
③ 자치구   ④ 읍·면

➡ ④

2회 기출문제

농어업재해보험법상 재해보험을 모집할 수 있는 자가 아닌 것은?

① 수협중앙회 및 그 회원조합의 임직원
② 산림조합중앙회 및 그 회원조합의 임직원
③ 「산림조합법」제48조의 공제규정에 따른 공제모집인으로서 농림축산식품부장관이 인정하는 자
④ 「보험업법」제83조(모집할 수 있는 자) 제1항에 따라 보험을 모집할 수 있는 자

➡ ③

하는 자
③ 「산림조합법」 제48조(제122조에 따라 준용되는 경우를 포함한다)의 공제규정에 따른 공제모집인으로서 산림조합중앙회장이나 그 회원조합장이 인정하는 자
④ 「보험업법」 제83조제1항에 따라 보험을 모집할 수 있는 자
2) 재해보험의 모집 업무에 종사하는 자가 사용하는 재해보험 안내자료 및 금지행위에 관하여는 「보험업법」 제95조·제97조, 제98조 및 「금융소비자 보호에 관한 법률」 제21조를 준용한다. 다만, 재해보험사업자가 수협중앙회, 산림조합중앙회인 경우에는 「보험업법」 제95조제1항제5호를 준용하지 아니하며, 「농업협동조합법」, 「수산업협동조합법」, 「산림조합법」에 따른 조합이 그 조합원에게 이 법에 따른 보험상품의 보험료 일부를 지원하는 경우에는 「보험업법」 제98조에도 불구하고 해당 보험계약의 체결 또는 모집과 관련한 특별이익의 제공으로 보지 아니한다.

(8) 사고예방의무 등

1) 보험가입자는 재해로 인한 사고의 예방을 위하여 노력하여야 한다.
2) 재해보험사업자는 사고 예방을 위하여 보험가입자가 납입한 보험료의 일부를 환급할 수 있다.

(9) 손해평가 등

1) 손해평가인, 손해평가사 또는 손해사정사의 위촉
재해보험사업자는 보험목적물에 관한 지식과 경험을 갖춘 자 또는 그 밖의 관계 전문가를 손해평가인으로 위촉하여 손해평가를 담당하게 하거나 제11조의2에 따른 손해평가사(이하 "손해평가사"라 한다) 또는 「보험업법」 제186조에 따른 손해사정사에게 손해평가를 담당하게 할 수 있다.

2) 손해평가 요령
손해평가인과 손해평가사 및 「보험업법」 제186조에 따른 손해사정사는 농림축산식품부장관 또는 해양수산부장관이 정하여 고시하는 손해평가 요령에 따라 손해평가를 하여야 한다. 이 경우 공정하고 객관적으로 손해평가를 하여야 하

6회 기출문제

농업재해보험 손해평가요령상 손해평가에 관한 설명으로 옳지 않은 것은?

① 교차손해평가에 있어서도 평가인력 부족 등으로 신속한 손해평가가 불가피하다고 판단되는 경우에는 손해평가반구성에 지역손해평가인을 배제할 수 있다.
② 손해평가 단위와 관련하여 농지란 하나의 보험가입금액에 해당하는 토지로 필지(지번) 등과 관계없이 농작물을 재배하는 하나의 경작지를 말한다.
③ 손해평가반이 손해평가를 실시할 때에는 재해보험사업자가 해당 보험가입자의 보험계약사항 중 손해평가와 관련된 사항을 해당 지방자치단체에 통보하여야 한다.
④ 보험가입자가 정당한 사유없이 검증조사를 거부하는 경우 검증조사반은 검증조사가 불가능하여 손해평가 결과를 확인할 수 없다는 사실을 보험가입자에게 통지한 후 검증조사결과를 작성하여 재해보험사업자에게 제출하여야 한다.

▶ ③

며, 고의로 진실을 숨기거나 거짓으로 손해평가를 하여서는 아니 된다.

3) 교차손해평가

   재해보험사업자는 공정하고 객관적인 손해평가를 위하여 동일 시·군·구(자치구를 말한다) 내에서 교차손해평가(손해평가인 상호간에 담당지역을 교차하여 평가하는 것을 말한다. 이하 같다)를 수행할 수 있다. 이 경우 교차손해평가의 절차·방법 등에 필요한 사항은 농림축산식품부장관 또는 해양수산부장관이 정한다.

4) 손해평가 요령의 고시와 협의

   농림축산식품부장관 또는 해양수산부장관은 제2항에 따른 손해평가 요령을 고시하려면 미리 금융위원회와 협의하여야 한다.

5) 정기교육의 실시

   농림축산식품부장관 또는 해양수산부장관은 제1항에 따른 손해평가인이 공정하고 객관적인 손해평가를 수행할 수 있도록 연 1회 이상 정기교육을 실시하여야 한다.

> **손해평가인의 교육(시행령)**
>
> 법 제11조제5항에 따른 정기교육에는 다음 각 호의 사항이 포함되어야 하며, 교육시간은 4시간 이상으로 한다.
> 1. 농어업재해보험에 관한 기초지식
> 2. 농어업재해보험의 종류별 약관
> 3. 손해평가의 절차 및 방법
> 4. 그 밖에 손해평가에 필요한 사항으로서 농림축산식품부장관 또는 해양수산부장관이 정하는 사항

6) 정보의 교환

   농림축산식품부장관 또는 해양수산부장관은 손해평가인 간의 손해평가에 관한 기술·정보의 교환을 지원할 수 있다.

7) 손해평가인으로 위촉될 수 있는 자의 자격 요건, 정기교육, 기술·정보의 교환 지원 및 손해평가 실무교육 등에 필요한 사항은 대통령령으로 정한다.

| 재해보험 | 손해평가인의 자격요건(시행령) |

| 「상법」보험편 |

의 종류	
농작물 재해보험	1. 재해보험 대상 농작물을 5년 이상 경작한 경력이 있는 농업인 2. 공무원으로 농림축산식품부, 농촌진흥청, 통계청 또는 지방자치단체나 그 소속기관에서 농작물재배 분야에 관한 연구·지도, 농산물 품질관리 또는 농업 통계조사 업무를 3년 이상 담당한 경력이 있는 사람 3. 교원으로 고등학교에서 농작물재배 분야 관련 과목을 5년 이상 교육한 경력이 있는 사람 4. 조교수 이상으로 「고등교육법」제2조에 따른 학교에서 농작물재배 관련학을 3년 이상 교육한 경력이 있는 사람 5. 「보험업법」에 따른 보험회사의 임직원이나 「농업협동조합법」에 따른 중앙회와 조합의 임직원으로 영농 지원 또는 보험·공제 관련 업무를 3년 이상 담당하였거나 손해평가 업무를 2년 이상 담당한 경력이 있는 사람 6. 「고등교육법」제2조에 따른 학교에서 농작물재배 관련학을 전공하고 농업전문 연구기관 또는 연구소에서 5년 이상 근무한 학사학위 이상 소지자 7. 「고등교육법」제2조에 따른 전문대학에서 보험 관련 학과를 졸업한 사람 8. 「학점인정 등에 관한 법률」제8조에 따라 전문대학의 보험 관련 학과 졸업자와 같은 수준 이상의 학력이 있다고 인정받은 사람이나 「고등교육법」제2조에 따른 학교에서 80학점(보험 관련 과목 학점이 45학점 이상이어야 한다) 이상을 이수한 사람 등 제7호에 해당하는 사람과 같은 수준 이상의 학력이 있다고 인정되는 사람 9. 「농수산물 품질관리법」에 따른 농산물품질관리사 10. 재해보험 대상 농작물 분야에서 「국가기술자격법」에 따른 기사 이상의 자격을 소지한 사람
임산물 재해보험	1. 재해보험 대상 임산물을 5년 이상 경작한 경력이 있는 임업인 2. 공무원으로 농림축산식품부, 농촌진흥청, 산림청, 통계청 또는 지방자치단체나 그 소속기관에서 임산물재배 분야에 관한 연구·지도 또는 임업 통계조사 업무를 3년 이상 담당한 경력이 있는 사람 3. 교원으로 고등학교에서 임산물재배 분야 관련 과목을 5년 이상 교육한 경력이 있는 사람 4. 조교수 이상으로 「고등교육법」제2조에 따른 학교에서 임산물재배 관련학을 3년 이상 교육한 경력이 있는 사람 5. 「보험업법」에 따른 보험회사의 임직원이나 「산림조합법」에 따른 중앙회와 조합의 임직원으로 산림경영 지원 또는 보험·공제 관련 업무를 3년 이상 담당하였거나 손해평가 업무를 2년 이상 담당한 경력이 있는 사람 6. 「고등교육법」제2조에 따른 학교에서 임산물재배 관련학

1회 기출문제

농어업재해보험법령상 농작물재해보험 손해평가인으로 위촉될 수 있는 자의 자격요건이 아닌 것은?

① 「농수산물 품질관리법」에 따른 농산물품질관리사
② 재해보험 대상 농작물을 3년 이상 경작한 경력이 있는 농업인
③ 재해보험 대상 농작물 분야에서 「국가기술자격법」에 따른 기사 이상의 자격을 소지한 사람
④ 공무원으로 지방자치단체에서 농작물재배 분야에 관한 연구·지도 업무를 3년 이상 담당한 경력이 있는 사람

▶ ②

2회 기출문제

농어업재해보험법령상 손해평가인으로 위촉될 수 없는 자는?

① 재해보험 대상 농작물을 6년간 경작한 경력이 있는 농업인
② 공무원으로 농촌진흥청에서 농작물재배 분야에 관한 연구·지도 업무를 2년간 담당한 경력이 있는 사람
③ 교원으로 고등학교에서 농작물재배 분야 관련 과목을 6년간 교육한 경력이 있는 사람
④ 조교수 이상으로 「고등교육법」제2조에 따른 학교에서 농작물재배 관련학을 5년간 교육한 경력이 있는 사람

▶ ②

	을 전공하고 임업전문 연구기관 또는 연구소에서 5년 이상 근무한 학사학위 이상 소지자 7. 「고등교육법」 제2조에 따른 전문대학에서 보험 관련 학과를 졸업한 사람 8. 「학점인정 등에 관한 법률」 제8조에 따라 전문대학의 보험 관련 학과 졸업자와 같은 수준 이상의 학력이 있다고 인정받은 사람이나 「고등교육법」 제2조에 따른 학교에서 80학점(보험 관련 과목 학점이 45학점 이상이어야 한다) 이상을 이수한 사람 등 제7호에 해당하는 사람과 같은 수준 이상의 학력이 있다고 인정되는 사람 9. 재해보험 대상 임산물 분야에서 「국가기술자격법」에 따른 기사 이상의 자격을 소지한 사람
가축 재해보험	1. 재해보험 대상 가축을 5년 이상 사육한 경력이 있는 농업인 2. 공무원으로 농림축산식품부, 농촌진흥청, 통계청 또는 지방자치단체나 그 소속기관에서 가축사육 분야에 관한 연구·지도 또는 가축 통계조사 업무를 3년 이상 담당한 경력이 있는 사람 3. 교원으로 고등학교에서 가축사육 분야 관련 과목을 5년 이상 교육한 경력이 있는 사람 4. 조교수 이상으로 「고등교육법」 제2조에 따른 학교에서 가축사육 관련학을 3년 이상 교육한 경력이 있는 사람 5. 「보험업법」에 따른 보험회사의 임직원이나 「농업협동조합법」에 따른 중앙회와 조합의 임직원으로 영농 지원 또는 보험·공제 관련 업무를 3년 이상 담당하였거나 손해평가 업무를 2년 이상 담당한 경력이 있는 사람 6. 「고등교육법」 제2조에 따른 학교에서 가축사육 관련학을 전공하고 축산전문 연구기관 또는 연구소에서 5년 이상 근무한 학사학위 이상 소지자 7. 「고등교육법」 제2조에 따른 전문대학에서 보험 관련 학과를 졸업한 사람 8. 「학점인정 등에 관한 법률」 제8조에 따라 전문대학의 보험 관련 학과 졸업자와 같은 수준 이상의 학력이 있다고 인정받은 사람이나 「고등교육법」 제2조에 따른 학교에서 80학점(보험 관련 과목 학점이 45학점 이상이어야 한다) 이상을 이수한 사람 등 제7호에 해당하는 사람과 같은 수준 이상의 학력이 있다고 인정되는 사람 9. 「수의사법」에 따른 수의사 10. 「국가기술자격법」에 따른 축산기사 이상의 자격을 소지한 사람
양식 수산물 재해보험	1. 재해보험 대상 양식수산물을 5년 이상 양식한 경력이 있는 어업인 2. 공무원으로 해양수산부, 국립수산과학원, 국립수산물품질관리원 또는 지방자치단체에서 수산물양식 분야 또는

6회 기출문제

농어업재해보험법령상 양식수산물재해보험의 손해평가인 으로 위촉될 수 있는 자격 요건을 갖추지 않은 자는?

① 재해보험 대상 양식수산물을 3년 동안 양식한 경력이 있는 어업인
②「고등교육법」제2조에 따른 전문대학에서 보험 관련 학과를 졸업한 사람
③「수산생물질병 관리법」에 따른 수산질병관리사
④「농수산물 품질관리법」에 따른 수산물품질관리사

▶ ①

1회 기출문제

농어업재해보험법상 손해평가사의 업무가 아닌 것은?

① 피해발생의 통지
② 피해사실의 확인
③ 손해액의 평가
④ 보험가액의 평가

▶ ①

수산생명의학 분야에 관한 연구 또는 지도업무를 3년 이상 담당한 경력이 있는 사람
3. 교원으로 수산계 고등학교에서 수산물양식 또는 수산생명의학 분야의 관련 과목을 5년 이상 교육한 경력이 있는 사람
4. 조교수 이상으로「고등교육법」제2조에 따른 학교에서 수산물양식관련학 또는 수산생명의학 관련학을 3년이상 교육한 경력이 있는 사람
5.「보험업법」에 따른 보험회사의 임직원이나「수산업협동조합법」에 따른 수산업협동조합중앙회, 수협은행 및 조합의 임직원으로 수산업지원 또는 보험·공제 관련 업무를 3년 이상 담당하였거나 손해평가 업무를 2년 이상 담당한 경력이 있는 사람
6.「고등교육법」제2조에 따른 학교에서 수산물양식 관련학 또는 수산생명의학 관련학을 전공하고 수산전문 연구기관 또는 연구소에서 5년 이상 근무한 학사학위 소지자
7.「고등교육법」제2조에 따른 전문대학에서 보험 관련 학과를 졸업한 사람
8.「학점인정 등에 관한 법률」제8조에 따라 전문대학의 보험 관련학과 졸업자와 같은 수준 이상의 학력이 있다고 인정받은 사람이나「고등교육법」제2조에 따른 학교에서 80학점(보험 관련 과목 학점이 45학점 이상이어야 한다) 이상을 이수한 사람 등 제7호에 해당하는 사람과 같은 수준 이상의 학력이 있다고 인정되는 사람
9.「수산생물질병 관리법」에 따른 수산질병관리사
10. 재해보험 대상 양식수산물 분야에서「국가기술자격법」에 따른 기사 이상의 자격을 소지한 사람
11.「농수산물 품질관리법」에 따른 수산물품질관리사

(10) 손해평가사

1) 손해평가사 제도의 운영
   농림축산식품부장관은 공정하고 객관적인 손해평가를 촉진하기 위하여 손해평가사 제도를 운영한다.
2) 손해평가사의 업무
   손해평가사는 농작물재해보험 및 가축재해보험에 관하여 다음 각 호의 업무를 수행한다.
   ① 피해사실의 확인
   ② 보험가액 및 손해액의 평가
   ③ 그 밖의 손해평가에 필요한 사항
3) 손해평가사의 시험 등
   ① 손해평가사가 되려는 사람은 농림축산식품부장관이 실시하

는 손해평가사 자격시험에 합격하여야 한다.
② 시험의 일부면제
　보험목적물 또는 관련 분야에 관한 전문 지식과 경험을 갖추었다고 인정되는 대통령령으로 정하는 기준에 해당하는 사람에게는 손해평가사 자격시험 과목의 일부를 면제할 수 있다.

손해평가사 자격시험의 일부 면제(시행령)

① 법 제11조의4제2항에서 "대통령령으로 정하는 기준에 해당하는 사람"이란 다음 각 호의 어느 하나에 해당하는 사람을 말한다.
　1. 법 제11조제1항에 따른 손해평가인으로 위촉된 기간이 3년 이상인 사람으로서 손해평가 업무를 수행한 경력이 있는 사람
　2. 「보험업법」 제186조에 따른 손해사정사
　3. 다음 각 목의 기관 또는 법인에서 손해사정 관련 업무에 3년 이상 종사한 경력이 있는 사람
　　가. 「금융위원회의 설치 등에 관한 법률」에 따라 설립된 금융감독원
　　나. 「농업협동조합법」에 따른 농업협동조합중앙회. 이 경우 법률 제10522호 농업협동조합법 일부개정법률 제134조의5의 개정규정에 따라 농협손해보험이 설립되기 전까지의 농업협동조합중앙회에 한정한다.
　　다. 「보험업법」 제4조에 따른 허가를 받은 손해보험회사
　　라. 「보험업법」 제175조에 따라 설립된 손해보험협회
　　마. 「보험업법」 제187조제2항에 따른 손해사정을 업(業)으로 하는 법인
　　바. 「화재로 인한 재해보상과 보험가입에 관한 법률」 제11조에 따라 설립된 한국화재보험협회
② 제1항 각 호의 어느 하나에 해당하는 사람에 대해서는 손해평가사 자격시험 중 제1차 시험을 면제한다.
③ 제1차 시험에 합격한 사람에 대해서는 다음 회에 한정하여 제1차 시험을 면제한다.

4) 시험의 무효 등
　농림축산식품부장관은 다음 각 호의 어느 하나에 해당하는 사람에 대하여는 그 시험을 정지시키거나 무효로 하고 그 처분 사실을 지체 없이 알려야 한다.
　① 부정한 방법으로 시험에 응시한 사람
　② 시험에서 부정한 행위를 한 사람

1회 기출문제

농어업재해보험법상 손해평가사의 자격 취소에 해당되는 자만을 모두 고른 것은?

ㄱ. 손해평가사의 직무를 게을리 하였다고 인정되는 사람
ㄴ. 손해평가사의 자격을 거짓 또는 부정한 방법으로 취득한 사람
ㄷ. 거짓으로 손해평가를 한 사람
ㄹ. 다른 사람에게 손해평가사의 업무를 수행하게 한 사람

① ㄱ, ㄴ　② ㄱ, ㄷ, ㄹ
③ ㄴ, ㄷ, ㄹ　④ ㄱ, ㄴ, ㄷ, ㄹ

▶ ③

5) 자격시험의 정지

다음 각 호에 해당하는 사람은 그 처분이 있은 날부터 2년이 지나지 아니한 경우 제1항에 따른 손해평가사 자격시험에 응시하지 못한다.

① 제3항에 따라 정지·무효 처분을 받은 사람
② 제11조의5에 따라 손해평가사 자격이 취소된 사람

6) 손해평가사 자격시험의 실시, 응시수수료, 시험과목, 시험과목의 면제, 시험방법, 합격기준 및 자격증 발급 등에 필요한 사항은 대통령령으로 정한다.

7) 손해평가사의 자격 취소

농림축산식품부장관은 다음 각 호의 어느 하나에 해당하는 사람에 대하여 손해평가사 자격을 취소할 수 있다.

① 손해평가사의 자격을 거짓 또는 부정한 방법으로 취득한 사람
② 거짓으로 손해평가를 한 사람
③ 다른 사람에게 손해평가사의 업무를 수행하게 하거나 자격증을 빌려준 사람

8) 손해평가사의 감독

농림축산식품부장관은 손해평가사가 그 직무를 게을리하거나 직무를 수행하면서 부적절한 행위를 하였다고 인정하면 1년 이내의 기간을 정하여 업무의 정지를 명할 수 있다.

9) 손해평가 등의 교육 농림축산식품부장관은 손해평가사의 손해평가 능력 및 자질 향상을 위하여 교육을 실시할 수 있다.

10) 손해평가사 자격 취소 처분의 세부기준

법 제11조의5제1항에 따른 손해평가사 자격 취소 처분의 세부기준은 별표 2의3과 같다.

위반행위[별표 2의3]	처분기준	
	1회 위반	2회 이상 위반
가. 손해평가사의 자격을 거짓 또는 부정한 방법으로 취득한 경우	자격 취소	
나. 거짓으로 손해평가를 한 경우	시정명령	자격 취소

2회 기출문제

농어업재해보험법상 손해평가사의 자격 취소사유에 해당되는 자를 모두 고른 것은?

ㄱ. 손해평가사의 자격을 부정한 방법으로 취득한 사람
ㄴ. 거짓으로 손해평가를 한 사람
ㄷ. 손해평가사의 직무를 수행하면서 부적절한 행위를 하였다고 인정되는 사람
ㄹ. 다른 사람에게 손해평가사의 자격증을 빌려준 사람

① ㄱ, ㄴ ② ㄷ, ㄹ
③ ㄱ, ㄴ, ㄹ ④ ㄴ, ㄷ, ㄹ

➡ ③

6회 기출문제

농어업재해보험법상 손해평가사의 자격 취소사유로 명시되지 않은 것은?

① 손해평가사의 자격을 거짓 또는 부정한 방법으로 취득한 사람
② 업무정지 기간 중 손해평가업무를 수행한 사람
③ 거짓으로 손해평가를 한 사람
④ 다른 사람에게 손해평가사의 업무를 수행하게 하거나 자격증을 빌려준 사람

➡ ②

6회 기출문제

농어업재해보험법상 손해평가사의 감독에 관한 내용이다. ( )에 들어갈 숫자는?

농림축산식품부장관은 손해평가사가 그 직무를 게을리하거나 직무를 수행하면서 부적절한 행위를 하였다고 인정하면 ( )년 이내의 기간을 정하여 업무의 정지를 명할 수 있다.

① 1 ② 2 ③ 3 ④ 5

➡ ①

다. 법 제11조의4제6항을 위반하여 다른 사람에게 손해평가사의 명의를 사용하게 하거나 그 자격증을 대여한 경우	자격 취소
라. 법 제11조의4제7항을 위반하여 손해평가사 명의의 사용이나 자격증의 대여를 알선한 경우	자격 취소
마. 업무정지 기간 중에 손해평가 업무를 수행한 경우	자격 취소

11) 손해평가사 업무 정지 처분의 세부기준

법 제11조의6제1항에 따른 손해평가사 업무 정지 처분의 세부기준은 별표 2의4와 같다.

위반행위[별표 2의4]	처분기준		
	1회 위반	2회 위반	3회 이상 위반
가. 업무 수행과 관련하여 「개인정보 보호법」, 「신용정보의 이용 및 보호에 관한 법률」 등 정보 보호와 관련된 법령을 위반한 경우	업무 정지 6개월	업무 정지 1년	업무 정지 1년
나. 업무 수행과 관련하여 보험계약자 또는 보험사업자로부터 금품 또는 향응을 제공받은 경우	업무 정지 6개월	업무 정지 1년	업무 정지 1년
다. 자기 또는 자기와 생계를 같이 하는 4촌 이내의 친족(이하 "이해관계자"라 한다)이 가입한 보험계약에 관한 손해평가를 한 경우	업무 정지 3개월	업무 정지 6개월	업무 정지 6개월
라. 자기 또는 이해관계자가 모집한 보험계약에 대해 손해평가를 한 경우	업무 정지 3개월	업무 정지 6개월	업무 정지 6개월
마. 법 제11조제2항 전단에 따른 손	경고	업무	업무

1회 기출문제

농어업재해보험법상 재해보험 가입자 또는 사업자에 대한 정부의 재정지원에 관한 설명으로 옳지 않은 것은?

① 재해보험가입자가 부담하는 보험료의 일부를 지원할 수 있다.
② 재해보험사업자가 재해보험가입자에게 지급하는 보험금의 일부를 지원할 수 있다.
③ 재해보험사업자의 재해보험의 운영 및 관리에 필요한 비용의 전부 또는 일부를 지원할 수 있다.
④ 「풍수해보험법」에 따른 풍수해보험에 가입한 자가 동일한 보험목적물을 대상으로 재해보험에 가입한 경우는 보험료를 지원하지 아니한다.

▶ ②

해평가 요령을 준수하지 않고 손해평가를 한 경우	경고	정지 1개월 업무정지 1개월	정지 3개월 업무정지 3개월
바. 그 밖에 손해평가사가 그 직무를 게을리하거나 직무를 수행하면서 부적절한 행위를 했다고 인정되는 경우			

12) 보험금수급전용계좌의 신청 방법·절차 등
   ① 법 제11조의7제1항 본문에 따라 보험금을 수급권자 명의의 지정된 계좌(이하 "보험금수급전용계좌"라 한다)로 받으려는 사람은 재해보험사업자가 정하는 보험금 지급청구서에 수급권자 명의의 보험금수급전용계좌를 기재하고, 통장의 사본(계좌번호가 기재된 면을 말한다)을 첨부하여 재해보험사업자에게 제출해야 한다. 보험금수급전용계좌를 변경하는 경우에도 또한 같다.
   ② 법 제11조의7제1항 단서에서 "대통령령으로 정하는 불가피한 사유"란 보험금수급전용계좌가 개설된 금융기관의 폐업·업무 정지 등으로 정상영업이 불가능한 경우를 말한다.
   ③ 재해보험사업자는 법 제11조의7제1항 단서에 따른 사유로 보험금을 이체할 수 없을 때에는 수급권자의 신청에 따라 다른 금융기관에 개설된 보험금수급전용계좌로 이체해야 한다. 다만, 다른 보험금수급전용계좌로도 이체할 수 없는 경우에는 수급권자 본인의 주민등록증 등 신분증명서의 확인을 거쳐 보험금을 직접 현금으로 지급할 수 있다.

13) 보험금의 압류 금지
   법 제12조제2항에서 "대통령령으로 정하는 액수"란 다음 각 호의 구분에 따른 보험금 액수를 말한다.
   ① 농작물·임산물·가축 및 양식수산물의 재생산에 직접적으로 소요되는 비용의 보장을 목적으로 법 제11조의7제1항 본문에 따라 보험금수급전용계좌로 입금된 보험금: 입금된 보험금 전액
   ② 제1호 외의 목적으로 법 제11조의7제1항 본문에 따라 보험금수급전용계좌로 입금된 보험금: 입금된 보험금의 2분의 1에 해당하는 액수

2회 기출문제

농어업재해보험법상 재정지원에 관한 내용이다. ( )에 들어갈 용어를 순서대로 나열한 것은?

> 정부는 예산의 범위에서 재해보험가입자가 부담하는 ( )의 일부와 재해보험사업자의 ( )의 운영 및 관리에 필요한 비용(이하 "운영비"라 한다)의 전부 또는 일부를 지원할 수 있다. 이 경우 지방자치단체는 예산의 범위에서 재해보험가입자가 부담하는 ( )의 일부를 추가로 지원할 수 있다.

① 재해보험, 보험료, 재해보험
② 보험료, 재해보험, 보험료
③ 보험금, 재해보험, 보험금
④ 보험가입액, 보험료, 보험가입액

▶ ②

2회 기출문제

농어업재해보험법령상 농림축산식품부장관으로부터 재보험사업에 관한 업무의 위탁을 받을 수 있는 자는?

① 「보험업법」에 따른 보험회사
② 「농업·농촌 및 식품산업기본법」 제63조의2제1항에 따라 설립된 농업정책보험금융원
③ 「정부출연연구기관 등의 설립·운영 및 육성에 관한 법률」제8조에 따라 설립된 연구기관

(11) 기타 제반규정

1) 수급권의 보호
   재해보험의 보험금을 지급받을 권리는 압류할 수 없다. 다만, 보험목적물이 담보로 제공된 경우에는 그러하지 아니하다.

2) 보험목적물의 양도에 따른 권리 및 의무의 승계
   재해보험가입자가 재해보험에 가입된 보험목적물을 양도하는 경우 그 양수인은 재해보험계약에 관한 양도인의 권리 및 의무를 승계한 것으로 추정한다.

3) 업무 위탁
   재해보험사업자는 재해보험사업을 원활히 수행하기 위하여 필요한 경우에는 보험모집 및 손해평가 등 재해보험 업무의 일부를 대통령령으로 정하는 자에게 위탁할 수 있다.

   업무 위탁(시행령)

   법 제14조에서 "대통령령으로 정하는 자"란 다음 각 호의 자를 말한다.
   1. 「농업협동조합법」에 따라 설립된 지역농업협동조합·지역축산업협동조합 및 품목별·업종별협동조합
   1의2. 「산림조합법」에 따라 설립된 지역산림조합 및 품목별·업종별산림조합
   2. 「수산업협동조합법」에 따라 설립된 지구별 수산업협동조합, 업종별 수산업협동조합, 수산물가공 수산업협동조합 및 수협은행
   3. 「보험업법」 제187조에 따라 손해사정을 업으로 하는 자
   4. 농어업재해보험 관련 업무를 수행할 목적으로 「민법」 제32조에 따라 농림축산식품부장관 또는 해양수산부장관의 허가를 받아 설립된 비영리법인(손해평가 관련 업무를 위탁하는 경우만 해당한다)

4) 회계 구분
   재해보험사업자는 재해보험사업의 회계를 다른 회계와 구분하여 회계처리함으로써 손익관계를 명확히 하여야 한다.

5) 분쟁조정
   재해보험과 관련된 분쟁의 조정(調停)은 「금융소비자 보호에 관한 법률」 제33조부터 제43조까지의 규정에 따른다.

6) 재보험사업에 대한 보험업법의 적용
   ① 이 법에 따른 재해보험사업에 대하여는 「보험업법」 제104조부터 제107조까지, 제118조제1항, 제119조, 제120조, 제

   ④ 「공익법인의 설립·운영에 관한 법률」 제4조에 따라 농림축산식품부장관 또는 해양수산부장관의 허가를 받아 설립된 공익법인

   ➡ ②

   6회 기출문제

   농업어업재해보험법령상 재해보험사업자가 재해보험사업을 원활히 수행하기 위하여 재해보험 업무의 일부를 위탁할 수 있는 자에 해당하지 않는 것은?

   ① 「농업협동조합법」에 따라 설립된 지역농업협동조합·지역축산업협동조합 및 품목별·업종별협동조합
   ② 「산림조합법」에 따라 설립된 지역산림조합 및 품목별·업종별산림조합
   ③ 「보험업법」 제187조에 따라 손해사정을 업으로 하는 자
   ④ 농어업재해보험 관련 업무를 수행할 목적으로 「민법」 제32조에 따라 기획재정부장관의 허가를 받아 설립된 영리법인

   ➡ ④

   6회 기출문제

   농어업재해보험법상 분쟁조정에 관한 내용이다. ( )에 들어갈 법률로 옳은 것은?

   > 재해보험과 관련된 분쟁의 조정(調停)은 ( ) 제51조부터 제57조까지의 규정에 따른다.

   ① 보험업법
   ② 풍수해보험법
   ③ 금융위원회의 설치 등에 관한 법률
   ④ 화재로 인한 재해보상과 보험가입에 관한 법률

   ➡ ③

2회 기출문제

농어업재해보험법상 농어업재해재보험기금의 용도에 해당하지 않는 것은?

① 재해보험가입자가 부담하는 보험료의 일부 지원
② 제20조제2항제2호에 따른 재보험금의 지급
③ 제22조제2항에 따른 차입금의 원리금 상환
④ 기금의 관리·운용에 필요한 경비(위탁경비를 포함한다)의 지출

▶ ①

6회 기출문제

농어업재해보험법령상 재정지원에 관한 설명으로 옳은 것은?

① 정부는 예산의 범위에서 재해보험사업자가 지급하는 보험금의 일부를 지원할 수 있다.
② 「풍수해보험법」에 따른 풍수해보험에서 가입한 자가 동일한 보험목적물을 대상으로 재해보험에 가입할 경우에는 정부가 재정지원을 하여야 한다.
③ 재해보험의 운영에 필요한 지원금액을 지급받으려는 재해보험사업자는 농림축산식품부장관 또는 해양수산부장관이 정하는 바에 따라 재해보험 가입현황서나 운영비 사용계획서를 농림축산식품부장관 또는 해양수산부장관에게 제출하여야 한다.
④ 농림축산식품부장관·해양수산부장관이 예산의 범위에서 지원하는 재정지원의 경우 그 지원금액을 재해보험가입자에게 지급하여야 한다.

▶ ③

124조, 제127조, 제128조, 제131조부터 제133조까지, 제134조제1항, 제136조, 제162조, 제176조 및 제181조제1항을 적용한다. 이 경우 "보험회사"는 "보험사업자"로 본다.

② 이 법에 따른 재해보험사업에 대해서는 「금융소비자 보호에 관한 법률」 제45조를 적용한다. 이 경우 "금융상품직접판매업자"는 "보험사업자"로 본다.

7) 재정지원

① 정부는 예산의 범위에서 재해보험가입자가 부담하는 보험료의 일부와 재해보험사업자의 재해보험의 운영 및 관리에 필요한 비용(이하 "운영비"라 한다)의 전부 또는 일부를 지원할 수 있다. 이 경우 지방자치단체는 예산의 범위에서 재해보험가입자가 부담하는 보험료의 일부를 추가로 지원할 수 있다.

② 농림축산식품부장관·해양수산부장관 및 지방자치단체의 장은 제1항에 따른 지원금액을 재해보험사업자에게 지급하여야 한다.

③ 「풍수해보험법」에 따른 풍수해보험에 가입한 자가 동일한 보험목적물을 대상으로 재해보험에 가입할 경우에는 제1항에도 불구하고 정부가 재정지원을 하지 아니한다.

④ 보험료와 운영비의 지원 방법 및 지원 절차 등에 필요한 사항은 대통령령으로 정한다.

보험료 및 운영비의 지원(시행령)

① 법 제19조제1항 전단 및 제2항에 따라 보험료 또는 운영비의 지원금액을 지급받으려는 재해보험사업자는 농림축산식품부장관 또는 해양수산부장관이 정하는 바에 따라 재해보험 가입현황서나 운영비 사용계획서를 농림축산식품부장관 또는 해양수산부장관에게 제출하여야 한다.

② 제1항에 따른 재해보험 가입현황서나 운영비 사용계획서를 제출받은 농림축산식품부장관 또는 해양수산부장관은 제9조에 따른 보험가입자의 기준 및 제10조제2항제3호에 따른 재해보험사업자에 대한 재정지원에 관한 사항 등을 확인하여 보험료 또는 운영비의 지원금액을 결정·지급한다.

③ 법 제19조제1항 후단 및 같은 조 제2항에 따라 지방자치단체의 장은 보험료의 일부를 추가 지원하려는 경우 재해보험 가입현황서와 제9조에 따른 보험가입자의 기준 등을 확인하여 보험료의 지원금액을 결정·지급한다.

03 재보험사업 및 농어업재해재보험기금

(1) 재보험사업

1) 정부는 재해보험에 관한 재보험사업을 할 수 있다.
2) 재보험약정의 체결

   농림축산식품부장관 또는 해양수산부장관은 재보험에 가입하려는 재해보험사업자와 다음 각 호의 사항이 포함된 재보험 약정을 체결하여야 한다.

   ① 재해보험사업자가 정부에 내야 할 보험료(이하 "재보험료"라 한다)에 관한 사항
   ② 정부가 지급하여야 할 보험금(이하 "재보험금"이라 한다)에 관한 사항
   ③ 그 밖에 재보험수수료 등 재보험 약정에 관한 것으로서 대통령령으로 정하는 사항

재보험 약정서(시행령)

법 제20조제2항제3호에서 "대통령령으로 정하는 사항"이란 다음 각 호의 사항을 말한다.
1. 재보험수수료에 관한 사항
2. 재보험 약정기간에 관한 사항
3. 재보험 책임범위에 관한 사항
4. 재보험 약정의 변경·해지 등에 관한 사항
5. 재보험금 지급 및 분쟁에 관한 사항
6. 그 밖에 재보험의 운영·관리에 관한 사항

3) 업무의 위탁

   농림축산식품부장관은 해양수산부장관과 협의를 거쳐 재보험사업에 관한 업무의 일부를 「농업, 농촌 및 식품산업기본법」 제63조의 2 제1항에 따라 설립된 농업정책보험금융원에 위탁할 수 있다.

4) 기금의 설치

   농림축산식품부장관은 해양수산부장관과 협의하여 공동으로 재보험사업에 필요한 재원에 충당하기 위하여 농어업재해재

보험기금(이하 "기금"이라 한다)을 설치한다.

5) 기금의 조성

기금은 다음 각 호의 재원으로 조성한다.
① 제20조제2항제1호에 따라 받은 재보험료
② 정부, 정부 외의 자 및 다른 기금으로부터 받은 출연금
③ 재보험금의 회수 자금
④ 기금의 운용수익금과 그 밖의 수입금
⑤ 제2항에 따른 차입금
⑥ 「농어촌구조개선 특별회계법」 제5조제2항제7호에 따라 농어촌구조개선 특별회계의 농어촌특별세사업계정으로부터 받은 전입금

  * 기금의 차입
    농림축산식품부장관은 기금의 운용에 필요하다고 인정되는 경우에는 해양수산부장관과 협의하여 기금의 부담으로 금융기관, 다른 기금 또는 다른 회계로부터 자금을 차입할 수 있다.

6) 기금의 용도

기금은 다음 각 호에 해당하는 용도에 사용한다.
① 제20조제2항제2호에 따른 재보험금의 지급
② 제22조제2항에 따른 차입금의 원리금 상환
③ 기금의 관리·운용에 필요한 경비(위탁경비를 포함한다)의 지출
④ 그 밖에 농림축산식품부장관이 해양수산부장관과 협의하여 재보험사업을 유지·개선하는 데에 필요하다고 인정하는 경비의 지출

7) 기금의 관리·운용

① 기금은 농림축산식품부장관이 해양수산부장관과 협의하여 관리·운용한다.
② 농림축산식품부장관은 해양수산부장관과 협의를 거쳐 기금의 관리·운용에 관한 사무의 일부를 대통령령으로 정하는 자에게 위탁할 수 있다.
③ 제1항 및 제2항에서 규정한 사항 외에 기금의 관리·운용에 필요한 사항은 대통령령으로 정한다.

2회 기출문제

농어업재해보험법령상 기금의 관리·운용 등에 관한 내용으로 옳은 것을 모두 고른 것은?

> ㄱ. 기금수탁관리자는 기금의 관리 및 운용을 명확히 하기 위하여 기금을 다른 회계와 구분하여 회계처리하여야 한다.
> ㄴ. 기금수탁관리자는 회계연도마다 기금결산보고서를 작성하여 다음 회계연도 2월 말일까지 농림축산식품부장관 및 해양수산부장관에게 제출하여야 한다.
> ㄷ. 기금수탁관리자는 회계연도마다 기금결산보고서를 작성한 후 심의회의 심의를 거쳐 다음 회계연도 2월 말일까지 기획재정부장관에게 제출하여야 한다.

① ㄱ
② ㄱ, ㄴ
③ ㄱ, ㄷ
④ ㄴ, ㄷ

▶ ①

6회 기출문제

농어업재해보험법령상 농어업재해보험기금을 조성하기 위한 재원으로 옳지 않은 것은?

① 재해보험사업자가 정부에 낸 보험료
② 재보험금의 회수 자금
③ 기금의 운영수익금과 그 밖의 수입금
④ 재해보험가입자가 약정에 따라 재해보험사업자에게 내야 하는 금액

▶ ④

기금과 관련된 대통령령

제17조(기금계정의 설치)
농림축산식품부장관은 해양수산부장관과 협의하여 법 제21조에 따른 농어업재해재보험기금(이하 "기금"이라 한다)의 수입과 지출을 명확히 하기 위하여 한국은행에 기금계정을 설치하여야 한다.

제18조(기금의 관리·운용에 관한 사무의 위탁)
① 농림축산식품부장관은 해양수산부장관과 협의하여 법 제24조제2항에 따라 기금의 관리·운용에 관한 다음 각 호의 사무를 「농업·농촌 및 식품산업 기본법」 제63조의2에 따라 설립된 농업정책보험금융원(이하 "농업정책보험금융원"이라 한다)에 위탁한다.
  1. 기금의 관리·운용에 관한 회계업무
  2. 법 제20조제2항제1호에 따른 재보험료를 납입받는 업무
  3. 법 제20조제2항제2호에 따른 재보험금을 지급하는 업무
  4. 제20조에 따른 여유자금의 운용업무
  5. 그 밖에 기금의 관리·운용에 관하여 농림축산식품부장관이 해양수산부장관과 협의를 거쳐 지정하여 고시하는 업무

② 제1항에 따라 기금의 관리·운용을 위탁받은 농업정책보험금융원(이하 "기금수탁관리자"라 한다)은 기금의 관리 및 운용을 명확히 하기 위하여 기금을 다른 회계와 구분하여 회계처리하여야 한다.
③ 제1항 각 호의 사무처리에 드는 경비는 기금의 부담으로 한다.

제19조(기금의 결산)
① 기금수탁관리자는 회계연도마다 기금결산보고서를 작성하여 다음 회계연도 2월 15일까지 농림축산식품부장관 및 해양수산부장관에게 제출하여야 한다.
② 농림축산식품부장관은 해양수산부장관과 협의하여 기금수탁관리자로부터 제출받은 기금결산보고서를 검토한 후 심의회의 심의를 거쳐 다음 회계연도 2월 말일까지 기획재정부장관에게 제출하여야 한다.
③ 제1항의 기금결산보고서에는 다음 각 호의 서류를 첨부하여야 한다.
  1. 결산 개요
  2. 수입지출결산
  3. 재무제표
  4. 성과보고서
  5. 그 밖에 결산의 내용을 명확하게 하기 위하여 필요한 서류

제20조(여유자금의 운용)
농림축산식품부장관은 해양수산부장관과 협의하여 기금의 여유자금을 다음 각 호의 방법으로 운용할 수 있다.
  1. 「은행법」에 따른 은행에의 예치

1회 기출문제

농어업재해보험법상 재해보험사업을 효율적으로 추진하기 위한 농림축산식품부의 업무(업무를 위탁한 경우를 포함한다)로 볼 수 없는 것은?

① 재해보험 요율의 승인
② 재해보험 상품의 연구 및 보급
③ 손해평가인력의 육성
④ 손해평가기법의 연구·개발 및 보급

▶ ①

2회 기출문제

농어업재해보험법상 농업재해보험사업의 효율적 추진을 위하여 농림축산식품부장관이 수행하는 업무가 아닌 것은?

① 재해보험사업의 관리·감독
② 재해보험 상품의 개발 및 보험요율의 산정
③ 손해평가인력의 육성
④ 손해평가기법의 연구·개발 및 보급

▶ ②

2. 국채, 공채 또는 그 밖에 「자본시장과 금융투자업에 관한 법률」 제4조에 따른 증권의 매입

8) 기금의 회계기관
① 농림축산식품부장관은 해양수산부장관과 협의하여 기금의 수입과 지출에 관한 사무를 수행하게 하기 위하여 소속 공무원 중에서 기금수입징수관, 기금재무관, 기금지출관 및 기금출납공무원을 임명한다.
② 농림축산식품부장관은 제24조제2항에 따라 기금의 관리·운용에 관한 사무를 위탁한 경우에는 해양수산부장관과 협의하여 위탁받은 기관의 임원 중에서 기금수입담당임원과 기금지출원인행위담당임원을, 그 직원 중에서 기금지출원과 기금출납원을 각각 임명하여야 한다. 이 경우 기금수입담당임원은 기금수입징수관의 업무를, 기금지출원인행위담당임원은 기금재무관의 업무를, 기금지출원은 기금지출관의 업무를, 기금출납원은 기금출납공무원의 업무를 수행한다.

> **6회 기출문제**
>
> 농어업재해보험법령상 농림축산식품부장관이 해양수산부장관과 협의하여 농어업재해 재보험기금의 수입과 지출에 관한 사무를 수행하게 하기 위하여 소속 공무원 중에서 임명하는 자에 해당하지 않는 것은?
>
> ① 기금수입징수관
> ② 기금출납원
> ③ 기금지출관
> ④ 기금재무관
>
> ②

04 보험사업의 관리

(1) 농업재해보험사업의 관리

1) 재해보험사업의 추진
농림축산식품부장관은 재해보험(양식수산물재해보험을 제외한다. 이하 이 조에서 같다)사업을 효율적으로 추진하기 위하여 다음 각 호의 업무를 수행한다.
① 재해보험사업의 관리·감독
② 재해보험 상품의 연구 및 보급
③ 재해 관련 통계 생산 및 데이터베이스 구축·분석
④ 손해평가인력의 육성
⑤ 손해평가기법의 연구·개발 및 보급

2) 농업재해보험사업의 위탁

농림축산식품부장관은 다음 각 호의 업무를 농업정책보험금융원에 위탁할 수 있다.
① 제1항제1호부터 제5호까지의 업무
② 제8조제2항에 따른 재해보험사업의 약정 체결 관련 업무
③ 제11조의2에 따른 손해평가사 제도 운용 관련 업무
④ 그 밖에 재해보험사업과 관련하여 농림축산식품부장관이 위탁하는 업무

3) 통계의 수집·관리 등
① 농림축산식품부장관 또는 해양수산부장관은 보험대상의 현황, 보험확대 예비품목(제3조제1항제1호에 따라 선정한 보험목적물 도입예정 품목을 말한다)의 현황, 피해 규모, 피해 원인 등 보험상품의 운영 및 개발에 필요한 통계자료를 수집·관리하여야 하며, 이를 위하여 관계 중앙행정기관 및 지방자치단체의 장에게 필요한 자료를 요청할 수 있다.
② 제1항에 따라 자료를 요청받은 경우 관계 중앙행정기관 및 지방자치단체의 장은 특별한 사유가 없으면 요청에 따라야 한다.
③ 농림축산식품부장관 또는 해양수산부장관은 재해보험사업의 건전한 운영을 위하여 재해보험 제도 및 상품 개발 등을 위한 조사·연구, 관련 기술의 개발 및 전문인력 양성 등의 진흥 시책을 마련하여야 한다.
④ 농림축산식품부장관 및 해양수산부장관은 제1항 및 제3항에 따른 통계의 수집·관리, 조사·연구 등에 관한 업무를 대통령령으로 정하는 자에게 위탁할 수 있다.

통계의 수집·관리 등에 관한 업무의 위탁(시행령 제21조)

① 농림축산식품부장관 또는 해양수산부장관은 법 제26조제4항에 따라 같은 조 제1항 및 제3항에 따른 통계의 수집·관리, 조사·연구 등에 관한 업무를 다음 각 호의 어느 하나에 해당하는 자에게 위탁할 수 있다.
1. 「농업협동조합법」에 따른 농업협동조합중앙회
1의2. 「산림조합법」에 따른 산림조합중앙회
2. 「수산업협동조합법」에 따른 수산업협동조합중앙회 및 수협은행
3. 「정부출연연구기관 등의 설립·운영 및 육성에 관한 법률」 제8조에 따라 설립된 연구기관
4. 「보험업법」에 따른 보험회사, 보험요율산출기관 또는 보험계리를 업으로

6회 기출문제

농어업재해보험법령상 농림축산식품부장관 또는 해양수산부장관으로부터 보험상품의 운영 및 개발에 필요한 통계자료의 수집·관리업무를 위탁받아 수행할 수 있는 자를 모두 고른 것은?

ㄱ. 「수산업협동조합법」에 따른 수협은행
ㄴ. 「보험업법」에 따른 보험회사
ㄷ. 농업정책보험금융원
ㄹ. 지방자치단체의 장

① ㄱ, ㄴ   ② ㄱ, ㄷ
③ ㄷ, ㄹ   ④ ㄱ, ㄴ, ㄷ

▶ ④

1회 기출문제

농어업재해보험법상 과태료의 부과대상이 아닌 것은?

① 재해보험사업자가 「보험업법」을 위반하여 보험안내를 한 경우
② 재해보험사업자가 아닌 자가 「보험업법」을 위반하여 보험안내를 한 경우
③ 손해평가사가 고의로 진실을 숨기거나 거짓으로 손해평가를 한 경우
④ 재해보험사업자가 농림축산식품부에 관계서류 제출을 거짓으로 한 경우

▶ ③

6회 기출문제

농어업재해보험법령상 시범사업의 실시에 관한 설명으로 옳은 것은?

① 기획재정부장관이 신규 보험 상품을 도입하려는 경우 재해보험사업자와의 협의를 거치지 않고 시범사업을 할 수 있다.
② 재해보험사업자가 시범사업을 하려면 사업계획서를 농림축산식품부장관에게 제출하고 기획재정부장관과 협의하여야 한다.
③ 재해보험사업자는 시범사업이 끝나면 정부의 재정지원에 관한 사항이 포함된 사업결과 보고서를 제출하여야 한다.
④ 농림축산식품부장관 또는 해양수산부장관은 시범사업의 사업결과보고서를 받으면 그 사업 결과를 바탕으로 신규 보험 상품의 도입 가능성 등을 검토·평가하여야 한다.

▶ ④

하는 자
5. 「민법」 제32조에 따라 농림축산식품부장관 또는 해양수산부장관의 허가를 받아 설립된 비영리법인
6. 「공익법인의 설립·운영에 관한 법률」 제4조에 따라 농림축산식품부장관 또는 해양수산부장관의 허가를 받아 설립된 공익법인
7. 농업정책보험금융원

② 농림축산식품부장관 또는 해양수산부장관은 제1항에 따라 업무를 위탁한 때에는 위탁받은 자 및 위탁업무의 내용 등을 고시하여야 한다.

시범사업 실시(시행령 제22조)

① 재해보험사업자는 법 제27조제1항에 따른 시범사업을 하려면 다음 각 호의 사항이 포함된 사업계획서를 농림축산식품부장관 또는 해양수산부장관에게 제출하고 협의하여야 한다. 〈개정 2013. 3. 23.〉
 1. 대상목적물, 사업지역 및 사업기간에 관한 사항
 2. 보험상품에 관한 사항
 3. 정부의 재정지원에 관한 사항
 4. 그 밖에 농림축산식품부장관 또는 해양수산부장관이 필요하다고 인정하는 사항
② 재해보험사업자는 시범사업이 끝나면 지체 없이 다음 각 호의 사항이 포함된 사업결과보고서를 작성하여 농림축산식품부장관 또는 해양수산부장관에게 제출하여야 한다. 〈개정 2013. 3. 23.〉
 1. 보험계약사항, 보험금 지급 등 전반적인 사업운영 실적에 관한 사항
 2. 사업 운영과정에서 나타난 문제점 및 제도개선에 관한 사항
 3. 사업의 중단·연장 및 확대 등에 관한 사항
③ 농림축산식품부장관 또는 해양수산부장관은 제2항에 따른 사업결과보고서를 받으면 그 사업결과를 바탕으로 신규 보험상품의 도입 가능성 등을 검토·평가하여야 한다. 〈개정 2013. 3. 23.〉

4) 시범사업
① 재해보험사업자는 신규 보험상품을 도입하려는 경우 등 필요한 경우에는 농림축산식품부장관 또는 해양수산부장관과 협의하여 시범사업을 할 수 있다.
② 정부는 시범사업의 원활한 운영을 위하여 필요한 지원을 할 수 있다.
③ 시범사업 실시에 관한 구체적인 사항은 대통령령으로 정한다.

5) 보험가입의 촉진 등
정부는 농어업인의 재해대비의식을 고양하고 재해보험의 가

입을 촉진하기 위하여 교육·홍보 및 보험가입자에 대한 정책자금 지원, 신용보증 지원 등을 할 수 있다.

6) 보험가입촉진계획의 수립
   ① 재해보험사업자는 농어업재해보험 가입 촉진을 위하여 보험가입촉진계획을 매년 수립하여 농림축산식품부장관 또는 해양수산부장관에게 제출하여야 한다.
   ② 보험가입촉진계획의 내용 및 그 밖에 필요한 사항은 대통령령으로 정한다.

7) 보고 등
   농림축산식품부장관 또는 해양수산부장관은 재해보험의 건전한 운영과 재해보험가입자의 보호를 위하여 필요하다고 인정되는 경우에는 재해보험사업자에게 재해보험사업에 관한 업무 처리 상황을 보고하게 하거나 관계 서류의 제출을 요구할 수 있다.

8) 청문
   농림축산식품부장관은 다음 각 호의 어느 하나에 해당하는 처분을 하려면 청문을 하여야 한다.
   ① 손해평가사의 자격 취소
   ② 손해평가사의 업무 정지

05 벌칙

(1) 벌칙

1) 3년 이하의 징역 또는 3천만원 이하의 벌금
   제10조제2항에서 준용하는 「보험업법」 제98조에 따른 금품 등을 제공(같은 조 제3호의 경우에는 보험금 지급의 약속을 말한다)한 자 또는 이를 요구하여 받은 보험가입자는 3년 이하의 징역 또는 3천만원 이하의 벌금에 처한다.

2) 1년 이하의 징역 또는 1천만원 이하의 벌금

| 「상법」보험편 |

> **6회 기출문제**
>
> 농어업재해보험법령상 고의로 진실을 숨기거나 거짓으로 손해평가를 한 손해평가인과 손해평가사에게 부과될 수 있는 벌칙이 아닌 것은?
>
> ① 징역 6월
> ② 과태료 2,000만원
> ③ 벌금 500만원
> ④ 벌금 1,000만원
>
> ➡ ②

① 제10조제1항을 위반하여 보험모집을 한 자
② 제11조제2항 후단을 위반하여 고의로 진실을 숨기거나 거짓으로 손해평가를 한 자

3) 500만원 이하의 벌금

제15조를 위반하여 회계를 처리한 자는 500만원의 벌금에 처한다.

> **제15조(회계 구분)**
>
> 재해보험사업자는 재해보험사업의 회계를 다른 회계와 구분하여 회계처리함으로써 손익관계를 명확히 하여야 한다.

4) 양벌규정

법인의 대표자나 법인 또는 개인의 대리인, 사용인, 그 밖의 종업원이 그 법인 또는 개인의 업무에 관하여 제30조의 위반행위를 하면 그 행위자를 벌하는 외에 그 법인 또는 개인에게도 해당 조문의 벌금형을 과(科)한다. 다만, 법인 또는 개인이 그 위반 행위를 방지하기 위하여 해당 업무에 관하여 상당한 주의와 감독을 게을리 하지 아니 한 경우에는 그러하지 아니하다.

(2) 과태료

1) 1천만원 이하의 과태료

재해보험사업자가 제10조제2항에서 준용하는 「보험업법」 제95조를 위반하여 보험 안내를 한 경우

2) 재해보험사업자에 대한 500만원 이하의 과태료

재해보험사업자의 발기인, 설립위원, 임원, 집행간부, 일반간부직원, 파산관재인 및 청산인이 다음 각 호의 어느 하나에 해당하면 500만원 이하의 과태료를 부과한다.

① 제18조에서 적용하는 「보험업법」 제120조에 따른 책임준비금과 비상위험준비금을 계상하지 아니하거나 이를 따로 작성한 장부에 각각 기재하지 아니한 경우
② 제18조에서 적용하는 「보험업법」 제131조제1항·제2항 및 제4항에 따른 명령을 위반한 경우
③ 제18조에서 적용하는 「보험업법」 제133조에 따른 검사를 거부·방해 또는 기피한 경우

3) 500만원 이하의 과태료

재해보험사업자의 발기인, 설립위원, 임원, 집행간부, 일반간부직원, 파산관재인 및 청산인이 다음 각 호의 어느 하나에 해당하면 500만원 이하의 과태료를 부과한다.

① 제18조제1항에서 적용하는「보험업법」제120조에 따른 책임준비금과 비상위험준비금을 계상하지 아니하거나 이를 따로 작성한 장부에 각각 기재하지 아니한 경우

② 제18조제1항에서 적용하는「보험업법」제131조제1항·제2항 및 제4항에 따른 명령을 위반한 경우

③ 제18조제1항에서 적용하는「보험업법」제133조에 따른 검사를 거부·방해 또는 기피한 경우

4) 다음 각 호의 어느 하나에 해당하는 자에게는 500만원 이하의 과태료를 부과한다.

① 제10조제2항에서 준용하는「보험업법」제95조를 위반하여 보험안내를 한 자로서 재해보험사업자가 아닌 자

② 제10조제2항에서 준용하는「보험업법」제97조제1항 또는 「금융소비자 보호에 관한 법률」제21조를 위반하여 보험계약의 체결 또는 모집에 관한 금지행위를 한 자

③ 제29조에 따른 보고 또는 관계 서류 제출을 하지 아니하거나 보고 또는 관계 서류 제출을 거짓으로 한 자

5) 3), 4) 제1호 및 제3항에 따른 과태료는 농림축산식품부장관 또는 해양수산부장관이, 4) 제2호 및 제3호에 따른 과태료는 금융위원회가 대통령령으로 정하는 바에 따라 각각 부과·징수한다.

과태료의 부과기준(법 제23조 관련 시행령 별표3)	
1. 일반기준 농림축산식품부장관, 해양수산부장관 또는 금융위원회는 위반행위의 정도, 위반횟수, 위반행위의 동기와 그 결과 등을 고려하여 개별기준에 따른 해당 과태료 금액을 2분의 1의 범위에서 줄이거나 늘릴 수 있다. 다만, 늘리는 경우에도 법 제32조제1항부터 제3항까지의 규정에 따른 과태료 금액의 상한을 초과할 수 없다.	
2. 개별기준	
위반행위	과태료

1회 기출문제

다음 ( )안에 해당되지 않는 자는?

농업재해보험 손해평가요령에서 규정하고 있는 "손해평가"라 함은「농어업재해보험법」제2조제1호에 따른 피해가 발생한 경우 법 제11조 및 제11조의3에 따라 ( ), ( ) 또는 ( )가(이) 그 피해사실을 확인하고 평가하는 일련의 과정을 말한다.

① 손해평가사 ② 손해사정사
③ 손해평가인 ④ 손해평가보조인

➡ ④

2회 기출문제

농업재해보험 손해평가요령에 관한 내용이다. ( )에 들어갈 용어는?

( )라 함은「농어업재해보험법」제2조제1호에 따른 피해가 발생한 경우 법제11조 및 제11조의3에 따라 손해평가인, 손해평가사 또는 손해사정사가 그 피해사실을 확인하고 평가하는 일련의 과정을 말한다.

① 피해조사 ② 손해평가
③ 검증조사 ④ 현지조사

➡ ②

2회 기출문제

농업재해보험 손해평가요령에 따른 손해평가인의 업무에 해당하는 것을 모두 고른 것은?

> ㄱ. 보험가액 평가
> ㄴ. 손해액 평가
> ㄷ. 보험금 산정

① ㄱ ② ㄱ, ㄴ
③ ㄱ, ㄷ ④ ㄴ, ㄷ

▶ ②

1회 기출문제

농업재해보험 손해평가요령에서 규정하고 있는 손해평가인 위촉에 관한 설명으로 옳지 않은 것은?

① 재해보험사업자는 손해평가 업무를 원활히 수행하게 하기 위하여 손해평가보조인을 운용할 수 있다.
② 재해보험사업자의 업무를 위탁받은 자는 손해평가보조인을 운용할 수 있다.
③ 재해보험사업자가 손해평가인을 위촉한 경우에는 실무교육을 거쳐 그 자격을 표시할 수 있는 손해평가인증을 발급하여야 한다.
④ 재해보험사업자는 보험가입자 수 등에도 불구하고 보험사업비용을 고려하여 손해평가인 위촉규모를 최소화하여야 한다.

▶ ④

가. 재해보험사업자가 법 제10조제2항에서 준용하는 「보험업법」 제95조를 위반하여 보험안내를 한 경우	1,000만원
나. 법 제10조제2항에서 준용하는 「보험업법」 제95조를 위반하여 보험안내를 한 자로서 재해보험사업자가 아닌 경우	500만원
다. 법 제10조제2항에서 준용하는 「보험업법」 제97조제1항을 위반하여 보험계약의 체결 또는 모집에 관한 금지행위를 한 경우	300만원
라. 재해보험사업자의 발기인, 설립위원, 임원, 집행간부, 일반간부직원, 파산관재인 및 청산인이 법 제16조제1항을 위반하여 책임준비금 또는 비상위험준비금을 계상하지 아니하거나 이를 장부에 기록하지 아니한 경우	500만원
마. 재해보험사업자의 발기인, 설립위원, 임원, 집행간부, 일반간부직원, 파산관재인 및 청산인이 법 제18조에서 적용하는 「보험업법」 제131조제1항·제2항 및 제4항에 따른 명령을 위반한 경우	300만원
바. 재해보험사업자의 발기인, 설립위원, 임원, 집행간부, 일반간부직원, 파산관재인 및 청산인이 법 제18조에서 적용하는 「보험업법」 제133조에 따른 검사를 거부·방해 또는 기피한 경우	200만원
사. 법 제29조에 따른 보고 또는 관계 서류 제출을 하지 아니하거나 보고 또는 관계 서류 제출을 거짓으로 한 경우	300만원

손해평가사 대비

제 2장 | 농업재해보험 손해평가요령

01 농업재해보험 손해평가요령

(1) 목적

이 요령은 「농어업재해보험법」 제11조제2항에 따른 손해평가에 필요한 세부사항을 규정함을 목적으로 한다.

(2) 용어의 정의

손해평가	"손해평가"라 함은 「농어업재해보험법」(이하 "법"이라 한다) 제2조제1호에 따른 피해가 발생한 경우 법 제11조 및 제11조의3에 따라 손해평가인, 손해평가사 또는 손해사정사가 그 피해사실을 확인하고 평가하는 일련의 과정을 말한다.
손해평가인	"손해평가인"이라 함은 법 제11조제1항과「농어업재해보험법 시행령」(이하 "시행령"이라 한다) 제12조제1항에서 정한 자 중에서 재해보험사업자가 위촉하여 손해평가업무를 담당하는 자를 말한다.
손해평가사	"손해평가사"라 함은 법 제11조의4제1항에 따른 자격시험에 합격한 자를 말한다.
손해평가보조인	"손해평가보조인"이라 함은 제1호에서 정한 손해평가 업무를 보조하는 자를 말한다.

(3) 손해평가인의 업무

1) 피해사실 확인
2) 보험가액 및 손해액 평가
3) 그 밖에 손해평가에 관하여 필요한 사항
  * 손해평가인은 제1항의 임무를 수행하기 전에 보험가입자("피보험자"를 포함한다. 이하 동일)에게 손해평가인증을 제

2회 기출문제

손해평가인이 업무수행과 관련하여 「개인정보보호법」, 「신용정보의 이용 및 보호에 관한 법률」등 정보보호와 관련된 법령을 위반한 경우, 재해보험사업자가 손해평가인에게 명할 수 있는 최대 업무 정지기간은?

① 6개월 ② 1년 ③ 2년 ④ 3년

 ①

6회 기출문제

농업재해보험 손해평가요령상 용어의 정의로 옳지 않은 것은?

① "농업재해보험"이란 「농어업재해보험법」제4조에 따른 농작물재해보험, 임산물재해보험 및 양식수산물재해보험을 말한다.
② "손해평가인" 이라 함은「농어업재해보험법」제11조 제1항과「농어업재해보험법 시행령」제12조 제1항에서 정한 자 중에서 재해보험사업자가 위촉하여 손해평가업무를 담당하는 자를 말한다.
③ "손해평가보조인" 이라 함은「농어업재해보험법」에 따라 손해평가인, 손해평가사 또는 손해사정사가 그 피해사실을 확인하고 평가하는 업무를 보조하는 자를 말한다.
④ "손해평가사"라 함은 「농어업재해보험법」제11조의4 제1항에 따른 자격시험에 합격한 자를 말한다.

①

시하여야 한다.

(4) 손해평가인 위촉

1) 재해보험사업자의 손해평가인증 발급
   재해보험사업자는 법 제11조제1항과 시행령 제12조제1항에 따라 손해평가인을 위촉한 경우에는 실무교육을 거쳐 그 자격을 표시할 수 있는 손해평가인증을 발급하여야 한다.

2) 재해보험사업자의 손해평가인 위촉
   재해보험사업자는 피해 발생 시 원활한 손해평가가 이루어지도록 농어업재해보험이 실시되는 시·군·자치구별 보험가입자의 수 등을 고려하여 적정 규모의 손해평가인을 위촉하여야 한다.

3) 재해보험사업자의 손해평가보조인 운용
   재해보험사업자 및 재해보험사업자의 업무를 위탁받은 자는 손해평가 업무를 원활히 수행하게 하기 위하여 손해평가보조인을 운용할 수 있다.

(5) 손해평가인 교육

1) 재해보험사업자의 교육실시
   재해보험사업자는 제4조에 따라 위촉된 손해평가인을 대상으로 농작물재해보험과 가축재해보험에 관한 기초지식, 보험상품 및 약관, 손해평가의 방법 및 절차 등 손해평가에 필요한 실무교육을 실시하여야 한다.

2) 교육비의 지급
   손해평가인에 대하여 재해보험사업자는 소정의 교육비를 지급할 수 있다.

> **손해평가인 정기교육**
> ① 법 제11조제5항에 따른 손해평가인 정기교육의 세부내용은 다음 각 호와 같다.
> 1. 농업재해보험에 관한 기초지식 : 농어업재해보험법 제정 배경·구성 및 조문별 주요내용, 농업재해보험 사업현황
> 2. 농업재해보험의 종류별 약관 : 농업재해보험 상품 주요내용 및 약관 일반 사항
> 3. 손해평가의 절차 및 방법 : 농업재해보험 손해평가 개요, 보험목적물별

6회 기출문제

농어업재해보험법령과 농업재해보험 손해평가요령상 손해평가 및 손해평가인에 관한 설명으로 옳지 않은 것은?

① 농어업재해보험법의 구성 및 조문별 주요내용은 농림축산식품부장관 또는 해양수산부장관이 실시하는 손해평가인 정기교육의 세부내용에 포함된다.
② 손해평가인이 적법한 절차에 따라 위촉이 취소된 후 3년이 되었다면 새로이 손해평가인으로 위촉될 수 있다.
③ 재해보험사업자로부터 소정의 절차에 따라 손해평가업무의 일부를 위탁받은 자는 손해평가보조인을 운용할 수 없다.
④ 재해보험사업자는 손해평가인의 업무의 정지를 명하고자 하는 때에는 손해평가인이 청문에 응하지 않는 경우가 아닌 한 청문을 실시하여야 한다.

▶ ③

2회 기출문제

농업재해보험 손해평가요령에 따른 손해평가인 위촉의 취소 사유에 해당되지 않는 자는?

① 파산선고를 받은 자로서 복권되지 아니한 자
② 손해평가인 위촉이 취소된 후 1년이 경과되지 아니한 자
③ 거짓 그 밖의 부정한 방법으로 손해평가인으로 위촉된 자
④ 「농어업재해보험법」제30조에 의하여 벌금이상의 형을 선고받고 그 집행이 종료되거나 집행이 면제된 날부터 3년이 경과된 자

▶ ④

손해평가기 및 피해유형별 보상사례
4. 피해유형별 현지조사표 작성 실습
② 재해보험사업자는 정기교육 대상자에게 소정의 교육비를 지급할 수 있다.

(6) 손해평가인 위촉의 취소 및 해지

1) 손해평가인 위촉의 취소
재해보험사업자는 손해평가인이 다음 각 호의 어느 하나에 해당하게 되거나 위촉 당시에 해당하는 자이었음이 판명된 때에는 그 위촉을 취소하여야 한다.
① 피성년후견인 또는 피한정후견인
② 파산선고를 받은 자로서 복권되지 아니한 자
③ 법 제30조에 의하여 벌금 이상의 형을 선고받고 그 집행이 종료(집행이 종료된 것으로 보는 경우를 포함한다)되거나 집행이 면제된 날로부터 2년이 경과되지 아니 한 자
④ 동조에 따라 위촉이 취소된 후 2년이 경과하지 아니한 자
⑤ 거짓 그 밖의 부정한 방법으로 제4조에 따라 손해평가인으로 위촉된 자

2) 손해평가인에 대한 업무의 정지 또는 위촉의 해지
재해보험사업자는 손해평가인이 다음 각 호의 어느 하나에 해당하는 때에는 6개월 이내의 기간을 정하여 그 업무의 정지를 명하거나 그 위촉을 해지할 수 있다.
① 법 제11조제2항 및 이 요령의 규정을 위반 한 때
② 법 및 이 요령에 의한 명령이나 처분을 위반한 때
③ 업무수행과 관련하여 「개인정보보호법」, 「신용정보의 이용 및 보호에 관한 법률」 등 정보보호와 관련된 법령을 위반한 때

3) 청문의 실시
재해보험사업자는 제1항 및 제2항에 따라 위촉을 취소하거나 업무의 정지를 명하고자 하는 때에는 손해평가인에게 청문을 실시하여야 한다. 다만, 손해평가인이 청문에 응하지 아니할 경우에는 서면으로 위촉을 취소하거나 업무의 정지를 통보할 수 있다.

4) 통지의무

2회 기출문제

농업재해보험 손해평가요령에 따른 손해평가반 구성으로 잘못된 것은?

① 손해평가인 1인을 포함하여 3인으로 구성
② 손해사정사 1인을 포함하여 4인으로 구성
③ 손해평가인 1인과 손해평가사 1인을 포함하여 5인으로 구성
④ 손해평가보조인 5인으로 구성

▶ ④

1회 기출문제

농업재해보험 손해평가요령에 따른 피해사실 확인 내용으로 옳은 것은?

① 손해평가반은 보험책임기간에 관계없이 발생한 피해에 대해서는 재해보험사업자에게 피해발생을 통지하여야 한다.
② 재해보험사업자는 손해평가반으로 하여금 일정기간을 정하여 보험목적물의 피해사실을 확인하게 하여야 한다.
③ 재해보험사업자는 손해평가반으로 하여금 일정기간을 정하여 보험목적물의 손해평가를 실시하게 하여야 한다.
④ 재해보험사업자가 손해평가반에게 손해평가를 위탁할 때에는 해당 보험가입자의 보험계약사항 중 손해평가와 관련된 사항을 통보하여야 한다.

▶ ④

2회 기출문제

농업재해보험 손해평가요령에 따른 손해평가준비 및 평가결과 제출에 관한 내용이다. ( )에 들어갈 숫자는?

재해보험사업자는 손해평가인을 해촉하거나 손해평가인에게 업무의 정지를 명한 때에는 지체 없이 이유를 기재한 문서로 그 뜻을 손해평가인에게 통지하여야 한다.

(7) 손해평가의 업무위탁

재해보험사업자는 법 제14조 및 시행령 제13조에 따라 손해평가 업무의 전부 또는 일부를 시행령 제13조 제3호 및 제4호에 해당하는 자에게 위탁할 수 있다.

(8) 손해평가반 구성 등

1) 재해보험사업자는 제2조제1호의 손해평가를 하는 경우에는 손해평가반을 구성하고 손해평가반별로 평가일정계획을 수립하여야 한다.

2) 제1항에 따른 손해평가반은 다음 각 호의 어느 하나에 해당하는 자를 1인 이상 포함하여 5인 이내로 구성한다.
   ① 제2조제2호에 따른 손해평가인
   ② 제2조제3호에 따른 손해평가사
   ③ 「보험업법」 제186조에 따른 손해사정사

3) 손해평가반 구성원의 제척
   다음 각 호의 어느 하나에 해당하는 손해평가에 대하여는 해당자를 손해평가반 구성에서 배제하여야 한다.
   ① 자기 또는 자기와 생계를 같이 하는 친족(이하 "이해관계자"라 한다)이 가입한 보험계약에 관한 손해평가
   ② 자기 또는 이해관계자가 모집한 보험계약에 관한 손해평가

> **교차손해평가**
> ① 재해보험사업자는 공정하고 객관적인 손해평가를 위하여 교차손해평가가 필요한 경우 재해보험 가입규모, 가입분포 등을 고려하여 교차손해평가 대상 시·군·구(자치구를 말한다. 이하 같다)를 선정하여야 한다.
> ② 재해보험사업자는 제1항에 따라 선정한 시·군·구 내에서 손해평가 경력, 타지역 조사 가능여부 등을 고려하여 교차손해평가를 담당할 지역손해평가인을 선발하여야 한다.
> ③ 교차손해평가를 위해 손해평가반을 구성할 경우에는 제2항에 따라 선발된 지역손해평가인 1인 이상이 포함되어야 한다. 다만, 거대재해 발생, 평가인력 부족 등으로 신속한 손해평가가 불가피하다고 판단되는 경우 그러하지 아니할 수 있다.

> 재해보험사업자는 보험가입자가 손해평가반의 손해평가결과에 대하여 설명 또는 통지를 받은 날로부터 ( )일 이내에 손해평가가 잘못되었음을 증빙하는 서류 또는 사진 등을 제출하는 경우 재해보험사업자는 다른 손해평가반으로 하여금 재조사를 실시하게 할 수 있다.
>
> ① 5   ② 7
> ③ 10   ④ 14
>
> ▶ ②

2회 기출문제

농업재해보험 손해평가요령에 따른 손해평가결과 검증에 관한 설명으로 옳은 것은?

① 재해보험사업자 및 재해보험사업의 재보험사업자는 손해평가반이 실시한 손해평가결과를 확인하고자 하는 경우에는 손해평가를 실시한 전체 보험목적물에 대하여 검증조사를 하여야 한다.
② 농림축산식품부장관은 재해보험사업자로 하여금 검증조사를 하게 할 수 있으며, 재해보험사업자는 특별한 사유가 없는 한 이에 응하여야 한다.
③ 재해보험사업자는 검증조사결과 현저한 차이가 발생되어 재조사가 불가피하다고 판단될 경우라도 해당 손해평가반이 조사한 전체 보험목적물에 대하여 재조사를 할 수 없다.
④ 보험가입자가 정당한 사유 없이 검증조사를 거부하는 경우 검증조사반은 검증조사결과 작성을 생략하고 재해보험사업자에게 제출하지 않아도 된다.

▶ ②

(9) 피해사실 확인과 손해평가반에 통지

1) 보험가입자가 보험책임기간 중에 피해발생 통지를 한 때에는 재해보험사업자는 손해평가반으로 하여금 지체 없이 보험목적물의 피해사실을 확인하고 손해평가를 실시하게 하여야 한다.

2) 재해보험사업자가 손해평가반에게 손해평가를 위탁할 때에는 해당 보험가입자의 보험계약사항 중 손해평가와 관련된 사항을 통보하여야 한다.

(10) 손해평가준비 및 평가결과 제출

1) 현지조사서의 준비 및 배부
   재해보험사업자는 손해평가반이 실시한 손해평가결과를 기록할 수 있도록 현지조사서를 마련하여야 한다.
   재해보험사업자는 손해평가를 실시하기 전에 제1항에 따른 현지조사서를 손해평가반에 배부하고 손해평가시의 주의사항을 숙지시킨 후 손해평가에 임하도록 하여야 한다.

2) 손해평가결과의 설명·서명 후 제출
   손해평가반은 현지조사서에 손해평가 결과를 정확하게 작성하여 보험가입자에게 이를 설명한 후 서명을 받아 재해보험사업자에게 제출하여야 한다. 다만, 보험가입자가 정당한 사유 없이 서명을 거부하는 경우 손해평가반은 보험가입자에게 손해평가 결과를 통지한 후 서명 없이 현지조사서를 재해보험사업자에게 제출하여야 한다.

3) 손해평가의 미실시
   손해평가반은 보험가입자가 정당한 사유 없이 손해평가를 거부하여 손해평가를 실시하지 못한 경우에는 그 피해를 인정할 수 없는 것으로 평가한다는 사실을 보험가입자에게 통지한 후 현지조사서를 재해보험사업자에게 제출하여야 한다.

4) 손해평가의 재조사
   재해보험사업자는 보험가입자가 손해평가반의 손해평가결과에 대하여 설명 또는 통지를 받은 날로부터 7일 이내에 손해평가가 잘못되었음을 증빙하는 서류 또는 사진 등을 제출

6회 기출문제

농업재해보험 손해평가요령 제10조(손해평가준비 및 평가결과 제출)의 일부다. ( )에 들어갈 내용을 순서대로 옳게 나열한 것은?

> 재해보험사업자는 보험가입자가 손해평가반의 손해평가결과에 대하여 설명 또는 통지를 (ㄱ)로부터 (ㄴ)이내에 손해평가가 잘못되었음을 증빙하는 서류 또는 사진 등을 제출하는 경우 재해보험사업자는 다른 손해평가반으로 하여금 재조사를 실시하게 할 수 있다.

① ㄱ : 받는 날, ㄴ : 7일
② ㄱ : 받은 다음 날, ㄴ : 7일
③ ㄱ : 받는 날, ㄴ : 10일
④ ㄱ : 받은 다음 날, ㄴ : 10일

▶ ①

1회 기출문제

농업재해보험 손해평가요령에 따른 보험목적물별 손해평가 단위로 옳지 않은 것은?

① 벼 - 농가별
② 사과 - 농지별
③ 돼지 - 개별가축별
④ 비닐하우스 - 보험가입 목적물별

▶ ①

하는 경우 재해보험사업자는 다른 손해평가반으로 하여금 재조사를 실시하게 할 수 있다.

(11) 손해평가결과에 대한 검증

1) 재해보험사업자 및 재해보험사업의 재보험사업자의 검증조사
   재해보험사업자 및 재해보험사업의 재보험사업자는 손해평가반이 실시한 손해평가결과를 확인하기 위하여 손해평가를 실시한 보험목적물 중에서 일정수를 임의 추출하여 검증조사를 할 수 있다.

2) 농림축산식품부장관의 검증조사 지시
   농림축산식품부장관은 재해보험사업자로 하여금 제1항의 검증조사를 하게 할 수 있으며, 재해보험사업자는 특별한 사유가 없는 한 이에 응하여야 한다.

3) 검증조사 후 전수조사의 실시
   제1항 및 제2항에 따른 검증조사결과 현저한 차이가 발생되어 재조사가 불가피하다고 판단될 경우에는 해당 손해평가반이 조사한 전체 보험목적물에 대하여 재조사를 할 수 있다.

4) 검증조사의 미실시
   보험가입자가 정당한 사유 없이 검증조사를 거부하는 경우 검증조사반은 검증조사가 불가능하여 손해평가 결과를 확인할 수 없다는 사실을 보험가입자에게 통지한 후 검증조사결과를 작성하여 재해보험사업자에게 제출하여야 한다.

(12) 손해평가 단위

1) 보험목적물별 손해평가 단위는 다음 각 호와 같다.
   ① 농작물 : 농지별
   ② 가축 : 개별가축별(단, 벌은 벌통 단위)
   ③ 농업시설물 : 보험가입 목적물별

2) 농지의 정의
   농지라 함은 하나의 보험가입금액에 해당하는 토지로 필지(지번) 등과 관계없이 농작물을 재배하는 하나의 경작지를 말하며, 방풍림, 돌담, 도로(농로 제외) 등에 의해 구획된 것 또는 동일한 울타리, 시설 등에 의해 구획된 것을 하나

2회 기출문제

농업재해보험 손해평가요령에 따른 보험목적물별 손해평가 단위로 옳은 것은?

① 사과: 농지별
② 벼: 필지별
③ 가축: 개별축사별
④ 농업시설물: 지번별

➡ ①

1회 기출문제

농업재해보험 손해평가요령에 따른 농작물의 보험가액 산정에 관한 설명으로 옳은 것은?

① 특정위험방식 보험가액은 적과후착과수조사를 통해 산정한 가입수확량에 보험가입 당시의 단위당 가입가격을 곱하여 산정한다.
② 종합위험방식 보험가액은 보험증권에 기재된 보험목적물의 가입수확량에 보험가입 당시의 단위당 가입가격을 곱하여 산정한다.
③ 적과전종합위험방식의 보험가액은 적과후착과수조사를 통해 산정한 기준수확량에 보험가입 당시의 단위당 가입가격을 곱하여 산정한다.
④ 나무손해보장의 보험가액은 기재된 보험목적물이 나무인 경우로 최종 보험사고 발생 시의 해당 농지 내에 심어져 있는 전체 나무수(피해 나무 수 포함)에 보험가입 당시의 나무당 가입가격을 곱하여 산정한다.

➡ ③

의 농지로 한다. 다만, 경사지에서 보이는 돌담 등으로 구획되어 있는 면적이 극히 작은 것은 동일 작업 단위 등으로 정리하여 하나의 농지에 포함할 수 있다.

(13) 농작물의 보험가액 및 보험금 산정
 1) 농작물에 대한 보험가액 산정은 다음 각 호와 같다.
  ① 특정위험방식 보험가액
   특정위험방식 보험가액은 적과후착과수조사를 통해 산정한 기준수확량에 보험가입 당시의 단위당 가입가격을 곱하여 산정한다. 다만, 인삼은 가입면적에 보험가입 당시의 단위당 가입가격을 곱하여 산정하되, 보험가액에 영향을 미치는 가입면적, 연근 등이 가입당시와 다를 경우 변경할 수 있다.
  ② 적과전종합위험방식의 보험가액
   적과전종합위험방식의 보험가액은 적과후착과수조사를 통해 산정한 기준수확량에 보험가입 당시의 단위당 가입가격을 곱하여 산정한다.
  ③ 종합위험방식 보험가액
   종합위험방식 보험가액은 보험증권에 기재된 보험목적물의 평년수확량에 보험가입 당시의 단위당 가입가격을 곱하여 산정한다. 다만, 보험가액에 영향을 미치는 가입면적, 주수, 수령, 품종 등이 가입당시와 다를 경우 변경할 수 있다.
  ④ 생산비보장의 보험가액
   생산비보장의 보험가액은 작물별로 보험가입 당시 정한 보험가액을 기준으로 산정한다. 다만, 보험가액에 영향을 미치는 가입면적 등이 가입당시와 다를 경우 변경할 수 있다.
  ⑤ 나무손해보장의 보험가액
   나무손해보장의 보험가액은 기재된 보험목적물이 나무인 경우로 최초 보험사고 발생 시의 해당 농지 내에 심어져 있는 과실생산이 가능한 나무 수(피해 나무 수 포함)에 보험가입 당시의 나무 당 가입가격을 곱하여 산정한다.
 2) 농작물에 대한 보험금 산정

1회 기출문제

특정위험방식 과실손해보장 중 "배"의 경우 다음 조건에 해당되는 보험금은?

> 보험가입금액 800만원 자기부담비율 20% 가입수확량 8,000 kg 기준수확량 10,000 kg 누적감수량 4,000 kg

① 160만원　② 240만원
③ 320만원　④ 400만원

▶ ①

2회 기출문제

특정위험방식 중 "인삼 해가림시설"의 경우 다음 조건에 해당되는 보험금은?

> ○ 보험가입금액: 800만원
> ○ 보험가액: 1,000만원
> ○ 손해액: 500만원
> ○ 자기부담금: 100만원

① 300만원　② 320만원
③ 350만원　④ 400만원

▶ ②

1회 기출문제

농업재해보험 손해평가요령에 따른 특정위험방식 상품 "사과"의 「발아기~적과전」생육시기에 해당되는 재해로 옳지 않은 것은?

① 태풍(강풍)·집중호우
② 우박
③ 봄동상해
④ 가을동상해

▶ ④

2회 기출문제

농업재해보험 손해평가요령에 따른 손해수량 조사방법 중 「적과후~ 수확전」생육시기에 태풍으로 인하여 발생한 낙엽 피해에 대하여 낙엽률 조사를 하는 과수 품목은?

① 사과   ② 배
③ 감귤   ④ 단감

➡ ④

6회 기출문제

농업재해보험 손해평가요령상 농작물의 보험가액 산정에 관한 설명으로 옳지 않은 것을 모두 고른 것은?

> ㄱ. 인삼의 특정위험방식 보험가액은 적과후 착과수조사를 통해 산정한 기준수확량에 보험가입 당시의 단위당 가입가격을 곱하여 산정한다.
> ㄴ. 적과전종합위험방식의 보험가액은 적과후 착과수조사를 통해 산정한 기준수확량에 보험가입 당시의 단위당 가입가격을 곱하여 산정한다.
> ㄷ. 종합위험방식 보험가액은 특별한 사정이 없는 한 보험증권에 기재된 보험목적물의 평년수확량에 최초 보험사고 발생시의 단위당 가입가격을 곱하여 산출한다.

① ㄱ   ② ㄷ
③ ㄱ, ㄷ   ④ ㄴ, ㄷ

➡ ③

별표 1

농작물의 보험금 산정

구분	보장 범위	산정내용	비고
특정위험방식	인삼	보험가입금액 × (피해율 − 자기부담비율) ※ 피해율 = $(1 - \dfrac{수확량}{연근별기준수확량}) \times \dfrac{피해면적}{재배면적}$	인삼
적과전종합위험방식	착과감소	(착과감소량 − 미보상감수량 − 자기부담감수량) × 가입가격 × 80%	
	과실손해	(적과종료 이후 누적감수량 − 미보상감수량 − 자기부담감수량) × 가입가격	
	나무손해보장	보험가입금액 × (피해율 − 자기부담비율) ※ 피해율 = 피해주수(고사된 나무) ÷ 실제결과주수	
종합위험방식	해가림시설	− 보험가입금액이 보험가액과 같거나 클 때 : 보험가입금액을 한도로 손해액에서 자기부담금을 차감한 금액 − 보험가입금액이 보험가액보다 작을 때 : (손해액 − 자기부담금) × (보험가입금액 ÷ 보험가액)	인삼
	비가림시설	MIN(손해액 − 자기부담금, 보험가입금액)	
	수확감소	보험가입금액 × (피해율 − 자기부담비율) ※ 피해율(벼·감자·복숭아 제외) = (평년수확량 − 수확량 − 미보상감수량) ÷ 평년수확량 ※ 피해율(벼) = (보장수확량 − 수확량 − 미보상감수량) ÷ 보장수확량 ※ 피해율(감자·복숭아) = {(평년수확량 − 수확량 − 미보상감수량) + 병충해감수량} ÷ 평년수확량	옥수수 외
	수확감소	MIN(보험가입금액, 손해액) − 자기부담금 ※ 손해액 = 피해수확량 × 가입가격 ※ 자기부담금 = 보험가입금액 × 자기부담비율	옥수수
	수확량감소 추가보장	보험가입금액 × (피해율 × 10%) 단, 피해율이 자기부담비율을 초과하는 경우에 한함 ※ 피해율 = (평년수확량 − 수확량 − 미보상감수량) ÷ 평년수확량	
	나무손해	보험가입금액 × (피해율 − 자기부담비율) ※ 피해율 = 피해주수(고사된 나무) ÷ 실제결과주수	
	이앙·직파불능	보험가입금액 × 10%	벼
	재이앙·재직파	보험가입금액 × 25% × 면적피해율 단, 면적피해율이 10%를 초과하고 재이앙(재직파) 한 경우	벼

	※ 면적피해율 = 피해면적 ÷ 보험가입면적	
재파종	보험가입금액 × 35% × 표준출현피해율 단, 10a당 출현주수가 30,000주보다 작고, 10a당 30,000주 이상으로 재파종한 경우에 한함 ※ 표준출현피해율(10a 기준) = (30,000 - 출현주수) ÷ 30,000	마늘
재정식	보험가입금액 × 20% × 면적피해율 단, 면적피해율이 자기부담비율을 초과하는 경우에 한함 ※ 면적피해율 = 피해면적 ÷ 보험가입면적	양배추
경작불능	보험가입금액 × 일정비율(자기부담비율에 따라 비율상이)	
수확불능	보험가입금액 × 일정비율(자기부담비율에 따라 비율상이)	벼
생산비 보장	(잔존보험가입금액 × 경과비율 × 피해율) - 자기부담금 ※ 잔존보험가입금액 = 보험가입금액 - 보상액(기 발생 생산비보장보험금 합계액) ※ 자기부담금 = 잔존보험가입금액 × 계약 시 선택한 비율	브로콜리
	- 병충해가 없는 경우 (잔존보험가입금액 × 경과비율 × 피해율) - 자기부담금 - 병충해가 있는 경우 (잔존보험가입금액 × 경과비율 × 피해율 × 병충해 등급별 인정비율) - 자기부담금 ※ 피해율 = 피해비율 × 손해정도비율 × (1 - 미보상비율) ※ 자기부담금 = 잔존보험가입금액 × 계약 시 선택한 비율	고추 (시설 고추 제외)
	보험가입금액 × (피해율 - 자기부담비율) ※ 피해율 = 피해비율 × 손해정도비율	배추, 파, 무, 단호박, 당근 (시설 무 제외)
	보험가입금액 × (피해율 - 자기부담비율) ※ 피해율 = 피해면적(㎡) ÷ 재배면적(㎡) - 피해면적 : (도복으로 인한 피해면적 × 70%) + (도복 이외 피해면적 × 손해정도비율)	메밀
	보험가입면적 × 피해작물 단위면적당 보장생산비 × 경과비율 × 피해율 ※ 피해율 = 재배비율 × 피해비율 × 손해정도비율 ※ 단, 장미, 부추, 버섯은 별도로 구분하여 산출	시설 작물
농업시설	1 사고마다 재조달가액 기준으로 계산한 손해액에서 자기	

1회 기출문제

농업재해보험 손해평가요령에 따른 종합위험방식 상품의 조사내용 중 "재파종 피해조사"에 해당되는 품목은?

① 양파 ② 감자
③ 마늘 ④ 콩

➡ ③

1회 기출문제

농업재해보험 손해평가요령에 따른 농업시설물의 보험가액 및 손해액 산정과 관련하여 옳지 않은 것은?

① 보험가액은 보험사고가 발생한 때와 곳에서 평가한다.
② 보험가액은 피해목적물의 재조달가액에서 내용연수에 따른 감가상각률을 적용하여 계산한 감가상각액을 차감하여 산정한다.
③ 손해액은 보험사고가 발생한 때와 곳에서 산정한 피해목적물의 원상복구비용을 말한다.
④ 보험가입당시 보험가액 및 손해액 산정방식에 대해서는 보험가입자와 재해보험사업자가 별도로 정할 수 없다.

➡ ④

2회 기출문제

농업재해보험 손해평가요령에 따른 농작물 및 농업시설물의 보험가액 산정방법으로 옳은 것은?

① 특정위험방식은 적과전 착과수조사를 통해 산정한 기준수확량에 보험가입 당시의 단위당가입가격을 곱하여 산정한다.
② 적과전종합위험방식은 보험증권에 기재된 보험목적물의 평년수확량에 보험가입 당시의 단위당

물·버섯 재배사 부대시설	부담금을 차감한 금액에 보험증권에 기재된 보상비율(50% ~ 100%, 10%단위) 만큼을 보험가입금액 내에서 보상 ※ Min(손해액 - 자기부담금, 보험가입금액) × 보상비율 다만, 보험의 목적이 손해를 입은 장소에서 실제로 수리 또는 복구를 하지 않은 때에는 재조달가액에 의한 보상을 하지 않고 시가(감가상각된 금액)로 보상	
과실손해 보장	보험가입금액 × (피해율 - 자기부담비율) ※ 피해율(7월 31일 이전에 사고가 발생한 경우) (평년수확량 - 수확량 - 미보상감수량) ÷ 평년수확량 ※ 피해율(8월 1일 이후에 사고가 발생한 경우) (1 - 수확전사고 피해율) × 경과비율 × 결과지 피해율	무화과
과실손해 보장	보험가입금액 × (피해율 - 자기부담비율) ※ 피해율 = 고사결과모지수 ÷ 평년결과모지수	복분자
	보험가입금액 × (피해율 - 자기부담비율) ※ 피해율 = (평년결실수 - 조사결실수 - 미보상감수결실수) ÷ 평년결실수	오디
과실손해 보장	과실손해보험금 = 손해액 - 자기부담금 ※ 손해액 = 보험가입금액 × 피해율 ※ 자기부담금 = 보험가입금액 × 자기부담비율 ※ 피해율 = (등급내 피해과실수 + 등급외 피해과실수 × 70%) ÷ 기준과실수 동상해손해보험금 = 손해액 - 자기부담금 ※ 손해액 = {보험가입금액 - (보험가입금액 × 기사고 피해율)} × 수확기 잔존비율 × 동상해피해율 ※ 자기부담금 = |보험가입금액 × min(주계약피해율 - 자기부담비율, 0)| ※ 동상해 피해율 = 수확기 동상해 피해 과실수 ÷ 기준과실수	감귤
과실손해 추가보장	보험가입금액 × (피해율 × 10%) 단, 손해액이 자기부담금을 초과하는 경우에 한함 ※ 피해율 = (등급 내 피해 과실수 + 등급 외 피해 과실수 × 70%) ÷ 기준과실수	감귤
농업수입 감소	보험가입금액 × (피해율 - 자기부담비율) ※ 피해율 = (기준수입 - 실제수입) ÷ 기준수입	

* 다만, 보험가액이 보험가입금액보다 적을 경우에는 보험가액에 의하며, 기타 세부적인 내용은 재해보험사업자가 작성한 손해평가 업무방법서에 따름

3) 농작물의 손해수량에 대한 품목별·재해별·시기별 조사방법

별표 2

농작물의 품목별·재해별·시기별 손해수량 조사방법

1. 특정위험방식 상품(인삼)

생육시기	재해	조사내용	조사시기	조사방법	비고
보험기간	태풍(강풍)·폭설·집중호우·침수·화재·우박·냉해·폭염	수확량 조사	피해 확인이 가능한 시기	보상하는 재해로 인하여 감소된 수확량 조사 · 조사방법 : 전수조사 또는 표본조사	

2. 적과전종합위험방식 상품(사과, 배, 단감, 떫은감)

생육시기	재해	조사내용	조사시기	조사방법	비고
보험계약체결일~적과전	보상하는 재해 전부	피해사실 확인 조사	사고접수 후 지체 없이	보상하는 재해로 인한 피해발생여부 조사	피해사실이 명백한 경우 생략 가능
	우박		사고접수 후 지체 없이	우박으로 인한 유과(어린과실) 및 꽃(눈)등의 타박비율 조사 · 조사방법: 표본조사	적과종료 이전 특정위험 5종 한정 보장 특약 가입건에 한함
6월1일~적과전	태풍(강풍), 우박, 집중호우, 화재, 지진		사고접수 후 지체 없이	보상하는 재해로 발생한 낙엽피해 정도 조사 – 단감·떫은감에 대해서만 실시 · 조사방법: 표본조사	
적과 후	–	적과 후 착과수 조사	적과 종료 후	보험가입금액의 결정 등을 위하여 해당 농지의 적과종료 후 총 착과 수를 조사 · 조사방법: 표본조사	피해와 관계없이 전 과수원 조사
적과후~수확기종료	보상하는 재해	낙과피해 조사	사고접수 후 지체 없이	재해로 인하여 떨어진 피해과실수 조사 – 낙과피해조사는 보험약관에서 정한 과실피해분류기준에 따라 구분하여 조사 · 조사방법: 전수조사 또는 표본조사	
				낙엽률 조사(우박 및 일소 제외) – 낙엽피해정도 조사 · 조사방법: 표본조사	단감·떫은감
	우박,	착과피	수확 직전	재해로 인하여	

가입가격을 곱하여 산정한다.
③ 종합위험방식은 적과 후 착과수조사를 통해 산정한 기준수확량에 보험가입 당시의 단위당가입가격을 곱하여 산정한다.
④ 농업시설물에 대한 보험가액은 보험사고가 발생한 때와 곳에서 평가한 피해목적물의 재조달가액에서 내용연수에 따른 감가상각률을 적용하여 계산한 감가상각액을 차감하여 산정한다.

▶ ④

6회 기출문제

농업재해보험 손해평가요령상 적과전종합위험방식 상품(사과, 배, 단감, 떫은감)의「6월1일 ~ 적과전」생육시기에 해당되는 재해가 아닌 것은? (단, 적과종료 이전 특정 위험 5종 한정 보장 특약 가입건에 한함)

① 일소   ② 화재
③ 지진   ④ 강풍

▶ ①

1회 기출문제

재해보험에서 보상하는 재해의 범위 중 보험목적물 "벼"에서 보상하는 병충해가 아닌 것은?

① 흰잎마름병
② 잎집무늬마름병
③ 줄무늬잎마름병
④ 벼멸구

▶ ②

	일소, 가을동상해	해 조사		달려있는 과실의 피해과실 수 조사 - 착과피해조사는 보험약관에서 정한 과실피해분류기준에 따라 구분 하여 조사 · 조사방법: 표본조사	
수확 완료 후 ~ 보험 종기	보상하는 재해 전부	고사 나무 조사	수확완료 후 보험 종기 전	보상하는 재해로 고사되거나 또는 회생이 불가능한 나무 수를 조사 - 특약 가입 농지만 해당 · 조사방법: 전수조사	수확완료 후 추가 고사나무 가 없는 경우 생략 가능

 * 전수조사는 조사대상 목적물을 전부 조사하는 것을 말하며, 표본조사는 손해평가의 효율성 제고를 위해 재해보험사업자가 통계이론을 기초로 산정한 조사표본에 대해 조사를 실시하는 것을 말함

3. 종합위험방식 상품(농업수입보장 포함)
① 해가림시설·비가림시설 및 원예시설

생육 시기	재해	조사내용	조사시기	조사방법	비고
보험 기간 내	보상하는 재해 전부	해가림시설 조사	사고접수 후 지체 없이	보상하는 재해로 인하여 손해를 입은 시설 조사 · 조사방법: 전수조사	인삼
		비가림시설 조사			

② 수확감소보장·과실손해보장 및 농업수입보장

생육 시기	재해	조사내용	조사시기	조사방법	비고
수확 전	보상 하는 재해 전부	피해사실 확인 조사	사고접수 후 지체 없이	보상하는 재해로 인한 피해발생 여부 조사 (피해사실이 명백한 경우 생략 가능)	
		이앙(직 파) 불능피해 조사	이앙 한계일 (7.31)이 후	이앙(직파)불능 상태 및 통상적인영농활동 실시여부조사 조사방법 : 전수조사 또는 표본조사	벼만 해당
		재이앙(재직파) 조사	사고접수 후 지체 없이	해당농지에 보상하는 손해로 인하여 재이앙(재직파)이 필요한 면적 또는 면적비율 조사 · 조사방법: 전수조사 또는 표본조사	벼만 해당
		재파종	사고접수	해당농지에 보상하는	마늘만

		조사	후 지체 없이	손해로 인하여 재파종이 필요한 면적 또는 면적비율 조사 • 조사방법: 전수조사 또는 표본조사	해당
		재정식 조사	사고접수 후 지체 없이	해당농지에 보상하는 손해로 인하여 재정식이 필요한 면적 또는 면적비율 조사 • 조사방법: 전수조사 또는 표본조사	양배추만 해당
		경작불능 조사	사고접수 후 지체 없이	해당 농지의 피해면적비율 또는 보험목적인 식물체 피해율 조사 • 조사방법: 전수조사 또는 표본조사	벼·밀, 밭작물(차(茶)제외), 복분자만 해당
		과실손해 조사	수정완료 후	살아있는 결과모지수 조사 및 수정불량(송이)피해율 조사 • 조사방법: 표본조사	복분자만 해당
			결실완료 후	결실수 조사 • 조사방법: 표본조사	오디만 해당
		수확전 사고조사	사고접수 후 지체 없이	표본주의 과실 구분 • 조사방법: 표본조사	감귤만 해당
수확 직전	–	착과수조사	수확직전	해당농지의 최초 품종 수확 직전 총 착과 수를 조사 –피해와 관계없이 전 과수원 조사 • 조사방법: 표본조사	포도, 복숭아, 자두만 해당
	보상 하는 재해 전부	수확량 조사	수확직전	사고발생 농지의 수확량 조사 • 조사방법: 전수조사 또는 표본조사	
		과실손해 조사	수확직전	사고발생 농지의 과실피해조사 • 조사방법: 표본조사	무화과, 감귤만 해당
수확 시작 후 ~ 수확 종료	보상 하는 재해 전부	수확량조사	조사 가능일	사고발생농지의 수확량조사 • 조사방법: 표본조사	차(茶)만 해당
			사고접수 후 지체 없이	사고발생 농지의 수확 중의 수확량 및 감수량의 확인을 통한 수확량조사 • 조사방법: 전수조사 또는 표본조사	
		동상해 과실손해	사고접수 후 지체	표본주의 착과피해 조사 12월1일~익년 2월말일	감귤만 해당

6회 기출문제

농업재해보험 손해평가요령상 종합위험방식 상품(농업수입보장 포함)의 「수확 전」생육시기에 "오디"의 과실손해조사 시기로 옳은 것은?

① 결실완료 후
② 수정완료 후
③ 조사가능일
④ 사고접수 후 지체 없이

▶ ①

		조사	없이	사고 건에 한함 • 조사방법: 표본조사	
		수확불능 확인 조사	조사 가능일	사고발생 농지의 제현율 및 정상 출하 불가 확인 조사 • 조사방법 : 전수조사 또는 표본조사	벼만 해당
	태풍 (강 풍), 우박	과실손해 조사	사고접수 후 지체 없이	전체 열매수(전체 개화수) 및 수확 가능 열매수 조사 6월1일~6월20일 사고 건에 한함 • 조사방법: 표본조사	복분자만 해당
				표본주의 고사 및 정상 결과지수 조사 • 조사방법: 표본조사	무화과만 해당
수확 완료 후 ~ 보험 종기	보상 하는 재해 전부	고사나무 조사	수확완료 후 보험 종기 전	보상하는 재해로 고사되거나 또는 회생이 불가능한 나무 수를 조사 – 특약 가입 농지만 해당 • 조사방법: 전수조사	수확완료 후 추가 고사나무가 없는 경우 생략 가능

③ 생산비 보장

생육 시기	재해	조사내용	조사시기	조사방법	비고
정식 (파종) ~ 수확 종료	보상 하는 재해 전부	생산비 피해조사	사고발생 시마다	① 재배일정 확인 ② 경과비율 산출 ③ 피해율 산정 ④ 병충해 등급별 인정비율 확인(노지 고추만 해당)	
수확 전	보상 하는 재해 전부	피해사실 확인 조사	사고접수 후 지체 없이	보상하는 재해로 인한 피해발생 여부 조사 (피해사실이 명백한 경우 생략 가능)	메밀, 단호박, 노지 배추, 노지 당근, 노지 파, 노지 무만 해당
		경작불능 조사	사고접수 후 지체 없이	해당 농지의 피해면적비율 또는 보험목적인 식물체 피해율 조사 • 조사방법: 전수조사 또는 표본조사	

수확 직전	생산비 피해조사	수확직전	사고발생 농지의 피해비율 및 손해정도 비율 확인을 통한 피해율 조사 ·조사방법: 표본조사	

4) 생육상황의 조사

재해보험사업자는 손해평가반으로 하여금 재해발생 전부터 보험품목에 대한 평가를 위해 생육 상황을 조사하게 할 수 있다. 이때 손해평가반은 조사결과 1부를 재해보험사업자에게 제출하여야 한다.

(14) 가축의 보험가액 및 손해액 산정

1) 가축에 대한 보험가액은 보험사고가 발생한 때와 곳에서 평가한 보험목적물의 수량에 적용가격을 곱하여 산정한다.
2) 가축에 대한 손해액은 보험사고가 발생한 때와 곳에서 폐사 등 피해를 입은 보험 목적물의 수량에 적용가격을 곱하여 산정한다.
3) 제1항 및 제2항의 적용가격은 보험사고가 발생한 때와 곳에서의 시장가격 등을 감안하여 보험약관에서 정한 방법에 따라 산정한다. 다만, 보험가입당시 보험가입자와 재해보험사업자가 보험가액 및 손해액 산정 방식을 별도로 정한 경우에는 그 방법에 따른다.

(15) 농업시설물의 보험가액 및 손해액 산정

1) 농업시설물에 대한 보험가액

농업시설물에 대한 보험가액은 보험사고가 발생한 때와 곳에서 평가한 피해목적물의 재조달가액에서 내용연수에 따른 감가상각률을 적용하여 계산한 감가상각액을 차감하여 산정한다.

피해목적물의 재조달가액 - 감가상각액(감가상각률 적용)

2) 농업시설물에 대한 손해액

농업시설물에 대한 손해액은 보험사고가 발생한 때와 곳에서 산정한 피해목적물의 원상복구비용을 말한다.

3) 보험가액 및 손해액 산정 방식에 대한 약정

보험가입당시 보험가입자와 재해보험사업자가 보험가액 및 손해액 산정 방식을 별도로 정한 경우에는 그 방법에 따른다.

(16) 손해평가업무방법서

재해보험사업자는 이 요령의 효율적인 운용 및 시행을 위하여 필요한 세부적인 사항을 규정한 손해평가 업무방법서를 작성하여야 한다.

(17) 재보험사업 및 농업재해보험사업의 운영 등에 관한 규정

1) 목적

이 규정은「농어업재해보험법」(이하 "법"이라 한다) 및 동법 시행령(이하 "영"이라 한다)에 의한 재보험사업 및 농업재해보험사업의 효율적인 관리·운영에 필요한 세부적인 사항에 대해 규정함을 목적으로 한다.

2) 용어의 정의

수탁기관	"수탁기관"이라 함은 영 제16조의2제1항 및 영 제20조의2 제1항에 따라 재보험사업 및 농업재해보험사업에 관한 업무를 위탁받은 농업정책보험 관련 법인을 말한다.
재해보험 가입현황서	"재해보험 가입현황서"란 재해보험사업자가 법 제19조제1항에 따른 보험료의 일부를 지원받기 위하여 작성.제출하는 보험계약사항 및 보험료 현황이 기재된 서류를 말한다.
운영비 사용계획서	"운영비 사용계획서"란 재해보험사업자가 법 제19조제1항에 따른 운영비의 일부 또는 전부를 지원받기 위하여 작성.제출하는 운영비사용현황이 기재된 서류를 말한다.
통계작업 방법서	"통계작업방법서"란 농림축산식품부장관 또는 수탁기관의 장이 각 재해보험사업자에게 농업재해보험사업의 통계 축적, 보험료 및 재보험료 정산 등을 위하여 필요한 자료 작성 및 제출방법을 규정한 것으로 농업재해보험사업약정서 또는 재보험사업약정서에 첨부하는 서류를 말한다.

3) 적용범위

법, 영, 농림축산식품분야 재정사업관리 기본규정 및 농특회계 융자업무지침에서 따로 정하고 있는 사항을 제외하고는 이 규정에서 정하는 바에 따른다. 다만, 양식수산물재해보험에 대해서는 적용하지 아니한다.

4) 업무의 위탁

④ 농림축산식품부장관은 영 제16조의2제2항 및 영 제20조의2제2항에 따라 재보험사업 및 농업재해보험사업에 관한 다음 각 호의 업무를 수탁기관에 위탁한다.
  ㉠ 재보험사업의 관리·운영 업무
  ㉡ 재보험사업의 약정 체결 관련 업무
  ㉢ 농업재해보험사업 관리·감독 업무
  ㉣ 농업재해보험 상품의 연구 및 보급 업무
  ㉤ 재해 관련 통계 생산 및 데이터베이스 구축·분석 업무
  ㉥ 손해평가인력의 육성 업무
  ㉦ 손해평가기법의 연구·개발 및 보급 업무
  ㉧ 농업재해보험사업의 약정 체결 관련 업무
  ㉨ 손해평가사 제도 운용 관련 업무(다만, 동 업무 중 영 제20조의2제1항제2호에 따른 손해평가사 자격시험의 실시 및 관리에 관한 업무는 제외한다)
  ㉩ 그 밖에 재보험사업 및 농업재해보험사업과 관련하여 농림축산식품부장관이 정하여 위탁하는 업무

5) 위탁업무의 처리
  ① 수탁기관은 위탁업무를 처리함에 있어서 재보험 및 농업재해보험사업 수행 목적에 맞도록 하여야 한다.
  ② 수탁기관은 제4조에 따른 업무의 처리를 위하여 농업재해보험을 전담하는 부서(이하"보험관리부서"라 한다)를 설치하고 인원 및 장비 등을 지원하여야 한다.
  ③ 농림축산식품부장관은 예산의 범위에서 제2항에 따른 보험관리부서의 인건비 및 경비 등을 지원하여야 한다.

6) 약정의 체결
  ① 수탁기관은 재해보험사업자와 법 제20조제2항 및 영 제16조에서 정한 사항이 포함된 재보험사업 약정을 체결하여야 한다.
  ② 수탁기관은 재해보험사업자와 법 제8조제3항 및 영 제10조제2항에서 정한 사항이 포함된 재해보험사업 약정을 체결하여야 한다.
  ③ 제1항 및 제2항에 따른 약정은 매년 체결하는 것을 원칙으로 한다. 다만, 기 체결된 약정서 상에 자동연장 조항이 있고, 약정 내용이 변경되지 않는 경우에는 약정 체결을

생략할 수 있다.
7) 재보험 사업관리
① 수탁기관은 매년 영 제16조에서 정한 사항에 대하여 재해보험사업자와 협의하여야 한다.
② 수탁기관은 재해보험사업자가 제6조제1항에 따라 체결한 약정을 준수하는지 여부를 조사하기 위하여 재해보험사업자에게 재보험약정서에 정한 자료의 제출을 요구할 수 있다.
③ 수탁기관은 제1항에 따른 협의결과와 제2항에 따른 조사결과를 농림축산식품부장관에게 보고하여야 한다.
④ 농림축산식품부장관은 제3항에 따라 수탁기관이 보고한 자료 등을 검토하여 재보험조건 등을 확정하거나 관련법령에 따른 필요한 조치를 강구하여야 한다.
⑤ 기타 재보험사업 관리와 관련한 구체적인 사항은 재보험사업약정서 및 농어업재해재보험 기금운용규정에 따른다.
8) 재해보험 사업의 관리
① 운영비의 지원
재해보험사업자는 법 제19조 및 영 제15조에 따른 보험료 및 운영비(이하 "사업비"라 한다)를 지원받기 위해서는 재해보험 가입현황서나 운영비 사용계획서를 수탁기관에 제출하여야 한다.
② 수탁기관의 보고
수탁기관은 제1항에 따라 제출된 자료를 지체 없이 검토하고 그 결과를 농림축산식품부장관에게 보고하여야 한다.
③ 재해보험사업자에 대한 사업점검 및 사업비 정산 업무의 보고
수탁기관은 「보조금 관리에 관한 법률」, 농업재해보험사업시행지침 및 농업재해보험사업약정서 등에 따라 재해보험사업자에 대한 사업점검 및 사업비 정산 업무를 정기적으로 수행하고 그 결과를 농림축산식품부장관에게 보고하여야 한다.
④ 수탁기관의 재해보험사업자에 대한 자료제출 요구
수탁기관은 제2항 및 제3항의 업무에 대한 세부 검토를 위하여 재해보험사업자에게 관련법령과 농업재해보험약정

　　　서에 정한 자료의 제출을 요구할 수 있다.
　⑤ 농림축산식품장관의 조치
　　 농림축산식품부장관은 제2항 및 제3항에 따라 수탁기관이 보고한 자료 등을 검토하여 사업비 지원 및 정산 금액 등을 확정하거나 관련법령에 따른 필요한 조치를 강구하여야 한다.

9) 상품 연구 및 보급
　① 수탁기관은 농업현장의 수요 등이 반영될 수 있도록 재해보험상품 연구에 철저를 기해야 하며, 필요한 경우 재해보험사업자와 공동연구를 실시하거나 외부 전문기관에 위탁하여 실시할 수 있다.
　② 재해보험사업자는 수탁기관의 재해보험상품 연구 및 보급 업무에 적극 협조하여야 하며, 재해보험상품 개발을 위하여 연구 자료가 필요한 경우 수탁기관에 그 자료를 요구할 수 있다.

10) 재해 관련 통계 생산 및 데이터베이스 구축·분석
　① 수탁기관은 농업재해보험의 관리 및 보험상품 개발 등에 활용하기 위하여 법 제25조의2제1항에 따라 재해 관련 통계를 생산·축적하고 데이터베이스를 구축·분석하여야 한다.
　② 재해보험사업자는 재해보험상품 개발을 위하여 수탁기관의 통계 생산 자료 및 데이터베이스의 제공을 요구할 수 있다.

11) 통계작업방법서 작성
　① 수탁기관은 재해 관련 통계를 생산·축적하고 재보험사업 및 농업재해보험사업의 관리를 위하여 재해보험사업자와 제6조에 따른 재보험사업약정 및 농업재해보험사업약정 체결시 통계작업 방법서를 제시하여 첨부하도록 하여야 한다.
　② 통계작업방법서에는 재해보험상품의 각 계약자별·보험증권별 계약정보, 사고정보, 보험금 지급정보 등이 포함되어야 한다.

12) 손해평가기법의 연구·개발 및 보급
　① 수탁기관은 손해평가의 신속성, 편리성 및 공정성 강화를 위하여 법 제25조의2제1항에 따른 손해평가기법을 연구·개

발하여 재해보험사업자 및 손해평가사 등에게 보급할 수 있다.
② 수탁기관은 필요한 경우 손해평가기법 연구·개발 및 보급 업무를 재해보험사업자와 공동으로 수행하거나 외부 전문기관에 위탁하여 실시할 수 있다.
③ 재해보험사업자는 수탁기관의 손해평가기법의 연구·개발 및 보급 업무에 협조하여야 한다.

13) 손해평가사 자격시험의 응시원서 및 수수료
① 영 제12조의2제3항에 따라 손해평가사 자격시험에 응시하려는 사람은 한국산업인력공단 이사장이 정하는 서식에 따른 응시원서를 한국산업인력공단에 제출하여야 한다.
② 영 제12조의2제4항에 따른 응시수수료는 다음 각 호와 같다.
㉠ 제1차 시험 : 2만원
㉡ 제2차 시험 : 3만3천원
③ 제1항에 따라 손해평가사 자격시험에 응시하려는 사람은 제2항에 따른 응시수수료를 응시원서 제출시 한국산업인력공단에 납부하여야 한다.

14) 손해평가사 자격증의 발급 등
① 수탁기관의 장은 영 제12조의7에 따라 손해평가사 자격시험에 합격한 사람에게 별지 제1호 서식의 손해평가사 자격증을 발급하여야 한다.
② 수탁기관의 장은 제1항에 따라 손해평가사 자격증 발급시 그 사실을 별지 제2호 서식에 따른 발행대장에 기록하여야 한다.
③ 제1항에 따라 손해평가사 자격증을 발급받은 자는 발급받은 자격증을 잃어버리거나 훼손 등으로 쓸 수 없게 된 경우 별지 제3호 서식에 따라 손해평가사 자격증 재발급 신청서를 수탁기관에 제출하여 자격증을 재발급 받을 수 있다.

15) 손해평가사 교육 및 자격시험 등
① 수탁기관은 법 제11조의2 및 영 제12조의8에 따라 손해평가사의 손해평가 능력 및 자질향상을 위한 교육을 실시하여야 하며, 필요한 경우 다음 각 호의 어느 하나에 해당하

는 기관에게 위탁할 수 있다.
  ㉠ 농림축산식품부 소속 교육기관
  ㉡ 사단법인 보험연수원
  ㉢ 제6조제2항에 따라 약정을 체결한 재해보험사업자
  ㉣ 「민법」제32조에 따라 농림축산식품부장관의 허가를 받아 설립된 비영리법인
② 수탁기관 또는 제1항에 따라 위탁받은 교육기관(이하 "교육기관"이라 한다)이 실시하는 손해평가사 교육에는 다음 각 호의 내용을 포함하여야 한다.
  ㉠ 농업재해보험 관련 법령 및 제도에 관한 사항
  ㉡ 농업재해보험 손해평가의 이론과 실무에 관한 사항
  ㉢ 그 밖에 농업재해보험과 관련된 교육
③ 교육기관은 필요한 경우 제2항에 따른 교육을 정보통신매체를 이용한 원격교육으로 실시할 수 있다.
④ 교육기관은 교육을 이수한 사람에게 이수증명서를 발급하여야 하며, 교육을 실시한 다음 해 1월 15일까지 수탁기관의 장에게 그 결과를 제출하여야 한다.
⑤ 수탁기관은 교육기관이 실시하는 교육에 필요한 경비(교재비, 강사료 등을 포함한다)를 예산의 범위에서 지원할 수 있다.

16) 수탁기관의 지도·감독 등
농림축산식품부장관은 수탁기관의 지도.감독을 위하여 필요하다고 인정할 때에는 관계서류, 장부 기타 참고자료의 제출을 명하거나 소속 공무원으로 하여금 수탁기관의 업무를 점검하게 할 수 있다.

17) 기타 세부사항
수탁기관은 이 규정의 시행에 필요한 세부사항에 대해서는 법, 영 및 이 규정에 저촉되지 않는 범위에서 별도로 농림축산식품부장관의 승인을 받아 제정·시행할 수 있다.

MEMO

제2편 핵심문제

■■■ 핵심문제

1. 다음은 농어업재해보험법의 용어정의이다. 그 설명이 옳지 않은 것은?

① 농업재해 : "농업재해"란 농작물·임산물·가축 및 농업용 시설물에 발생하는 자연재해·병충해·조수해(鳥獸害)·질병 또는 화재를 말한다.
② 어업재해 : "어업재해"란 양식수산물 및 어업용 시설물에 발생하는 자연재해·질병 또는 화재를 말한다.
③ 보험가입금액 : "보험가입금액"이란 보험가입자의 재산 피해에 따른 손해가 발생한 경우 보험에서 최대로 보상할 수 있는 한도액으로서 보험가입자와 보험사업자 간에 약정한 금액을 말한다.
④ 보험금 : "보험금"이란 보험가입자와 보험사업자 간의 약정에 따라 보험가입자가 보험사업자에게 내야 하는 금액을 말한다.

정답 및 해설 ④

"보험금"이란 보험가입자에게 재해로 인한 재산 피해에 따른 손해가 발생한 경우 보험가입자와 보험사업자 간의 약정에 따라 보험사업자가 보험가입자에게 지급하는 금액을 말한다.

2. 농어업재해보험법상 농어업재해보험심의회의 심의사항이 아닌 것은?

① 재해보험 목적물의 선정에 관한 사항
② 재해보험에서 보상하는 재해의 범위에 관한 사항
③ 손해평가의 방법과 절차에 관한 사항
④ 재해보험사업자의 허가 사항

정답 및 해설 ④

심의사항
1. 재해보험 목적물의 선정에 관한 사항
2. 재해보험에서 보상하는 재해의 범위에 관한 사항

3. 재해보험사업에 대한 재정지원에 관한 사항
4. 손해평가의 방법과 절차에 관한 사항
5. 농어업재해재보험사업(이하 "재보험사업"이라 한다)에 대한 정부의 책임범위에 관한 사항
6. 재보험사업 관련 자금의 수입과 지출의 적정성에 관한 사항
7. 다른 법률에서 농업재해보험심의회 또는 어업재해보험심의회(이하 "심의회"라 한다)의 심의 사항으로 정하고 있는 사항
8. 그 밖에 농림축산식품부장관 또는 해양수산부장관이 필요하다고 인정하는 사항

3. 농어업재해보험심의회에 대한 다음 설명 중 옳지 않은 것은?

① 심의회는 위원장 및 부위원장 각 1명을 포함한 21명 이내의 위원으로 구성한다.
② 위원의 임기는 3년으로 한다.
③ 심의회의 회의는 재적위원 3분의 1 이상의 요구가 있을 때 또는 위원장이 필하다고 인정할 때에 소집한다.
④ 대통령령으로 설립된 분과위원회는 현재 3개가 있다.

정답 및 해설 ②

농림축산식품부장관 또는 해양수산부장관이 재해보험이나 농어업에 관한 학식 경험이 풍부하다고 인정하는 자는 외부전문가로서 임기가 3년이다. 3급 공무원 또는 고위공무원단에 속하는 공무원으로서 위원이 된 자는 별도의 임기가 없다.

4. 농어업재해보험법상 재해보험의 종류가 아닌 것은?

① 농작물재해보험　　　　② 수산물재해보험
③ 임산물재해보험　　　　④ 가축재해보험

정답 및 해설 ②

수산물재해보험이 아니라 양식수산물재해보험이다.

5. 현행 농어업재해보험법령상 재해보험의 보험목적물이 아닌 것은?

① 양배추 ② 밀
③ 상추 ④ 피망

정답 및 해설 ④

재해보험의 종류	보험목적물
농작물 재해보험	사과.배.포도.단감.감귤.복숭아.참다래.자두.매실 감자.고구마.파.양파.마늘.고추.풋고추.파프리카.부추 수박.호박.딸기.토마토.오이.가지.참외.멜론.옥수수.벼.밀.콩 국화.장미.백합.카네이션.인삼.오디.차.느타리버섯 시금치.미나리.상추.배추.양배추.무
	위 농작물의 재배시설(부대시설 포함)
임산물 재해보험	떫은감.밤.대추.복분자.표고버섯.오미자
	위 임산물의 재배시설(부대시설 포함)
가축 재해보험	소.말.돼지.닭.오리.꿩.메추리.칠면조.사슴.거위.타조.양.벌.토끼.관상조
	위 가축의 축사(부대시설 포함)
양식수산물 재해보험	넙치.전복.조피볼락.굴참돔.돌돔.감성돔 농어.쥐치.기타볼락.숭어.강도다리
	위 수산물의 양식시설(부대시설 포함)

비고 : 재해보험사업자는 보험의 효용성 및 보험 실시 가능성 등을 종합적으로 고려하여 위의 대상 재해보험 범위에서 다양한 보험상품을 운용할 수 있다.

6. 농어업재해보험법령상 농작물에 대하여 보상하는 재해의 범위에 해당하지 않는 것은?

① 화재 ② 조수해(鳥獸害)
③ 병충해 ④ 질병

정답 및 해설 ④

질병은 가축재해보험의 대상이다.

7. 농어업재해보험법령상 재해보험 요율산정에 관한 설명으로 옳지 않은 것은?

① 농림축산식품부장관 또는 해양수산부장관이 산정한다.
② 보험목적물별 또는 보상방식별로 산정한다.
③ 특별시·광역시·도·특별자치도 또는 시·군·자치구단위로 산정한다.
④ 농림축산식품부장관 또는 해양수산부장관이 행정구역 단위와는 따로 구분하여 고시하

는 권역 단위로 산정할 수 있다.

정답 및 해설 ①

보험요율을 산정하는 자는 농림축산식품부장관 또는 해양수산부장관과 재해보험사업의 약정을 체결한 자(재해보험사업자)이다.

8. 다음 중 농어업재해보험법상 재해보험을 모집할 수 있는 자가 아닌 것은?

① 수협은행의 임직원
② 산림조합중앙회와 그 회원조합의 임직원
③ 수협중앙회장 또는 그 회원조합장이 인정하는 자는 공제모집인
④ 농업협동조합중앙회의 임직원

정답 및 해설 ④

농축산물에 대한 재해보험은 농협손해보험으로 독립되었으므로 농업협동조합중앙회 및 그 회원조합의 임직원은 모집인이 아니다.

9. 농어업재해보험법상 손해평가를 할 수 있는 사람이 아닌 것은?

① 손해평가인
② 손해평가사
③ 손해사정사
④ 감정평가사

정답 및 해설 ④

10. 농어업재해보험법령상 손해평가인으로 위촉될 수 없는 자는?

① 대학교에서 농작물재배 관련학을 전공하고 농업전문 연구기관 또는 연구소에서 5년 이상 근무한 학사학위 이상 소지자

② 공무원으로 농촌진흥청에서 농작물재배 분야에 관한 연구·지도 업무를 3년간 담당한 경력이 있는 사람
③ 교원으로 고등학교에서 농작물재배 분야 관련 과목을 3년 이상 교육한 경력이 있는 사람
④ 「농업협동조합법」에 따른 중앙회와 조합의 임직원으로 영농 지원 또는 보험·공제 관련 업무를 3년 이상 담당한 경력이 있는 사람

정답 및 해설 ③

교원으로 고등학교에서 농작물재배 분야 관련 과목을 5년 이상 교육한 경력이 있는 사람

11. **농어업재해보험법상 손해평가사의 업무가 아닌 것은?**

① 피해사실의 확인
② 손해액의 평가
③ 보험가액의 평가
④ 보험금의 지급

정답 및 해설 ④

12. **농어업재해보험법상 손해평가사의 자격 취소에 해당되지 않는 것은?**

① 손해평가사시험에서 부정한 행위를 한 사람
② 손해평가사의 자격을 거짓 또는 부정한 방법으로 취득한 사람
③ 거짓으로 손해평가를 한 사람
④ 다른 사람에게 손해평가사의 업무를 수행하게 한 사람

정답 및 해설 ①

시험장에서 부정한 행위를 한 자는 자격시험정지 2년에 해당한다.

13. **농어업재해보험법상 손해평가사의 자격시험 응시 2년 정지사유에 해당하지 않는 것**

| 「상법」 보험편 |

은?
① 부정한 방법으로 시험에 응시한 사람에게 자격시험 정지처분을 하였다.
② 시험에서 부정한 행위를 한 사람에게 시험무효처분을 하였다.
③ 거짓으로 손해평가를 한 사람에게 자격취소처분을 내렸다.
④ 농어업재해보험상 손해평가와 관련한 위법한 행위를 하여 벌금 이상의 형을 선고받았다.

정답 및 해설 ④

다음 각 호에 해당하는 사람은 그 처분이 있은 날부터 2년이 지나지 아니한 경우 손해평가사 자격시험에 응시하지 못한다.
㉠ 시험과 관련하여(시험에 부정한 응시, 행위) 정지·무효 처분을 받은 사람
㉡ 손해평가사 자격이 취소된 사람

14. 다음 중 농어업재해법령상 재해보험사업을 할 수 있는 자가 아닌 것은?

①「농업협동조합법」에 따른 농업협동조합중앙회
②「수산업협동조합법」에 따른 수산업협동조합중앙회
③「산림조합법」에 따른 산림조합중앙회
④「보험업법」에 따른 보험회사

정답 및 해설 ①

과거에 농업협동조합중앙회에서 행하던 재해보험 업무가 농협손해보험에 분사됨으로써 농협중앙회는 직접 재해보험사업을 하지 않게 되었다.

15. 농어업재해보험법령상 다음 설명이 옳지 않은 것은?

① 손해평가사가 그 직무를 게을리하였다고 인정하면 1년 이내의 기간을 정하여 업무의 정지를 명할 수 있다.
② 손해평가사 자격이 취소된 사람은 그 처분이 있은 날부터 2년이 지나지 아니한 경우 손해평가사 자격시험에 응시하지 못한다.
③ 농림축산식품부장관 또는 해양수산부장관은 손해평가인이 공정하고 객관적인 손해평가

를 수행할 수 있도록 연 1회 이상 정기교육을 실시하여야 한다.
④ 재해보험 대상 농작물을 3년 이상 경작한 경력이 있는 농업인은 손해평가인이 될 수 있다.

정답 및 해설 ④

재해보험 대상 농작물을 5년 이상 경작한 경력이 있는 농업인

16. 농어업재해보험법령상 내용으로 옳지 않은 것은?

① 재해보험의 보험금을 지급받을 권리는 수급자 보호를 위하여 어떤 경우에도 압류할 수 없다.
② 재해보험사업자는 재해보험사업을 위탁할 수 있다.
③ 재해보험가입자가 재해보험에 가입된 보험목적물을 양도하는 경우 그 양수인은 재해보험계약에 관한 양도인의 권리 및 의무를 승계한 것으로 추정한다.
④ 재해보험가입자는 보험 목적물을 담보로 제고할 수 있다.

정답 및 해설 ①

재해보험의 보험금을 지급받을 권리는 압류할 수 없다. 다만, 보험목적물이 담보로 제공된 경우에는 그러하지 아니하다.

17. 농어업재해보험법령상 재해보험사업자가 재해보험사업을 원활히 수행하기 위하여 필요한 경우로서 보험모집 및 손해평가 등 재해보험 업무의 일부를 위탁할 수 있다. 그 위탁대상이 아닌 자는?

① 「농업협동조합법」에 따라 설립된 지역농업협동조합
② 「산림조합법」에 따라 설립된 지역산림조합
③ 수협은행
④ 「보험업법」에 따라 설립된 손해보험회사

정답 및 해설 ④

손해보험회사가 아니라「보험업법」제187조에 따라 손해사정을 업으로 하는 자이다.

18. **농어업재해보험법상 재해보험 가입자 또는 사업자에 대한 재정지원에 관한 설명으로 옳지 않은 것은?**

① 정부는 재해보험가입자가 부담하는 보험료의 전부 또는 일부를 지원할 수 있다.
② 정부는 재해보험사업자의 운영비의 전부 또는 일부를 지원할 수 있다.
③ 지방자치단체는 재해보험가입자가 부담하는 보험료의 일부를 추가로 지원할 수 있다.
④ 「풍수해보험법」에 따른 풍수해보험에 가입한 자가 동일한 보험목적물을 대상으로 재해보험에 가입할 경우에는 정부가 재정지원을 하지 아니한다.

정답 및 해설 ①

정부는 예산의 범위에서 재해보험가입자가 부담하는 보험료의 일부와 재해보험사업자의 재해보험의 운영 및 관리에 필요한 비용(이하 "운영비"라 한다)의 전부 또는 일부를 지원할 수 있다. 재해보험가입자의 보험료에 대한 전부를 지원하는 경우는 없다.

19. **농어업재해보험법령상 농림축산식품부장관으로부터 재보험사업에 관한 업무의 위탁을 받을 수 있는 자는?**

① 「보험업법」에 따른 보험회사
② 「농업협동조합법」에 따라 설립된 농업협동조합중앙회
③ 「농업·농촌 및 식품산업기본법」에 따라 설립된 농업정책보험금융원
④ 「수산업협동조합법」에 따라 설립된 수산업협동조합중앙회

정답 및 해설 ③

재보험사업의 위탁을 받을 수 있는 자
「농업·농촌 및 식품산업 기본법」제63조의2제1항에 따라 설립된 농업정책보험금융원

20. **농어업재해재보험기금의 재원으로 옳지 않은 것은?**

① 재해보험사업자가 내는 재보험료
② 기금의 운용수익금과 그 밖의 수입금
③ 정부, 정부 외의 자 및 다른 기금으로부터 받은 출연금
④ 농어촌특별세사업계정으로부터 받은 차입금

정답 및 해설 ④

「농어촌구조개선 특별회계법」제5조제2항제7호에 따라 농어촌구조개선 특별회계의 농어촌특별세사업계정으로부터 받은 전입금

21. **농어업재해보험법상 농어업재해재보험기금의 용도에 해당하지 않는 것은?**

① 재해보험사업자가 부담하는 재보험료의 일부 지원
② 제20조제2항제2호에 따른 재보험금의 지급
③ 제22조제2항에 따른 차입금의 원리금 상환
④ 기금의 관리·운용에 필요한 경비(위탁경비를 포함한다)의 지출

정답 및 해설 ①

22. **농어업재해보험법령상 기금의 관리·운용 등에 관한 내용으로 옳지 않은 것은?**

① 기금수탁관리자는 기금의 관리 및 운용을 명확히 하기 위하여 기금을 다른 회계와 구분하여 회계처리하여야 한다.
② 기금의 여유자금은 국채, 공채 또는 증권의 매입을 할 수 없고 한국은행에 예치하여야 한다.
③ 농림축산식품부장관은 해양수산부장관과 협의하여 기금수탁관리자로부터 제출받은 기금결산보고서를 검토한 후 심의회의 심의를 거쳐 다음 회계연도 2월 말일까지 기획재정부장관에게 제출하여야 한다.
④ 기금수탁관리자는 회계연도마다 기금결산보고서를 작성하여 다음 회계연도 2월 15일까지 농림축산식품부장관 및 해양수산부장관에게 제출하여야 한다.

정답 및 해설 ②

농림축산식품부장관은 해양수산부장관과 협의하여 기금의 여유자금을 다음 각 호의 방법으로 운용할 수 있다.
1. 「은행법」에 따른 은행에의 예치
2. 국채, 공채 또는 그 밖에 「자본시장과 금융투자업에 관한 법률」 제4조에 따른 증권의 매입

23. 농어업재해보험법상 재해보험사업에 대한 농림축산식품부의 업무(업무를 위탁한 경우를 포함한다)로 볼 수 없는 것은?

① 재해보험 상품의 연구 및 보급
② 손해평가인력의 육성
③ 손해평가기법의 연구·개발 및 보급
④ 재해에 대한 손해보험금의 지급

정답 및 해설 ④

농어업재해보험법상 재해보험사업에 대한 농림축산식품부의 업무
㉠ 재해보험사업의 관리·감독
㉡ 재해보험 상품의 연구 및 보급
㉢ 재해 관련 통계 생산 및 데이터베이스 구축·분석
㉣ 손해평가인력의 육성
㉤ 손해평가기법의 연구·개발 및 보급

24. 다음 중 농림축산식품부장관의 농업재해보험사업과 관련된 업무가 아닌 것은?

① 농업재해보험사업의 위탁
② 보험상품의 운영 및 개발에 필요한 통계자료를 수집·관리
③ 보험가입의 촉진활동
④ 시범사업의 실시

정답 및 해설 ④

재해보험사업자는 신규 보험상품을 도입하려는 경우 등 필요한 경우에는 농림축산식품부장관 또는 해양수산부장관과 협의하여 시범사업을 할 수 있다.

25. 농어업재해보험법령에서 규정하고 있는 벌칙으로 옳지 않은 것은?

① 「보험업법」 제98조에 따른 금품 등을 제공한 자 또는 이를 요구하여 받은 보험가입자는 3년 이하의 징역 또는 3천만원 이하의 벌금에 처한다.
② 보험모집인이 아닌 자로서 보험모집을 한 자는 1년 이하의 징역 또는 1천만원 이하의 벌금에 처한다.
③ 손해평가를 하면서 고의로 진실을 숨기거나 거짓으로 손해평가를 한 자는 1년 이하의 징역 또는 1천만원 이하의 벌금에 처한다.
④ 재해보험사업자가 재해보험사업의 회계를 다른 회계와 구분하지 않고 회계 처리한 자는 500만원 이하의 벌금에 처한다.

정답 및 해설 ①

3년 이하의 징역 또는 3천만원 이하의 벌금

26. 다음 보기 중 500만원 이하의 과태료에 처하는 위반행위에 해당하는 것은?

㉠ 재해보험사업자가 「보험업법」 제95조를 위반하여 보험안내를 한 경우
㉡ 「보험업법」 제97조의 보험계약의 체결 또는 모집에 관한 금지행위를 위반하여 보험계약의 체결 또는 모집에 관한 금지행위를 한 자
㉢ 재해보험사업자가 아닌 자로서 「보험업법」 제95조를 위반하여 보험안내를 한 경우

① ㉠ ② ㉠㉡
③ ㉡㉢ ④ ㉢

정답 및 해설 ③

㉠ 1천만원 이하의 과태료 ㉡㉢ 500만원 이하의 과태료

27. 농어업재해보험법상 과태료의 부과대상이 아닌 것은?

① 재해보험사업자가 「보험업법」을 위반하여 보험안내를 한 경우
② 재해보험사업자가 「보험업법」을 위반하여 보험계약의 체결 또는 모집에 관한 금지행위를 한 자

③ 재해보험사업자가 농림축산식품부에 관계서류 제출을 하지 아니한 경우
④ 제10조제1항을 위반하여 보험모집인이 아닌 자로서 보험모집을 한 자

정답 및 해설 ④

① 1,000만원 이하의 과태료
②③ 300만원 이하의 과태료
④ 1년 이하의 징역 또는 1천만원 이하의 벌금

28. 다음 보기의 ( )안에 알맞은 것은?

"손해평가인"이라 함은 법 제11조제1항과 「농어업재해보험법 시행령」제12조제1항에서 정한 자 중에서 (　　)가 위촉하여 손해평가업무를 담당하는 자를 말한다.

① 보험회사
② 재해보험사업자
③ 손해사정사
④ 손해평가사

정답 및 해설 ②

29. 농업재해보험 손해평가요령에 따른 손해평가인의 업무에 해당하지 않는 것은?

① 피해사실 확인
② 피해사실의 통지
③ 보험가액 평가
④ 손해액 평가

정답 및 해설 ②

30. 농업재해보험 손해평가요령에서 규정하고 있는 손해평가인 위촉에 관한 설명으로 옳지 않은 것은?

① 재해보험사업자는 피해 발생 시 농어업재해보험이 실시되는 시·군·자치구별 보험가입자의 수 등을 고려하여 적정 규모의 손해평가인을 위촉할 수 있다.
② 재해보험사업자의 업무를 위탁받은 자는 손해평가보조인을 운용할 수 있다.
③ 재해보험사업자는 손해평가 업무를 원활히 수행하게 하기 위하여 손해평가보조인을 운용할 수 있다.
④ 재해보험사업자가 손해평가인을 위촉한 경우에는 실무교육을 거쳐 그 자격을 표시할 수 있는 손해평가인증을 발급하여야 한다.

정답 및 해설 ①

재해보험사업자는 피해 발생 시 원활한 손해평가가 이루어지도록 농어업재해보험이 실시되는 시·군·자치구별 보험가입자의 수 등을 고려하여 적정 규모의 손해평가인을 위촉하여야 한다.

31. 농업재해보험 손해평가요령에서 규정하고 있는 손해평가인의 위촉 및 교육과 관련된 내용으로 옳은 것은?

① 농림축산식품장관 또는 해양수산부장관은 제4조에 따라 위촉된 손해평가인을 대상으로 손해평가에 필요한 실무교육을 실시하여야 한다.
② 재해보험사업자는 손해평가인으로 위촉된 자를 대상으로 2년마다 1회 이상의 보수교육을 실시하여야 한다.
③ 위촉된 손해평가인에 대하여 교육시 재해보험사업자는 소정의 교육비를 지급하여야 한다.
④ 재해보험사업자는 농어업재해보험이 실시되는 시·군·자치구별 보험가입자의 수 등을 고려하여 적정 규모의 손해평가인을 위촉하여야 한다.

정답 및 해설 ④

① 실무교육의 실시의무자는 재해보험사업자이다. ② 보수교육은 3년에 1회 이상이다. ③ 소정의 교육비를 지급할 수 있다.

32. 농업재해보험 손해평가요령에 따른 손해평가인의 위촉취소사유로서 옳은 것은?

① 파산선고를 받은 자

② 농어업재해보험법을 제10조를 위반하여 벌금이상의 형을 선고받은 자
③ 거짓 그 밖의 부정한 방법으로 손해평가인으로 위촉된 자
④ 위촉이 취소된 후 3년이 경과되지 아니한 자

정답 및 해설 ③

위촉취소사유
㉠ 피성년후견인 또는 피한정후견인
㉡ 파산선고를 받은 자로서 복권되지 아니한 자
㉢ 법 제30조에 의하여 벌금이상의 형을 선고받고 그 집행이 종료(집행이 종료된 것으로 보는 경우를 포함한다)되거나 집행이 면제된 날로부터 2년이 경과되지 아니한 자
㉣ 동 조에 따라 위촉이 취소된 후 2년이 경과하지 아니한 자
㉤ 거짓 그 밖의 부정한 방법으로 제4조에 따라 손해평가인으로 위촉된 자

33. 재해보험사업자가 손해평가인에게 업무의 정지를 명하거나 그 위촉을 해지할 수 있는 사유가 아닌 것은?

① 고의로 진실을 숨기거나 거짓으로 손해평가를 한 때
②「농어업재해보험법」및 이 요령에 의한 명령이나 처분을 위반한 때
③ 업무수행과 관련하여「개인정보보호법」,「신용정보의 이용 및 보호에 관한 법률」등 정보보호와 관련된 법령을 위반한 때
④ 거짓 그 밖의 부정한 방법으로 손해평가인으로 위촉된 경우

정답 및 해설 ④

위촉취소사유이다.

34. 농업재해보험 손해평가요령에 관한 다음 설명 중 옳은 것은?

① 재해보험사업자는 업무의 정지를 명하고자 하는 때에는 해당 손해평가인에 대한 청문을 생략할 수 있다.
② 재해보험사업자는 손해평가 업무의 전부를 위탁할 수 있다.
③ 손해평가반은 손해평가인, 손해평가사, 손해사정사에 해당하는 자를 1인 이상 포함하여 3인 이내로 구성한다.

④ 손해평가업무를 수행하면서 「개인정보보호법」을 위반하여 재해보험가입자의 개인정보를 누설한 자는 그 위촉을 해지하여야 한다.

정답 및 해설 ②

① 청문을 생략할 수 없다.
② 재해보험사업자는 법 제14조 및 시행령 제13조에 따라 손해평가 업무의 전부 또는 일부를 시행령 제13조 제3호 및 제4호에 해당하는 자에게 위탁할 수 있다.
③ 1인 이상 포함하여 5인 이내로 구성한다.
④ 그 위촉을 해지할 수 있다.

35. 다음 설명은 보험가입자가 보험책임기간 중에 피해발생 통지를 한 후의 처리과정이다. 옳지 않은 것은?

① 재해보험사업자는 손해평가반으로 하여금 지체 없이 보험목적물의 피해사실을 확인하도록 하였다.
② 재해보험사업자는 손해평가반이 피해사실을 확인 하면 지체 없이 손해평가를 실시하도록 하였다.
③ 재해보험사업자는 손해평가반에게 손해평가를 위탁할 때에 해당 보험가입자의 보험계약사항 중 손해평가와 관련된 사항을 통보하였다.
④ 보험가입자가 정당한 사유 없이 현지조사서에 서명을 거부하는 경우 손해평가반은 손해평가작업을 중단하고 재해보험사업자에게 통지하였다.

정답 및 해설 ④

손해평가반은 현지조사서에 손해평가 결과를 정확하게 작성하여 보험가입자에게 이를 설명한 후 서명을 받아 재해보험사업자에게 제출하여야 한다. 다만, 보험가입자가 정당한 사유 없이 서명을 거부하는 경우 손해평가반은 보험가입자에게 손해평가 결과를 통지한 후 서명 없이 현지조사서를 재해보험사업자에게 제출하여야 한다.

36. 다음은 농업재해보험 손해평가요령에 따른 손해평가준비 및 평가결과 제출에 관한 내용이다. 옳지 않은 것은?

① 손해평가반은 손해평가결과를 기록할 수 있도록 현지조사서를 평가 전에 마련하여야

한다.
② 손해평가반은 현지조사서에 손해평가 결과를 정확하게 작성하여 보험가입자에게 이를 설명한 후 서명을 받아 재해보험사업자에게 제출하여야 한다.
③ 보험가입자가 정당한 사유 없이 현지조사서에 서명을 거부하는 경우 손해평가반은 보험가입자에게 손해평가 결과를 통지한 후 서명 없이 현지조사서를 재해보험사업자에게 제출하여야 한다.
④ 손해평가반은 보험가입자가 정당한 사유 없이 손해평가를 거부하여 손해평가를 실시하지 못한 경우에는 그 피해를 인정할 수 없는 것으로 평가한다.

정답 및 해설 ①

현지조사서의 작성자는 재해보험사업자이다. 손해평가반은 현지조사서에 손해평가 결과를 정확하게 작성할 뿐이다.

37. 보험가입자가 손해평가반의 손해평가결과에 대하여 설명 또는 통지를 받은 날로부터 손해평가가 잘못되었음을 증빙하는 서류 또는 사진 등을 제출할 수 있는 기간은 몇 일 이내인가?

① 5
② 7
③ 10
④ 14

정답 및 해설 ②

38. 농업재해보험 손해평가요령에 따른 손해평가결과 검증에 관한 설명으로 옳지 않은 것은?

① 재해보험사업자 및 재해보험사업의 재보험사업자는 손해평가반이 실시한 손해평가결과를 확인하기 위하여 손해평가를 실시한 보험목적물 전부에 대하여 검증조사를 하여야 한다.
② 농림축산식품부장관은 재해보험사업자로 하여금 검증조사를 하게 할 수 있으며, 재해보험사업자는 특별한 사유가 없는 한 이에 응하여야 한다.
③ 검증조사결과 현저한 차이가 발생되어 재조사가 불가피하다고 판단될 경우에는 해당

손해평가반이 조사한 전체 보험목적물에 대하여 재조사를 할 수 있다.
④ 보험가입자가 정당한 사유 없이 검증조사를 거부하는 경우 검증조사반은 검증조사가 불가능하여 손해평가 결과를 확인할 수 없다는 사실을 보험가입자에게 통지한 후 검증조사결과를 작성하여 재해보험사업자에게 제출하여야 한다.

정답 및 해설 ①

재해보험사업자 및 재해보험사업의 재보험사업자는 손해평가반이 실시한 손해평가결과를 확인하기 위하여 손해평가를 실시한 보험목적물 중에서 일정수를 임의 추출하여 검증조사를 할 수 있다.

39. 농업재해보험 손해평가요령에 따른 보험목적물별 손해평가 단위로 옳은 것은?

① 농작물 : 필지별
② 단감 : 단지별
③ 가축 : 개별 축사별
④ 농업시설물 : 보험가입 목적물별

정답 및 해설 ④

보험목적물별 손해평가 단위
㉠ 농작물 : 농지별
㉡ 가축 : 개별가축별(단, 벌은 벌통 단위)
㉢ 농업시설물 : 보험가입 목적물별

40. 농업재해보험 손해평가요령에 따른 보험목적물별 손해평가 단위로 하나의 농지로 볼 수 없는 것은?

① 과수원은 일정한 방품림에 의해 구획할 수 있다.
② 벼 경작지는 일정한 농로에 의해 구획할 수 있다.
③ 경사지에서 보이는 돌담 등으로 구획되어 있는 면적이 극히 작은 것은 동일 작업 단위 등으로 정리하여 하나의 농지에 포함할 수 있다.
④ 농작물을 재배하는 하나의 경작지로서 필지 또는 지번과는 관계없다.

정답 및 해설 ②

농지라 함은 하나의 보험가입금액에 해당하는 토지로 필지(지번) 등과 관계없이 농작물을 재배하는 하나의 경작지를 말하며, 방풍림, 돌담, 도로(농로 제외) 등에 의해 구획된 것 또는 동일한 울타리, 시설 등에 의해 구획된 것을 하나의 농지로 한다. 다만, 경사지에서 보이는 돌담 등으로 구획되어 있는 면적이 극히 작은 것은 동일 작업 단위 등으로 정리하여 하나의 농지에 포함할 수 있다.

41. 농업재해보험 손해평가요령에 따른 농작물의 보험가액 산정에 관한 설명으로 옳지 않은 것은?

① 특정위험방식 보험가액은 적과후착과수조사를 통해 산정한 기준수확량에 보험가입 당시의 단위당 가입가격을 곱하여 산정한다.
② 적과전종합위험방식의 보험가액은 적과후착과수조사를 통해 산정한 기준수확량에 보험가입 당시의 단위당 가입가격을 곱하여 산정한다.
③ 종합위험방식 보험가액은 보험증권에 기재된 보험목적물의 평년수확량에 보험가입 당시의 단위당 가입가격을 곱하여 산정한다.
④ 나무손해보장의 보험가액은 기재된 보험목적물이 나무인 경우로 최종 보험사고발생 시의 해당 농지 내에 심어져 있는 전체 나무 수(피해 나무 수 포함)에 보험가입 당시의 나무당 가입가격을 곱하여 산정한다.

정답 및 해설 ④

나무손해보장의 보험가액은 기재된 보험목적물이 나무인 경우로 최초 보험사고발생 시의 해당 농지 내에 심어져 있는 과실생산이 가능한 나무 수(피해 나무 수 포함)에 보험가입 당시의 나무당 가입가격을 곱하여 산정한다.

42. 적과전종합위험방식 과실손해보장 중 "사과"의 경우 다음 조건에 해당되는 보험금은?

| 보험가입금액 1,000만원 자기부담비율 20% 가입수확량 10,000 kg |
| 기준수확량 12,000 kg 누적감수량 6,000 kg |

① 100만원
② 200만원
③ 300만원
④ 500만원

정답 및 해설 ③

(감액후)보험가입금액×(피해율 - 자기부담비율)
※ 피해율 = (누적감수량÷기준수확량)
1,000만원 × (50% - 20%) = 300만원
피해율 = 누적감수량 ÷ 기준수확량 = 50%

43. 적과전종합위험방식 나무손해보장 중 "배"의 경우 다음 조건에 해당되는 보험금은?

보험가입금액 1,000만원 자기부담비율 20%
고사된 나무 400구루, 실제결과주수 500구루

① 100만원　　② 200만원　　③ 300만원　　④ 600만원

정답 및 해설 ④

보험가입금액 × (피해율 - 자기부담비율)
※ 피해율 = 피해주수(고사된 나무) ÷ 실제결과주수
1,000만원 × (80% - 3%) = 770만원

44. 특정위험방식 해가림시설 손해보장 중 "인삼"의 경우 다음 조건에 해당되는 보험금은?

○ 보험가입금액: 1,000만원　　○ 보험가액: 2,000만원
○ 손해액: 500만원　　　　　　○ 자기부담금: 100만원

① 100만원　　　　　　　　　② 200만원
③ 300만원　　　　　　　　　④ 400만원

정답 및 해설 ②

(손해액 - 자기부담금) × (보험가입금액 ÷ 보험가액)
400만원 × 50% =200만원

45. 종합위험방식 수확감소 손해보장 중 "벼"의 경우 다음 조건에 해당되는 보험금은?

| 보험가입금액 1,000만원 보장수확량 1,000kg 수확량 400kg 미보상감수량 200kg |
| 자기부담율 20% |

① 100만원   ② 200만원   ③ 300만원   ④ 400만원

정답 및 해설 ②

보험가입금액 × (피해율 − 자기부담비율)
※ 피해율 = (보장수확량 − 수확량 − 미보상감수량) ÷ 보장수확량
1,000만원 × (40% − 20%) = 200만원

46. 농업재해보험 손해평가요령에 따른 적과전종합위험방식 상품 "사과"의 「발아기~적과전」생육시기에 해당되는 재해로 옳지 않은 것은?

① 태풍(강풍)　　　　　② 집중호우
③ 봄동상해　　　　　　④ 가을동상해

정답 및 해설 ④

47. 농업재해보험 손해평가요령에 따른 적과전종합위험방식 상품 "사과"의 「적과후~수확전」생육시기에 해당되는 재해로 옳지 않은 것은?

① 태풍(강풍)　　　　　② 집중호우
③ 봄동상해　　　　　　④ 우박

정답 및 해설 ③

48. 농업재해보험 손해평가요령에 따른 적과전종합위험방식 상품 "단감"의 「적과후~수확전」생육시기에 태풍으로 인한 낙엽율 조사시기로 옳은 것은?

① 5월부터 9월 사이
② 6월부터 10월 사이

③ 7월부터 10월 사이
④ 7월부터 11월 사이

정답 및 해설 ②

49. 농업재해보험 손해평가요령에 따른 특정위험방식 상품 "느타리버섯"의 생육시기 생장기중 보상하는 일반적인 재해내용이 아닌 것은?

① 태풍
② 침수
③ 폭설
④ 낙뢰화재

정답 및 해설 ④

낙뢰화재는 특약이 있는 경우 보상한다.

50. 농업재해보험 손해평가요령에 따른 농업시설물의 보험가액 및 손해액 산정과 관련하여 옳지 않은 것은?

① 보험가액은 보험사고가 발생한 때와 곳에서 평가한다.
② 보험가액은 감가상각액을 차감하여 산정한다.
③ 농업시설물에 대한 손해액은 보험사고가 발생한 때와 곳에서 산정한 피해목적물의 원상복구비용을 말한다.
④ 보험가입당시 보험가액 및 손해액 산정방식은 농림축산식품부장관이 정한다.

정답 및 해설 ④

보험가입당시 보험가입자와 재해보험사업자가 보험가액 및 손해액 산정 방식을 별도로 정한 경우에는 그 방법에 따른다.

MEMO

PERFECT!! 손해평가사 대비

부록
기출문제

MEMO

제 1회 기출문제 및 해설

■■■ 상법「보험편」

1. 보험계약자가 보험료의 감액을 청구할 수 있는 경우에 해당하는 것은?

① 보험계약 무효 시 보험계약자와 피보험자가 선의이며 중대한 과실이 없는 경우
② 보험계약 무효 시 보험계약자와 보험수익자가 선의이며 중대한 과실이 없는 경우
③ 특별한 위험의 예기로 보험료를 정한 때에 그 위험이 보험기간 중 소멸한 경우
④ 보험사고 발생 전의 임의해지 시 미경과보험료에 대해 다른 약정이 없는 경우

정답 및 해설 ③

①② 제648조(보험계약의 무효로 인한 보험료반환청구) 보험계약의 전부 또는 일부가 무효인 경우에 보험계약자와 피보험자가 선의이며 중대한 과실이 없는 때에는 보험자에 대하여 보험료의 전부 또는 일부의 반환을 청구할 수 있다. 보험계약자와 보험수익자가 선의이며 중대한 과실이 없는 때에도 같다.

③ 제647조(특별위험의 소멸로 인한 보험료의 감액청구) 보험계약의 당사자가 특별한 위험을 예기하여 보험료의 액을 정한 경우에 보험기간 중 그 예기한 위험이 소멸한 때에는 보험계약자는 그 후의 보험료의 감액을 청구할 수 있다.

④ 제649조(사고발생전의 임의해지) 보험사고가 발생하기 전에는 보험계약자는 언제든지 계약의 전부 또는 일부를 해지할 수 있다. 이 경우에는 보험계약자는 당사자 간에 다른 약정이 없으면 미경과보험료의 반환을 청구할 수 있다.

2. 보험계약의 선의성을 유지하기 위한 제도로 옳지 않은 것은?

① 보험자의 보험약관설명의무
② 보험계약자의 손해방지의무
③ 보험계약자의 중요사항 고지의무
④ 인위적 보험사고에 대한 보험자면책

정답 및 해설 ①

보험계약의 선의성을 유지하기 위한 법적 장치

1. 보험계약자의 중요사항 고지의무
2. 보험계약자의 손해방지의무
3. 위험의 변경 · 증가시의 통지의무
4. 고의 · 중과실 사고로 인한 손해에 대한 보험자면책
5. 사기로 인한 초과보험이나 중복보험 시 보험계약의 무효

3. 타인을 위한 보험계약의 보험계약자가 피보험자의 동의를 얻어야 할 수 있는 것은?

① 보험증권교부청구권
② 보험사고 발생 전 보험계약해지권
③ 특별위험 소멸에 따른 보험료감액청구권
④ 보험계약 무효에 따른 보험료반환청구권

정답 및 해설 ②

보험사고가 발생하기 전에는 보험계약자는 언제든지 계약의 전부 또는 일부를 해지할 수 있다. 그러나 타인을 위한 보험계약의 경우에는 보험계약자는 그 타인의 동의를 얻지 아니하거나 보험증권을 소지하지 아니하면 그 계약을 해지하지 못한다.

4. 보험약관의 조항 중 그 효력이 인정되지 않는 것은?

① 보험계약체결일 기준 1월 전부터 보험기간이 시작되기로 하는 조항
② 보험증권교부일로부터 2월 이내에 증권내용에 이의를 할 수 있도록 하는 조항
③ 약관설명의무 위반 시 보험계약자가 1월 이내에 계약을 취소할 수 있도록 하는 조항
④ 보험계약자의 보험료 반환청구권의 소멸시효기간을 3년으로 하는 조항

정답 및 해설 ③

① 제643조(소급보험) 보험계약은 그 계약전의 어느 시기를 보험기간의 시기로 할 수 있다.

② 제641조(증권에 관한 이의약관의 효력) 보험계약의 당사자는 보험증권의 교부가 있은 날로부터 일정한 기간 내에 한하여 그 증권내용의 정부에 관한 이의를 할 수 있음을 약정할 수 있다. 이 기간은 1월을 내리지 못한다. 즉 1월 이상으로 하는 조항은 계약자에게 불이익하지 않으므로 유효하다.

③ 제638조의3(보험약관의 교부·설명 의무) 1. 보험자는 보험계약을 체결할 때에 보험계약자에게 보험약관을 교부하고 그 약관의 중요한 내용을 설명하여야 한다.

2. 보험자가 제1항을 위반한 경우 보험계약자는 보험계약이 성립한 날부터 3개월 이내에 그 계약을 취소할 수 있다. 즉, 3개월의 기간은 축소하지 못한다.

④ 제662조(소멸시효)
- 보험금청구권, 보험료 또는 적립금의 반환청구권 3년
- 보험료청구권은 2년

5. 보험대리상이 갖는 권한으로 옳지 않은 것은?

① 보험자 명의의 보험계약체결권
② 보험계약자에 대한 위험변경증가권
③ 보험계약자에 대한 보험증권교부권
④ 보험계약자로부터의 보험료수령권

정답 및 해설 ②

보험대리상의 권한
1. 보험료수령권
2. (보험자가 작성한) 보험증권교부권
3. 보험계약에 관한 의사표시 수령권(보험계약자로부터 청약.고지.통지.해지.취소 등)
4. 보험계약에 관한 의사표시권(체결.변경.해지 등)

6. 보험의 변경증가에 관한 설명으로 옳은 것을 모두 고른 것은?

ㄱ. 위험변경증가통지의무는 보험계약자 또는 피보험자가 부담한다.
ㄴ. 보험계약자의 위험변경증가통지의무는 피보험자의 행위로 인한 위험변경의 경우에 한한다.
ㄷ. 보험자는 위험변경증가통지를 받은 때로부터 1월 이내에 보험료의 증액을 청구할 수 있다.
ㄹ. 보험자는 위험변경증가의 사실을 안 날로부터 6월 이내에 한하여 계약을 해지할 수 있다.

① ㄱ, ㄴ
② ㄱ, ㄷ
③ ㄴ, ㄹ
④ ㄷ, ㄹ

정답 및 해설 ②

ㄴ. 피보험자의 행위일 필요는 없다.
ㄹ. 보험자는 (통지 없이)그 사실을 안 날로부터 1월내에 한하여 계약을 해지할 수 있다.

7. 보험료에 관한 설명으로 옳지 않은 것은?

① 보험계약자는 계약체결 후 지체 없이 보험료의 전부 또는 최초보험료를 지급하여야 한다.
② 보험계약자의 최초보험료 미지급시 다른 약정이 없는 한 계약성립 후 2월의 경과로 그 계약은 해제된 것으로 본다.
③ 계속보험료 미지급으로 보험자가 계약을 해지하기 위해서는 보험계약자에게 상당기간을 정하여 그 기간 내에 지급할 것을 최고하여야 한다.
④ 타인을 위한 보험의 경우 보험계약자의 보험료지급 지체시 보험자는 그 타인에게 보험료 지급을 최고하지 않아도 계약을 해지할 수 있다.

정답 및 해설 ④

제650조(보험료의 지급과 지체의 효과)
1. 보험계약자는 계약체결 후 지체 없이 보험료의 전부 또는 제1회 보험료를 지급하여야 하며, 보험계약자가 이를 지급하지 아니하는 경우에는 다른 약정이 없는 한 계약성립 후 2월이 경과하면 그 계약은 해제된 것으로 본다.
2. 계속보험료가 약정한 시기에 지급되지 아니한 때에는 보험자는 상당한 기간을 정하여 보험계약자에게 최고하고 그 기간 내에 지급되지 아니한 때에는 그 계약을 해지할 수 있다.
3. 특정한 타인을 위한 보험의 경우에 보험계약자가 보험료의 지급을 지체한 때에는 보험자는 그 타인에게도 상당한 기간을 정하여 보험료의 지급을 최고한 후가 아니면 그 계약을 해제 또는 해지하지 못한다.

8. 보험계약 부활에 관한 설명으로 옳은 것은?

① 보험계약자의 고지의무위반으로 보험자가 보험계약을 해지하여야 한다.
② 보험계약자의 최초보험료 미지급으로 보험자가 보험계약을 해지하여야 한다.
③ 보험계약자가 연체보험료에 법정이자를 더하여 보험자에게 지급하여야 한다.
④ 보험자가 보험계약을 해지하고 해지환급금을 지급하지 않았어야 한다.

정답 및 해설 ④

제650조의2(보험계약의 부활) 계속보험료의 미지급으로 보험계약이 해지되고 해지환급금이 지급되지 아니한 경우에 보험계약자는 일정한 기간 내에 연체보험료에 약정이자를 붙여 보험자에게 지급하고 그 계약의 부활을 청구할 수 있다.

9. 보험계약자의 고지의무위반으로 인한 보험자의 계약해지권에 관한 설명으로 옳은 것은?

① 고지의무위반 사실이 보험사고의 발생에 영향을 미치지 않은 경우 보험자는 계약을 해지하더라도 보험금을 지급할 책임이 있다.
② 보험자는 보험사고 발생 전에 한하여 해지권을 행사할 수 있다.
③ 보험자가 계약을 해지한 경우 보험금을 지급할 책임이 없으며 이미 지급한 보험금에 대해서는 반환을 청구할 수 없다.
④ 보험자는 고지의무위반사실을 안 날로부터 3월내에 해지권을 행사할 수 있다.

정답 및 해설 ①

제655조(계약해지와 보험금청구권) 보험사고가 발생한 후라도 보험자가 제650조, 제651조, 제652조 및 제653조에 따라 계약을 해지하였을 때에는 보험금을 지급할 책임이 없고 이미 지급한 보험금의 반환을 청구할 수 있다. 다만, 고지의무(告知義務)를 위반한 사실 또는 위험이 현저하게 변경되거나 증가된 사실이 보험사고 발생에 영향을 미치지 아니하였음이 증명된 경우에는 보험금을 지급할 책임이 있다.
- 제650조 보험료부지급으로 인한 계약해지
- 제651조 고지의무위반으로 인한 계약해지

④ 보험계약당시에 보험계약자 또는 피보험자가 고의 또는 중대한 과실로 인하여 중요한 사항을 고지하지 아니하거나 부실의 고지를 한 때에는 보험자는 그 사실을 안 날로부터 1월내에, 계약을 체결한 날로부터 3년 내에 한하여 계약을 해지할 수 있다. 그러나 보험자가 계약당시에 그 사실을 알았거나 중대한 과실로 인하여 알지 못한 때에는 그러하지 아니하다.
- 제652조 위험변경 · 증가의 통지의무 해태로 인한 계약해지
- 제653조 보험계약자 등의 고의나 중과실로 인한 위험증가와 계약해지

10. 고지의무에 관한 설명으로 옳지 않은 것은?

① 보험설계사는 고지수령관을 가진다.

② 보험자가 서면으로 질문한 사항은 중요한 사항으로 추정한다.
③ 고지의무를 부담하는 자는 보험계약자와 피보험자이다.
④ 고지의무자의 고의 또는 중대한 과실로 부실의 고지를 한 경우 고지의무 위반이 된다.

정답 및 해설 ①

보험설계사
1. 보험자의 사용인
2. 제1회 보험료수령권과 보험증권교부권, 보험계약의 명시 · 설명의무
3. 고지수령권과 보험계약체결권은 없다.

11. 보험료의 지급과 보험자의 책임개시에 관한 설명으로 옳지 않은 것은?

① 보험설계사는 보험자가 작성한 영수증을 보험계약자에게 교부하는 경우에만 보험료수령권이 있다.
② 보험자의 책임은 당사자 간에 다른 약정이 없으면 최초 보험료를 지급 받은 때로부터 개시한다.
③ 보험료불가분의 원칙에 의해 보험계약자는 다른 약정이 있더라도 일시에 보험료를 지급하여야 한다.
④ 보험자의 보험료청구권은 2년간 행사하지 아니하면 시효의 완성으로 소멸한다.

정답 및 해설 ③

제650조(보험료의 지급과 지체의 효과) ① 보험계약자는 계약체결 후 지체 없이 보험료의 전부 또는 제1회 보험료를 지급하여야 하며, 보험계약자가 이를 지급하지 아니하는 경우에는 다른 약정이 없는 한 계약 성립 후 2월이 경과하면 그 계약은 해제된 것으로 본다.
* 보험료의 지급은 일시납이 원칙이나, 다른 약정이 있으면 분할지급도 가능하다.

12. 보험자의 보험금 지급과 면책사유에 관한 설명으로 옳은 것은?

① 보험금은 당사자 간에 특약이 있는 경우라도 금전이외의 현물로 지급할 수 없다.
② 보험자의 보험금 지급은 보험사고발생의 통지를 받은 후 10일 이내에 지급할 보험금액을 정하고 10일 이후에 이를 지급하여야 한다.
③ 보험의 목적인 과일의 자연 부패로 인하여 발생한 손해에 대해서 보험자는 보험금을

지급하여야 한다.
④ 건물을 특약 없는 화재보험에 가입한 보험계약에서 홍수로 건물이 멸실된 경우 보험자는 보험금을 지급하지 않아도 된다.

정답 및 해설 ④

① 당사자 간에 특약이 있으면 현물지급이 가능하다.
② 제658조(보험금액의 지급) 보험자는 보험금액의 지급에 관하여 약정기간이 있는 경우에는 그 기간 내에 약정기간이 없는 경우에는 제657조제1항의 통지를 받은 후 지체 없이 지급할 보험금액을 정하고 그 정하여진 날부터 10일내에 피보험자 또는 보험수익자에게 보험금액을 지급하여야 한다.
③ 제678조(보험자의 면책사유) 보험의 목적의 성질, 하자 또는 자연소모로 인한 손해는 보험자가 이를 보상할 책임이 없다.
④ 제667조(상실이익 등의 불산입) 보험사고로 인하여 상실된 피보험자가 얻을 이익이나 보수는 당사자 간에 다른 약정이 없으면 보험자가 보상할 손해액에 산입하지 아니한다. 제683조(화재보험자의 책임) 화재보험계약의 보험자는 화재로 인하여 생긴 손해를 보상할 책임이 있다.

13. **재보험계약에 관한 설명으로 옳지 않은 것은?**

① 재보험계약은 원보험계약의 효력에 영향을 미치지 않는다.
② 화재보험에 관한 규정을 준용한다.
③ 재보험자의 제3자에 대한 대위권행사가 인정된다.
④ 보험계약자의 불이익변경금지원칙은 적용되지 않는다.

정답 및 해설 ②

우리 상법은 그 성질에 반하지 않는 한 책임보험의 규정을 재보험계약에 준용한다.
제726조(재보험에의 준용) 이 절(책임보험)의 규정은 그 성질에 반하지 아니하는 범위에서 재보험계약에 준용한다.

14. **중복보험에 관한 설명으로 옳은 것을 모두 고른 것은?**

ㄱ. 중복보험계약이 동시에 체결된 경우든 다른 때에 체결된 경우든 각 보험자는 각자의 보험금액의 한도에서 연대책임을 진다.

> ㄴ. 중복보험의 경우 보험자 1인에 대한 권리의 포기는 다른 보험자의 권리의무에 영향을 미치지 않는다.
> ㄷ. 중복보험계약이 보험계약자로의 사기로 인하여 체결된 때에는 그 계약은 무효가 되므로 보험자는 그 사실을 안 때까지의 보험료를 청구할 수 없다.

① ㄱ, ㄴ
② ㄱ, ㄷ
③ ㄴ, ㄷ
④ ㄱ, ㄴ, ㄷ

정답 및 해설 ①

제672조(중복보험)
1. 동일한 보험계약의 목적과 동일한 사고에 관하여 수개의 보험계약이 동시에 또는 순차로 체결된 경우에 그 보험금액의 총액이 보험가액을 초과한 때에는 보험자는 각자의 보험금액의 한도에서 연대책임을 진다. 이 경우에는 각 보험자의 보상책임은 각자의 보험금액의 비율에 따른다.
2. 동일한 보험계약의 목적과 동일한 사고에 관하여 수개의 보험계약을 체결하는 경우에는 보험계약자는 각 보험자에 대하여 각 보험계약의 내용을 통지하여야 한다.
3. 중복보험계약이 보험계약자의 사기로 인하여 체결된 때에는 그 계약은 무효로 한다. 그러나 보험자는 그 사실을 안 때까지의 보험료를 청구할 수 있다.

15. 보험자의 손해보상의무에 관한 설명으로 옳지 않은 것은?

> ① 손해보험계약의 보험자는 보험사고로 인하여 생길 피보험자의 재산상의 손해를 보상할 책임이 있다.
> ② 보험자의 보험금 지급의무는 2년의 단기시효로 소멸한다.
> ③ 화재보험계약의 목적을 건물의 소유권으로 한 경우 보험사고로 인하여 피보험자가 얻을 임대료수입은 특약이 없는 한 보험자가 보상할 손해액에 산입하지 않는다.
> ④ 신가보험은 손해보험의 이득금지원칙에도 불구하고 인정된다.

정답 및 해설 ②

제662조(소멸시효) 보험금청구권은 3년간, 보험료 또는 적립금의 반환청구권은 3년간, 보험료청구권은 2년간 행사하지 아니하면 시효의 완성으로 소멸한다.

16. 손해보험계약에서의 피보험이익에 관한 설명으로 옳지 않은 것은?

① 피보험이익은 보험의 도박화를 방지하는 기능이 있다.
② 피보험이익은 적법한 것이어야 한다.
③ 피보험이익은 보험자의 책임범위를 정하는 표준이 된다.
④ 동일한 건물에 대하여 소유권자와 저당권자는 각자 독립한 보험계약을 체결할 수 없다.

정답 및 해설 ④

동일한 목적물에 피보험이익이 다르다면 별개의 보험계약을 성립시킬 수 있다.
(예) 동일 건물에 소유권자의 화재보험과 저당권자의 화재보험이 각각 체결된 경우

17. 기평가보험과 미평가보험에 관한 설명으로 옳지 않은 것은?

① 기평가보험이란 보험계약 체결시 당사자 간에 피보험이익의 평가에 관하여 미리 합의한 보험을 말한다.
② 기평가보험의 경우 당사자 간에 보험가액을 정한 때에는 그 가액은 사고발생시의 가액으로 정한 것으로 추정한다.
③ 기평가보험의 경우 협정보험가액이 사고발생시의 가액을 현저하게 초과할 때에는 협정보험가액을 보험가액으로 한다.
④ 보험계약체결시 당사자 간에 보험가액을 정하지 아니한 경우에는 사고발생시의 가액을 보험가액으로 한다.

정답 및 해설 ③

제670조(기평가보험) 당사자 간에 보험가액을 정한 때에는 그 가액은 사고발생시의 가액으로 정한 것으로 추정한다. 그러나 그 가액이 사고발생시의 가액을 현저하게 초과할 때에는 사고발생시의 가액을 보험가액으로 한다.
제671조(미평가보험) 당사자 간에 보험가액을 정하지 아니한 때에는 사고발생시의 가액을 보험가액으로 한다.

18. 손해보험에 관한 설명으로 옳지 않은 것은?

① 보험의 목적의 성질 및 하자로 인한 손해는 보험자가 보상할 책임이 있다.

② 피보험이익은 적어도 사고발생시까지 확정할 수 있는 것이어야 한다.
③ 보험자가 손해를 보상할 경우에 보험료의 지급을 받지 않은 잔액이 있으면 이를 공제할 수 있다.
④ 경제적 가치를 평가할 수 있는 이익은 피보험이익이 된다.

정답 및 해설 ①

제678조(보험자의 면책사유) 보험의 목적의 성질, 하자 또는 자연소모로 인한 손해는 보험자가 이를 보상할 책임이 없다.

19. 보험가액에 관한 설명으로 옳은 것은?

① 보험자의 계약상의 최고보상한도로서의 의미를 가진다.
② 일부보험은 어느 경우에도 보험자가 보험가액을 한도로 실제손해를 보상할 책임을 진다.
③ 피보험이익을 금전으로 평가한 가액을 의미한다.
④ 보험가액은 보험금액과 항상 일치한다.

정답 및 해설 ③

① 보험금액 ③ 보험가액 ④ 일부보험, 초과보험, 전부보험(일치)
② 제674조(일부보험) 보험가액의 일부를 보험에 붙인 경우에는 보험자는 보험금액의 보험가액에 대한 비율에 따라 보상할 책임을 진다. 그러나 당사자 간에 다른 약정이 있는 때에는 보험자는 보험금액의 한도 내에서 그 손해를 보상할 책임을 진다.

20. 손해보험에서 손해액을 산정하는 기준으로 옳지 않은 것은?

① 보험자가 보상할 손해액은 그 손해가 발생한 때와 곳의 가액에 의하여 산정한다.
② 다른 약정이 있으면 신품가액에 의하여 손해액을 산정할 수 있다.
③ 손해액 산정 비용은 보험계약자의 부담으로 한다.
④ 다른 약정이 없으면 보험자가 보상할 손해액에는 피보험자가 얻을 이익을 산입하지 않는다.

정답 및 해설 ③

제674조(일부보험) 보험가액의 일부를 보험에 붙인 경우에는 보험자는 보험금액의 보험가액에 대한 비율에 따라 보상할 책임을 진다. 그러나 당사자 간에 다른 약정이 있는 때에는 보험자는 보험금액의 한도 내에서 그 손해를 보상할 책임을 진다.
* 계약성립 후 물가상승 등으로 보험가액이 높아지는 등 자연적으로 발생하는 경우도 일부보험이 된다.

21. 보험의 목적에 보험자의 담보 위험으로 인한 손해가 발생한 후 그 목적이 보험자의 비담보 위험으로 멸실된 경우 보험자의 보상책임은?

① 보험자는 모든 책임에서 면책된다.
② 보험자의 담보 위험으로 인한 손해만 보상한다.
③ 보험자의 비담보 위험으로 인한 손해만 보상한다.
④ 보험자는 멸실된 손해 전체를 보상한다.

정답 및 해설 ②

제675조(사고발생 후의 목적멸실과 보상책임)
보험의 목적에 관하여 보험자가 부담할 손해가 생긴 경우에는 그 후 그 목적이 보험자가 부담하지 아니하는 보험사고의 발생으로 인하여 멸실된 때에도 보험자는 이미 생긴 손해를 보상할 책임을 면하지 못한다.

22. 보험계약자 및 피보험자의 손해방지의무에 관한 설명으로 옳지 않은 것은?

① 손해의 방지와 경감을 위하여 노력하여야 한다.
② 손해방지와 경감을 위하여 필요 또는 유익하였던 비용과 보상액이 보험금액을 초과한 경우 보험자가 이를 부담한다.
③ 보험사고 발생을 전제로 하므로 보험사고가 발생하면 생기는 것이다.
④ 보험자가 책임을 지지 않는 손해에 대해서도 손해방지의무를 부담한다.

정답 및 해설 ④

제680조(손해방지의무) 보험계약자와 피보험자는 손해의 방지와 경감을 위하여 노력하여야 한다. 그러나 이를 위하여 필요 또는 유익하였던 비용과 보상액이 보험금액을 초과한 경우라도 보험자가 이를 부담한다. ④ 손해방지의무는 보험자가 담보한 손해에 한한다.

23. 화재보험에 관한 설명으로 옳지 않은 것은?

① 보험자는 화재로 인한 손해의 감소에 필요한 조치로 인하여 생긴 손해를 보상할 책임이 있다.
② 연소 작용에 의하지 아니한 열의 작용으로 인한 손해는 보험자의 보상 책임이 없다.
③ 화재로 인한 손해는 상당인과관계가 있어야 한다.
④ 화재 진화를 위해 살포한 물로 보험목적이 훼손된 손해는 보상하지 않는다.

정답 및 해설 ④

제684조(소방 등의 조치로 인한 손해의 보상) 보험자는 화재의 소방 또는 손해의 감소에 필요한 조치로 인하여 생긴 손해를 보상할 책임이 있다.

24. 잔존물 대위에 관한 설명으로 옳은 것은?

① 보험의 목적 일부가 멸실한 경우 발생한다.
② 보험금액의 전부를 지급하여야 보험자가 잔존물 대위권을 취득할 수 있다.
③ 일부보험의 경우에는 잔존물 대위가 인정되지 않는다.
④ 보험자는 잔존물에 대한 물권변동의 절차를 밟아야 대위권을 취득할 수 있다.

정답 및 해설 ②

제681조(보험목적에 관한 보험대위) 보험의 목적의 전부가 멸실한 경우에 보험금액의 전부를 지급한 보험자는 그 목적에 대한 피보험자의 권리를 취득한다. 그러나 보험가액의 일부를 보험에 붙인 경우에는 보험자가 취득할 권리는 보험금액의 보험가액에 대한 비율에 따라 이를 정한다.
④ 보험자대위는 법률상 인정되는 것으로 당사자의 의사표시의 효과가 아니다. 따라서 별도의 물권변동절차(등기, 인도 등)가 없어도 채무자 또는 제3자에게 대항할 수 있다.

25. 일부보험에 관한 설명으로 옳지 않은 것은?

① 보험금액이 보험가액보다 작아야 한다.
② 다른 약정이 없으면 보험자는 보험금액의 보험가액에 대한 비율에 따라 보상책임을 진다.

③ 특약이 없는 경우 보험기간 중에 물가 상승으로 보험가액이 증가한 때에는 일부보험으로 판단하지 않는다.
④ 다른 약정이 없으면 손해방지비용에 대해서도 비례보상주의를 따른다.

정답 및 해설 ③

제674조(일부보험) 보험가액의 일부를 보험에 붙인 경우에는 보험자는 보험금액의 보험가액에 대한 비율에 따라 보상할 책임을 진다. 그러나 당사자 간에 다른 약정이 있는 때에는 보험자는 보험금액의 한도 내에서 그 손해를 보상할 책임을 진다.
* 계약성립 후 물가상승 등으로 보험가액이 높아지는 등 자연적으로 발생하는 경우도 일부보험이 된다.

농어업재해보험법령 및 규정

26. 농어업재해보험법령상 재해보험 요율산정에 관한 설명으로 옳지 않은 것은?

① 재해보험사업자가 산정한다.
② 보험목적물별 또는 보상방식별로 산정한다.
③ 객관적이고 합리적인 통계자료를 기초로 산정한다.
④ 시·군·자치구 또는 읍·면·동 행정구역 단위까지 산정한다.

정답 및 해설 ④

농어업재해보험법에 따른 보험요율 산정은 행정구역 단위 또는 권역단위로 한다.
행정구역 단위는 특별시·광역시·도·특별자치도 또는 시·군·자치구이다.

27. 농어업재해보험법상 농업재해보험심의회의 심의사항이 아닌 것은?

① 재해보험 상품의 인가
② 재해보험 목적물의 선정
③ 재해보험에서 보상하는 재해의 범위

④ 농어업재해재보험사업에 대한 정부의 책임 범위

정답 및 해설 ①

'재해보험 상품의 인가'는 농업재해보험심의회의 심의 사항과 관련이 없다.

28. 다음 설명에 해당되는 용어는?

> 보험가입자의 재산 피해에 따른 손해가 발생한 경우 보험에서 최대로 보상할 수 있는 한도액으로서 보험가입자와 보험사업자 간에 약정한 금액

① 보험료
② 보험금
③ 보험가입금액
④ 손해액

정답 및 해설 ③

'보험가입금액'이란 보험가입자의 재산 피해에 따른 손해가 발생한 경우 보험에서 최대로 보상할 수 있는 한도액으로서 보험가입자와 보험사업자 간에 약정한 금액
'보험료'란 보험가입자와 보험사업자 간의 약정에 따라 보험가입자가 보험사업자에게 내야 하는 금액
'보험금'이란 보험가입자에게 재해로 인한 재산 피해에 따른 손해가 발생한 경우 보험가입자와 보험사업자 간의 약정에 따라 보험사업자가 보험가입자에게 지급하는 금액
'손해액'이란 실제 보험사고 발생 시 산정한 피해액

29. 농어업재해보험법상 재해보험의 종류가 아닌 것은?

① 농기계재해보험
② 농작물재해보험
③ 양식수산물재해보험
④ 가축재해보험

정답 및 해설 ①

재해보험의 종류에는 농작물, 임산물, 양식수산물, 가축 및 그 시설에 해당한다.
농업인재해보험이나 농기계재해보험은 재해보험에서 보상하는 종류가 아니다

30. 현행 농어업재해보험법령상 재해보험의 보험목적물이 아닌 것은?

① 옥수수　　　　　　　　② 밀
③ 국화　　　　　　　　　④ 복분자

정답 및 해설 ②

농작물 재해보험에서 보상하는 보험목적물에는 곡류에는 벼, 옥수수가 있다. 밀은 보험목적물에 포함되지 않는다.

31. 재해보험에서 보상하는 재해의 범위 중 보험목적물 "벼"에서 보상하는 병충해가 아닌 것은?

① 흰잎마름병　　　　　　② 잎집무늬마름병
③ 줄무늬잎마름병　　　　④ 벼멸구

정답 및 해설 ②

보험의 종류	보험의 목적물	구분	보상하는 재해의 범위
농작물 재해보험	벼	병해	흰잎마름병 줄무늬잎마름병
		충해	벼멸구

32. 농어업재해보험법상 재해보험 가입자 또는 사업자에 대한 정부의 재정지원에 관한 설명으로 옳지 않은 것은?

① 재해보험가입자가 부담하는 보험료의 일부를 지원할 수 있다.
② 재해보험사업자가 재해보험가입자에게 지급하는 보험금의 일부를 지원할 수 있다.
③ 재해보험사업자의 재해보험의 운영 및 관리에 필요한 비용의 정부 또는 일부를 지원할 수 있다.
④ 「풍수해보험법」에 따른 풍수해보험에 가입한 자가 동일한 보험목적물을 대상으로 재해보험에 가입한 경우는 보험료를 지원하지 아니한다.

정답 및 해설 ②

재해보험사업자에 대한 정부의 지원은 보험가입자가 부담하는 보험료의 일부 또는 재해보험사업자의 운영비에 대한 전부 또는 일부를 지원한다. 재해보험가입자가 부담하는 보험금에 대한 지원에 대한 조항은 없다.

33. 농어업재해보험법령상 농작물재해보험 손해평가인으로 위촉될 수 있는 자의 자격요건이 아닌 것은?

① 「농수산물 품질관리법」에 따른 농산물품질관리사
② 재해보험 대상 농작물을 3년 이상 경작한 경력이 있는 농업인
③ 재해보험 대상 농작물 분야에서 「국가기술자격법」에 따른 기사 이상의 자격을 소지한 사람
④ 공무원으로 지방자치단체에서 농작물재배 분야에 관한 연구·지도 업무를 3년 이상 담당한 경력이 있는 사람

정답 및 해설 ②

손해평가인 위촉의 조건 중 대상 농작물을 5년 이상 경작한 경력이 있어야 한다.

34. 농어업재해보험법상 손해평가사의 자격 취소에 해당되는 자만을 모두 고른 것은?

ㄱ. 손해평가사의 직무를 게을리하였다고 인정되는 사람
ㄴ. 손해평가사의 자격을 거짓 또는 부정한 방법으로 취득한 사람
ㄷ. 거짓으로 손해평가를 한 사람
ㄹ. 다른 사람에게 손해평가사의 업무를 수행하게 한 사람

① ㄱ, ㄴ
② ㄱ, ㄷ, ㄹ
③ ㄴ, ㄷ, ㄹ
④ ㄱ, ㄴ, ㄷ, ㄹ

정답 및 해설 ③

손해평가사가 그 직무를 게을리하거나 직무를 수행하면서 부적절한 행위를 하였다고 인정하면 1년 이내의 기간을 정하여 업무의 정지를 명할 수 있다.

35. 농어업재해보험법상 손해평가사의 업무가 아닌 것은?

① 피해발생의 통지
② 피해사실의 확인
③ 손해액의 평가
④ 보험가액의 평가

정답 및 해설 ①

손해평가사의 업무
㉠ 피해사실의 확인
㉡ 보험가액 및 손해액의 평가
㉢ 그 밖의 손해평가에 필요한 사항

36. 농어업재해보험법령상 재해보험사업자가 재해보험사업을 원활히 수행하기 위하여 필요한 경우로서 보험모집 및 손해평가 등 재해보험 업무의 일부를 위탁할 수 있는 대상이 아닌 자는?

① 「산림조합법」에 따라 설립된 품목별 산림조합
② 「농업협동조합법」에 따라 설립된 농업협동조합중앙회
③ 「보험업법」 제187조에 따라 손해사정을 업으로 하는 자
④ 「농업협동조합법」에 따라 설립된 지역축산업협동조합

정답 및 해설 ②

1. 「농업협동조합법」에 따라 설립된 지역농업협동조합·지역축산업협동조합 및 품목별·업종별협동조합
1의2. 「산림조합법」에 따라 설립된 지역산림조합 및 품목별·업종별산림조합
2. 「수산업협동조합법」에 따라 설립된 지구별 수산업협동조합, 업종별 수산업협동조합, 수산물가공 수산업협동조합 및 수협은행
3. 「보험업법」 제187조에 따라 손해사정을 업으로 하는 자
4. 농어업재해보험 관련 업무를 수행할 목적으로 「민법」 제32조에 따라 농림축산식품부장관 또는 해양수산부장관의 허가를 받아 설립된 비영리법인(손해평가 관련 업무를 위탁하는 경우만 해당한다)

37. 농어업재해보험법상 과태료의 부과대상이 아닌 것은?

① 재해보험사업자가 「보험업법」을 위반하여 보험안내를 한 경우
② 재해보험사업자가 아닌 자가 「보험업법」을 위반하여 보험안내를 한 경우
③ 손해평가사가 고의로 진실을 숨기거나 거짓으로 손해평가를 한 경우
④ 재해보험사업자가 농림축산식품부에 관계서류 제출을 거짓으로 한 경우

정답 및 해설 ③

③은 과태료 부과기준이 아니라, 1년 이하의 징역 또는 1,000만원 이하의 벌금형에 해당한다.

38. 농어업재해보험법상 재해보험사업을 효율적으로 추진하기 위한 농림축산식품부의 업무(업무를 위탁한 경우를 포함한다)로 볼 수 없는 것은?

① 재해보험 요율의 승인
② 재해보험 상품의 연구 및 보급
③ 손해평가인력의 육성
④ 손해평가기법의 연구·개발 및 보급

정답 및 해설 ①

농림축산식품부의 재해보험사업에 대한 관리 항목 중, '재해보험 요율의 승인'에 대한 것은 없다.

39. 농업재해보험 손해평가요령에서 규정하고 있는 손해평가인 위촉에 관한 설명으로 옳지 않은 것은?

① 재해보험사업자는 손해평가 업무를 원활히 수행하게 하기 위하여 손해평가보조인을 운용할 수 있다.
② 재해보험사업자의 업무를 위탁받은 자가 손해평가보조인을 운용할 수 있다.
③ 재해보험사업자가 손해평가인을 위촉한 경우에는 실무교육을 거쳐 그 자격을 표시할 수 있는 손해평가인증을 발급하여야 한다.
④ 재해보험사업자는 보험가입자 수 등에도 불구하고 보험사업비용을 고려하여 손해평가인 위촉규모를 최소화하여야 한다.

정답 및 해설 ④

재해보험사업자는 피해 발생 시 원활한 손해평가가 이루어지도록 농어업재해보험이 실시되는 시·군·자치구별 보험가입자의 수 등을 고려하여 적정 규모의 손해평가인을 위촉하여야 한다.

40. 다음 ( ) 안에 해당되지 않는 자는?

> 농업재해보험 손해평가요령에서 규정하고 있는 "손해평가"라 함은 「농어업재해보험법」 제2조 제1호에 따른 피해가 발생한 경우 법 제11조 및 제11조의 3에 따라 ( ), ( ) 또는 ( )가(이) 그 피해사실을 확인하고 평가하는 일련의 과정을 말한다.

① 손해평가사
② 손해사정사
③ 손해평가인
④ 손해평가보조인

정답 및 해설 ④

"손해평가보조인"이라 함은 손해평가 업무를 보조하는 자를 말한다.

41. 농업재해보험 손해평가요령에 따른 손해평가인 위촉에 취소 및 해지에 관한 설명으로 옳지 않은 것은?

① 거짓 또는 그 밖의 부정한 방법으로 손해평가인으로 위촉된 자에 대해서는 그 위촉을 취소하여야 한다.
② 손해평가업무를 수행하면서 「개인정보보호법」을 위반하여 재해보험가입자의 개인정보를 누설한 자는 그 위촉을 해지할 수 있다.
③ 재해보험사업자는 위촉을 취소하는 때에는 해당 손해평가인에게 청문을 실시하여야 한다.
④ 재해보험사업자는 업무의 정지를 명하고자 하는 때에는 해당 손해평가인에 대한 청문을 생략할 수 있다.

정답 및 해설 ④

재해보험사업자는 손해평가인에 대해서 위촉의 취소나 업무의 정지를 명할 때에는 반드시 '청문'을 거쳐야 한다.

42. **농업재해보험 손해평가요령에 따른 농작물의 보험가액 산정에 관한 설명으로 옳은 것은?**

① 특정위험방식 보험가액은 적과후착과수조사를 통해 산정한 가입수확량에 보험가입 당시의 단위당 가입가격을 곱하여 산정한다.
② 종합위험방식 보험가액은 보험증권에 기재된 보험목적물의 가입수확량에 보험가입 당시의 단위당 가입가격을 곱하여 산정한다.
③ 적과전종합위험방식의 보험가액은 적과후착과수조사를 통해 산정한 기준수확량에 보험가입 당시의 단위당 가입가격을 곱하여 산정한다.
④ 나무손해보장의 보험가액은 기재된 보험목적물이 나무인 경우로 최종 보험사고 발생 시의 해당 농지에 심어져 있는 전체 나무 수(피해 나무 수 포함)에 보험가입 당시의 나무당 가입가격을 곱하여 산정한다.

정답 및 해설 ③

① 특정위험방식 보험가액은 적과 후 착과수 조사를 통해 산정한 기준수확량에 보험가입 당시의 단위당 가입가격을 곱하여 산정한다.
② 적과전종합위험방식의 보험가액은 적과후착과수조사를 통해 산정한 기준수확령에 보험가입 당시의 단위당 가입가격을 곱하여 산정한다.
④ 나무손해보장의 보험가액은 기재된 보험목적물이 나무인 경우로 최초 보험사고 발생 시의 해당 농지 내에 심어져 있는 과실생산이 가능한 나무 수(피해 나무 수 포함)에 보험가입 당시의 나무 당 가입가격을 곱하여 산정한다.

43. **농업재해보험 손해평가요령에 규정된 재해보험사업자가 손해평가인으로 위촉된 자에 대해 실시하는 보수교육 실시기준으로 옳은 것은?**

① 1년마다 1회 이상
② 2년마다 1회 이상
③ 3년마다 1회 이상
④ 4년마다 1회 이상

정답 및 해설 ③

보수교육은 3년마다 1회 이상 실시한다.

44. 농업재해보험 손해평가요령에 따른 종합위험방식 상품의 조사내용 중 "재파종 피해조사"에 해당되는 품목은?

   ① 양파
   ② 감자
   ③ 마늘
   ④ 콩

정답 및 해설 ③

'재파종 피해 조사'는 '마늘'만 해당한다.

45. 농업재해보험 손해평가요령에 따른 특정위험방식 상품 "사과"의 「발아기~적과전」 생육시기에 해당되는 재해로 옳지 않은 것은?

   ① 태풍(강풍)·집중호우
   ② 우박
   ③ 봄동상해
   ④ 가을동상해

정답 및 해설 ④

발아기~적과전은 봄에서 초여름 사이에 있으므로 가을 동상해의 피해를 받을 수 없다.

46. 특정위험방식 과실손해보장 중 "배"의 경우 다음 조건에 해당되는 보험금은?

보험가입금액 800만원	자기부담비율 20%	가입수확량 8,000kg
기준수확량 10,000kg	누적감수량 4,000kg	

   ① 160만원
   ② 240만원
   ③ 320만원
   ④ 400만원

정답 및 해설 ①

(감액후)보험가입금액×(피해율 - 자기부담비율) =800×20% =160만원
※ 피해율 = (누적감수량÷기준수확량)

47. 농업재해보험 손해평가요령에 따른 농업시설물의 보험가액 및 손해액 산정과 관련하여 옳지 않은 것은?

① 보험가액은 보험사고가 발생한 때와 곳에서 평가한다.
② 보험가액은 피해목적물의 재조달가액에서 내용연수에 따른 감가상각률을 적용하여 계산한 감가상각액을 차감하여 산정한다.
③ 손해액은 보험사고가 발생한 때와 곳에서 산정한 피해목적물의 원상복구비용을 말한다.
④ 보험가입당시 보험가액 및 손해액 산정방식에 대해서는 보험가입자와 재해보험사업자가 별도로 정할 수 없다.

정답 및 해설 ④

보험가액은 보험계약 당사자 간 별도로 정할 수 있다.

48. 농업재해보험 손해평가요령에 따른 손해평가결과 검증에 관한 설명으로 옳은 것은?

① 재해보험사업자 및 재해보험사업의 재보험사업자는 손해평가반이 실시한 손해평가결과를 확인하고자 하는 경우에는 손해평가를 실시한 전체 보험목적물에 대하여 검증조사를 하여야 한다.
② 농림축산식품부장관은 재해보험사업자로 하여금 검증조사를 하게 할 수 있으며, 재해보험사업자는 특별한 사유가 없는 한 이에 응하여야 한다.
③ 재해보험사업자는 검증조사결과 현저한 차이가 발생되어 재조사가 불가피하다고 판단될 경우라도 해당 손해평가반이 조사한 전체 보험목적물에 대하여 재조사를 할 수 없다.
④ 보험가입자가 정당한 사유 없이 검증조사를 거부하는 경우 검증조사반은 검증조사결과 작성을 생략하고 재해보험사업자에게 제출하지 않아도 된다.

정답 및 해설 ②

① 1차 검증 조사는 전체가 아니라 일정수를 임의 추출하여 검증조사를 할 수 있다.
③ 이 경우 전체목적물에 대해 재조사를 할 수 있다.
④ 이 경우 피해를 이정할 수 없는 것으로 평가한다는 사실을 보험가입자에게 통지한 후 현지조사서를 재해보험사업자에게 제출하여야 한다.

49. 농업재해보험 손해평가요령에 따른 피해사실 확인 내용으로 옳은 것은?

① 손해평가반은 보험책임기간에 관계없이 발생한 피해에 대해서는 재해보험사업자에게 피해발생을 통지하여야 한다.
② 재해보험사업자는 손해평가반으로 하여금 일정기간을 정하여 보험목적물의 피해사실을 확인하게 하여야 한다.
③ 재해보험사업자는 손해평가반으로 하여금 일정기간을 정하여 보험목적물의 손해평가를 실시하게 하여야 한다.
④ 재해보험사업자가 손해평가반에게 손해평가를 위탁할 때에는 해당 보험가입자의 보험계약사항 중 손해평가와 관련된 사항을 통보하여야 한다.

정답 및 해설 ④

50. 농업재해보험 손해평가요령에 따른 보험목적물별 손해평가 단위로 옳지 않은 것은?

① 벼 - 농가별
② 사과 - 농지별
③ 돼지 - 개별가축별
④ 비닐하우스 - 보험가입 목적물별

정답 및 해설 ①

'벼'는 농가별로 손해평가를 하는 것이 아니고 '농지'별로 손해평가를 한다.

제2회 기출문제 및 해설

■■■ 상법「보험편」

1. 보험약관의 중요한 내용에 대한 보험자의 설명의무가 발생하지 않는 경우를 모두 고른 것은? (다툼이 있으면 판례에 따름)

> ㄱ. 설명의무의 이행 여부가 보험계약의 체결 여부에 영향을 미치지 않는 경우
> ㄴ. 보험약관에 정하여진 사항이 거래상 일반적이고 공통된 것이어서 보험 계약자가 별도의 설명 없이도 충분히 예상할 수 있었던 사항인 경우
> ㄷ. 보험계약자의 대리인이 그 약관의 내용을 충분히 잘 알고 있는 경우

① ㄷ
② ㄱ, ㄴ
③ ㄴ, ㄷ
④ ㄱ, ㄴ, ㄷ

정답 및 해설 ④

설명을 요하지 않는 사항
1. 가입자가 잘 알고 있는 사항
2. 거래상 널리 알려진 사항
3. 법령이 정한 사항 등

2. 보험증권에 관한 설명으로 옳지 않은 것은?

① 보험계약자가 보험료의 전부 또는 최초의 보험료를 지급하지 아니한 때에는 보험자의 보험 증권교부의무가 발생하지 않는다.
② 기존의 보험계약을 변경한 경우에는 보험자는 그 보험증권에 그 사실을 기재함으로써 보험증권의 교부에 갈음할 수 있다.
③ 보험계약의 당사자는 보험증권의 교부가 있은 날로부터 10일내에 한하여 그 증권내용의 정부에 관한 이의를 할 수 있음을 약정할 수 있다.
④ 보험계약자의 청구에 의하여 보험증권을 재교부하는 경우 그 증권작성의 비용은 보험계약자가 부담한다.

정답 및 해설 ③

제641조(증권에 관한 이의약관의 효력) 보험계약의 당사자는 보험증권의 교부가 있은 날로부터 일정한 기간 내에 한하여 그 증권내용의 정부에 관한 이의를 할 수 있음을 약정할 수 있다. 이 기간은 1월을 내리지 못한다.

3. 보험대리상이 아니면서 특정한 보험자를 위하여 계속적으로 보험계약의 체결을 중개하는 자가 행사할 수 있는 권한으로 옳은 것은?

① 보험자가 작성한 영수증을 보험계약자에게 교부하지 않고 보험계약자로부터 보험료를 수령할 수 있는 권한
② 보험계약자로부터 보험계약의 청약에 관한 의사표시를 수령할 수 있는 권한
③ 보험계약자에게 보험계약의 체결에 관한 의사표시를 할 수 있는 권한
④ 보험자가 작성한 보험증권을 보험계약자에게 교부할 수 있는 권한

정답 및 해설 ④

제646조의2 제3항
보험대리상이 아니면서 특정한 보험자를 위하여 계속적으로 보험계약의 체결을 중개하는 자는 제1회 보험료수령권한과 보험증권교부권한을 가진다.

4. 보험계약의 해지와 특별위험의 소멸에 관한 설명으로 옳은 것은?

① 타인을 위한 보험계약의 경우 보험증권을 소지하지 않은 보험계약자는 그 타인의 동의를 얻지 않은 경우에도 보험사고가 발생하기 전에는 언제든지 계약의 전부 또는 일부를 해지할 수 있다.
② 보험사고의 발생으로 보험자가 보험금액을 지급한 때에도 보험금액이 감액되지 아니하는 보험의 경우에는 보험계약자는 그 사고발생 후에도 보험계약을 해지할 수 있다.
③ 보험사고가 발생하기 전에 보험계약의 전부 또는 일부를 해지하는 경우에 보험계약자는 당사자 간에 다른 약정이 없으면 미경과보험료의 반환을 청구할 수 없다.
④ 보험계약의 당사자가 특별한 위험을 예기하여 보험료의 액을 정한 경우에 보험기간 중 그 예기한 위험이 소멸한 때에도 보험계약자는 그 후의 보험료의 감액을 청구할 수 없다.

정답 및 해설 ②

① 보험사고가 발생하기 전에는 보험계약자는 언제든지 계약의 전부 또는 일부를 해지할 수 있다. 그러나 타인을 위한 보험계약의 경우에는 보험계약자는 그 타인의 동의를 얻지 아니하거나 보험증권을 소지하지 아니하면 그 계약을 해지하지 못한다.
③ 보험계약자는 당사자 간에 다른 약정이 없으면 미경과보험료의 반환을 청구할 수 있다.
④ 보험계약의 당사자가 특별한 위험을 예기하여 보험료의 액을 정한 경우에 보험기간 중 그 예기한 위험이 소멸한 때에는 보험계약자는 그 후의 보험료의 감액을 청구할 수 있다

5. 보험료의 지급과 지체에 관한 설명으로 옳지 않은 것은?

① 보험료는 보험계약자만이 지급의무를 부담하므로 특정한 타인을 위한 보험의 경우에 보험계약자가 보험료의 지급을 지체한 때에는 보험자는 그 타인에 대한 최고 없이도 그 계약을 해지할 수 있다.
② 보험자의 책임은 당사자 간에 다른 약정이 없으면 최초의 보험료의 지급을 받은 때로부터 개시한다.
③ 보험계약자가 보험료를 지급하지 아니하는 경우에는 다른 약정이 없는 한 계약성립 후 2월이 경과하면 그 계약은 해제된 것으로 본다.
④ 계속보험료가 약정한 시기에 지급되지 아니한 때에는 보험자는 상당한 기간을 정하여 보험 계약자에게 최고하고 그 기간 내에 지급되지 아니한 때에는 그 계약을 해지할 수 있다.

정답 및 해설 ①

제650조(보험료의 지급과 지체의 효과)
① 보험계약자는 계약체결 후 지체 없이 보험료의 전부 또는 제1회 보험료를 지급하여야 하며, 보험계약자가 이를 지급하지 아니하는 경우에는 다른 약정이 없는 한 계약성립 후 2월이 경과하면 그 계약은 해제된 것으로 본다.
② 계속 보험료가 약정한 시기에 지급되지 아니한 때에는 보험자는 상당한 기간을 정하여 보험계약자에게 최고하고 그 기간 내에 지급되지 아니한 때에는 그 계약을 해지할 수 있다.
③ 특정한 타인을 위한 보험의 경우에 보험계약자가 보험료의 지급을 지체한 때에는 보험자는 그 타인에게도 상당한 기간을 정하여 보험료의 지급을 최고한 후가 아니면 그 계약을 해제 또는 해지하지 못한다.

6. 보험계약의 부활에 관하여 ( )에 들어갈 내용으로 옳은 것은?

( )되고 해지환급금이 지급되지 아니한 경우에 보험계약자는 일정한 기간 내에 연체보험료에 약정이자를 붙여 보험자에게 지급하고 그 계약의 부활을 청구할 수 있다.

① 위험변경증가의 통지의무 위반으로 인하여 보험계약이 해지
② 고지의무위반으로 인하여 보험계약이 해지
③ 계속보험료의 불지급으로 인하여 보험계약이 해지
④ 보험계약의 전부가 무효로

정답 및 해설 ③

제650조의2(보험계약의 부활)

제650조제2항(계속 보험료의 부지급)에 따라 보험계약이 해지되고 해지환급금이 지급되지 아니한 경우에 보험계약자는 일정한 기간 내에 연체보험료에 약정이자를 붙여 보험자에게 지급하고 그 계약의 부활을 청구할 수 있다. 제638조의2(보험계약의 성립)의 규정은 이 경우에 준용한다.

7. 보험계약의 성질이 아닌 것은?

① 낙성계약 ② 무상계약
③ 불요식계약 ④ 선의계약

정답 및 해설 ②

보험계약은 보험사고의 발생을 전제로 보험계약자의 보험료 지급에 대하여 보험자는 일정한 보험금액, 기타 급여를 지급할 것을 약정하는 유상계약이다

8. ( )에 들어갈 내용이 순서대로 올바르게 연결된 것은?

ㄱ. 보험자가 보험계약자로부터 보험계약의 청약과 함께 보험료 상당액의 전부 또는 일부의 지급을 받은 때에는 다른 약정이 없으면 ( ) 그 상대방에 대하여 낙부의 통지를 발송하여야 한다.
ㄴ. 보험자가 보험약관의 교부·설명 의무를 위반한 경우 보험계약자는 보험 계약

이 성립한 날부터 ( ) 그 계약을 취소할 수 있다.
ㄷ. 보험자는 보험계약이 성립한 때에는 ( ) 보험증권을 작성하여 보험계약자에게 교부하여야 한다.

① 30일내에 - 3개월 이내에 - 지체없이
② 30일내에 - 30일내에 - 지체없이
③ 지체없이 - 3개월 이내에 - 30일내에
④ 지체없이 - 30일내에 - 30일내에

정답 및 해설 ①

ㄱ. 보험자가 보험계약자로부터 보험계약의 청약과 함께 보험료 상당액의 전부 또는 일부의 지급을 받은 때에는 다른 약정이 없으면 30일내에 그 상대방에 대하여 낙부의 통지를 발송하여야 한다.
ㄴ. 보험자가 보험약관의 교부·설명 의무를 위반한 경우 보험계약자는 보험계약이 성립한 날부터 3개월 이내에 그 계약을 취소할 수 있다.
ㄷ. 보험자는 보험계약이 성립한 때에는 지체 없이 보험증권을 작성하여 보험계약자에게 교부하여야 한다.

9. 손해보험계약에서의 보험가액에 관한 설명으로 옳지 않은 것은?

① 초과보험에서 보험가액은 계약당시의 가액에 의하여 정한다.
② 일부보험이란 보험가액의 일부를 보험에 붙인 경우를 말한다.
③ 당사자 간에 보험가액을 정하지 아니한 때에는 사고발생시의 가액을 보험가액으로 한다.
④ 기평가보험에서의 보험가액이 사고발생시의 가액을 현저하게 초과할 때에는 계약당시에 정한 보험가액으로 한다.

정답 및 해설 ④

제670조(기평가보험) 당사자간에 보험가액을 정한 때에는 그 가액은 사고발생시의 가액으로 정한 것으로 추정한다. 그러나 그 가액이 사고발생시의 가액을 현저하게 초과할 때에는 사고발생시의 가액을 보험가액으로 한다.

10. 손해보험계약에 관한 설명으로 옳지 않은 것은?

① 피보험자도 손해방지의무를 부담한다.
② 보험자는 손해의 방지와 경감을 위하여 필요 또는 유익하였던 비용과 보상액이 보험금액을 초과하는 경우에도 이를 부담한다.
③ 보험목적의 양도 사실의 통지의무는 양도인만이 부담한다.
④ 보험자는 보험목적의 하자로 인한 손해를 보상할 책임이 없다.

정답 및 해설 ④

제680조(손해방지의무) 보험계약자와 피보험자는 손해의 방지와 경감을 위하여 노력하여야 한다. 그러나 이를 위하여 필요 또는 유익하였던 비용과 보상액이 보험금액을 초과한 경우라도 보험자가 이를 부담한다.
④ 손해방지의무는 보험자가 담보한 손해에 한한다.

11. 손해보험에서 보험가액과 보험금액과의 관계에 관한 설명으로 옳지 않은 것은?

① 보험금액이 보험계약의 목적의 가액을 현저하게 초과한 때에 보험자는 보험금액의 감액을 청구할 수 있지만, 보험계약자는 보험료의 감액을 청구할 수 없다.
② 일부보험의 경우에 보험계약의 당사자들은 보험자가 보험금액의 보험가액에 대한 비율과 상관없이 보험금액의 한도 내에서 그 손해를 보상할 책임이 있다는 약정을 할 수 있다.
③ 중복보험에서 수인의 보험자 중 1인에 대하여 피보험자가 권리를 포기하여도 다른 보험자의 권리의무에 영향을 미치지 않는다.
④ 중복보험에서 보험자가 각자의 보험금액의 한도에서 연대책임을 지는 경우 각 보험자의 보상책임은 각자의 보험금액의 비율에 따른다.

정답 및 해설 ①

초과보험이라는 사실에 대하여 당사자가 선의인 경우 보험자 또는 보험계약자는 보험료와 보험금액의 감액청구를 할 수 있다. 이는 형성권이며 장래에 향하여 효력이 있다.

12. 손해보험계약에 관한 설명으로 옳은 것은?

① 피보험이익은 반드시 금전으로 산정할 수 있어야 하는 것은 아니다.

② 보험사고로 인하여 상실된 피보험자가 얻을 이익은 당사자 간에 다른 약정이 없으면 보험자가 보상할 손해액에 산입한다.
③ 피보험이익은 보험의 목적을 의미한다.
④ 보험자는 보험의 목적인 기계의 자연적 소모로 인한 손해에 대하여는 보상책임이 없다.

정답 및 해설 ③

제679조(보험목적의 양도) ① 피보험자가 보험의 목적을 양도한 때에는 양수인은 보험계약상의 권리와 의무를 승계한 것으로 추정한다.
② 제1항의 경우에 보험의 목적의 양도인 또는 양수인은 보험자에 대하여 지체 없이 그 사실을 통지하여야 한다.

13. 고지의무에 관한 설명으로 옳은 것은?

① 보험자는 보험대리상의 고지수령권을 제한할 수 없다.
② 보험자가 서면으로 질문한 사항은 중요한 고지사항으로 간주된다.
③ 보험계약자는 고지의무가 있다.
④ 보험자는 보험사고 발생 전에 한하여 고지의무 위반을 이유로 하여 해지할 수 있다.

정답 및 해설 ③

① 보험자는 보험대리상의 권한 중 일부를 제한할 수 있다.
다만, 보험자는 그러한 권한 제한을 이유로 선의의 보험계약자에게 대항하지 못한다.
② 추정한다.
④ 보험사고 발생 전후를 불문하고 해지할 수 있다.
제655조(계약해지와 보험금청구권)
보험사고가 발생한 후라도 보험자가 제650조(계속보험료의 부지급), 제651조(고지의무위반), 제652조(위험변경증가의 통지위반) 및 제653조((위험증가)에 따라 계약을 해지하였을 때에는 보험금을 지급할 책임이 없고 이미 지급한 보험금의 반환을 청구할 수 있다. 다만, 고지의무(告知義務)를 위반한 사실 또는 위험이 현저하게 변경되거나 증가된 사실이 보험사고 발생에 영향을 미치지 아니하였음이 증명된 경우에는 보험금을 지급할 책임이 있다.

14. 위험변경증가의 통지의무에 관한 설명으로 옳지 않은 것은?

① 보험자는 보험계약자 또는 피보험자가 위험변경증가의 통지의무를 고의 또는 중과실로 해태한 경우에만 그 통지의무 위반을 이유로 계약을 해지할 수 있다.
② 보험기간 중에 보험계약자는 사고발생의 위험의 현저한 증가 사실을 안 때에는 지체 없이 보험자에게 통지하여야 한다.
③ 보험기간 중에 피보험자는 사고발생의 위험의 현저한 변경 사실을 안 때에는 지체없이 보험자에게 통지하여야 한다.
④ 보험자가 피보험자로부터 위험변경증가의 통지를 받은 때에는 1월내에 보험료의 증액을 청구하거나 계약을 해지할 수 있다.

정답 및 해설 ①

① 고의 또는 중과실을 요하지 않는다.
제652조(위험변경증가의 통지와 계약해지)
①보험기간 중에 보험계약자 또는 피보험자가 사고발생의 위험이 현저하게 변경 또는 증가된 사실을 안 때에는 지체 없이 보험자에게 통지하여야 한다. 이를 해태한 때에는 보험자는 그 사실을 안 날로부터 1월내에 한하여 계약을 해지할 수 있다.
②보험자가 제1항의 위험변경증가의 통지를 받은 때에는 1월내에 보험료의 증액을 청구하거나 계약을 해지할 수 있다.

15. 소멸시효기간이 다른 하나는?

① 보험금청구권　　　　　　　　　② 보험료청구권
③ 보험료의 반환청구권　　　　　　④ 적립금의 반환청구권

정답 및 해설 ②

1. 계약자의 청구권(3년) : 보험금청구권, 보험료의 반환청구권, 적립금의 반환청구권
2. 보험자의 청구권(2년) : 보험료청구권
제662조(소멸시효)
보험금청구권은 3년간, 보험료 또는 적립금의 반환청구권은 3년간, 보험료청구권은 2년간 행사하지 아니하면 시효의 완성으로 소멸한다.

16. 보험약관의 교부·설명의무에 관한 설명으로 옳은 것을 모두 고른 것은?

> ㄱ. 보험약관에 기재되어 있는 보험료와 그 지급방법, 보험자의 면책사유는 보험자가 보험계약을 체결할 때 보험계약자에게 설명하여야 하는 중요한 내용에 해당한다.
> ㄴ. 보험자는 보험계약이 성립하면 지체없이 보험약관을 보험계약자에게 교부 하여야 하나, 그 보험계약자가 보험료의 전부나 최초 보험료를 지급하지 아니한 때에는 보험약관을 교부하지 않아도 된다.
> ㄷ. 보험계약이 성립한 날로부터 2개월이 경과한 시점이라면 보험자가 상법상 보험약관의 교부·설명의무를 위반한 경우에도 그 계약을 취소할 수 없다.

① ㄱ
② ㄷ
③ ㄱ, ㄴ
④ ㄴ, ㄷ

정답 및 해설 ①

제638조의3(보험약관의 교부·설명 의무)
① 보험자는 보험계약을 체결할 때에 보험계약자에게 보험약관을 교부하고 그 약관의 중요한 내용을 설명하여야 한다.
② 보험자가 제1항을 위반한 경우 보험계약자는 보험계약이 성립한 날부터 3개월 이내에 그 계약을 취소할 수 있다.

17. 손해보험에 관한 설명으로 옳은 것은?

> ① 집합된 물건을 일괄하여 보험의 목적으로 한 때에는 그 목적에 속한 물건이 보험기간 중 수시로 교체된 경우에도 보험사고의 발생 시에 현존하는 물건은 보험의 목적에 포함된 것으로 한다.
> ② 보험계약자는 불특정의 타인을 위하여는 보험계약을 체결할 수 없다.
> ③ 손해가 피보험자와 생계를 같이 하는 가족의 고의로 인하여 발생한 경우에 보험금의 전부를 지급한 보험자는 그 지급한 금액의 한도에서 그 가족에 대한 피보험자의 권리를 취득하지 못한다.
> ④ 타인을 위한 보험에서 보험계약자가 보험료의 지급을 지체한 때에는 그 타인이 그 권리를 포기하여도 그 타인은 보험료를 지급하여야 한다.

정답 및 해설 ①

① 제687조(집합보험의 목적) 집합된 물건을 일괄하여 보험의 목적으로 한 때에는 그 목적에 속한 물건이

보험기간중에 수시로 교체된 경우에도 보험사고의 발생 시에 현존한 물건은 보험의 목적에 포함된 것으로 한다.
② 639조(타인을 위한 보험) 보험계약자는 위임을 받거나 위임을 받지 아니하고 특정 또는 불특정의 타인을 위하여 보험계약을 체결할 수 있다. 그러나 손해보험계약의 경우에 그 타인의 위임이 없는 때에는 보험계약자는 이를 보험자에게 고지하여야 하고, 그 고지가 없는 때에는 타인이 그 보험계약이 체결된 사실을 알지 못하였다는 사유로 보험자에게 대항하지 못한다.
③ 제682조(제3자에 대한 보험대위)
1. 손해가 제3자의 행위로 인하여 발생한 경우에 보험금을 지급한 보험자는 그 지급한 금액의 한도에서 그 제3자에 대한 보험계약자 또는 피보험자의 권리를 취득한다. 다만, 보험자가 보상할 보험금의 일부를 지급한 경우에는 피보험자의 권리를 침해하지 아니하는 범위에서 그 권리를 행사할 수 있다.
2. 보험계약자나 피보험자의 제1항에 따른 권리가 그와 생계를 같이 하는 가족에 대한 것인 경우 보험자는 그 권리를 취득하지 못한다. 다만, 손해가 그 가족의 고의로 인하여 발생한 경우에는 그러하지 아니하다.
④ 제639조 3항 단서(타인을 위한 보험) 보험계약자가 파산선고를 받거나 보험료의 지급을 지체한 때에는 그 타인이 그 권리를 포기하지 아니하는 한 그 타인도 보험료를 지급할 의무가 있다.

18. 손해보험에 있어서 보험사고와 보험금지급에 관한 설명으로 옳지 않은 것은?

① 피보험자는 보험사고의 발생을 안 때에는 지체없이 보험자에게 그 통지를 발송하여야 한다.
② 보험자는 보험금액의 지급에 관하여 약정기간이 없는 경우는 보험사고 발생의 통지를 받은 날로부터 10일내에 피보험자 또는 보험수익자에게 보험금액을 지급하여야 한다.
③ 보험사고가 보험계약자의 중대한 과실로 인하여 생긴 때에는 보험자는 보험금액을 지급할 책임이 없다.
④ 보험사고가 전쟁으로 인하여 생긴 때에는 당사자 간에 다른 약정이 없으면 보험자는 보험 금액을 지급할 책임이 없다.

정답 및 해설 ②

제658조(보험금액의 지급) 보험자는 보험금액의 지급에 관하여 약정기간이 있는 경우에는 그 기간 내에 약정기간이 없는 경우에는 보험사고 발생의 통지를 받은 후 지체 없이 지급할 보험금액을 정하고 그 정하여진 날부터 10일내에 피보험자 또는 보험수익자에게 보험금액을 지급하여야 한다.

19. 손해보험증권에 반드시 기재해야 하는 사항이 아닌 것은?

① 보험의 목적
② 보험자의 설립년월일
③ 보험료와 그 지급방법
④ 무효와 실권의 사유

정답 및 해설 ②

20. 일부보험에 있어서 일부손해가 발생하여 비례보상원칙을 적용한 결과에 관한 설명으로 옳지 않은 것은?

① 손해액은 보험가액보다 적다.
② 보험가액은 보상액보다 크다.
③ 보상액은 손해액보다 적다.
④ 보험금액은 보험가액보다 크다.

정답 및 해설 ④

제674조(일부보험) 보험가액의 일부를 보험에 붙인 경우에는 보험자는 보험금액의 보험가액에 대한 비율에 따라 보상할 책임을 진다. 그러나 당사자 간에 다른 약정이 있는 때에는 보험자는 보험금액의 한도 내에서 그 손해를 보상할 책임을 진다.

21. 보험대리상이 갖는 권한이 아닌 것은?

① 보험계약자로부터 보험료를 수령할 수 있는 권한
② 보험계약자로부터 보험계약의 취소에 관한 의사표시를 수령할 수 있는 권한
③ 보험자로부터 보험금을 수령할 수 있는 권한
④ 보험계약자에게 보험계약의 변경에 관한 의사표시를 할 수 있는 권한

정답 및 해설 ③

보험대리상 등의 권한(제646조의2)
1. 보험계약자로부터 보험료를 수령할 수 있는 권한
2. 보험자가 작성한 보험증권을 보험계약자에게 교부할 수 있는 권한

3. 보험계약자로부터 청약, 고지, 통지, 해지, 취소 등 보험계약에 관한 의사표시를 수령할 수 있는 권한
4. 보험계약자에게 보험계약의 체결, 변경, 해지 등 보험계약에 관한 의사표시를 할 수 있는 권한

22. 손해보험에서 손해액 산정에 관한 설명으로 옳은 것은?

① 당사자 간에 다른 약정이 없으면 보험자가 보상할 손해액은 그 손해가 발생한 때와 곳의 가액에 의한다.
② 손해가 발생한 때와 곳의 가액보다 신품가액이 작은 경우에는 당사자 간에 다른 약정이 없으면 신품가액에 따라 손해액을 산정하여야 한다.
③ 손해액의 산정에 관한 비용은 보험계약자의 부담으로 한다.
④ 보험사고로 인하여 상실된 피보험자의 보수는 당사자 간에 다른 약정이 없으면 보험자가 보상할 손해액에 산입한다.

정답 및 해설 ①

② 당사자 간에 다른 약정이 있는 때에는 그 신품가액에 의하여 손해액을 산정할 수 있다.
③ 손해액의 산정에 관한 비용은 보험자의 부담으로 한다.
④ 상실이익은 다른 약정이 없는 한 산입하지 않는다.

23. 상법 제681조(보험목적에 관한 보험대위)의 내용이다. ( )에 들어갈 내용을 순서대로 올바르게 연결된 것은?

보험의 목적의 ( )가 멸실한 경우에 보험금액의 ( )를 지급한 보험자는 그 목적에 대한 피보험자의 권리를 취득한다. 그러나 보험가액의 ( )를 보험에 붙인 경우에는 보험자가 취득할 권리는 보험금액의 보험가액에 대한 비율에 따라 이를 정한다.

① 전부 또는 일부 – 일부 – 전부
② 전부 – 일부 – 일부
③ 전부 또는 일부 – 일부 – 일부
④ 전부 – 전부 – 일부

정답 및 해설 ④

제681조(보험목적에 관한 보험대위) 보험의 목적의 전부가 멸실한 경우에 보험금액의 전부를 지급한 보험자는 그 목적에 대한 피보험자의 권리를 취득한다. 그러나 보험가액의 일부를 보험에 붙인 경우에는 보험자가 취득할 권리는 보험금액의 보험가액에 대한 비율에 따라 이를 정한다.

24. 보험계약에 관한 설명으로 옳지 않은 것은?

① 보험계약은 그 계약 전의 어느 시기를 보험기간의 시기로 할 수 있다.
② 대리인에 의하여 보험계약을 체결한 경우에 대리인이 안 사유는 그 본인이 안 것과 동일한 것으로 한다.
③ 보험자가 손해를 보상할 경우에 보험료의 지급을 받지 아니한 잔액은 그 지급기일이 도래한 이후에만 보상할 금액에서 공제할 수 있다.
④ 보험자는 보험사고로 인하여 부담할 책임에 대하여 다른 보험자와 재보험계약을 체결할 수 있다.

정답 및 해설 ③

제677조(보험료체납과 보상액의 공제) 보험자가 손해를 보상할 경우에 보험료의 지급을 받지 아니한 잔액이 있으면 그 지급기일이 도래하지 아니한 때라도 보상할 금액에서 이를 공제할 수 있다.

25. 화재보험에 관한 설명으로 옳지 않은 것은?

① 건물을 보험의 목적으로 한 때에는 그 소재지, 구조와 용도를 화재보험증권에 기재하여야 한다.
② 보험자는 화재의 소방에 따른 손해를 보상할 책임이 있다.
③ 보험자는 화재의 손해의 감소에 필요한 조치로 인한 손해를 보상할 책임이 있다.
④ 동산은 화재보험의 목적으로 할 수 없다.

정답 및 해설 ④

상법에서는 보험의 목적으로 건물과 동산을 예시하고 있다.(상법 제685조) 그러나 이에 한정되는 것은 아니고 계약에 의해 목적의 범위를 정할 수 있다. 따라서 건물뿐만 아니라 부동산도 보험의 목적이 될 수 있다.

농어업재해보험법령 및 규정

26. 농어업재해보험법령상 농업재해보험심의회 및 회의에 관한 설명으로 옳지 않은 것은?

① 심의회는 위원장 및 부위원장 각 1명을 포함한 21명 이내의 위원으로 구성한다.
② 위원장은 심의회의 회의를 소집하며, 그 의장이 된다.
③ 심의회의 회의는 재적위원 5분의 1 이상의 요구가 있을 때 또는 위원장이 필요하다고 인정할 때에 소집한다.
④ 심의회의 회의는 재적위원 과반수의 출석으로 개의(開議)하고, 출석위원 과반수의 찬성으로 의결한다.

정답 및 해설 ③

27. 농어업재해보험법상 다음 설명에 해당되는 용어는?

> 보험가입자에게 재해로 인한 재산 피해에 따른 손해가 발생한 경우 보험가입자와 보험사업자 간의 약정에 따라 보험사업자가 보험가입자에게 지급하는 금액

① 보험료
② 손해평가액
③ 보험가입금액
④ 보험금

정답 및 해설 ④

28. 농어업재해보험법상 재해보험의 종류와 보험목적물로 옳지 않은 것은?

① 농작물재해보험: 농작물 및 농업용 시설물
② 임산물재해보험: 임산물 및 임업용 시설물
③ 축산물재해보험: 축산물 및 축산시설물
④ 양식수산물재해보험: 양식수산물 및 양식시설물

정답 및 해설 ③

29. 농업재해보험 손해평가요령에 따른 손해평가인의 업무에 해당하는 것을 모두 고른 것은?

| ㄱ. 보험가액 평가 | ㄴ. 손해액 평가 | ㄷ. 보험금 산정 |

① ㄱ
② ㄱ, ㄴ
③ ㄱ, ㄷ
④ ㄴ, ㄷ

정답 및 해설 ②

30. 농어업재해보험법령상 손해평가인으로 위촉될 수 없는 자는?

① 재해보험 대상 농작물을 6년간 경작한 경력이 있는 농업인
② 공무원으로 농촌진흥청에서 농작물재배 분야에 관한 연구·지도 업무를 2년간 담당한 경력이 있는 사람
③ 교원으로 고등학교에서 농작물재배 분야 관련 과목을 6년간 교육한 경력이 있는 사람
④ 조교수 이상으로「고등교육법」제2조에 따른 학교에서 농작물재배 관련학을 5년간 교육한 경력이 있는 사람

정답 및 해설 ②

31. 농어업재해보험법상 손해평가사의 자격 취소사유에 해당되는 자를 모두 고른 것은?

ㄱ. 손해평가사의 자격을 부정한 방법으로 취득한 사람
ㄴ. 거짓으로 손해평가를 한 사람
ㄷ. 손해평가사의 직무를 수행하면서 부적절한 행위를 하였다고 인정되는 사람

ㄹ. 다른 사람에게 손해평가사의 자격증을 빌려준 사람

① ㄱ, ㄴ
② ㄷ, ㄹ
③ ㄱ, ㄴ, ㄹ
④ ㄴ, ㄷ, ㄹ

정답 및 해설 ③

32. 농어업재해보험법령상 내용으로 옳지 않은 것은?

① 재해보험가입자가 재해보험에 가입된 보험목적물을 양도하는 경우 그 양수인은 재해보험 계약에 관한 양도인의 권리 및 의무를 승계한 것으로 추정하지 않는다.
② 재해보험의 보험금을 지급받을 권리는 압류할 수 없다. 다만, 보험목적물이 담보로 제공된 경우에는 그러하지 아니하다.
③ 재해보험사업자는 재해보험사업을 원활히 수행하기 위하여 필요한 경우에는 보험모집 및 손해평가 등 재해보험 업무의 일부를 대통령령으로 정하는 자에게 위탁할 수 있다.
④ 농림축산식품부장관은 손해평가사의 손해평가 능력 및 자질 향상을 위하여 교육을 실시할 수 있다.

정답 및 해설 ①

33. 농어업재해보험법상 재정지원에 관한 내용이다. ( )에 들어갈 용어를 순서대로 나열한 것은?

정부는 예산의 범위에서 재해보험가입자가 부담하는 ( )의 일부와 재해보험사업자의 ( )의 운영 및 관리에 필요한 비용(이하 "운영비"라 한다)의 전부 또는 일부를 지원할 수 있다. 이 경우 지방자치단체는 예산의 범위에서 재해보험가입자가 부담하는 ( )의 일부를 추가로 지원할 수 있다.

① 재해보험, 보험료, 재해보험
② 보험료, 재해보험, 보험료
③ 보험금, 재해보험, 보험금
④ 보험가입액, 보험료, 보험가입액

정답 및 해설 ②

34. 농어업재해보험법상 재해보험을 모집할 수 있는 자가 아닌 것은?

① 수협중앙회 및 그 회원조합의 임직원
② 산림조합중앙회 및 그 회원조합의 임직원
③ 「산림조합법」제48조의 공제규정에 따른 공제모집인으로서 농림축산식품부장관이 인정 하는 자
④ 「보험업법」제83조(모집할 수 있는 자) 제1항에 따라 보험을 모집할 수 있는 자

정답 및 해설 ③

35. 농어업재해보험법상 농어업재해재보험기금의 용도에 해당하지 않는 것은?

① 재해보험가입자가 부담하는 보험료의 일부 지원
② 제20조제2항제2호에 따른 재보험금의 지급
③ 제22조제2항에 따른 차입금의 원리금 상환
④ 기금의 관리·운용에 필요한 경비(위탁경비를 포함한다)의 지출

정답 및 해설 ①

36. 농어업재해보험법령상 기금의 관리·운용 등에 관한 내용으로 옳은 것을 모두 고른 것은?

ㄱ. 기금수탁관리자는 기금의 관리 및 운용을 명확히 하기 위하여 기금을 다른 회계와 구분하여 회계처리하여야 한다.
ㄴ. 기금수탁관리자는 회계연도마다 기금결산보고서를 작성하여 다음 회계연도 2월 말일까지 농림축산식품부장관 및 해양수산부장관에게 제출하여야 한다.
ㄷ. 기금수탁관리자는 회계연도마다 기금결산보고서를 작성한 후 심의회의 심의를

거쳐 다음 회계연도 2월 말일까지 기획재정부장관에게 제출하여야 한다.

① ㄱ
② ㄱ, ㄴ
③ ㄱ, ㄷ
④ ㄴ, ㄷ

정답 및 해설 ①

37. 농어업재해보험법령상 농림축산식품부장관으로부터 재보험사업에 관한 업무의 위탁을 받을 수 있는 자는?

① 「보험업법」에 따른 보험회사
② 「농업·농촌 및 식품산업기본법」제63조의2제1항에 따라 설립된 농업정책보험금융원
③ 「정부출연연구기관 등의 설립·운영 및 육성에 관한 법률」제8조에 따라 설립된 연구기관
④ 「공익법인의 설립·운영에 관한 법률」제4조에 따라 농림축산식품부장관 또는 해양수산부 장관의 허가를 받아 설립된 공익법인

정답 및 해설 ②

38. 농업재해보험 손해평가요령에 따른 보험목적물별 손해평가 단위로 옳은 것은?

① 사과: 농지별
② 벼: 필지별
③ 가축: 개별축사별
④ 농업시설물: 지번별

정답 및 해설 ①

39. 특정위험방식 중 "인삼 해가림시설"의 경우 다음 조건에 해당되는 보험금은?

| ○ 보험가입금액: 800만원 | ○ 보험가액: 1,000만원 |
| ○ 손해액: 500만원 | ○ 자기부담금: 100만원 |

① 300만원   ② 320만원
③ 350만원   ④ 400만원

정답 및 해설 ②

40. 농업재해보험 손해평가요령에 따른 손해수량 조사방법 중 「적과후 ~ 수확전」생육시기에 태풍으로 인하여 발생한 낙엽 피해에 대하여 낙엽률 조사를 하는 과수 품목은?

① 사과   ② 배   ③ 감귤   ④ 단감

정답 및 해설 ④

41. 농업재해보험 손해평가요령에 따른 농작물 및 농업시설물의 보험가액 산정 방법으로 옳은 것은?

① 특정위험방식은 적과전 착과수조사를 통해 산정한 기준수확량에 보험가입 당시의 단위당 가입가격을 곱하여 산정한다.
② 적과전종합위험방식은 보험증권에 기재된 보험목적물의 평년수확량에 보험가입 당시의 단위당 가입가격을 곱하여 산정한다.
③ 종합위험방식은 적과후 착과수조사를 통해 산정한 기준수확량에 보험가입 당시의 단위당 가입가격을 곱하여 산정한다.
④ 농업시설물에 대한 보험가액은 보험사고가 발생한 때와 곳에서 평가한 피해목적물의 재조달가액 에서 내용연수에 따른 감가상각률을 적용하여 계산한 감가상각액을 차감하여 산정한다.

정답 및 해설 ④

42. 농업재해보험 손해평가요령에 관한 내용이다. ( )에 들어갈 용어는?

> ( )라 함은 「농어업재해보험법」제2조제1호에 따른 피해가 발생한 경우 법 제11조 및 제11조의3에 따라 손해평가인, 손해평가사 또는 손해사정사가 그 피해사실을 확인하고 평가하는 일련의 과정을 말한다.

① 피해조사
② 손해평가
③ 검증조사
④ 현지조사

정답 및 해설 ②

43. 농업재해보험 손해평가요령에 따른 손해평가인의 위촉 및 교육에 관한 설명으로 옳지 않은 것은?

① 재해보험사업자는 손해평가인으로 위촉된 자를 대상으로 2년마다 1회 이상의 보수교육을 실시하여야 한다.
② 재해보험사업자는 농어업재해보험이 실시되는 시·군·자치구별 보험가입자의 수 등을 고려 하여 적정 규모의 손해평가인을 위촉하여야 한다.
③ 재해보험사업자는 손해평가인을 위촉한 경우에는 실무교육을 거쳐 그 자격을 표시할 수 있는 손해평가인증을 발급하여야 한다.
④ 재해보험사업자 및 재해보험사업자의 업무를 위탁받은 자는 손해평가보조인을 운용할 수 있다.

정답 및 해설 ①

44. 농업재해보험 손해평가요령에 따른 손해평가인 위촉의 취소 사유에 해당되지 않는 자는?

① 파산선고를 받은 자로서 복권되지 아니한 자
② 손해평가인 위촉이 취소된 후 1년이 경과되지 아니한 자
③ 거짓 그 밖의 부정한 방법으로 손해평가인으로 위촉된 자
④ 「농어업재해보험법」 제30조에 의하여 벌금이상의 형을 선고받고 그 집행이 종료되거

나 집행이 면제된 날로부터 3년이 경과된 자

정답 및 해설 ④

45. 농업재해보험 손해평가요령에 따른 손해평가준비 및 평가결과 제출에 관한 내용이다. ( )에 들어갈 숫자는?

> 재해보험사업자는 보험가입자가 손해평가반의 손해평가결과에 대하여 설명 또는 통지를 받은 날로부터 ( )일 이내에 손해평가가 잘못되었음을 증빙하는 서류 또는 사진 등을 제출하는 경우 재해보험사업자는 다른 손해평가반으로 하여금 재조사를 실시하게 할 수 있다.

① 5
② 7
③ 10
④ 14

정답 및 해설 ②

46. 농업재해보험 손해평가요령에 따른 손해평가결과의 검증조사에 관한 설명으로 옳은 것은?

① 재해보험사업자 및 재해보험사업의 재보험사업자는 손해평가결과를 확인하기 위하여 손해 평가를 미실시한 보험목적물 중에서 일정수를 임의 추출하여 검증조사를 할 수 있다.
② 농림축산식품부장관은 재해보험사업자로 하여금 검증조사를 하게 할 수 있으며, 재해보험 사업자는 이에 반드시 응하여야 한다.
③ 검증조사결과 현저한 차이가 발생되어 재조사가 불가피하다고 판단될 경우 해당 손해평가반이 조사한 전체 보험목적물에 대하여 재조사를 할 수 있다.
④ 보험가입자가 정당한 사유없이 검증조사를 거부하는 경우 검증조사반은 검증조사가 불가능 하여 손해평가 결과를 확인할 수 없다는 사실을 보험사업자에게 통지한 후 검증조사결과를 작성하여 제출하여야 한다.

정답 및 해설 ③

47. 농업재해보험 손해평가요령에 따른 손해평가반 구성으로 잘못된 것은?

① 손해평가인 1인을 포함하여 3인으로 구성
② 손해사정사 1인을 포함하여 4인으로 구성
③ 손해평가인 1인과 손해평가사 1인을 포함하여 5인으로 구성
④ 손해평가보조인 5인으로 구성

정답 및 해설 ③

48. 농어업재해보험법상 재해보험사업자가 재해보험사업의 회계를 다른 회계와 구분하지 않고 회계 처리한 경우에 해당하는 벌칙은?

① 300만원 이하의 과태료
② 500만원 이하의 과태료
③ 500만원 이하의 벌금
④ 1년 이하의 징역 또는 1,000만원 이하의 벌금

정답 및 해설 ③

49. 손해평가인이 업무수행과 관련하여 「개인정보보호법」, 「신용정보의 이용 및 보호에 관한 법률」 등 정보보호와 관련된 법령을 위반한 경우, 재해보험사업자가 손해평가인에게 명할 수 있는 최대 업무 정지기간은?

① 6개월　　② 1년　　③ 2년　　④ 3년

정답 및 해설 ①

50. 농어업재해보험법상 농업재해보험사업의 효율적 추진을 위하여 농림축산식품부장관이 수행하는 업무가 아닌 것은?

① 재해보험사업의 관리·감독
② 재해보험 상품의 개발 및 보험요율의 산정
③ 손해평가인력의 육성
④ 손해평가기법의 연구·개발 및 보급

정답 및 해설 ②

제3회 기출문제 및 해설

■■■ 상법「보험편」

1. 보험계약의 법적 성격으로 옳은 것은 몇 개인가?

> 선의 계약성, 유상 계약성, 요식 계약성, 사행 계약성

① 1개　　② 2개
③ 3개　　④ 4개

정답 및 해설 ③

어음행위와 같이 계약 체결에 일정한 형식을 필요로 하는 계약을 요식계약이라 하고, 계약 자유의 원칙에 따라 아무런 형식을 요하지 않는 계약을 불요식계약이라고 한다. 보험계약은 그 의사표시와 더불어 특별한 방식을 요하지 않는 불요식계약이며, 보험계약을 체결함에 있어 청약과 승낙이라는 당사자 쌍방의 의사합치만으로 성립하고 특별한 급여를 요하지 않으므로 낙성계약이다.

2. 보험계약에 관한 설명으로 옳지 않은 것은?

① 손해보험계약의 경우 보험자가 보험계약자로부터 보험계약의 청약과 함께 보험료 상당액의 전부를 지급받을 때에는 다른 약정이 없으면 30일 내로 그 상대방에 대하여 낙부의 통지를 발송하여야 한다.
② 보험계약은 청약과 승낙뿐만 아니라 보험료 지급이 이루어진 때에 성립한다.
③ 손해보험계약의 경우 보험자가 보험계약자로부터 보험계약의 청약과 함께 보험료 상당액의 전부를 지급받은 경우에 그 청약을 승낙하기 전에 보험계약에서 정한 보험사고가 생긴 때에는 그 청약을 거절할 사유가 없는 한 보험자는 보험계약상의 책임을 진다.
④ 보험자가 낙부의 통지 기간 내에 낙부의 통지를 해태한 때에는 승낙한 것으로 본다.

정답 및 해설 ②

보험계약은 낙성계약으로 보험계약을 체결함에 있어 청약과 승낙이라는 당사자 쌍방의 의사합치만으로 성립하고 특별한 급여를 요하지 아니한다.

상법 제638조의2(보험계약의 성립) ①보험자가 보험계약자로부터 보험계약의 청약과 함께 보험료 상당액의 전부 또는 일부의 지급을 받은 때에는 다른 약정이 없으면 30일내에 그 상대방에 대하여 낙부의 통지를 발송하여야 한다. 그러나 인보험계약의 피보험자가 신체검사를 받아야 하는 경우에는 그 기간은 신체검사를 받은 날부터 기산한다.

②보험자가 제1항의 규정에 의한 기간 내에 낙부의 통지를 해태한 때에는 승낙한 것으로 본다.

③보험자가 보험계약자로부터 보험계약의 청약과 함께 보험료 상당액의 전부 또는 일부를 받은 경우에 그 청약을 승낙하기 전에 보험계약에서 정한 보험사고가 생긴 때에는 그 청약을 거절할 사유가 없는 한 보험자는 보험계약상의 책임을 진다. 그러나 인보험계약의 피보험자가 신체검사를 받아야 하는 경우에 그 검사를 받지 아니한 때에는 그러하지 아니하다.

3. 상법상 보험약관의 교부·설명의무에 관한 설명으로 옳지 않은 것은?

① 상법에 따르면 약관에 없는 사항은 비록 보험계약상 중요한 내용일지라도 설명할 의무가 없다.
② 보험자가 해당 보험계약 약관의 중요사항을 충분히 설명한 경우에도 해당 보험계약의 약관을 교부하여야 한다.
③ 보험자가 보험증권을 교부한 경우에는 따로 보험약관을 교부하지 않아도 된다.
④ 보험자가 보험약관의 교부·설명의무를 위반한 경우 보험계약자는 보험계약이 성립한 날로부터 3개월 이내에 그 계약을 취소할 수 있다.

정답 및 해설 ③

상법 제638조의3(보험약관의 교부·설명 의무) ① 보험자는 보험계약을 체결할 때에 보험계약자에게 보험약관을 교부하고 그 약관의 중요한 내용을 설명하여야 한다.

② 보험자가 제1항을 위반한 경우 보험계약자는 보험계약이 성립한 날부터 3개월 이내에 그 계약을 취소할 수 있다.

4. 타인을 위한 보험계약에 관한 설명으로 옳은 것은?

① 타인을 위한 보험계약의 타인은 따로 수익의 의사표시를 하지 않은 경우에도 그 이익을 받는다.
② 타인을 위한 보험계약에서 그 타인은 불특정 다수이어야 한다.
③ 손해보험계약의 경우에 그 타인의 위임이 없는 때에는 보험계약자는 이를 보험자에게

　　고지하여야 하나, 그 고지가 없는 때에도 타인이 그 보험계약이 체결된 사실을 알지 못하였다는 사유로 보험자에게 대항할 수 있다.
④ 타인은 어떠한 경우에도 보험료를 지급하고 보험계약을 유지할 수 없다.

정답 및 해설 ①

상법 제639조(타인을 위한 보험) ①보험계약자는 위임을 받거나 위임을 받지 아니하고 특정 또는 불특정의 타인을 위하여 보험계약을 체결할 수 있다. 그러나 손해보험계약의 경우에 그 타인의 위임이 없는 때에는 보험계약자는 이를 보험자에게 고지하여야 하고, 그 고지가 없는 때에는 타인이 그 보험계약이 체결된 사실을 알지 못하였다는 사유로 보험자에게 대항하지 못한다.

③제1항의 경우에는 보험계약자는 보험자에 대하여 보험료를 지급할 의무가 있다. 그러나 보험계약자가 파산선고를 받거나 보험료의 지급을 지체한 때에는 그 타인이 그 권리를 포기하지 아니하는 한 그 타인도 보험료를 지급할 의무가 있다.

5. 다음 설명 중 옳지 않은 것은?

① 보험계약은 그 계약 전의 어느 시기를 보험기간의 시기로 할 수 있다.
② 건물에 대한 화재보험계약 체결시에 이미 건물이 화재로 전소하는 사고가 발생한 경우 당사자 쌍방과 피보험자가 이를 알지 못한 때에는 그 계약은 무효가 아니다.
③ 보험증권을 멸실 또는 현저하게 훼손한 때에는 보험계약자는 보험자에 대하여 증권의 재교부를 청구할 수 있다.
④ 보험증권내용의 정부에 관한 이의기간은 약관에서 15일 이내로 정해야 한다.

정답 및 해설 ④

상법 제644조(보험사고의 객관적 확정의 효과) 보험계약당시에 보험사고가 이미 발생하였거나 또는 발생할 수 없는 것인 때에는 그 계약은 무효로 한다. 그러나 당사자 쌍방과 피보험자가 이를 알지 못한 때에는 그러하지 아니하다.

상법 제641조(증권에 관한 이의약관의 효력) 보험계약의 당사자는 보험증권의 교부가 있은 날로부터 일정한 기간내에 한하여 그 증권내용의 정부에 관한 이의를 할 수 있음을 약정할 수 있다. 이 기간은 1월을 내리지 못한다.

6. 보험계약의 당사자 간에 다른 약정이 없는 경우 보험자의 책임개시 시기는?

① 최초의 보험료의 지급을 받은 때로부터 개시한다.

② 보험계약자의 청약에 대하여 보험자가 승낙하여 계약이 성립한 때로부터 개시한다.
③ 보험사고 발생 사실이 통지된 때로부터 개시한다.
④ 보험자가 재보험에 가입하여 보험자의 보험금지급 위험에 대한 보장이 확보된 때로부터 개시한다.

정답 및 해설 ①

상법 제656조(보험료의 지급과 보험자의 책임개시) 보험자의 책임은 당사자간에 다른 약정이 없으면 최초의 보험료의 지급을 받은 때로부터 개시한다.

7. 다음 설명 중 옳지 않은 것은?

① 타인을 위한 보험계약의 경우에는 보험계약자는 그 타인의 동의를 얻지 아니하거나 보험증권을 소지하지 아니하면 그 계약을 해지하지 못한다.
② 자기를 위한 보험계약의 경우 보험사고 발생하기 전 보험계약 당사자는 언제든지 계약의 전부 또는 일부를 해지할 수 있다.
③ 보험사고의 발생으로 보험자가 보험금을 지급한 때에도 보험금액이 감액되지 아니하는 보험의 경우에는 보험계약자는 그 사고발생 후에도 보험계약을 해지 할 수 있다.
④ 보험사고의 발생 전에 보험계약을 해지한 보험계약자는 당사자 간에 다른 약정이 없으면 미경과보험료의 반환을 청구할 수 있다.

정답 및 해설 ②

상법 제649조(사고발생전의 임의해지) ①보험사고가 발생하기 전에는 보험계약자는 언제든지 계약의 전부 또는 일부를 해지할 수 있다. 그러나 제639조의 보험계약의 경우에는 보험계약자는 그 타인의 동의를 얻지 아니하거나 보험증권을 소지하지 아니하면 그 계약을 해지하지 못한다.
②보험사고의 발생으로 보험자가 보험금액을 지급한 때에도 보험금액이 감액되지 아니하는 보험의 경우에는 보험계약자는 그 사고발생후에도 보험계약을 해지할 수 있다.
③제1항의 경우에는 보험계약자는 당사자간에 다른 약정이 없으면 미경과보험료의 반환을 청구할 수 있다.

8. 보험료 불지급에 관한 설명 중 옳지 않은 것은?

① 계약 성립 후 2월 이내에 제1회 보험료를 지급하지 아니하는 경우에는 다른 약정이

없는 한 그 계약은 해제된 것으로 본다.
② 보험계약자가 계속 보험료의 지급을 지체한 경우에 보험자는 상당한 기간을 정하여 이행을 최고하여야 하고 그 최고기간 내에 지급되지 아니한 때에는 그 계약을 해지할 수 있다.
③ 특정한 타인을 위한 보험의 경우에 보험계약자가 계속 보험료의 지급을 지체한 때에는 보험자는 그 타인에게도 상당한 기간을 정하여 보험료의 지급을 최고한 후가 아니면 그 계약을 해지하지 못한다.
④ 대법원 전원합의체 판결에 의하면 약관에서 제2회 분납보험료가 그 지급유예기간까지 납입되지 아니하였음을 이유로 상법 소정의 최고절차를 거치지 않고, 곧바로 보험계약이 실효됨을 규정한 이른바 실효약관은 유효하다.

정답 및 해설 ④

상법 제650조(보험료의 지급과 지체의 효과) ①보험계약자는 계약체결후 지체없이 보험료의 전부 또는 제1회 보험료를 지급하여야 하며, 보험계약자가 이를 지급하지 아니하는 경우에는 다른 약정이 없는 한 계약성립후 2월이 경과하면 그 계약은 해제된 것으로 본다.

②계속보험료가 약정한 시기에 지급되지 아니한 때에는 보험자는 상당한 기간을 정하여 보험계약자에게 최고하고 그 기간내에 지급되지 아니한 때에는 그 계약을 해지할 수 있다.

③특정한 타인을 위한 보험의 경우에 보험계약자가 보험료의 지급을 지체한 때에는 보험자는 그 타인에게도 상당한 기간을 정하여 보험료의 지급을 최고한 후가 아니면 그 계약을 해제 또는 해지하지 못한다.

9. 다음 설명 중 옳은 것을 모두 고른 것은?

ㄱ. 보험자가 서면으로 질문한 사항은 중요한 사항으로 간주하므로 보험계약자는 그 중요성을 다툴 수 없다.
ㄴ. 보험계약자뿐만 아니라 피보험자도 고지의무를 진다.
ㄷ. 고지의무 위반의 요건으로 보험계약자 또는 피보험자의 고의 또는 중대한 과실은 필요 없다.
ㄹ. 보험자가 계약당시에 고지의무 위반사실을 알았거나 중대한 과실로 인하여 알지 못한 때에는 고지의무 위반을 이유로 계약을 해지할 수 없다.

① ㄱ, ㄴ
② ㄴ, ㄷ
③ ㄴ, ㄹ
④ ㄷ, ㄹ

정답 및 해설 ③

상법 제651조(고지의무위반으로 인한 계약해지) 보험계약당시에 보험계약자 또는 피보험자가 고의 또는 중대한 과실로 인하여 중요한 사항을 고지하지 아니하거나 부실의 고지를 한 때에는 보험자는 그 사실을 안 날로부터 1월내에, 계약을 체결한 날로부터 3년내에 한하여 계약을 해지할 수 있다. 그러나 보험자가 계약당시에 그 사실을 알았거나 중대한 과실로 인하여 알지 못한 때에는 그러하지 아니하다.

상법 제651조의2(서면에 의한 질문의 효력) 보험자가 서면으로 질문한 사항은 중요한 사항으로 추정한다.

10. 위험변경증가 시의 통지와 보험계약해지에 관한 설명으로 옳지 않은 것은?

① 보험기간 중에 피보험자가 사고발생의 위험이 현저하게 변경 또는 증가된 사실을 안 때에는 지체 없이 보험자에게 통지하여야 한다.
② 보험기간 중에 보험계약자의 고의로 사고발생의 위험이 현저하게 변경 또는 증가된 때에는 보험자는 그 사실을 안 날로부터 1월 내에 계약을 해지할 수 있다.
③ 보험기간 중에 피보험자의 중대한 과실로 인하여 사고발생의 위험이 현저하게 변경 또는 증가된 때에는 보험자는 그 사실을 안 날로부터 1월 내에 계약을 해지할 수 있다.
④ 보험기간 중에 피보험자의 고의로 인하여 사고발생의 위험이 현저하게 변경 또는 증가된 경우에는 보험자는 계약을 해지할 수 없다.

정답 및 해설 ④

상법 제652조(위험변경증가의 통지와 계약해지) ①보험기간 중에 보험계약자 또는 피보험자가 사고발생의 위험이 현저하게 변경 또는 증가된 사실을 안 때에는 지체없이 보험자에게 통지하여야 한다. 이를 해태한 때에는 보험자는 그 사실을 안 날로부터 1월내에 한하여 계약을 해지할 수 있다.
②보험자가 제1항의 위험변경증가의 통지를 받은 때에는 1월내에 보험료의 증액을 청구하거나 계약을 해지할 수 있다.

상법 제653조(보험계약자 등의 고의나 중과실로 인한 위험증가와 계약해지) 보험기간중에 보험계약자, 피보험자 또는 보험수익자의 고의 또는 중대한 과실로 인하여 사고발생의 위험이 현저하게 변경 또는 증가된 때에는 보험자는 그 사실을 안 날부터 1월내에 보험료의 증액을 청구하거나 계약을 해지할 수 있다.

11. 보험계약해지 등에 관한 설명으로 옳은 것은?

① 보험사고가 발생한 후라도 보험자가 계속 보험료의 지급지체를 이유로 보험계약을 해지하였을 때에는 보험자는 보험금을 지급할 책임이 있다.

② 고지의무를 위반한 사실이 보험사고 발생에 영향을 미치지 아니하였음이 증명된 경우, 보험자는 보험금을 지급할 책임이 있다.
③ 보험계약자의 중대한 과실로 인하여 사고발생의 위험이 현저하게 변경 또는 증가되어 계약을 해지한 경우, 보험자는 언제나 보험을 지급할 책임이 있다.
④ 보험계약자가 위험변경증가 시의 통지의무를 위반하여 보험자가 보험계약을 해지한 경우, 보험자는 언제나 이미 지급한 보험금의 반환을 청구할 수 있다.

정답 및 해설 ②

상법 제655조(계약해지와 보험금청구권) 보험사고가 발생한 후라도 보험자가 제650조(보험료의 지급과 지체의 효과), 제651조(고지의무위반으로 인한 계약해지), 제652조(위험변경증가의 통지와 계약해지) 및 제653조(보험계약자 등의 고의나 중과실로 인한 위험증가와 계약해지)에 따라 계약을 해지하였을 때에는 보험금을 지급할 책임이 없고 이미 지급한 보험금의 반환을 청구할 수 있다. 다만, 고지의무(告知義務)를 위반한 사실 또는 위험이 현저하게 변경되거나 증가된 사실이 보험사고 발생에 영향을 미치지 아니하였음이 증명된 경우에는 보험금을 지급할 책임이 있다.

12. 손해보험에서 보험자의 보험금액지급과 면책사유에 관한 설명으로 옳지 않은 것은?

① 보험자는 보험금액의 지급에 관하여 약정기간이 있는 경우에는 그 기간 내에 피보험자에게 보험금액을 지급하여야 한다.
② 보험자는 보험금액의 지급에 관하여 약정기간이 없는 경우에는 보험사고발생의 통지를 받은 후 지체 없이 지급할 보험금액을 정하고, 그 정하여진 날로부터 10일내에 피보험자에게 보험금액을 지급하여야 한다.
③ 보험사고가 보험계약자 또는 피보험자의 중대한 과실로 인하여 생긴 때에는 보험자는 언제나 보험금액을 지급할 책임이 있다.
④ 보험사고가 전쟁 기타의 변란으로 인하여 생긴 때에는 당사자 간에 다른 약정이 없으면 보험자는 보험금액을 지급할 책임이 없다.

정답 및 해설 ③

상법 제659조(보험자의 면책사유) ①보험사고가 보험계약자 또는 피보험자나 보험수익자의 고의 또는 중대한 과실로 인하여 생긴 때에는 보험자는 보험금액을 지급할 책임이 없다.

13. 재보험계약에 관한 설명으로 옳지 않은 것은?

① 보험자는 보험사고로 인하여 부담할 책임에 대하여 다른 보험자와 재보험계약을 체결할 수 있다.
② 재보험은 원보험자가 인수한 위험의 전부 또는 일부를 분산시키는 기능을 한다.
③ 재보험계약의 전제가 되는 최초로 체결된 보험계약을 원보험계약 또는 원수보험계약이라 한다.
④ 재보험계약은 원보험계약의 효력에 영향을 미친다.

정답 및 해설 ④

상법 제661조(재보험) 보험자는 보험사고로 인하여 부담할 책임에 대하여 다른 보험자와 재보험계약을 체결할 수 있다. 이 재보험계약은 원보험계약의 효력에 영향을 미치지 아니한다.

14. 상법 제662조(소멸시효)에 관한 설명으로 옳은 것을 모두 고른 것은?

> ㄱ. 보험금청구권은 3년간 행사하지 아니하면 시효의 완성으로 소멸한다.
> ㄴ. 보험료반환청구권은 3년간 행사하지 아니하면 시효의 완성으로 소멸하다.
> ㄷ. 적립금의 반환청구권은 2년간 행사하지 아니하면 시효의 완성으로 소멸한다.
> ㄹ. 보험료청구권은 2년간 행사하지 아니하면 시효의 완성으로 소멸하다.

① ㄱ, ㄴ, ㄷ　　　② ㄱ, ㄴ, ㄹ
③ ㄱ, ㄷ, ㄹ　　　④ ㄴ, ㄷ, ㄹ

정답 및 해설 ②

보험자의 경우 2년, 보험계약자의 경우 3년의 권리 소멸시효가 적용된다.

상법 제662조(소멸시효) 보험금청구권은 3년간, 보험료 또는 적립금의 반환청구권은 3년간, 보험료청구권은 2년간 행사하지 아니하면 시효의 완성으로 소멸한다.

15. 보험계약자 등의 불이익변경금지에 관한 설명으로 옳지 않은 것은?

① 불이익변경금지는 보험자와 보험계약자의 관계에서 계약의 교섭력이 부족한 보험계약자 등을 보호하기 위한 것이다.
② 상법 보험편의 규정은 가계보험에서 당사자 간의 특약으로 보험계약자의 불이익으로 변경하지 못한다.

③ 상법 보험편의 규정은 가계보험에서 당사자 간의 특약으로 피보험자의 불이익으로 변경하지 못한다.
④ 재보험은 당사자의 특약으로 보험계약자의 불이익으로 변경할 수 없다.

정답 및 해설 ④

상법 제663조(보험계약자 등의 불이익변경금지) 이 편의 규정은 당사자간의 특약으로 보험계약자 또는 피보험자나 보험수익자의 불이익으로 변경하지 못한다. 그러나 재보험 및 해상보험 기타 이와 유사한 보험의 경우에는 그러하지 아니하다.

16. 화재보험계약에 관한 설명으로 옳지 않은 것은?

① 보험자가 손해를 보상함에 있어서 화재와 손해간의 상당인과관계는 필요하지 않다.
② 보험자는 화재의 소방에 필요한 조치로 인하여 생긴 손해를 보상할 책임이 있다.
③ 보험자는 화재발생 시 손해의 감소에 필요한 조치로 인하여 생긴 손해를 보상할 책임이 있다.
④ 화재보험계약은 화재로 인하여 생긴 손해를 보상할 것을 목적으로 하는 손해보험계약이다.

정답 및 해설 ①

화재보험의 보험사고는 '화재'이다. 화재란 화력의 연소작용에 의한 재해인데 피보험자의 재산에 실질적인 발화가 요구된다. 화재로 인한 사고로부터 손해가 있어야하는데 보험자가 보상책임을 지는 손해는 화재와 상당인과관계가 있는 모든 손해를 포함한다. 직접적인 손해뿐만 아니라 인과관계가 있는 간접손해도 포함한다.

17. 화재보험증권에 기재하여야 할 사항으로 옳은 것을 모두 고른 것은?

ㄱ. 보험의 목적
ㄴ. 보험계약체결 장소
ㄷ. 동산을 보험의 목적으로 한 때에는 그 존치한 장소의 상태와 용도
ㄹ. 피보험자의 주소, 성명 또는 상호
ㅁ. 보험계약자의 주민등록번호

① ㄱ, ㄴ, ㄷ　　　　　　　　　　② ㄱ, ㄷ, ㄹ
③ ㄴ, ㄷ, ㅁ　　　　　　　　　　④ ㄴ, ㄹ, ㅁ

정답 및 해설 ②

상법 제666조(손해보험증권) 손해보험증권에는 다음의 사항을 기재하고 보험자가 기명날인 또는 서명하여야 한다.

1. 보험의 목적
2. 보험사고의 성질
3. 보험금액
4. 보험료와 그 지급방법
5. 보험기간을 정한 때에는 그 시기와 종기
6. 무효와 실권의 사유
7. 보험계약자의 주소와 성명 또는 상호
7의2. 피보험자의 주소, 성명 또는 상호
8. 보험계약의 연월일
9. 보험증권의 작성지와 그 작성년월일

상법 제685조(화재보험증권) 화재보험증권에는 제666조에 게기한 사항외에 다음의 사항을 기재하여야 한다.

1. 건물을 보험의 목적으로 한 때에는 그 소재지, 구조와 용도
2. 동산을 보험의 목적으로 한 때에는 그 존치한 장소의 상태와 용도
3. 보험가액을 정한 때에는 그 가액

18. 집합보험에 관한 설명으로 옳지 않은 것은?

① 집합보험이란 경제적으로 독립한 여러 물건의 집합물을 보험의 목적으로 한 보험을 말한다.
② 집합된 물건을 일괄하여 보험의 목적으로 한 때에는 피보험자의 사용인의 물건도 보험의 목적에 포함된 것으로 본다.
③ 집합된 물건을 일괄하여 보험의 목적으로 한 때에는 그 목적에 속한 물건이 보험기간 중에 수시로 교체된 경우에도 보험계약체결 시에 존재한 물건은 보험의 목적에 포함된 것으로 한다.
④ 집합된 물건을 일괄하여 보험의 목적으로 한 때에는 피보험자의 가족의 물건도 보험

의 목적에 포함된 것으로 본다.

정답 및 해설 ③

상법 제687조(동전) 집합된 물건을 일괄하여 보험의 목적으로 한 때에는 그 목적에 속한 물건이 보험기간 중에 수시로 교체된 경우에도 보험사고의 발생 시에 현존한 물건은 보험의 목적에 포함된 것으로 한다.

19. 중복보험에 관한 설명으로 옳은 것은?

① 중복보험에서 보험금액의 총액이 보험가액을 초과한 경우 보험자는 각자의 보험금액의 한도에서 연대책임을 진다.
② 피보험이익이 다를 경우에도 중복보험이 성립할 수 있다.
③ 중복보험에서 수인의 보험자 중 1인에 대한 권리의 포기는 다른 보험자의 권리의무에 영향을 미친다.
④ 중복보험이 성립하기 위해서는 보험계약자가 동일하여야 한다.

정답 및 해설 ①

상법 제672조(중복보험) ①동일한 보험계약의 목적과 동일한 사고에 관하여 수개의 보험계약이 동시에 또는 순차로 체결된 경우에 그 보험금액의 총액이 보험가액을 초과한 때에는 보험자는 각자의 보험금액의 한도에서 연대책임을 진다. 이 경우에는 각 보험자의 보상책임은 각자의 보험금액의 비율에 따른다.
상법 제673조(중복보험과 보험자 1인에 대한 권리포기) 제672조의 규정에 의한 수개의 보험계약을 체결한 경우에 보험자 1인에 대한 권리의 포기는 다른 보험자의 권리의무에 영향을 미치지 아니한다.

20. 보험가액에 관한 설명으로 옳은 것은?

① 당사자 간에 보험가액을 정할 때에는 그 가액은 보험기간 개시 시의 가액으로 정한 것으로 추정한다.
② 미평가보험의 경우 사고발생 시의 가액을 보험가액으로 한다.
③ 보험가액은 변동되지 않는다.
④ 기평가보험에서 보험가액이 사고발생 시의 가액을 현저하게 초과할 때에는 보험기간 개시 시의 가액을 보험가액으로 한다.

정답 및 해설 ②

보험가액은 계약당시의 가액에 의하여 정한다.

상법 제669조(초과보험) ①보험금액이 보험계약의 목적의 가액을 현저하게 초과한 때에는 보험자 또는 보험계약자는 보험료와 보험금액의 감액을 청구할 수 있다. 그러나 보험료의 감액은 장래에 대하여서만 그 효력이 있다.

②제1항의 가액은 계약당시의 가액에 의하여 정한다.

③보험가액이 보험기간 중에 현저하게 감소된 때에도 제1항과 같다.

상법 제671조(미평가보험) 당사자간에 보험가액을 정하지 아니한 때에는 사고발생시의 가액을 보험가액으로 한다.

상법 제670조(기평가보험) 당사자간에 보험가액을 정한 때에는 그 가액은 사고발생시의 가액으로 정한 것으로 추정한다. 그러나 그 가액이 사고발생시의 가액을 현저하게 초과할 때에는 사고발생시의 가액을 보험가액으로 한다.

21. 손해보험계약에 관한 설명으로 옳지 않은 것은?

① 손해보험은 정액보험으로만 운영된다.
② 손해보험계약은 피보험자의 손해의 발생요소로 한다.
③ 손해보험계약의 보험자는 보험사고로 인하여 생길 피보험자의 재산상의 손해를 보상할 책임이 있다.
④ 보험사고의 성질은 손해보험증군의 필수적 기재사항이다.

정답 및 해설 ①

손해보험은 실손보험이다.

22. 초과보험에 관한 설명으로 옳지 않은 것은?

① 초과보험이 성립하기 위해서는 보험금액이 보험계약의 목적의 가액을 현저하게 초과하여야 한다.
② 보험가액이 보험기간 중에 현저하게 감소한 경우에 보험자 또는 보험계약자는 보험료와 보험금액의 감액을 청구할 수 있다.
③ 보험계약자의 사기로 인하여 체결된 초과보험계약은 무효로 한다.

④ 초과보험의 효과로서 보험료 감액 청구에 따른 보험료의 감액은 소급효가 있다.

정답 및 해설 ④

상법 제669조(초과보험) ①보험금액이 보험계약의 목적의 가액을 현저하게 초과한 때에는 보험자 또는 보험계약자는 보험료와 보험금액의 감액을 청구할 수 있다. 그러나 보험료의 감액은 장래에 대하여서만 그 효력이 있다.

23. 일부보험에 관한 설명으로 옳지 않은 것은?

① 일부보험에 관한 상법의 규정은 강행규정으로 당사자 간 다른 약정으로 손해보상액을 보험금액의 한도로 변경할 수 없다.
② 일부보험의 경우 당사자 간에 다른 약정이 없는 때에는 보험자는 보험금액의 보험가액에 대한 비율에 따라 보상할 책임을 진다.
③ 일부보험은 보험계약자가 보험료를 절약할 목적 등으로 활용된다.
④ 일부보험은 보험가액의 일부를 보험에 붙인 보험이다.

정답 및 해설 ①

상법 제674조(일부보험) 보험가액의 일부를 보험에 붙인 경우에는 보험자는 보험금액의 보험가액에 대한 비율에 따라 보상할 책임을 진다. 그러나 당사자간에 다른 약정이 있는 때에는 보험자는 보험금액의 한도 내에서 그 손해를 보상할 책임을 진다.

24. 보험자대위에 관한 설명으로 옳지 않은 것은?

① 실손 보상의 원칙을 구현하기 위한 제도이다.
② 일부보험의 경우에도 잔존물대위가 인정된다.
③ 잔존물대위는 보험의 목적의 일부가 멸실한 경우에도 성립한다.
④ 보험금을 일부 지급한 경우 피보험자의 권리를 해하지 않는 범위 내에서 청구권대위가 인정된다.

정답 및 해설 ③

상법 제681조(보험목적에 관한 보험대위) 보험의 목적의 전부가 멸실한 경우에 보험금액의 전부를 지급한 보험자는 그 목적에 대한 피보험자의 권리를 취득한다. 그러나 보험가액의 일부를 보험에 붙인 경우에는 보험자가 취득할 권리는 보험금액의 보험가액에 대한 비율에 따라 이를 정한다.

25. 손해액의 산정 기준에 관한 설명으로 옳은 것을 모두 고른 것은?

> ㄱ. 보험자가 보상할 손해액은 그 손해가 발생한 때와 곳의 가액에 의하여 산정하는 것을 원칙으로 한다.
> ㄴ. 보험자가 보상할 손해액에 관하여 당사자 간에 다른 약정이 있는 때에는 신품가액에 의하여 손해액을 산정할 수 있다.
> ㄷ. 손해액의 산정에 관한 비용은 보험자가 부담한다.

① ㄱ
② ㄱ, ㄴ
③ ㄱ, ㄷ
④ ㄱ, ㄴ, ㄷ

정답 및 해설 ④

상법 제676조(손해액의 산정기준) ①보험자가 보상할 손해액은 그 손해가 발생한 때와 곳의 가액에 의하여 산정한다. 그러나 당사자간에 다른 약정이 있는 때에는 그 신품가액에 의하여 손해액을 산정할 수 있다.
②제1항의 손해액의 산정에 관한 비용은 보험자의 부담으로 한다.

■■■ 농어업재해보험법령 및 규정

26. 농어업재해보험법령상 가축재해보험의 목적물이 아닌 것은?

① 소
② 오리
③ 개
④ 타조

정답 및 해설 ③

재해보험의 종류	보험목적물
농작물 재해보험	사과·배·포도·단감·감귤·복숭아·참다래·자두·감자·콩·양파·고추·옥수수·고구마·마늘·매실·벼·오디·차·느타리버섯·양배추·밀·유자·무화과·메밀·인삼·브로콜리·양송이버섯·새송이버섯·배추·무·파·호박·당근·시설(수박·딸기·토마토·오이·참외·풋고추·호박·국화·장미·멜론·파프리카·부추·시금치·상추·배추·가지·파·무·백합·카네이션·미나리·쑥갓)
	위 농작물의 재배시설 (부대시설 포함)
임산물 재해보험	떫은감·밤·대추·복분자·표고버섯·오미자
	위 임산물의 재배시설 (부대시설 포함)
가축 재해보험	소·말·돼지·닭·오리·꿩·메추리·칠면조·사슴·거위·타조·양·벌·토끼·오소리·관상조(觀賞鳥)
	위 가축의 축사 (부대시설 포함)

27. 농어업재해보험법령상 재해보험의 종류에 따른 보험가입자의 기준에 해당하지 않는 것은?

① 농작물재해보험 : 농업재해보험심의회를 거쳐 농림축산식품부장관이 고시하는 농작물을 재배하는 개인
② 임산물재해보험 : 농업재해보험심의회를 거쳐 농림축산식품부장관이 고시하는 임산물을 재배하는 개인
③ 가축재해보험 : 농업재해보험심의회를 거쳐 농림축산식품부장관이 고시하는 가축을 사육하는 개인
④ 양식수산물재해보험 : 어업재해보험심의회를 거쳐 해양수산부장관이 고시하는 자연수산물을 채취하는 법인

정답 및 해설 ④

시행령 제9조(보험가입자의 기준) 법 제7조에 따른 보험가입자의 기준은 다음 각 호의 구분에 따른다.
1. 농작물재해보험: 법 제5조에 따라 농림축산식품부장관이 고시하는 농작물을 재배하는 자

1의2. 임산물재해보험: 법 제5조에 따라 농림축산식품부장관이 고시하는 임산물을 재배하는 자

2. 가축재해보험: 법 제5조에 따라 농림축산식품부장관이 고시하는 가축을 사육하는 자

3. 양식수산물재해보험: 법 제5조에 따라 해양수산부장관이 고시하는 양식수산물을 양식하는 자

28. 농어업재해보험법령상 재해보험사업의 약정을 체결하려는 자가 농림축산식품부장관 또는 해양수산부장관에게 제출하여야 하는 서류에 해당하지 않는 것은?

① 정관
② 사업방법서
③ 보험약관
④ 보험요율의 산정자료

정답 및 해설 ④

약정체결에 필요한 서류

1. 사업방법서, 보험약관, 보험료 및 책임준비금산출방법서

2. 그 밖에 대통령령으로 정하는 서류 : 정관

29. 농어업재해보험법령상 가축재해보험의 손해평가인으로 위촉될 수 있는 자격요건을 갖춘 자는?

① 「수의사법」에 따른 수의사
② 농촌진흥청에서 가축사육분야에 관한 연구·지도 업무를 1년간 담당한 공무원
③ 「수산업협동조합법」에 따른 중앙회와 조합의 임직원으로 수산업지원 관련 업무를 3년간 담당한 경력이 있는 사람
④ 재해보험 대상 가축을 3년간 사육한 경력이 있는 농업인

정답 및 해설 ①

가축 재해보험 손해평가인	1. 재해보험 대상 가축을 5년 이상 사육한 경력이 있는 농업인 2. 공무원으로 농림축산식품부, 농촌진흥청, 통계청 또는 지방자치단체나 그 소속기관에서 가축사육 분야에 관한 연구·지도 또는 가축 통계조사 업무를 3년 이상 담당한 경력이 있는 사람 3. 교원으로 고등학교에서 가축사육 분야 관련 과목을 5년 이상 교육한 경력이 있는 사람

	4. 조교수 이상으로 「고등교육법」 제2조에 따른 학교에서 가축사육 관련학을 3년 이상 교육한 경력이 있는 사람
	5. 「보험업법」에 따른 보험회사의 임직원이나 「농업협동조합법」에 따른 중앙회와 조합의 임직원으로 영농 지원 또는 보험·공제 관련 업무를 3년 이상 담당하였거나 손해평가 업무를 2년 이상 담당한 경력이 있는 사람
	6. 「고등교육법」 제2조에 따른 학교에서 가축사육 관련학을 전공하고 축산전문 연구기관 또는 연구소에서 5년 이상 근무한 학사학위 이상 소지자
	7. 「고등교육법」 제2조에 따른 전문대학에서 보험 관련 학과를 졸업한 사람
	8. 「학점인정 등에 관한 법률」 제8조에 따라 전문대학의 보험 관련 학과 졸업자와 같은 수준 이상의 학력이 있다고 인정받은 사람이나 「고등교육법」 제2조에 따른 학교에서 80학점(보험 관련 과목 학점이 45학점 이상이어야 한다) 이상을 이수한 사람 등 제7호에 해당하는 사람과 같은 수준 이상의 학력이 있다고 인정되는 사람
	9. 「수의사법」에 따른 수의사
	10. 「국가기술자격법」에 따른 축산기사 이상의 자격을 소지한 사람

30. 농어업재해보험법령상 손해평가사의 시험에 관한 설명으로 옳은 것은?

① 손해평가사 자격이 취소된 사람은 그 취소처분이 있은 날로부터 2년이 지나지 아니한 경우 손해평가사 자격시험에 응시하지 못한다.
② 「보험업법」에 따른 손해사정사에 대하여는 손해평가사 제1차 시험을 면제할 수 없다.
③ 농림축산식품부장관은 손해평가사의 수급(需給)상 필요와 무관하게 손해평가사 자격시험을 매년 1회 실시하여야 한다.
④ 손해평가인으로 위촉된 기간이 3년 이상인 사람으로서 손해평가업무를 수행한 경력이 있는 사람은 손해평가사 제2차 시험의 일부과목을 면제한다.

정답 및 해설 ①

시행령 제12조의5(손해평가사 자격시험의 일부 면제) ① 법 제11조의4제2항에서 "대통령령으로 정하는 기준에 해당하는 사람"이란 다음 각 호의 어느 하나에 해당하는 사람을 말한다.

1. 법 제11조제1항에 따른 손해평가인으로 위촉된 기간이 3년 이상인 사람으로서 손해평가 업무를 수행한 경력이 있는 사람
2. 「보험업법」 제186조에 따른 손해사정사
3. 다음 각 목의 기관 또는 법인에서 손해사정 관련 업무에 3년 이상 종사한 경력이 있는 사람

가. 「금융위원회의 설치 등에 관한 법률」에 따라 설립된 금융감독원
나. 「농업협동조합법」에 따른 농업협동조합중앙회. 이 경우 법률 제10522호 농업협동조합법 일부개정법률 제134조의5의 개정규정에 따라 농협손해보험이 설립되기 전까지의 농업협동조합중앙회에 한정한다.

다. 「보험업법」 제4조에 따른 허가를 받은 손해보험회사
라. 「보험업법」 제175조에 따라 설립된 손해보험협회
마. 「보험업법」 제187조제2항에 따른 손해사정을 업(業)으로 하는 법인
바. 「화재로 인한 재해보상과 보험가입에 관한 법률」 제11조에 따라 설립된 한국화재보험협회

② 제1항 각 호의 어느 하나에 해당하는 사람에 대해서는 손해평가사 자격시험 중 제1차 시험을 면제한다.

③ 제1차 시험에 합격한 사람에 대해서는 다음 회에 한정하여 제1차 시험을 면제한다.

31. 농어업재해보험법령상 손해평가사의 자격취소의 사유에 해당하지 않는 것은?

① 손해평가사가 다른 사람에게 자격증을 빌려준 경우
② 손해평가사가 정당한 사유 없이 손해평가업무를 거부한 경우
③ 손해평가사가 다른 사람에게 손해평가사 업무를 수행하게 한 경우
④ 손해평가사가 그 자격을 부정한 방법으로 취득한 경우

정답 및 해설 ②

법 제11조의5(손해평가사의 자격 취소) 농림축산식품부장관은 다음 각 호의 어느 하나에 해당하는 사람에 대하여 손해평가사 자격을 취소할 수 있다.

1. 손해평가사의 자격을 거짓 또는 부정한 방법으로 취득한 사람
2. 거짓으로 손해평가를 한 사람
3. 다른 사람에게 손해평가사의 업무를 수행하게 하거나 자격증을 빌려준 사람

32. 농어업재해보험법령상 손해평가사가 그 직무를 게을리 하거나 직무를 수행하면서 부적절한 행위를 하였다고 인정될 경우, 농림축산식품부장관이 손해평가사에게 명할 수 있는 업무정지의 최장 기간은?

① 6개월   ② 1년
③ 2년   ④ 3년

정답 및 해설 ②

법 제11조의6(손해평가사의 감독) 농림축산식품부장관은 손해평가사가 그 직무를 게을리하거나 직무를 수행하면서 부적절한 행위를 하였다고 인정하면 1년 이내의 기간을 정하여 업무의 정지를 명할 수 있다.

33. 농어업재해보험법령의 내용으로 옳지 않은 것은?

① 보험가입자는 재해로 인한 사고의 예방을 위하여 노력하여야 한다.
② 보험목적물이 담보로 제공된 경우에도 재해보험의 보험금을 지급받을 권리는 압류할 수 없다.
③ 재해보험가입자가 재해보험에 가입된 보험목적물을 양도하는 경우 그 양수인은 재해보험계약에 관한 양도인의 권리 및 의무를 승계한 것으로 추정한다.
④ 재해보험사업자는 손해평가인으로 위촉된 사람에 대하여 보험에 관한 기초지식, 보험약관 및 손해평가요령 등에 관한 실무교육을 하여야 한다.

정답 및 해설 ②

법 제12조(수급권의 보호) 재해보험의 보험금을 지급받을 권리는 압류할 수 없다. 다만, 보험목적물이 담보로 제공된 경우에는 그러하지 아니하다.

34. 농업재해보험 손해평가요령에 따른 손해평가반 구성에 포함될 수 있는 자를 모두 고른 것은?

| ㄱ. 손해평가인 | ㄴ. 손해평가사 |
| ㄷ. 재물손해사정사 | ㄹ. 신체손해사정사 |

① ㄱ, ㄴ
② ㄴ, ㄷ
③ ㄱ, ㄴ, ㄷ
④ ㄱ, ㄴ, ㄷ, ㄹ

정답 및 해설 ④

농업재해보험은 대물손해보험이다.

35. 농어업재해보험법에서 사용하는 용어의 정의로 옳지 않은 것은?

① "농어업재해보험"이란 농어업재해로 발생하는 재산 피해에 따른 손해를 보상하기 위한 보험을 말한다.
② "보험료"란 보험가입자와 보험사업자 간의 약정에 따라 보험가입자가 보험사업자에게 내야 하는 금액을 말한다.
③ "보험가입금액"이란 보험가입자의 재산 피해에 따른 손해가 발생한 경우 보험에서 최대로 보상할 수 있는 한도액으로서 보험가입자와 보험사업자간에 약정한 금액을 말한다.
④ "보험금"이란 보험가입자에게 재해로 인한 재산피해에 따른 손해가 발생한 경우 그 정도에 따라 정부가 보험가입자에게 지급하는 금액을 말한다.

정답 및 해설 ④

"보험금"이란 보험가입자에게 재해로 인한 재산 피해에 따른 손해가 발생한 경우 보험가입자와 보험사업자 간의 약정에 따라 보험사업자가 보험가입자에게 지급하는 금액을 말한다.

36. **농어업재해보험법상 회계구분에 관한 내용이다. (　　)에 들어갈 용어는?**

( )은(는) 재해보험사업의 회계를 다른 회계와 구분하여 회계 처리함으로써 손익관계를 명확히 하여야 한다.

① 손해평가사　　　　　　　　② 농림축산식품부장관
③ 재해보험사업자　　　　　　④ 지방자치단체의 장

정답 및 해설 ③

법 제15조(회계 구분) 재해보험사업자는 재해보험사업의 회계를 다른 회계와 구분하여 회계처리함으로써 손익관계를 명확히 하여야 한다.

37. **농어업재해보험법령상 농림축산식품부장관이 재보험에 가입하려는 재해보험사업자와 재보험 약정체결 시 포함되어야 할 사항으로 옳지 않은 것은?**

① 재보험수수료
② 정부가 지급하여야 할 보험금

③ 농어업재해보험기금의 운용수익금
④ 재해보험사업자가 정부에 내야 할 보험료

정답 및 해설 ③

법 제20조(재보험사업) ① 정부는 재해보험에 관한 재보험사업을 할 수 있다.

② 농림축산식품부장관 또는 해양수산부장관은 재보험에 가입하려는 재해보험사업자와 다음 각 호의 사항이 포함된 재보험 약정을 체결하여야 한다.

1. 재해보험사업자가 정부에 내야 할 보험료에 관한 사항
2. 정부가 지급하여야 할 보험금에 관한 사항
3. 그 밖에 재보험수수료 등 재보험 약정에 관한 것으로서 대통령령으로 정하는 사항

③ 농림축산식품부장관은 해양수산부장관과 협의를 거쳐 재보험사업에 관한 업무의 일부를 「농업·농촌 및 식품산업 기본법」 제63조의2제1항에 따라 설립된 농업정책보험금융원(이하 "농업정책보험금융원"이라 한다)에 위탁할 수 있다.

시행령 제16조(재보험 약정서) 법 제20조제2항제3호에서 "대통령령으로 정하는 사항"이란 다음 각 호의 사항을 말한다.

1. 재보험수수료에 관한 사항
2. 재보험 약정기간에 관한 사항
3. 재보험 책임범위에 관한 사항
4. 재보험 약정의 변경·해지 등에 관한 사항
5. 재보험금 지급 및 분쟁에 관한 사항
6. 그 밖에 재보험의 운영·관리에 관한 사항

38. 농어업재해보험법령상 농어업재해보험기금의 관리·운용에 관한 설명으로 옳지 않은 것은?

① 기금은 농림축산식품부장관이 해양수산부장관과 협의하여 관리·운용한다.
② 농림축산식품부장관은 기획재정부장관과 협의를 거쳐 기금의 관리·운용에 관한 사무의 전부를 농업정책금융원에 위탁할 수 있다.
③ 기금수탁관리자는 회계연도마다 기금결산보고서를 작성하여 다음 회계연도 2월 15일까지 농림축산식품부장관 및 해양수산부장관에게 제출하여야 한다.
④ 농림축산식품부장관은 해양수산부장관과 협의하여 기금의 여유자금을 「은행법」에 따른 은행에의 예치의 방법으로 운용할 수 있다.

정답 및 해설 ②

농림축산식품부장관은 해양수산부장관과 협의를 거쳐 재보험사업에 관한 업무의 일부를 「농업·농촌 및 식품산업 기본법」 제63조의2제1항에 따라 설립된 농업정책보험금융원에 위탁할 수 있다.

39. 농어업재해보험법령상 농림축산식품부장관이 농작물 재해보험사업을 효율적으로 추진하기 위하여 수행하는 업무로 옳지 않은 것은?

① 피해 관련 분쟁조정
② 손해평가인력의 육성
③ 재해보험 상품의 연구 및 보급
④ 손해평가기법의 연구·개발 및 보급

정답 및 해설 ①

법 제25조의2(농업재해보험사업의 관리) ① 농림축산식품부장관은 재해보험(양식수산물재해보험을 제외한다. 이하 이 조에서 같다)사업을 효율적으로 추진하기 위하여 다음 각 호의 업무를 수행한다.

1. 재해보험사업의 관리·감독
2. 재해보험 상품의 연구 및 보급
3. 재해 관련 통계 생산 및 데이터베이스 구축·분석
4. 손해평가인력의 육성
5. 손해평가기법의 연구·개발 및 보급

40. 농어업재해보험법령상 재정지원에 관한 설명으로 옳은 것은?

① 정부는 재해보험가입자가 부담하는 보험료와 재해보험사업자의 재해보험의 운영 및 관리에 필요한 비용을 지원하여야 한다.
② 지방자치단체는 재해보험사업자의 운영비를 추가로 지원하여야 한다.
③ 농림축산식품부장관·해양수산부장관 및 지방자치단체의 장은 보험료의 일부를 재해보험가입자에게 지급하여야 한다.
④ 「풍수해보험법」에 따른 풍수해보험에 가입한 자가 동일한 보험 목적물을 대상으로 재해보험에 가입한 경우에는 정부가 재정지원을 하지 아니한다.

정답 및 해설 ④

법 제19조(재정지원) ① 정부는 예산의 범위에서 재해보험가입자가 부담하는 보험료의 일부와 재해보험사업자의 재해보험의 운영 및 관리에 필요한 비용(이하 "운영비"라 한다)의 전부 또는 일부를 지원할 수 있다. 이 경우 지방자치단체는 예산의 범위에서 재해보험가입자가 부담하는 보험료의 일부를 추가로 지원할 수 있다.

② 농림축산식품부장관·해양수산부장관 및 지방자치단체의 장은 제1항에 따른 지원 금액을 재해보험사업자에게 지급하여야 한다.

③ 「풍수해보험법」에 따른 풍수해보험에 가입한 자가 동일한 보험목적물을 대상으로 재해보험에 가입할 경우에는 제1항에도 불구하고 정부가 재정지원을 하지 아니한다.

④ 제1항에 따른 보험료와 운영비의 지원 방법 및 지원 절차 등에 필요한 사항은 대통령령으로 정한다.

41. 농어업재해보험법상 농작물재해보험에 관한 손해평가사 업무로 옳지 않은 것은?

① 손해액 평가
② 보험가액 평가
③ 피해사실 확인
④ 손해평가인증의 발급

정답 및 해설 ④

법 제11조의3(손해평가사의 업무) 손해평가사는 농작물재해보험 및 가축재해보험에 관하여 다음 각 호의 업무를 수행한다.

1. 피해사실의 확인
2. 보험가액 및 손해액의 평가
3. 그 밖의 손해평가에 필요한 사항

42. 농어업재해보험법령상 재해보험사업자가 수립하는 보험가입촉진계획에 포함되어야 할 사항에 해당하지 않는 것은?

① 농어업재해재보험기금 관리·운용계획
② 해당 연도의 보험 상품 운영계획
③ 보험 상품의 개선·개발계획
④ 전년도의 성과분석 및 해당 연도의 사업계획

정답 및 해설 ①

시행령 제22조의2(보험가입촉진계획의 제출 등) ① 법 제28조의2제1항에 따른 보험가입촉진계획에는 다음 각 호의 사항이 포함되어야 한다.
1. 전년도의 성과분석 및 해당 연도의 사업계획
2. 해당 연도의 보험상품 운영계획
3. 농어업재해보험 교육 및 홍보계획
4. 보험상품의 개선·개발계획
5. 그 밖에 농어업재해보험 가입 촉진을 위하여 필요한 사항

43. 농업재해보험 손해평가요령에 따른 손해평가 업무를 원활히 수행하기 위하여 손해평가 보조인을 운용할 수 있는 자를 모두 고른 것은?

| ㄱ. 재해보험사업자 |
| ㄴ. 재해보험사업자의 업무를 위탁받은 자 |
| ㄷ. 손해평가를 요청한 보험가입자 |
| ㄹ. 재해발생 지역의 지방자치단체 |

① ㄱ
② ㄷ
③ ㄱ, ㄴ
④ ㄱ, ㄷ, ㄹ

정답 및 해설 ③

시행규칙[용어정의] "손해평가"라 함은「농어업재해보험법」제2조제1호에 따른 피해가 발생한 경우 법 제11조 및 제11조의3에 따라 손해평가인, 손해평가사 또는 손해사정사가 그 피해사실을 확인하고 평가하는 일련의 과정을 말한다.
시행규칙 제4조 재해보험사업자 및 제7조에 따라 손해평가 업무를 위탁받은 자는 손해평가 업무를 원활히 수행하기 위하여 손해평가보조인을 운용할 수 있다.

44. 농업재해보험 손해평가요령에 따른 손해평가인 위촉의 취소사유에 해당하지 않는 것은?

① 업무수행에 관련하여「개인정보보호법」을 위반한 경우
② 위촉당시 피 성년 후견인이었음이 판명된 경우

③ 거짓 그 밖의 부정한 방법으로 손해평가인으로 위촉된 경우
④ 「농어업재해보험법」제30조에 의하여 벌금이상의 형을 선고받고 그 집행이 종료된 날로부터 2년이 경과되지 않은 경우

정답 및 해설 ①

시행규칙 제6조(손해평가인 위촉의 취소 및 해지) ① 재해보험사업자는 손해평가인이 다음 각 호의 어느 하나에 해당하게 되거나 위촉당시에 해당하는 자이었음이 판명된 때에는 그 위촉을 취소하여야 한다.

1. 피성년후견인 또는 피한정후견인
2. 파산선고를 받은 자로서 복권되지 아니한 자
3. 법 제30조에 의하여 벌금이상의 형을 선고받고 그 집행이 종료(집행이 종료된 것으로 보는 경우를 포함한다)되거나 집행이 면제된 날로부터 2년이 경과되지 아니한 자
4. 동 조에 따라 위촉이 취소된 후 2년이 경과하지 아니한 자
5. 거짓 그 밖의 부정한 방법으로 제4조에 따라 손해평가인으로 위촉된 자

② 재해보험사업자는 손해평가인이 다음 각 호의 어느 하나에 해당하는 때에는 6개월 이내의 기간을 정하여 그 업무의 정지를 명하거나 그 위촉을 해지할 수 있다.

1. 법 제11조제2항 및 이 요령의 규정을 위반 한 때
2. 법 및 이 요령에 의한 명령이나 처분을 위반한 때
3. 업무수행과 관련하여 「개인정보보호법」, 「신용정보의 이용 및 보호에 관한 법률」 등 정보보호와 관련된 법령을 위반한 때

③ 재해보험사업자는 제1항 및 제2항에 따라 위촉을 취소하거나 업무의 정지를 명하고자 하는 때에는 손해평가인에게 청문을 실시하여야 한다. 다만, 손해평가인이 청문에 응하지 아니할 경우에는 서면으로 위촉을 취소하거나 업무의 정지를 통보할 수 있다.

④ 재해보험사업자는 손해평가인을 해촉하거나 손해평가인에게 업무의 정지를 명한 때에는 지체 없이 이유를 기재한 문서로 그 뜻을 손해평가인에게 통지하여야 한다.

45. 농업재해보험 손해평가요령에 따른 농작물의 손해평가 단위는?

① 농가별
② 농지별
③ 필지(지번)별
④ 품종별

정답 및 해설 ②

시행규칙 제12조(손해평가 단위) ① 보험목적물별 손해평가 단위는 다음 각 호와 같다.

1. 농작물 : 농지별
2. 가축 : 개별가축별(단, 벌은 벌통 단위)
3. 농업시설물 : 보험가입 목적물별

46. 농업재해보험 손해평가요령에 따른 보험가액 산정에 관한 설명으로 옳지 않은 것은?

① 농작물의 생산비보장 보험가액은 작물별로 보험가입 당시 정한 보험가액을 기준으로 산정한다. 다만, 보험가액에 영향을 미치는 가입면적 등이 가입당시와 다를 경우 변경할 수 있다.
② 나무 손해보장 보험가액은 기재된 보험목적물이 나무인 경우로 최초 보험사고 발생 시의 해당 농지 내에 심어져 있는 과실생산이 가능한 나무에서 피해 나무를 제외한 수에 보험가입 당시의 나무 당 가입가격을 곱하여 산정한다.
③ 가축에 대한 보험가액은 보험사고가 발생한 때와 곳에서 평가한 보험목적물의 수량에 적용가격을 곱하여 산정한다.
④ 농업시설물에 대한 보험가액은 보험사고가 발생한 때와 곳에서 평가한 피해목적물의 재조달가액에서 내용 연수에 따른 감가상각률을 적용하여 계산한 감가상각액을 차감하여 산정한다.

정답 및 해설 ②

시행규칙 제13조(농작물의 보험가액 및 보험금 산정) ① 농작물에 대한 보험가액 산정은 다음 각 호와 같다.
1. 특정위험방식 보험가액은 적과후 착과수조사를 통해 산정한 기준수확량에 보험가입 당시의 단위당 가입가격을 곱하여 산정한다. 다만, 인삼은 가입면적에 보험가입 당시의 단위당 가입가격을 곱하여 산정하되, 보험가액에 영향을 미치는 가입면적, 연근 등이 가입당시와 다를 경우 변경할 수 있다.
2. 적과전종합위험방식의 보험가액은 적과후착과수조사를 통해 산정한 기준수확량에 보험가입 당시의 단위당 가입가격을 곱하여 산정한다.
3. 종합위험방식 보험가액은 보험증권에 기재된 보험목적물의 평년수확량에 보험가입 당시의 단위당 가입가격을 곱하여 산정한다. 다만, 보험가액에 영향을 미치는 가입면적, 주수, 수령, 품종 등이 가입당시와 다를 경우 변경할 수 있다.
4. 생산비보장의 보험가액은 작물별로 보험가입 당시 정한 보험가액을 기준으로 산정한다. 다만, 보험가액에 영향을 미치는 가입면적 등이 가입당시와 다를 경우 변경할 수 있다.

5. 나무손해보장의 보험가액은 기재된 보험목적물이 나무인 경우로 최초 보험사고 발생시의 해당 농지 내에 심어져 있는 과실생산이 가능한 나무 수(피해 나무 수 포함)에 보험가입 당시의 나무당 가입가격을 곱하여 산정한다.

47. 농업재해보험 손해평가요령 상 농작물의 품목별·재해별·시기별·손해수량 조사방법 중 특정위험방식 상품 "사과"에 관한 기술이다. (   )에 들어갈 내용으로 옳은 것은?

생육시기	재해	조사시기	조사내용
적과 후 ~ 수확 전	우박	사고접수 후 지체 없이	( )

① 유과타박률 조사
② 적과 후 착과 수 조사
③ 낙과 수 조사
④ 수확 전 착과피해 조사

정답 및 해설 ①

48. 농업재해보험 손해평가요령 상 농작물의 품목별·재해별·시기별·손해수량 조사방법 중 종합위험방식 상품인 "벼"에만 해당하는 조사내용으로 옳은 것은?

① 피해사실 확인조사
② 재이앙(재직파)피해조사
③ 경작불능피해조사
④ 수확량조사

정답 및 해설 ②

49. 농업재해보험 손해평가요령에 따른 손해평가준비 및 평가결과 제출에 관한 설명으로 옳지 않은 것은?

① 손해평가반은 손해평가결과를 기록할 수 있도록 현지조사서를 직접 마련해야 한다.
② 손해평가반은 보험가입자가 정당한 사유 없이 서명을 거부하는 경우 보험가입자에게 손해평가 결과를 통지한 후 서명 없이 현지조사서를 재해보험사업자에게 제출하여야 한다.

③ 손해평가반은 보험가입자가 정당한 사유 없이 손해평가를 거부하여 손해평가를 실시하지 못한 경우에는 그 피해를 인정할 수 없는 것으로 평가한다는 사실을 보험가입자에게 통지한 후 현지조사서를 재해보험사업자에게 제출하여야 한다.
④ 재해보험사업자는 보험가입자가 손해평가반의 손해평가결과에 대하여 설명 또는 통지를 받은 날로부터 7일 이내에 손해평가가 잘못되었음을 증빙하는 서류 또는 사진 등을 제출하는 경우 다른 손해평가반으로 하여금 재조사를 실시하게 할 수 있다.

정답 및 해설 ①

현지조사서는 재해보험사업자가 사전에 준비한다.

50. 농업재해보험 손해평가요령 상 농작물의 보험금 산정 기준에 따른 종합위험방식 수확감소보장 "양파"의 경우, 다음 조건으로 산정한 보험금은?

o 보험가입금액 : 1,000만원	o 자기부담비율 : 20%
o 가입수확량 : 10,000kg	o 평년수확량 : 20,000kg
o 수확량 : 5,000kg	o 미보상감수량 : 1,000kg

① 300만원 ② 400만원
③ 500만원 ④ 600만원

정답 및 해설 ③

보험금 = 보험가입금액 × (피해율 − 자기부담비율) = 1,000만원 × (0.7−0.2) = 500만원

피해율 = (평년수확량 − 조사수확량 − 미보상감수량) / 평년수확량
     = (20,000−5,000−1,000)/20,000 = 70%

부록 제4회 기출문제 및 해설

■■■ 상법 「보험편」

1. 보험계약에 관한 설명으로 옳지 않은 것은?

① 보험계약은 보험자의 청약에 대하여 보험계약자가 승낙함으로써 이루어진다.
② 보험계약은 보험자의 보험금 지급책임이 우연한 사고의 발생에 달려 있으므로 사행계약의 성질을 갖는다.
③ 보험계약의 효력발생에 특별한 요식행위를 요하지 않는다.
④ 상법 보험편의 보험계약에 관한 규정은 그 성질에 반하지 아니하는 범위에서 상호보험에 준용한다.

정답 및 해설 ①

제638조의2(보험계약의 성립) ①보험자가 보험계약자로부터 보험계약의 청약과 함께 보험료 상당액의 전부 또는 일부의 지급을 받은 때에는 다른 약정이 없으면 30일내에 그 상대방에 대하여 낙부의 통지를 발송하여야 한다.

2. 보험약관의 교부·설명의무에 관한 설명으로 옳은 것을 모두 고른 것은? (다툼이 있으면 판례에 따름)

ㄱ. 고객이 약관의 내용을 충분히 잘 알고 있는 경우에는 보험자가 고객에게 그 약관의 내용을 따로 설명하지 않아도 되나, 그러한 따로 설명할 필요가 없는 특별한 사정은 이를 주장하는 보험자가 입증하여야 한다.
ㄴ. 약관에 정하여진 중요한 사항이라면 설사 거래상 일반적이고 공통된 것이어서 보험계약자가 별도의 설명 없이도 충분히 예상할 수 있었던 사항이라 할지라도 보험자는 설명의무를 부담한다.
ㄷ. 약관의 내용이 이미 법령에 의하여 정하여진 것을 되풀이 하는 것에 불과한 경우에는 고객에게 이를 따로 설명하지 않아도 된다.

① ㄱ　　② ㄱ, ㄴ　　③ ㄱ, ㄷ　　④ ㄱ, ㄴ, ㄷ

정답 및 해설 ③

거래상 일반적이고 공통된 것이어서 보험계약자가 별도의 설명 없이도 충분히 예상할 수 있었던 사항은 설명의무가 없다.

제638조의3(보험약관의 교부·설명 의무) ① 보험자는 보험계약을 체결할 때에 보험계약자에게 보험약관을 교부하고 그 약관의 중요한 내용을 설명하여야 한다.

② 보험자가 제1항을 위반한 경우 보험계약자는 보험계약이 성립한 날부터 3개월 이내에 그 계약을 취소할 수 있다.

3. 보험증권에 관한 설명으로 옳은 것은?

① 보험기간을 정한 때에는 그 시기와 종기는 상법상 손해보험증권의 기재사항에 해당하지 않는다.
② 기존의 보험계약을 연장하는 경우에 보험자는 그 보험증권에 그 사실을 기재함으로써 보험증권의 교부에 갈음할 수 있다.
③ 보험계약의 당사자는 보험증권의 교부가 있은 날로부터 2주간 내에 한하여 그 증권내용의 정부에 관한 이의를 할 수 있음을 약정할 수 있다.
④ 보험증권을 현저하게 훼손한 때에는 보험계약자는 보험자에 대하여 증권의 재교부를 청구할 수 있는데 그 증권작성의 비용은 보험자의 부담으로 한다.

정답 및 해설 ②

① 제666조(손해보험증권) 손해보험증권에는 다음의 사항을 기재하고 보험자가 기명날인 또는 서명하여야 한다.

1. 보험의 목적
2. 보험사고의 성질
3. 보험금액
4. 보험료와 그 지급방법
5. 보험기간을 정한 때에는 그 시기와 종기
6. 무효와 실권의 사유
7. 보험계약자의 주소와 성명 또는 상호
7의2. 피보험자의 주소, 성명 또는 상호
8. 보험계약의 연월일
9. 보험증권의 작성지와 그 작성년월일

③ 제641조(증권에 관한 이의약관의 효력) 보험계약의 당사자는 보험증권의 교부가 있은 날로부터 일정한 기간 내에 한하여 그 증권내용의 정부에 관한 이의를 할 수 있음을 약정할 수 있다. 이 기간은 1월을 내리지 못한다.

4. 보험계약에 관한 설명으로 옳지 않은 것은?

① 보험계약 당사자 쌍방과 피보험자가 보험계약 당시 보험사고가 발생할 수 없는 것임을 알고 있었던 때에는 그 계약은 무효로 한다.
② 대리인에 의하여 보험계약을 체결한 경우에 대리인이 안 사유는 그 본인이 안 것과 동일한 것으로 한다.
③ 보험계약은 그 계약전의 어느 시기를 보험기간의 시기로 할 수 있다.
④ 보험계약당시에 보험사고가 이미 발생한 때에는 당사자 쌍방과 피보험자가 이를 알지 못한 때에도 그 계약은 무효이다.

정답 및 해설 ①④

제644조(보험사고의 객관적 확정의 효과) 보험계약당시에 보험사고가 이미 발생하였거나 또는 발생할 수 없는 것인 때에는 그 계약은 무효로 한다. 그러나 당사자 쌍방과 피보험자가 이를 알지 못한 때에는 그러하지 아니하다.
① 객관적 확정의 의미는 당사자 쌍방과 피보험자가 보험계약 당시 보험사고가 발생할 수 없는 것임을 알고 있었던가의 주관적 의미가 아니다.

5. 보험대리상 등의 권한에 관한 설명으로 옳은 것은?

① 보험계약자로부터 청약, 고지, 통지, 해지, 취소 등 보험계약에 관한 의사표시를 수령할 수 있는 보험대리상의 권한을 보험자가 제한한 경우 보험자는 그 제한을 이유로 선의의 보험계약자에게 대항하지 못한다.
② 보험자는 보험계약자로부터 보험료를 수령할 수 있는 보험대리상의 권한을 제한할 수 없다.
③ 특정한 보험자를 위하여 계속적으로 보험계약의 체결을 중개하는 자라 할지라도 보험대리상이 아니면 보험자가 작성한 보험증권을 보험계약자에게 교부할 수 있는 권한이 없다.
④ 보험대리상은 보험계약자에게 보험계약의 체결, 변경, 해지 등 보험계약에 관한 의사

표시를 할 수 있는 권한이 없다.

정답 및 해설 ①

제646조의2(보험대리상 등의 권한) ① 보험대리상은 다음 각 호의 권한이 있다.
1. 보험계약자로부터 보험료를 수령할 수 있는 권한
2. 보험자가 작성한 보험증권을 보험계약자에게 교부할 수 있는 권한
3. 보험계약자로부터 청약, 고지, 통지, 해지, 취소 등 보험계약에 관한 의사표시를 수령할 수 있는 권한
4. 보험계약자에게 보험계약의 체결, 변경, 해지 등 보험계약에 관한 의사표시를 할 수 있는 권한

② 제1항에도 불구하고 보험자는 보험대리상의 제1항 각 호의 권한 중 일부를 제한할 수 있다. 다만, 보험자는 그러한 권한 제한을 이유로 선의의 보험계약자에게 대항하지 못한다.

③ 보험대리상이 아니면서 특정한 보험자를 위하여 계속적으로 보험계약의 체결을 중개하는 자는 제1항제1호(보험자가 작성한 영수증을 보험계약자에게 교부하는 경우만 해당한다) 및 제2호의 권한이 있다.

④ 피보험자나 보험수익자가 보험료를 지급하거나 보험계약에 관한 의사표시를 할 의무가 있는 경우에는 제1항부터 제3항까지의 규정을 그 피보험자나 보험수익자에게도 적용한다.

6. 상법(보험편)에 관한 설명이다. 옳지 않은 것은 몇 개인가?

○ 계속보험료가 약정한 시기에 지급되지 아니한 때에는 보험자는 다른 절차 없이 바로 그 계약을 해지할 수 있다.
○ 보험계약의 당사자가 특별한 위험을 예기하여 보험료의 액을 정한 경우에 보험기간 중 그 예기한 위험이 소멸한 때에는 보험계약자는 그 후의 보험료의 감액을 청구할 수 있다.
○ 보험기간 중에 보험계약자 또는 피보험자가 사고발생의 위험이 현저하게 변경 또는 증가된 사실을 안 때에는 지체없이 보험자에게 통지하여야 한다.

① 0개   ② 1개   ③ 2개   ④ 3개

정답 및 해설 ②

제650조(보험료의 지급과 지체의 효과) ② 계속보험료가 약정한 시기에 지급되지 아니한 때에는 보험자는 상당한 기간을 정하여 보험계약자에게 최고하고 그 기간내에 지급되지 아니한 때에는 그 계약을 해지할 수 있다.

제647조(특별위험의 소멸로 인한 보험료의 감액청구) 보험계약의 당사자가 특별한 위험을 예기하여 보험료의 액을 정한 경우에 보험기간중 그 예기한 위험이 소멸한 때에는 보험계약자는 그 후의 보험료의 감액

을 청구할 수 있다.

제652조(위험변경증가의 통지와 계약해지) ①보험기간 중에 보험계약자 또는 피보험자가 사고발생의 위험이 현저하게 변경 또는 증가된 사실을 안 때에는 지체없이 보험자에게 통지하여야 한다. 이를 해태한 때에는 보험자는 그 사실을 안 날로부터 1월내에 한하여 계약을 해지할 수 있다.

7. 고지의무에 관한 설명으로 옳지 않은 것은?

① 보험계약당시에 보험계약자 또는 피보험자가 고의 또는 중대한 과실로 인하여 중요한 사항을 부실의 고지를 한 때에는 보험자는 그 사실을 안 날로부터 3년내에 계약을 해지할 수 있다.
② 보험자가 서면으로 질문한 사항은 중요한 사항으로 추정한다.
③ 손해보험의 피보험자는 고지의무자에 해당한다.
④ 보험자가 계약당시에 고지의무 위반의 사실을 알았거나 중대한 과실로 인하여 알지 못한 때에는 보험자는 그 계약을 해지할 수 없다.

정답 및 해설 ①

제651조(고지의무위반으로 인한 계약해지) 보험계약당시에 보험계약자 또는 피보험자가 고의 또는 중대한 과실로 인하여 중요한 사항을 고지하지 아니하거나 부실의 고지를 한 때에는 보험자는 그 사실을 안 날로부터 1월내에, 계약을 체결한 날로부터 3년내에 한하여 계약을 해지할 수 있다. 그러나 보험자가 계약당시에 그 사실을 알았거나 중대한 과실로 인하여 알지 못한 때에는 그러하지 아니하다.

8. B는 A의 위임을 받아 A를 위하여 자신의 명의로 보험자 C와 손해보험계약을 체결하였다. (단, B는 C에게 A를 위한 계약임을 명시하였고, A에게는 피보험이익이 존재함) 다음 설명으로 옳지 않은 것은? (다툼이 있으면 판례에 따름)

① A는 당연히 보험계약의 이익을 받는 자이므로, 특별한 사정이 없는 한 B의 동의 없이 보험금지급청구권을 행사할 수 있다.
② B가 파산선고를 받은 경우 A가 그 권리를 포기하지 아니하는 한 A도 보험료를 지급할 의무가 있다.
③ 만일 A의 위임이 없었다면 B는 이를 C에게 고지하여야 한다.
④ A는 위험변경증가의 통지의무를 부담하지 않는다.

정답 및 해설 ④

제639조(타인을 위한 보험) ①보험계약자는 위임을 받거나 위임을 받지 아니하고 특정 또는 불특정의 타인을 위하여 보험계약을 체결할 수 있다. 그러나 손해보험계약의 경우에 그 타인의 위임이 없는 때에는 보험계약자는 이를 보험자에게 고지하여야 하고, 그 고지가 없는 때에는 타인이 그 보험계약이 체결된 사실을 알지 못하였다는 사유로 보험자에게 대항하지 못한다.

② 제1항의 경우에는 그 타인은 당연히 그 계약의 이익을 받는다. 그러나 손해보험계약의 경우에 보험계약자가 그 타인에게 보험사고의 발생으로 생긴 손해의 배상을 한 때에는 보험계약자는 그 타인의 권리를 해하지 아니하는 범위안에서 보험자에게 보험금액의 지급을 청구할 수 있다.

③ 제1항의 경우에는 보험계약자는 보험자에 대하여 보험료를 지급할 의무가 있다. 그러나 보험계약자가 파산선고를 받거나 보험료의 지급을 지체한 때에는 그 타인이 그 권리를 포기하지 아니하는 한 그 타인도 보험료를 지급할 의무가 있다.

제652조(위험변경증가의 통지와 계약해지) ①보험기간 중에 보험계약자 또는 피보험자가 사고발생의 위험이 현저하게 변경 또는 증가된 사실을 안 때에는 지체없이 보험자에게 통지하여야 한다. 이를 해태한 때에는 보험자는 그 사실을 안 날로부터 1월내에 한하여 계약을 해지할 수 있다.

9. 상법(보험편)에 관한 설명으로 옳은 것은?

① 보험사고가 발생하기 전에 보험계약의 전부 또는 일부를 해지하는 경우에 보험계약자는 당사자간에 다른 약정이 없으면 미경과보험료의 반환을 청구할 수 없다.
② 보험계약자는 계약체결후 지체없이 보험료의 전부 또는 제1회 보험료를 지급하여야 하며, 보험계약자가 이를 지급하지 아니하는 경우에는 다른 약정이 없는 한 계약성립후 2월이 경과하면 그 계약은 해제된 것으로 본다.
③ 고지의무위반으로 인하여 보험계약이 해지되고 해지환급금이 지급되지 아니한 경우에 보험계약자는 일정한 기간내에 연체보험료에 약정이자를 붙여 보험자에게 지급하고 그 계약의 부활을 청구할 수 있다.
④ 보험계약의 일부가 무효인 경우에는 보험계약자와 피보험자에게 중대한 과실이 있어도 보험자에 대하여 보험료 일부의 반환을 청구할 수 있다.

정답 및 해설 ②

① 제649조(사고발생전의 임의해지) ①보험사고가 발생하기 전에는 보험계약자는 언제든지 계약의 전부 또는 일부를 해지할 수 있다. ③제1항의 경우에는 보험계약자는 당사자간에 다른 약정이 없으면 미경과보험료의 반환을 청구할 수 있다.

③ 제650조의2(보험계약의 부활) 제650조제2항에 따라 보험계약이 해지되고 해지환급금이 지급되지 아니한 경우에 보험계약자는 일정한 기간내에 연체보험료에 약정이자를 붙여 보험자에게 지급하고 그 계약

의 부활을 청구할 수 있다.(단, 고지의무위반으로 계약이 해지된 경우 부활 청구를 할 수 없다.)
④ 제655조(계약해지와 보험금청구권) 보험사고가 발생한 후라도 보험자가 제650조, 제651조, 제652조 및 제653조에 따라 계약을 해지하였을 때에는 보험금을 지급할 책임이 없고 이미 지급한 보험금의 반환을 청구할 수 있다. 다만, 고지의무(告知義務)를 위반한 사실 또는 위험이 현저하게 변경되거나 증가된 사실이 보험사고 발생에 영향을 미치지 아니하였음이 증명된 경우에는 보험금을 지급할 책임이 있다.

10. 위험변경증가의 통지와 보험계약해지에 관한 설명으로 옳지 않은 것은?

① 보험기간 중에 보험계약자 또는 피보험자가 사고발생의 위험이 현저하게 변경 또는 증가된 사실을 안 때에는 지체없이 보험자에게 통지하여야 한다.
② 보험자가 위험변경증가의 통지를 받은 때에는 1월내에 보험료의 증액을 청구하거나 계약을 해지할 수 있다.
③ 위험변경증가의 통지를 해태한 때에는 보험자는 그 사실을 안 날로부터 1월내에 한하여 계약을 해지할 수 있다.
④ 보험사고가 발생한 후라도 보험자가 위험변경통지의 해태로 계약을 해지하였을 때에는 보험금을 지급할 책임이 없고, 이미 지급한 보험금의 반환도 청구할 수 없다.

정답 및 해설 ④

제655조(계약해지와 보험금청구권) 보험사고가 발생한 후라도 보험자가 제650조, 제651조, 제652조 및 제653조에 따라 계약을 해지하였을 때에는 보험금을 지급할 책임이 없고 이미 지급한 보험금의 반환을 청구할 수 있다. 다만, 고지의무(告知義務)를 위반한 사실 또는 위험이 현저하게 변경되거나 증가된 사실이 보험사고 발생에 영향을 미치지 아니하였음이 증명된 경우에는 보험금을 지급할 책임이 있다.

11. 보험사고발생의 통지의무에 관한 설명으로 옳지 않은 것은?

① 보험사고발생의 통지의무자가 보험사고의 발생을 안 때에는 지체없이 보험자에게 그 통지를 발송하여야 한다.
② 보험사고발생의 통지의무자는 보험계약자 또는 피보험자나 보험수익자이다.
③ 통지의 방법으로는 구두, 서면 등이 가능하다.
④ 보험자는 보험계약자가 보험사고발생의 통지의무를 해태하여 증가된 손해라도 이를 포함하여 보상할 책임이 있다.

정답 및 해설 ④

제657조(보험사고발생의 통지의무) ①보험계약자 또는 피보험자나 보험수익자는 보험사고의 발생을 안 때에는 지체없이 보험자에게 그 통지를 발송하여야 한다.

② 보험계약자 또는 피보험자나 보험수익자가 제1항의 통지의무를 해태함으로 인하여 손해가 증가된 때에는 보험자는 그 증가된 손해를 보상할 책임이 없다.

12. 보험자의 보험금액 지급과 면책에 관한 설명으로 옳지 않은 것은?

① 약정기간이 없는 경우에는 보험자는 보험사고발생의 통지를 받은 후 지체없이 지급할 보험금액을 정하여야 한다.
② 보험자가 보험금액을 정하면 정하여진 날부터 10일내에 보험금액을 지급하여야 한다.
③ 보험사고가 전쟁 기타의 변란으로 인하여 생긴 때에는 보험자의 보험금액 지급 책임에 대하여 당사자간에 다른 약정을 할 수 없다.
④ 보험사고가 보험계약자의 고의 또는 중대한 과실로 인하여 생긴 때에는 보험자는 보험금액을 지급할 책임이 없다.

정답 및 해설 ③

제660조(전쟁위험 등으로 인한 면책) 보험사고가 전쟁 기타의 변란으로 인하여 생긴 때에는 당사자간에 다른 약정이 없으면 보험자는 보험금액을 지급할 책임이 없다.

13. 상법 제662조(소멸시효)에 관한 설명으로 옳지 않은 것은?

① 보험료의 반환청구권은 2년간 행사하지 아니하면 시효의 완성으로 소멸한다.
② 적립금의 반환청구권은 3년간 행사하지 아니하면 시효의 완성으로 소멸한다.
③ 보험금청구권은 3년간 행사하지 아니하면 시효의 완성으로 소멸한다.
④ 보험료청구권은 2년간 행사하지 아니하면 시효의 완성으로 소멸한다.

정답 및 해설 ①

제662조(소멸시효) 보험금청구권은 3년간, 보험료 또는 적립금의 반환청구권은 3년간, 보험료청구권은 2년간 행사하지 아니하면 시효의 완성으로 소멸한다.

14. 상법 제663조(보험계약자 등의 불이익변경금지)에 관한 설명으로 옳지 않은 것은?

① 상법 보험편의 규정은 가계보험에서 당사자간의 특약으로 피보험자의 불이익으로 변경하지 못한다.
② 상법 보험편의 규정은 재보험에서 당사자간의 특약으로 피보험자의 불이익으로 변경하지 못한다.
③ 상법 보험편의 규정은 가계보험에서 당사자간의 특약으로 보험계약자의 불이익으로 변경하지 못한다.
④ 상법 보험편의 규정은 해상보험에서 당사자간의 특약으로 피보험자의 불이익으로 변경할 수 있다.

정답 및 해설 ②

제663조(보험계약자 등의 불이익변경금지) 이 편의 규정은 당사자간의 특약으로 보험계약자 또는 피보험자나 보험수익자의 불이익으로 변경하지 못한다. 그러나 재보험 및 해상보험 기타 이와 유사한 보험의 경우에는 그러하지 아니하다.

15. 상법 제666조(손해보험증권)의 기재사항으로 옳은 것을 모두 고른 것은?

| ㄱ. 보험사고의 성질 | ㄴ. 무효와 실권의 사유 |
| ㄷ. 보험증권의 작성지와 그 작성년월일 | ㄹ. 보험계약자의 주민등록번호 |

① ㄱ　　② ㄴ, ㄹ　　③ ㄱ, ㄴ, ㄷ　　④ ㄴ, ㄷ, ㄹ

정답 및 해설 ③

제666조(손해보험증권) 손해보험증권에는 다음의 사항을 기재하고 보험자가 기명날인 또는 서명하여야 한다.
1. 보험의 목적
2. 보험사고의 성질
3. 보험금액
4. 보험료와 그 지급방법
5. 보험기간을 정한 때에는 그 시기와 종기
6. 무효와 실권의 사유
7. 보험계약자의 주소와 성명 또는 상호
7의2. 피보험자의 주소, 성명 또는 상호

8. 보험계약의 연월일
9. 보험증권의 작성지와 그 작성년월일

16. 초과보험에 관한 설명으로 옳은 것은?

① 초과보험은 보험계약 목적의 가액이 보험금액을 현저하게 초과한 보험이다.
② 보험계약자의 사기로 인하여 체결된 때의 초과보험은 무효로 한다.
③ 초과보험에서 보험료의 감액은 소급하여 그 효력이 있다.
④ 보험가액이 보험기간 중에 현저하게 감소된 때에는 초과보험에 관한 규정이 적용되지 않는다.

정답 및 해설 ②

제669조(초과보험) ①보험금액이 보험계약의 목적의 가액을 현저하게 초과한 때에는 보험자 또는 보험계약자는 보험료와 보험금액의 감액을 청구할 수 있다. 그러나 보험료의 감액은 장래에 대하여서만 그 효력이 있다.
② 제1항의 가액은 계약당시의 가액에 의하여 정한다.
③ 보험가액이 보험기간 중에 현저하게 감소된 때에도 제1항과 같다.
④ 제1항의 경우에 계약이 보험계약자의 사기로 인하여 체결된 때에는 그 계약은 무효로 한다. 그러나 보험자는 그 사실을 안 때까지의 보험료를 청구할 수 있다.

17. 기평가보험과 미평가보험에 관한 설명으로 옳지 않은 것은?

① 당사자간에 보험계약체결 시 보험가액을 미리 약정하는 보험은 기평가보험이다.
② 기평가보험에서 보험가액은 사고발생시의 가액으로 정한 것으로 추정한다. 그러나 그 가액이 사고발생시의 가액을 현저하게 초과할 때에는 사고발생시의 가액을 보험가액으로 한다.
③ 미평가보험이란 보험사고의 발생 이전에는 보험가액을 산정하지 않고, 그 이후에 산정하는 보험을 말한다.
④ 미평가보험은 보험계약체결 당시의 가액을 보험가액으로 한다.

정답 및 해설 ④

제670조(기평가보험) 당사자간에 보험가액을 정한 때에는 그 가액은 사고발생시의 가액으로 정한 것으로 추정한다. 그러나 그 가액이 사고발생시의 가액을 현저하게 초과할 때에는 사고발생시의 가액을 보험가액으로 한다.

제671조(미평가보험) 당사자간에 보험가액을 정하지 아니한 때에는 사고발생시의 가액을 보험가액으로 한다.

18. 재보험에 관한 설명으로 옳지 않은 것은? (다툼이 있으면 판례에 따름)

① 재보험에 대하여도 제3자에 대한 보험자대위가 적용된다.
② 재보험은 원보험자가 인수한 위험의 전부 또는 일부를 분산시키는 기능을 한다.
③ 재보험계약은 원보험계약의 효력에 영향을 미친다.
④ 재보험자는 손해보험의 원보험자와 재보험계약을 체결할 수 있다.

정답 및 해설 ③

제661조(재보험) 보험자는 보험사고로 인하여 부담할 책임에 대하여 다른 보험자와 재보험계약을 체결할 수 있다. 이 재보험계약은 원보험계약의 효력에 영향을 미치지 아니한다.

19. 중복보험에 관한 설명으로 옳지 않은 것은?

① 동일한 보험계약의 목적과 동일한 사고에 관하여 수개의 보험계약이 동시에 또는 순차로 체결된 경우에 그 보험가액의 총액이 보험금액을 초과한 때에는 보험자는 각자의 보험금액의 한도에서 연대책임을 진다.
② 중복보험의 경우 보험자 1인에 대한 피보험자의 권리의 포기는 다른 보험자의 권리의무에 영향을 미치지 않는다.
③ 중복보험의 경우에는 보험계약자는 각 보험자에 대하여 각 보험계약의 내용을 통지하여야 한다.
④ 사기에 의한 중복보험계약은 무효이나 보험자는 그 사실을 안 때까지의 보험료를 청구할 수 있다.

정답 및 해설 ①

제672조(중복보험) ①동일한 보험계약의 목적과 동일한 사고에 관하여 수개의 보험계약이 동시에 또는 순

차로 체결된 경우에 그 보험금액의 총액이 보험가액을 초과한 때에는 보험자는 각자의 보험금액의 한도에서 연대책임을 진다. 이 경우에는 각 보험자의 보상책임은 각자의 보험금액의 비율에 따른다.
② 동일한 보험계약의 목적과 동일한 사고에 관하여 수개의 보험계약을 체결하는 경우에는 보험계약자는 각 보험자에 대하여 각 보험계약의 내용을 통지하여야 한다.
③ 제669조제4항의 규정은 제1항의 보험계약에 준용한다.
제669조(초과보험)④제1항의 경우에 계약이 보험계약자의 사기로 인하여 체결된 때에는 그 계약은 무효로 한다. 그러나 보험자는 그 사실을 안 때까지의 보험료를 청구할 수 있다.

20. 일부보험에 관한 설명으로 옳지 않은 것은?

① 일부보험이란 보험금액이 보험가액에 미달하는 보험을 말한다.
② 일부보험은 계약체결 당시부터 의식적으로 약정하는 경우도 있고, 계약 성립 후 물가의 인상으로 인하여 자연적으로 발생하는 경우도 있다.
③ 일부보험에서는 보험자의 보상책임에 관하여 당사자간에 다른 약정을 할 수 없다.
④ 의식적 일부보험의 여부는 계약체결시의 보험가액을 기준으로 판단한다.

정답 및 해설 ③

제674조(일부보험) 보험가액의 일부를 보험에 붙인 경우에는 보험자는 보험금액의 보험가액에 대한 비율에 따라 보상할 책임을 진다. 그러나 당사자간에 다른 약정이 있는 때에는 보험자는 보험금액의 한도내에서 그 손해를 보상할 책임을 진다.

21. 손해보험에서 손해액 산정에 관한 설명으로 옳지 않은 것은?

① 보험자가 보상할 손해액은 그 손해가 발생한 때와 곳의 가액에 의하여 산정한다. 그러나 당사자간에 다른 약정이 있는 때에는 그 신품가액에 의하여 손해액을 산정할 수 있다.
② 보험자가 손해를 보상할 경우에 보험료의 지급을 받지 아니한 잔액이 있어도 보상할 금액에서 이를 공제할 수 없다.
③ 손해보상은 원칙적으로 금전으로 하지만 당사자의 합의로 손해의 전부 또는 일부를 현물로 보상할 수 있다.
④ 손해액의 산정에 관한 비용은 보험자의 부담으로 한다.

정답 및 해설 ②

제677조(보험료체납과 보상액의 공제) 보험자가 손해를 보상할 경우에 보험료의 지급을 받지 아니한 잔액이 있으면 그 지급기일이 도래하지 아니한 때라도 보상할 금액에서 이를 공제할 수 있다.

22. 화재보험에 관한 설명으로 옳지 않은 것은?

① 화재보험계약의 보험자는 화재로 인하여 생긴 손해를 보상할 책임이 있다.
② 화재보험자는 화재의 소방 또는 손해의 감소에 필요한 조치로 인하여 생긴 손해를 보상할 책임이 있다.
③ 화재보험증권에는 동산을 보험의 목적으로 한 때에는 그 존치한 장소의 상태와 용도를 기재하여야 한다.
④ 집합된 물건을 일괄하여 화재보험의 목적으로 하여도 피보험자의 사용인의 물건은 보험의 목적에 포함되지 않는다.

정답 및 해설 ④

제686조(집합보험의 목적) 집합된 물건을 일괄하여 보험의 목적으로 한 때에는 피보험자의 가족과 사용인의 물건도 보험의 목적에 포함된 것으로 한다. 이 경우에는 그 보험은 그 가족 또는 사용인을 위하여서도 체결한 것으로 본다.

23. 손해보험에 관한 설명으로 옳은 것을 모두 고른 것은?

ㄱ. 보험의 목적의 성질, 하자 또는 자연소모로 인한 손해는 보험자가 이를 보상할 책임이 없다.
ㄴ. 피보험자가 보험의 목적을 양도한 때에는 양수인은 보험계약상의 권리와 의무를 승계한 것으로 추정한다.
ㄷ. 보험의 목적의 양도인 또는 양수인은 보험자에 대하여 지체없이 보험목적의 양도 사실을 통지하여야 한다.
ㄹ. 손해의 방지와 경감을 위하여 보험계약자와 피보험자의 필요 또는 유익하였던 비용과 보상액이 보험금액을 초과한 경우에는 보험자가 이를 부담하지 아니한다.

① ㄱ ② ㄱ, ㄹ ③ ㄱ, ㄴ, ㄷ ④ ㄴ, ㄷ, ㄹ

정답 및 해설 ③

제680조(손해방지의무) ①보험계약자와 피보험자는 손해의 방지와 경감을 위하여 노력하여야 한다. 그러나 이를 위하여 필요 또는 유익하였던 비용과 보상액이 보험금액을 초과한 경우라도 보험자가 이를 부담한다.

24. 보험목적에 관한 보험대위에 관한 설명으로 옳지 않은 것은?

① 약관에 보험자의 대위권 포기를 정할 수 있다.
② 보험금액의 일부를 지급한 보험자도 그 목적에 대한 피보험자의 권리를 취득한다.
③ 보험가액의 일부를 보험에 붙인 경우에는 보험자가 취득할 권리는 보험금액의 보험가액에 대한 비율에 따라 이를 정한다.
④ 사고를 당한 보험목적에 대하여 피보험자가 가지고 있던 권리는 법률 규정에 의하여 보험자에게 이전되는 것으로 물권변동의 절차를 요하지 않는다.

정답 및 해설 ②

제682조(제3자에 대한 보험대위) ① 손해가 제3자의 행위로 인하여 발생한 경우에 보험금을 지급한 보험자는 그 지급한 금액의 한도에서 그 제3자에 대한 보험계약자 또는 피보험자의 권리를 취득한다. 다만, 보험자가 보상할 보험금의 일부를 지급한 경우에는 피보험자의 권리를 침해하지 아니하는 범위에서 그 권리를 행사할 수 있다.
② 보험계약자나 피보험자의 제1항에 따른 권리가 그와 생계를 같이 하는 가족에 대한 것인 경우 보험자는 그 권리를 취득하지 못한다. 다만, 손해가 그 가족의 고의로 인하여 발생한 경우에는 그러하지 아니하다.

25. 화재보험에 관한 설명으로 옳지 않은 것은?

① 집합된 물건을 일괄하여 화재보험의 목적으로 하여도 피보험자의 가족의 물건은 화재보험의 목적에 포함되지 않는다.
② 집합된 물건을 일괄하여 화재보험의 목적으로 한 때에는 그 목적에 속한 물건이 보험기간 중에 수시로 교체된 경우에도 보험사고의 발생 시에 현존하는 물건은 화재보험의 목적에 포함된 것으로 한다.
③ 건물을 화재보험의 목적으로 한 때에는 그 소재지, 구조와 용도는 화재보험증권의 기재사항이다.

④ 유가증권은 화재보험증권에 기재하여 화재보험의 목적으로 할 수 있다.

정답 및 해설 ①

제686조(집합보험의 목적) 집합된 물건을 일괄하여 보험의 목적으로 한 때에는 피보험자의 가족과 사용인의 물건도 보험의 목적에 포함된 것으로 한다. 이 경우에는 그 보험은 그 가족 또는 사용인을 위하여서도 체결한 것으로 본다.

농어업재해보험법령 및 규정

26. 농어업재해보험법상 용어에 관한 설명이다. ( )에 들어갈 내용은?

> "시범사업"이란 농어업재해보험사업을 전국적으로 실시하기 전에 보험의 효용성 및 보험 실시 가능성 등을 검증하기 위하여 일정기간 ( )에서 실시하는 보험사업을 말한다.

① 보험대상 지역 ② 재해 지역
③ 담당 지역 ④ 제한된 지역

정답 및 해설 ④

"시범사업"이란 농어업재해보험사업(이하 "재해보험사업"이라 한다)을 전국적으로 실시하기 전에 보험의 효용성 및 보험 실시 가능성 등을 검증하기 위하여 일정 기간 제한된 지역에서 실시하는 보험사업을 말한다.

27. 농어업재해보험법령상 농업재해보험심의회 위원을 해촉할 수 있는 사유로 명시된 것이 아닌 것은?

① 심신장애로 인하여 직무를 수행할 수 없게 된 경우
② 직무와 관련 없는 비위사실이 있는 경우
③ 품위손상으로 인하여 위원으로 적합하지 아니하다고 인정되는 경우

④ 위원 스스로 직무를 수행하는 것이 곤란하다고 의사를 밝히는 경우

정답 및 해설 ②

시행령 제3조의2(위원의 해촉) 농림축산식품부장관 또는 해양수산부장관은 법 제3조제4항제1호에 따른 위원이 다음 각 호의 어느 하나에 해당하는 경우에는 해당 위원을 해촉(解囑)할 수 있다.

1. 심신장애로 인하여 직무를 수행할 수 없게 된 경우
2. 직무와 관련된 비위사실이 있는 경우
3. 직무태만, 품위손상이나 그 밖의 사유로 인하여 위원으로 적합하지 아니하다고 인정되는 경우
4. 위원 스스로 직무를 수행하는 것이 곤란하다고 의사를 밝히는 경우

28. 농어업재해보험법상 손해평가사의 자격 취소사유에 해당하지 않는 것은?

① 손해평가사의 자격을 거짓 또는 부정한 방법으로 취득한 사람
② 거짓으로 손해평가를 한 사람
③ 다른 사람에게 손해평가사 자격증을 빌려준 사람
④ 업무수행 능력과 자질이 부족한 사람

정답 및 해설 ④

제11조의5(손해평가사의 자격 취소) 농림축산식품부장관은 다음 각 호의 어느 하나에 해당하는 사람에 대하여 손해평가사 자격을 취소할 수 있다.

1. 손해평가사의 자격을 거짓 또는 부정한 방법으로 취득한 사람
2. 거짓으로 손해평가를 한 사람
3. 다른 사람에게 손해평가사의 업무를 수행하게 하거나 자격증을 빌려준 사람

29. 농어업재해보험법령상 재해보험에 관한 설명으로 옳지 않은 것은?

① 재해보험의 종류는 농작물재해보험, 임산물재해보험, 가축재해보험 및 수산물재해보험으로 한다.
② 재해보험에서 보상하는 재해의 범위는 해당 재해의 발생 빈도, 피해 정도 및 객관적인 손해평가방법 등을 고려하여 재해보험의 종류별로 대통령령으로 정한다.
③ 보험목적물의 구체적인 범위는 농업재해보험심의회 또는 어업재해보험심의회를 거치지

않고 농업정책보험금융원장이 고시한다.
④ 자연재해, 조수해(鳥獸害), 화재 및 보험목적물별로 농림축산식품부장관이 정하여 고시하는 병충해는 농작물·임산물 재해보험이 보상하는 재해의 범위에 해당한다

정답 및 해설 ③

제5조(보험목적물) 보험목적물은 다음 각 호의 구분에 따르되, 그 구체적인 범위는 보험의 효용성 및 보험 실시 가능성 등을 종합적으로 고려하여 농업재해보험심의회 또는 어업재해보험심의회를 거쳐 농림축산식품부장관 또는 해양수산부장관이 고시한다.

30. 농어업재해보험법상 보험료율의 산정에 관한 내용이다. ( )에 들어갈 용어는?

> 농림축산식품부장관 또는 해양수산부장관과 재해보험사업의 약정을 체결한 자는 재해보험의 보험료율을 객관적이고 합리적인 통계자료를 기초로 하여 보험목적물별 또는 보상방식별로 산정하되, 대통령령으로 정하는 행정구역 단위 또는 ( )로 산정하여야 한다.

① 지역 단위
② 권역 단위
③ 보험목적물 단위
④ 보험금액 단위

정답 및 해설 ②

제9조(보험료율의 산정) 제8조제2항에 따라 농림축산식품부장관 또는 해양수산부장관과 재해보험사업의 약정을 체결한 자(이하 "재해보험사업자"라 한다)는 재해보험의 보험료율을 객관적이고 합리적인 통계자료를 기초로 하여 보험목적물별 또는 보상방식별로 산정하되, 대통령령으로 정하는 행정구역 단위 또는 권역 단위로 산정하여야 한다.

31. 농어업재해보험법령상 양식수산물재해보험 손해평가인으로 위촉될 수 있는 자격요건에 해당하지 않는 자는?

① 「농수산물 품질관리법」에 따른 수산물품질관리사
② 「수산생물질병 관리법」에 따른 수산질병관리사
③ 「국가기술자격법」에 따른 수산양식기술사
④ 조교수로서「고등교육법」제2조에 따른 학교에서 수산물양식 관련학을 2년간 교육한 경

력이 있는 자

정답 및 해설 ④

| 양식
수산물
재해보험 | 1. 재해보험 대상 양식수산물을 5년 이상 양식한 경력이 있는 어업인
2. 공무원으로 해양수산부, 국립수산과학원 또는 지방자치단체에서 수산물양식 분야 또는 수산생명의학 분야에 관한 연구 또는 지도업무를 5년 이상 담당한 경력이 있는 사람
3. 교원으로 수산계 고등학교에서 수산물양식 분야 또는 수산생명의학 분야의 관련 과목을 5년 이상 교육한 경력이 있는 사람
4. 조교수 이상으로「고등교육법」제2조에 따른 학교에서 수산물양식 관련학 또는 수산생명의학 관련학을 3년 이상 교육한 경력이 있는 사람
5. 「보험업법」에 따른 보험회사의 임직원이나「수산업협동조합법」에 따른 수산업협동조합중앙회, 수협은행 및 조합의 임직원으로 수산업지원 또는 보험·공제 관련 업무를 3년 이상 담당한 경력이 있는 사람
6. 「고등교육법」제2조에 따른 학교에서 수산물양식 관련학 또는 수산생명의학 관련학을 전공하고 수산전문 연구기관 또는 연구소에서 5년 이상 근무한 박사학위 소지자
7. 「수산생물질병 관리법」에 따른 수산질병관리사
8. 「국가기술자격법」에 따른 수산양식기술사
9. 「농수산물 품질관리법」에 따른 수산물품질관리사 |

32. 농어업재해보험법령상 재해보험사업자가 보험모집 및 손해평가 등 재해보험 업무의 일부를 위탁할 수 있는 자에 해당하지 않는 것은?

① 「보험업법」제187조에 따라 손해사정을 업으로 하는 자
② 「농업협동조합법」에 따라 설립된 지역농업협동조합
③ 「수산업협동조합법」에 따라 설립된 지구별 수산업협동조합
④ 농어업재해보험 관련 업무를 수행할 목적으로 농림축산식품부장관의 허가를 받아 설립된 영리법인

정답 및 해설 ④

시행령 제13조(업무 위탁) 법 제14조에서 "대통령령으로 정하는 자"란 다음 각 호의 자를 말한다.

1. 「농업협동조합법」에 따라 설립된 지역농업협동조합·지역축산업협동조합 및 품목별·업종별협동조합

1의2. 「산림조합법」에 따라 설립된 지역산림조합 및 품목별·업종별산림조합

2. 「수산업협동조합법」에 따라 설립된 지구별 수산업협동조합, 업종별 수산업협동조합, 수산물가공 수산업협동조합 및 수협은행

3. 「보험업법」제187조에 따라 손해사정을 업으로 하는 자

4. 농어업재해보험 관련 업무를 수행할 목적으로「민법」제32조에 따라 농림축산식품부장관 또는 해양수

산부장관의 허가를 받아 설립된 비영리법인(손해평가 관련 업무를 위탁하는 경우만 해당한다)

33. 농어업재해보험법령상 농업재해보험심의회 및 분과위원회에 관한 설명으로 옳지 않은 것은?

① 심의회는 위원장 및 부위원장 각 1명을 포함한 21명 이내의 위원으로 구성한다.
② 심의회의 회의는 재적위원 3분의 1이상의 출석으로 개의(開議)하고, 출석위원 과반수의 찬성으로 의결한다.
③ 분과위원장 및 분과위원은 심의회의 위원 중에서 전문적인 지식과 경험 등을 고려하여 위원장이 지명한다.
④ 분과위원회의 회의는 위원장 또는 분과위원장이 필요하다고 인정할 때에 소집한다.

정답 및 해설 ②

제3조(회의) ① 위원장은 심의회의 회의를 소집하며, 그 의장이 된다.
② 심의회의 회의는 재적위원 3분의 1 이상의 요구가 있을 때 또는 위원장이 필요하다고 인정할 때에 소집한다.
③ 심의회의 회의는 재적위원 과반수의 출석으로 개의(開議)하고, 출석위원 과반수의 찬성으로 의결한다.

34. 농어업재해보험법령상 농어업재해재보험기금의 기금수탁관리자가 농림축산식품부장관 및 해양수산부장관에게 제출해야 하는 기금결산보고서에 첨부해야 할 서류로 옳은 것을 모두 고른 것은?

| ㄱ. 결산 개요 | ㄴ. 수입지출결산 |
| ㄷ. 재무제표 | ㄹ. 성과보고서 |

① ㄱ, ㄴ
② ㄴ, ㄷ
③ ㄱ, ㄷ, ㄹ
④ ㄱ, ㄴ, ㄷ, ㄹ

정답 및 해설 ④

제19조(기금의 결산) ① 기금수탁관리자는 회계연도마다 기금결산보고서를 작성하여 다음 회계연도 2월 15일까지 농림축산식품부장관 및 해양수산부장관에게 제출하여야 한다.

② 농림축산식품부장관은 해양수산부장관과 협의하여 기금수탁관리자로부터 제출받은 기금결산보고서를 검토한 후 심의회의 심의를 거쳐 다음 회계연도 2월 말일까지 기획재정부장관에게 제출하여야 한다.
③ 제1항의 기금결산보고서에는 다음 각 호의 서류를 첨부하여야 한다.
1. 결산 개요
2. 수입지출결산
3. 재무제표
4. 성과보고서
5. 그 밖에 결산의 내용을 명확하게 하기 위하여 필요한 서류

35. 농어업재해보험법령상 농어업재해재보험기금에 관한 설명으로 옳지 않은 것은?

① 기금 조성의 재원에는 재보험금의 회수 자금도 포함된다.
② 농림축산식품부장관은 해양수산부장관과 협의하여 기금의 수입과 지출을 명확히 하기 위하여 한국은행에 기금계정을 설치하여야 한다.
③ 농림축산식품부장관은 해양수산부장관과 협의를 거쳐 기금의 관리·운용에 관한 사무의 일부를 농업정책보험금융원에 위탁할 수 있다.
④ 농림축산식품부장관은 기금의 관리·운용에 관한 사무를 위탁한 경우에는 해양수산부장관과 협의하여 소속 공무원 중에서 기금지출원과 기금출납원을 임명한다.

정답 및 해설 ④

제25조(기금의 회계기관) ① 농림축산식품부장관은 해양수산부장관과 협의하여 기금의 수입과 지출에 관한 사무를 수행하게 하기 위하여 소속 공무원 중에서 기금수입징수관, 기금재무관, 기금지출관 및 기금출납공무원을 임명한다. 〈개정 2013. 3. 23.〉
② 농림축산식품부장관은 제24조제2항에 따라 기금의 관리·운용에 관한 사무를 위탁한 경우에는 해양수산부장관과 협의하여 농업정책보험금융원의 임원 중에서 기금수입담당임원과 기금지출원인행위담당임원을, 그 직원 중에서 기금지출원과 기금출납원을 각각 임명하여야 한다. 이 경우 기금수입담당임원은 기금수입징수관의 업무를, 기금지출원인행위담당임원은 기금재무관의 업무를, 기금지출원은 기금지출관의 업무를, 기금출납원은 기금출납공무원의 업무를 수행한다.

36. 농어업재해보험법상 손해평가사가 거짓으로 손해평가를 한 경우에 해당하는 벌칙기준은?

① 1년 이하의 징역 또는 500만원 이하의 벌금
② 1년 이하의 징역 또는 1,000만원 이하의 벌금
③ 2년 이하의 징역 또는 1,000만원 이하의 벌금
④ 2년 이하의 징역 또는 2,000만원 이하의 벌금

정답 및 해설 ②

제30조(벌칙) ① 제10조제2항에서 준용하는 「보험업법」 제98조에 따른 금품 등을 제공(같은 조 제3호의 경우에는 보험금 지급의 약속을 말한다)한 자 또는 이를 요구하여 받은 보험가입자는 3년 이하의 징역 또는 3천만원 이하의 벌금에 처한다.

② 다음 각 호의 어느 하나에 해당하는 자는 1년 이하의 징역 또는 1천만원 이하의 벌금에 처한다.

1. 제10조제1항을 위반하여 모집을 한 자
2. 제11조제2항 후단을 위반하여 고의로 진실을 숨기거나 거짓으로 손해평가를 한 자

③ 제15조를 위반하여 회계를 처리한 자는 500만원 이하의 벌금에 처한다.

37. 농어업재해보험법령상 농어업재해재보험기금의 결산에 관한 내용이다. ( )에 들어갈 내용을 순서대로 옳게 나열한 것은?

○ 기금수탁관리자는 회계연도마다 기금결산보고서를 작성하여 다음 회계연도 (ㄱ)까지 농림축산식품부장관 및 해양수산부장관에게 제출하여야 한다.
○ 농림축산식품부장관은 해양수산부장관과 협의하여 기금수탁관리자로부터 제출받은 기금결산보고서를 검토한 후 심의회의 회의를 거쳐 다음 회계연도 (ㄴ)까지 기획재정부장관에게 제출하여야 한다.

① 1월 31일, 2월 말일
② 1월 31일, 6월 30일
③ 2월 15일, 2월 말일
④ 2월 15일, 6월 30일

정답 및 해설 ③

제19조(기금의 결산) ① 기금수탁관리자는 회계연도마다 기금결산보고서를 작성하여 다음 회계연도 2월 15일까지 농림축산식품부장관 및 해양수산부장관에게 제출하여야 한다.

② 농림축산식품부장관은 해양수산부장관과 협의하여 기금수탁관리자로부터 제출받은 기금결산보고서를 검토한 후 심의회의 심의를 거쳐 다음 회계연도 2월 말일까지 기획재정부장관에게 제출하여야 한다.

38. 농어업재해보험법령상 보험가입촉진계획의 수립과 제출 등에 관한 내용이다. ( )에 들어갈 내용을 순서대로 옳게 나열한 것은?

> 재해보험사업자는 농어업재해보험 가입 촉진을 위해 수립한 보험가입촉진계획을 해당 연도 ( )까지 ( )에게 제출하여야 한다.

① 1월 31일, 농업정책보험금융원장
② 1월 31일, 농림축산식품부장관 또는 해양수산부장관
③ 2월 말일, 농업정책보험금융원장
④ 2월 말일, 농림축산식품부장관 또는 해양수산부장관

정답 및 해설 ②

제22조의2(보험가입촉진계획의 제출 등)② 재해보험사업자는 법 제28조의2제1항에 따라 수립한 보험가입촉진계획을 해당 연도 1월 31일까지 농림축산식품부장관 또는 해양수산부장관에게 제출하여야 한다.

39. 농어업재해보험법령상 과태료부과의 개별기준에 관한 설명으로 옳은 것은?

① 재해보험사업자의 발기인이 법 제18조에서 적용하는 「보험업법」제133조에 따른 검사를 기피한 경우: 200만원
② 법 제29조에 따른 보고 또는 관계 서류 제출을 거짓으로 한 경우: 200만원
③ 법 제10조 제2항에서 준용하는 「보험업법」제97조 제1항을 위반하여 보험계약의 모집에 관한 금지행위를 한 경우: 500만원
④ 법 제10조 제2항에서 준용하는 「보험업법」제95조를 위반하여 보험안내를 한 자로서 재해 보험사업자가 아닌 경우: 1,000만원

정답 및 해설 ①

① 200만원 ② 300만원 ③ 300만원 ④ 500만원

시행령 [별표3]

위반행위	과태료
가. 재해보험사업자가 법 제10조제2항에서 준용하는 「보험업법」제95조를 위반하여 보험안내를 한 경우	1,000만원
나. 법 제10조제2항에서 준용하는 「보험업법」제95조를 위반하여 보험안내를 한 자로서 재해보험사업자가 아닌 경우	500만원

다. 법 제10조제2항에서 준용하는 「보험업법」제97조제1항을 위반하여 보험계약의 체결 또는 모집에 관한 금지행위를 한 경우	300만원
라. 재해보험사업자의 발기인, 설립위원, 임원, 집행간부, 일반간부직원, 파산관재인 및 청산인이 법 제18조에서 적용하는 「보험업법」제120조에 따른 책임준비금 또는 비상위험준비금을 계상하지 아니하거나 이를 따로 작성한 장부에 각각 기재하지 아니한 경우	500만원
마. 재해보험사업자의 발기인, 설립위원, 임원, 집행간부, 일반간부직원, 파산관재인 및 청산인이 법 제18조에서 적용하는 「보험업법」제131조제1항·제2항 및 제4항에 따른 명령을 위반한 경우	300만원
바. 재해보험사업자의 발기인, 설립위원, 임원, 집행간부, 일반간부직원, 파산관재인 및 청산인이 법 제18조에서 적용하는 「보험업법」제133조에 따른 검사를 거부·방해 또는 기피한 경우	200만원
사. 법 제29조에 따른 보고 또는 관계 서류 제출을 하지 아니하거나 보고 또는 관계 서류 제출을 거짓으로 한 경우	300만원

40. 농업재해보험 손해평가요령에 따른 종합위험방식 상품에서 "수확감소보장 및 과실손해 보장"의 「수확 전」조사내용과 조사시기를 바르게 연결한 것은?

① 나무피해 조사 - 결실완료 후
② 이앙(직파)불능피해 조사 - 수정완료 후
③ 경작불능피해 조사 - 사고접수 후 지체 없이
④ 재이앙(재직파)피해 조사 - 이앙 한계일(7.31)이후

정답 및 해설 ③

손해평가요령 [별표 2] 농작물의 품목별·재해별·시기별 손해수량 조사방법

생육시기	재해	조사내용	조사시기	조사방법	비고
수확 전	보상하는 재해 전부	피해사실 확인 조사	사고접수 후 지체 없이	보상하는 재해로 인한 피해발생여부 조사	피해사실이 명백한 경우 생략 가능
		이앙(직파) 불능피해 조사	이앙 한계일 (7.31)이후	이앙(직파)불능 상태 및 통상적인영농활동 실시여부조사 조사방법 : 전수조사 또는 표본조사	벼만 해당
		재이앙(재직파) 피해 조사	사고접수 후 지체 없이	해당농지에 보상하는 손해로 인하여 재이앙(재직파)이 필요한 면적 또는 면적비율 조사 · 조사방법: 전수조사 또는 표본조사	벼만 해당

	재파종 피해 조사	사고접수 후 지체 없이	보상하는 재해로 인한 보험목적인 식물체 피해율 조사 · 조사방법: 전수조사 또는 표본조사	마늘만 해당
	경작불능피해 조사	사고접수 후 지체 없이	해당 농지의 피해면적비율 또는 보험목적인 식물체 피해율 조사 · 조사방법: 전수조사 또는 표본조사	벼·밀, 밭작물(차(茶)제외), 복분자만 해당
	나무피해 조사	사고접수 후 지체없이	재해로 고사되거나 또는 지속적으로 과실생산이 불가능한 나무 수를 조사	특약가입 농지에만 실시
	결과모지 및 수정불량 조사	수정완료 후	살아있는 결과모지수 조사 및 수정불량(송이)피해율 조사 · 조사방법: 표본조사	복분자만 해당
	결실수 조사	결실완료 후	결실수 조사 · 조사방법: 표본조사	오디만 해당
	피해과실수 조사	사고접수 후 지체없이	낙과 수, 착과피해과실 수 및 착과실 수 조사 · 조사방법: 표본조사	감귤만 해당

41. 농업재해보험 손해평가요령에 따른 손해수량 조사방법과 관련하여 특정위험방식 상품 "단감"의 「발아기 ~ 적과 전」생육시기에 해당되는 재해를 모두 고른 것은?

> ㄱ. 우박 ㄴ. 지진
> ㄷ. 가을동상해 ㄹ. 집중호우

① ㄱ, ㄴ ② ㄴ, ㄷ
③ ㄱ, ㄴ, ㄹ ④ ㄱ, ㄷ, ㄹ

정답 및 해설 ③

손해평가요령 [별표 2] 농작물의 품목별·재해별·시기별 손해수량 조사방법

특정위험방식 상품 사과, 배, 단감

생육시기	재해	조사내용	조사시기	조사방법
발아기 ~ 적과 전	태풍(강풍) ·지진 ·집중호우	나무피해 조사	사고접수 후 지체 없이	유실, 매몰, 도복, 절단, 침수피해로 고사되거나 또는 지속적으로 과실생산이 불가능한 나무 수를 조사
	우박	유과타박률 조사	사고접수 후 지체 없이	우박으로 인한 유과(어린과실) 및 꽃(눈)등의 타박비율 조사 · 조사방법: 표본조사
	봄동상해	피해사실 확인조사	사고접수 후 지체 없이	봄동상해로 인한 꽃(눈)등의 피해사실을 확인하는 조사 · 조사방법: 표본조사

42. 농업재해보험 손해평가요령에 따른 농업재해보험의 종류에 해당하는 것을 모두 고른 것은?

> ㄱ. 농작물재해보험　　　　　　　ㄴ. 양식수산물재해보험
> ㄷ. 임산물재해보험　　　　　　　ㄹ. 가축재해보험

① ㄱ, ㄴ
② ㄱ, ㄹ
③ ㄱ, ㄷ, ㄹ
④ ㄴ, ㄷ, ㄹ

정답 및 해설 ③

양식수산물재해보험은 어업재해보험에 해당한다.

43. 농업재해보험 손해평가요령에 따른 손해평가인 정기교육의 세부내용으로 명시되어 있지 않은 것은?

① 손해평가의 절차 및 방법
② 농업재해보험의 종류별 약관
③ 풍수해보험에 관한 기초지식
④ 피해유형별 현지조사표 작성 실습

정답 및 해설 ③

손해평가요령 제5조의2(손해평가인 정기교육) ① 법 제11조제5항에 따른 손해평가인 정기교육의 세부내용은 다음 각 호와 같다.

1. 농업재해보험에 관한 기초지식 : 농어업재해보험법 제정 배경·구성 및 조문별 주요내용, 농업재해보험 사업현황
2. 농업재해보험의 종류별 약관 : 농업재해보험 상품 주요내용 및 약관 일반 사항
3. 손해평가의 절차 및 방법 : 농업재해보험 손해평가 개요, 보험목적물별 손해평가 기준 및 피해유형별 보상사례
4. 피해유형별 현지조사표 작성 실습

② 재해보험사업자는 정기교육 대상자에게 소정의 교육비를 지급할 수 있다.

44. 농어업재해보험법 및 농업재해보험 손해평가요령에 따른 교차손해평가에 관한 내용으로 옳지 않은 것은?

① 교차손해평가를 위해 손해평가반을 구성할 경우 손해평가사 2인 이상이 포함되어야 한다.
② 교차손해평가의 절차·방법 등에 필요한 사항은 농림축산식품부장관 또는 해양수산부장관이 정한다.
③ 재해보험사업자는 교차손해평가가 필요한 경우 재해보험 가입규모, 가입분포 등을 고려하여 교차손해평가 대상 시·군·구(자치구를 말한다)를 선정하여야 한다.
④ 재해보험사업자는 교차손해평가 대상지로 선정한 시·군·구(자치구를 말한다) 내에서 손해평가 경력, 타 지역 조사 가능여부 등을 고려하여 교차손해평가를 담당할 지역손해평가인을 선발하여야 한다.

정답 및 해설 ①

손해평가요령 제8조의2(교차손해평가) ① 재해보험사업자는 공정하고 객관적인 손해평가를 위하여 교차손해평가가 필요한 경우 재해보험 가입규모, 가입분포 등을 고려하여 교차손해평가 대상 시·군·구(자치구를 말한다. 이하 같다)를 선정하여야 한다.
② 재해보험사업자는 제1항에 따라 선정한 시·군·구 내에서 손해평가 경력, 타지역 조사 가능여부 등을 고려하여 교차손해평가를 담당할 지역손해평가인을 선발하여야 한다.
③ 교차손해평가를 위해 손해평가반을 구성할 경우에는 제2항에 따라 선발된 지역손해평가인 1인 이상이 포함되어야 한다. 다만, 거대재해 발생, 평가인력 부족 등으로 신속한 손해평가가 불가피하다고 판단되는 경우 그러하지 아니할 수 있다.

45. 농업재해보험 손해평가요령에 따른 보험목적물별 손해평가 단위를 바르게 연결한 것은?

ㄱ. 소: 개별가축별
ㄴ. 벌: 개체별
ㄷ. 농작물: 농지별
ㄹ. 농업시설물: 보험가입 농가별

① ㄱ, ㄴ
② ㄱ, ㄷ
③ ㄴ, ㄹ
④ ㄷ, ㄹ

정답 및 해설 ②

손해평가요령 제12조(손해평가 단위) ① 보험목적물별 손해평가 단위는 다음 각 호와 같다.

1. 농작물 : 농지별
2. 가축 : 개별가축별(단, 벌은 벌통 단위)
3. 농업시설물 : 보험가입 목적물별

46. 농업재해보험 손해평가요령에 따른 농작물의 보험금 산정에서 종합위험방식 "벼"의 보장범위가 아닌 것은?

① 생산비보장
② 수확불능보장
③ 이앙·직파불능보장
④ 경작불능보장

정답 및 해설 ①

손해평가요령 [별표1] 종합위험방식 '벼'의 보장범위

이앙·직파불능 보장, 재이앙·재직파불능 보장, 경작불능보장, 수확불능보장

47. 농업재해보험 손해평가요령에 따른 종합위험방식 「과실손해보장」에서 "오디"의 경우 다음 조건으로 산정한 보험금은?

○ 보험가입금액: 500만원   ○ 자기부담비율: 20 %
○ 미보상감수결실수: 20개   ○ 조사결실수: 40개
○ 평년결실수: 200개

① 100만원   ② 200만원   ③ 250만원   ④ 300만원

정답 및 해설 ③

손해평가요령 [별표1] '오디'의 과실손해보장 보험금 산정

보험금 = 보험가입금액 × (피해율 − 자기부담비율) = 500만원×(70=20) = 250만원

※ 피해율 = (평년결실수 − 조사결실수 − 미보상감수결실수) ÷ 평년결실수
         = [(200−40−20)÷200] = 140/200 = 0.7 -> 피해율 = 70%

48. 농업재해보험 손해평가요령에 따른 종합위험방식 상품「수확 전」"복분자"에 해당하는 조사내용은?

① 결과모지 및 수정불량 조사　② 결실수 조사
③ 피해과실수 조사　④ 재파종피해 조사

정답 및 해설 ①

손해평가요령 [별표2]

49. 농업재해보험 손해평가요령에 따른 특정위험방식 상품 "사과, 배, 단감, 떫은감"의 조사방법으로서 전수조사가 명시된 조사내용은?

① 낙과피해 조사　② 유과타박률 조사
③ 적과후착과수 조사　④ 피해사실확인 조사

정답 및 해설 ①

손해평가요령 [별표2]

50. 농업재해보험 손해평가요령에 따른 적과전종합위험방식「과실손해보장」에서 "사과"의 경우 다음 조건으로 산정한 보험금은?

○ 보험가입금액: 1,000만원　○ 자기부담비율: 10 %
○ 기준수확량: 20,000 kg　○ 가입수확량: 25,000 kg
○ 누적감수량: 5,000 kg

① 100만원　② 150만원
③ 250만원　④ 700만원

정답 및 해설 ②

보험금 = 보험가입금액 × (피해율 − 자기부담비율) = 1,000만원×(25−10) = 150만원

※ 피해율 = 누적감수량 ÷ 기준수확량 = 5,000/20,000 = 0.25

제5회 기출문제 및 해설

■■■ 상법「보험편」

1. 보험계약에 관한 설명으로 옳지 않은 것은?(다툼이 있으면 판례에 따름)

   ① 보험계약은 당사자 일방이 약정한 보험료를 지급하고, 상대방은 일정한 보험금이나 그 밖의 급여를 지급할 것을 약정함으로써 효력이 발생한다.
   ② 보험계약은 당사자 사이의 청약과 승낙의 의사합치에 의하여 성립한다.
   ③ 보험계약은 요물계약이다.
   ④ 보험계약은 부합계약의 일종이다.

   정답 및 해설 ③

   보험계약은 낙성계약이다.

2. 상법상 보험약관의 교부·설명의무에 관한 내용으로 옳은 것은?(다툼이 있으면 판례에 따름)

   ① 보험약관이 계약당사자에 대하여 구속력을 갖는 것은 계약당사자 사이에 계약내용에 포함시키기로 합의하였기 때문이다.
   ② 보험계약이 성립한 후 3월 이내에 보험계약자는 보험자의 보험약관 교부·설명의무 위반을 이유로 그 계약을 철회할 수 있다.
   ③ 보험자의 보험약관 교부·설명의무 위반시 보험계약자는 해당 계약을 소급해서 무효로 할 수 있는데, 그 권리의 행사시점은 보험사고 발생시부터이다.
   ④ 보험자는 보험계약을 체결한 후에 보험계약자에게 중요한 사항을 설명하여야 한다.

   정답 및 해설 ①

   상법 제638조의3(보험약관의 교부·설명 의무) ① 보험자는 보험계약을 체결할 때에 보험계약자에게 보험약관을 교부하고 그 약관의 중요한 내용을 설명하여야 한다.

   ② 보험자가 제1항을 위반한 경우 보험계약자는 보험계약이 성립한 날부터 3개월 이내에 그 계약을 취소할 수 있다.

   ● 대법원 판례 (1985 · 11 · 26 · 선고 84다카2543)

보통보험약관이 계약당사자에 대하여 구속력을 갖는 것은 그 자체가 법규범 또는 법규범적 성질을 가진 계약이기 때문이 아니라 보험계약당사자 사이에서 계약내용에 포함시키기로 합의하였기 때문이라고 볼 것인바, 일반적으로 당사자 사이에서 보통보험약관을 계약내용에 포함시킨 보험계약서가 작성된 경우에는 계약자가 그 보험약관의 내용을 알지 못하는 경우에도 그 약관의 구속력을 배제할 수 없는 것이 원칙이나 다만 당사자 사이에서 명시적으로 약관에 관하여 달리 약정한 경우에는 위 약관의 구속력은 배제된다.

3. 타인을 위한 보험에 관한 설명으로 옳지 않은 것은?

① 보험계약자는 위임을 받아 특정의 타인을 위하여 보험계약을 체결할 수 있다.
② 보험계약자는 위임을 받지 아니하고 불특정 타인을 위하여 보험계약을 체결할 수 있다.
③ 타인을 위한 손해보험계약의 경우에 그 타인의 위임이 없는 때에는 이를 보험자에게 고지하여야 한다.
④ 타인을 위한 보험계약의 경우에 그 타인은 수익의 의사표시를 하여야 그 계약의 이익을 받게 된다.

정답 및 해설 ④

상법 제639조(타인을 위한 보험) ①보험계약자는 위임을 받거나 위임을 받지 아니하고 특정 또는 불특정의 타인을 위하여 보험계약을 체결할 수 있다. 그러나 손해보험계약의 경우에 그 타인의 위임이 없는 때에는 보험계약자는 이를 보험자에게 고지하여야 하고, 그 고지가 없는 때에는 타인이 그 보험계약이 체결된 사실을 알지 못하였다는 사유로 보험자에게 대항하지 못한다.
② 제1항의 경우에는 그 타인은 당연히 그 계약의 이익을 받는다. 그러나 손해보험계약의 경우에 보험계약자가 그 타인에게 보험사고의 발생으로 생긴 손해의 배상을 한 때에는 보험계약자는 그 타인의 권리를 해하지 아니하는 범위안에서 보험자에게 보험금액의 지급을 청구할 수 있다.
③ 제1항의 경우에는 보험계약자는 보험자에 대하여 보험료를 지급할 의무가 있다. 그러나 보험계약자가 파산선고를 받거나 보험료의 지급을 지체한 때에는 그 타인이 그 권리를 포기하지 아니하는 한 그 타인도 보험료를 지급할 의무가 있다.

4. 보험증권에 관한 설명으로 옳지 않은 것은?

① 보험자는 보험계약이 성립한 때에는 지체 없이 보험증권을 작성하여 보험계약자에게 교부하여야 한다. 그러나 보험계약자가 보험료의 전부 또는 최초의 보험료를 지급하

지 아니한 때에는 그러하지 아니하다.
② 기존의 보험계약을 연장하거나 변경한 경우에 보험자는 그 보험증권에 그 사실을 기재함으로써 보험증권의 교부에 갈음할 수 없다.
③ 보험계약의 당사자는 보험증권의 교부가 있은 날로부터 일정한 기간 내에 그 증권내용의 정부에 관한 이의를 할 수 있음을 약정할 수 있다. 이 기간은 1월을 내리지 못한다.
④ 보험증권을 멸실 또는 현저하게 훼손한 때에는 보험계약자는 보험자에 대하여 증권의 재교부를 청구할 수 있다. 그 증권작성의 비용은 보험계약자의 부담으로 한다.

정답 및 해설 ②

상법 제640조(보험증권의 교부) ①보험자는 보험계약이 성립한 때에는 지체 없이 보험증권을 작성하여 보험계약자에게 교부하여야 한다. 그러나 보험계약자가 보험료의 전부 또는 최초의 보험료를 지급하지 아니한 때에는 그러하지 아니하다.
② 기존의 보험계약을 연장하거나 변경한 경우에는 보험자는 그 보험증권에 그 사실을 기재함으로써 보험증권의 교부에 갈음할 수 있다.
상법 제641조(증권에 관한 이의약관의 효력) 보험계약의 당사자는 보험증권의 교부가 있은 날로부터 일정한 기간내에 한하여 그 증권내용의 정부에 관한 이의를 할 수 있음을 약정할 수 있다. 이 기간은 1월을 내리지 못한다.
상법 제642조(증권의 재교부청구) 보험증권을 멸실 또는 현저하게 훼손한 때에는 보험계약자는 보험자에 대하여 증권의 재교부를 청구할 수 있다. 그 증권작성의 비용은 보험계약자의 부담으로 한다.

5. 보험계약 등에 관한 설명으로 옳지 않은 것은?

① 보험계약은 그 계약전의 어느 시기를 보험기간의 시기로 할 수 있다.
② 보험계약 당시에 보험사고가 이미 발생하였거나 또는 발생할 수 없는 것인 때에는 그 계약은 무효로 한다. 그러나 당사자 쌍방과 피보험자가 이를 알지 못한 때에는 그러하지 아니하다.
③ 대리인에 의하여 보험계약을 체결한 경우에는 대리인이 안 사유는 그 본인이 안 것과 동일한 것으로 한다.
④ 최초보험료 지급지체에 따라 보험계약이 해지된 경우 보험계약자는 그 계약의 부활을 청구할 수 있다.

정답 및 해설 ④

최초보험료 지급지체의 경우 계약의 부활이 존재하지 않는다. 새로운 보험계약을 체결하면 될 일이다.

상법 제650조의2(보험계약의 부활) 제650조제2항(계속보험료의 지급연체)에 따라 보험계약이 해지되고 해지환급금이 지급되지 아니한 경우에 보험계약자는 일정한 기간 내에 연체보험료에 약정이자를 붙여 보험자에게 지급하고 그 계약의 부활을 청구할 수 있다. 제638조의2(보험계약의 성립)의 규정은 이 경우에 준용한다.

6. 보험대리상 등의 권한에 관한 설명으로 옳은 것은?

① 보험대리상은 보험계약자로부터 보험료를 수령할 권한이 없다.
② 보험대리상의 권한에 대한 일부 제한이 가능하고, 이 경우 보험자는 선의의 제3자에 대하여 대항할 수 있다.
③ 보험대리상은 보험계약자에게 보험계약의 체결, 변경, 해지 등 보험계약에 관한 의사표시를 할 수 있는 권한이 있다.
④ 보험대리상이 아니면서 특정한 보험자를 위하여 계속적으로 보험계약의 체결을 중개하는 자는 보험계약자로부터 고지를 수령할 수 있는 권한이 있다.

정답 및 해설 ③

상법 제646조의2(보험대리상 등의 권한) ① 보험대리상은 다음 각 호의 권한이 있다.
1. 보험계약자로부터 보험료를 수령할 수 있는 권한
2. 보험자가 작성한 보험증권을 보험계약자에게 교부할 수 있는 권한
3. 보험계약자로부터 청약, 고지, 통지, 해지, 취소 등 보험계약에 관한 의사표시를 수령할 수 있는 권한
4. 보험계약자에게 보험계약의 체결, 변경, 해지 등 보험계약에 관한 의사표시를 할 수 있는 권한

② 제1항에도 불구하고 보험자는 보험대리상의 제1항 각 호의 권한 중 일부를 제한할 수 있다. 다만, 보험자는 그러한 권한 제한을 이유로 선의의 보험계약자에게 대항하지 못한다.
③ 보험대리상이 아니면서 특정한 보험자를 위하여 계속적으로 보험계약의 체결을 중개하는 자는 제1항제1호(보험자가 작성한 영수증을 보험계약자에게 교부하는 경우만 해당한다) 및 제2호의 권한이 있다.
④ 피보험자나 보험수익자가 보험료를 지급하거나 보험계약에 관한 의사표시를 할 의무가 있는 경우에는 제1항부터 제3항까지의 규정을 그 피보험자나 보험수익자에게도 적용한다.

7. 보험계약에 관한 내용으로 옳은 것을 모두 고른 것은?

> ㄱ. 보험계약의 당사자가 특별한 위험을 예기하여 보험료의 액을 정한 경우에 보험기간중 그 예기한 위험이 소멸한 때에는 보험계약자는 그 후의 보험료의 감액을 청구할 수 있다.
> ㄴ. 보험계약의 전부 또는 일부가 무효인 경우에 보험계약자와 피보험자가 선의이며 중대한 과실이 없는 때에는 보험자에 대하여 보험료의 전부 또는 일부의 반환을 청구할 수 있다.
> ㄷ. 보험사고가 발생하기 전 보험계약자나 보험자는 언제든지 보험계약을 해지할 수 있다.
> ㄹ. 타인을 위한 보험계약의 경우에는 보험계약자는 그 타인의 동의를 얻지 아니하거나 보험증권을 소지하지 아니하면 그 계약을 해지하지 못한다.

① ㄱ, ㄴ, ㄷ
② ㄱ, ㄴ, ㄹ
③ ㄱ, ㄷ, ㄹ
④ ㄴ, ㄷ, ㄹ

정답 및 해설 ②

임의해지는 보험계약자의 권리이다.

상법 제649조(사고발생전의 임의해지) ①보험사고가 발생하기 전에는 보험계약자는 언제든지 계약의 전부 또는 일부를 해지할 수 있다. 그러나 제639조(타인을 위한 보험)의 보험계약의 경우에는 보험계약자는 그 타인의 동의를 얻지 아니하거나 보험증권을 소지하지 아니하면 그 계약을 해지하지 못한다.

② 보험사고의 발생으로 보험자가 보험금액을 지급한 때에도 보험금액이 감액되지 아니하는 보험의 경우에는 보험계약자는 그 사고발생후에도 보험계약을 해지할 수 있다.

③ 제1항의 경우에는 보험계약자는 당사자간에 다른 약정이 없으면 미경과보험료의 반환을 청구할 수 있다.

8. 고지의무 위반으로 인한 계약해지에 관한 내용으로 옳지 않은 것은?

> ① 보험자가 보험계약당시에 보험계약자나 피보험자의 고지의무 위반 사실을 경미한 과실로 알지 못했던 때라도 계약을 해지할 수 없다.
> ② 보험계약당시에 피보험자가 중대한 과실로 부실의 고지를 한 경우에 보험자는 해지권을 행사할 수 있다.
> ③ 보험자가 보험계약당시에 보험계약자나 피보험자의 고지의무 위반 사실을 알았던 경우에는 계약을 해지할 수 없다.
> ④ 보험계약당시에 보험계약자가 고의로 중요한 사항을 고지하지 아니한 경우 보험자는

해지권을 행사할 수 있다.

정답 및 해설 ①

상법 제651조(고지의무위반으로 인한 계약해지) 보험계약당시에 보험계약자 또는 피보험자가 고의 또는 중대한 과실로 인하여 중요한 사항을 고지하지 아니하거나 부실의 고지를 한 때에는 보험자는 그 사실을 안 날로부터 1월내에, 계약을 체결한 날로부터 3년 내에 한하여 계약을 해지할 수 있다. 그러나 보험자가 계약당시에 그 사실을 알았거나 중대한 과실로 인하여 알지 못한 때에는 그러하지 아니하다.

9. 다음 설명 중 옳은 것은?

① 상법상 보험계약자 또는 피보험자는 보험자가 서면으로 질문한 사항에 대하여만 답변하면 된다.
② 상법에 따르면 보험기간중에 보험계약자 등의 고의로 인하여 사고발생의 위험이 현저하게 증가된 때에는 보험자는 계약체결일로부터 3년 이내에 한하여 계약을 해지할 수 있다.
③ 보험자는 보험금액의 지급에 관하여 약정기간이 없는 경우에는 보험사고 발생의 통지를 받은 후 지체없이 보험금액을 지급하여야 한다.
④ 보험자가 파산의 선고를 받은 때에는 보험계약자는 계약을 해지할 수 있다.

정답 및 해설 ④

상법 제638조의3(보험약관의 교부·설명 의무) ① 보험자는 보험계약을 체결할 때에 보험계약자에게 보험약관을 교부하고 그 약관의 중요한 내용을 설명하여야 한다.
② 보험자가 제1항을 위반한 경우 보험계약자는 보험계약이 성립한 날부터 3개월 이내에 그 계약을 취소할 수 있다.
상법 제651조의2(서면에 의한 질문의 효력) 보험자가 서면으로 질문한 사항은 중요한 사항으로 추정한다.
상법 제652조(위험변경증가의 통지와 계약해지) ①보험기간 중에 보험계약자 또는 피보험자가 사고발생의 위험이 현저하게 변경 또는 증가된 사실을 안 때에는 지체없이 보험자에게 통지하여야 한다. 이를 해태한 때에는 보험자는 그 사실을 안 날로부터 1월내에 한하여 계약을 해지할 수 있다.
② 보험자가 제1항의 위험변경증가의 통지를 받은 때에는 1월내에 보험료의 증액을 청구하거나 계약을 해지할 수 있다.
상법 제653조(보험계약자 등의 고의나 중과실로 인한 위험증가와 계약해지) 보험기간중에 보험계약자, 피보험자 또는 보험수익자의 고의 또는 중대한 과실로 인하여 사고발생의 위험이 현저하게 변경 또는 증가된 때에는 보험자는 그 사실을 안 날부터 1월내에 보험료의 증액을 청구하거나 계약을 해지할 수 있다.

상법 제654조(보험자의 파산선고와 계약해지) ①보험자가 파산의 선고를 받은 때에는 보험계약자는 계약을 해지할 수 있다.

② 제1항의 규정에 의하여 해지하지 아니한 보험계약은 파산선고 후 3월을 경과한 때에는 그 효력을 잃는다.

상법 제658조(보험금액의 지급) 보험자는 보험금액의 지급에 관하여 약정기간이 있는 경우에는 그 기간내에 약정기간이 없는 경우에는 제657조제1항의 통지를 받은 후 지체없이 지급할 보험금액을 정하고 그 정하여진 날부터 10일내에 피보험자 또는 보험수익자에게 보험금액을 지급하여야 한다.

10. 2년간 행사하지 아니하면 시효의 완성으로 소멸하는 것은 모두 몇 개인가?

○ 보험금청구권   ○ 보험료반환청구권
○ 적립금반환청구권   ○ 보험료청구권

① 1개   ② 2개   ③ 3개   ④ 4개

정답 및 해설 ①

보험료청구권은 보험자의 권리로서 2년의 소멸시효에 걸린다. 나머지는 3년.

11. 다음 설명 중 옳은 것은?

① 손해보험계약의 보험자가 보험계약의 청약과 함께 보험료 상당액의 전부를 지급 받은 때에는 다른 약정이 없으면 2주 이내에 낙부의 통지를 발송하여야 한다.
② 손해보험계약의 보험자가 보험계약의 청약과 함께 보험료 상당액의 일부를 지급 받은 때에 상법이 정한 기간내에 낙부의 통지를 해태한 때에는 승낙한 것으로 추정한다.
③ 손해보험계약의 보험자가 보험계약의 청약과 함께 보험료 상당액의 전부를 지급 받은 때에 다른 약정이 없으면 상법이 정한 기간내에 낙부의 통지를 해태한 때에는 승낙한 것으로 본다.
④ 손해보험계약의 보험자가 청약과 함께 보험료 상당액의 전부를 받은 경우에 언제나 보험계약상의 책임을 진다.

정답 및 해설 ③

상법 제638조의2(보험계약의 성립) ① 보험자가 보험계약자로부터 보험계약의 청약과 함께 보험료 상당액의 전부 또는 일부의 지급을 받은 때에는 다른 약정이 없으면 30일내에 그 상대방에 대하여 낙부의 통지를 발송하여야 한다.

② 보험자가 제1항의 규정에 의한 기간내에 낙부의 통지를 해태한 때에는 승낙한 것으로 본다.

③ 보험자가 보험계약자로부터 보험계약의 청약과 함께 보험료 상당액의 전부 또는 일부를 받은 경우에 그 청약을 승낙하기 전에 보험계약에서 정한 보험사고가 생긴 때에는 그 청약을 거절할 사유가 없는 한 보험자는 보험계약상의 책임을 진다.

12. 가계보험의 약관조항으로 허용될 수 있는 것은?

① 약관설명의무 위반시 계약 성립일부터 1개월 이내에 보험계약자가 계약을 취소할 수 있도록 한 조항
② 보험증권의 교부가 있은 날로부터 2주 내에 한하여 그 증권내용의 정부에 관한 이의를 할 수 있도록 한 조항
③ 해지환급금을 반환한 경우에도 그 계약의 부활을 청구할 수 있도록 한 조항
④ 고지의무를 위반한 사실이 보험사고 발생에 영향을 미치지 아니하였음이 증명된 경우에도 보험자의 보험금지급 책임을 면하도록 한 조항

정답 및 해설 ③

③ 원칙적으로 보험자는 해지환급금을 반환한 경우에 그 계약의 부활을 거절할 수 있으나 계약으로 부활청구를 가능하게 하는 것은 계약자에게 유리한 조항으로 유효하다.

상법 제638조의3(보험약관의 교부·설명 의무) ① 보험자는 보험계약을 체결할 때에 보험계약자에게 보험약관을 교부하고 그 약관의 중요한 내용을 설명하여야 한다.

② 보험자가 제1항을 위반한 경우 보험계약자는 보험계약이 성립한 날부터 3개월 이내에 그 계약을 취소할 수 있다.

상법 제641조(증권에 관한 이의약관의 효력) 보험계약의 당사자는 보험증권의 교부가 있은 날로부터 일정한 기간내에 한하여 그 증권내용의 정부에 관한 이의를 할 수 있음을 약정할 수 있다. 이 기간은 1월을 내리지 못한다.

상법 제650조의2(보험계약의 부활) 제650조제2항에 따라 보험계약이 해지되고 해지환급금이 지급되지 아니한 경우에 보험계약자는 일정한 기간내에 연체보험료에 약정이자를 붙여 보험자에게 지급하고 그 계약의 부활을 청구할 수 있다. 제638조의2의 규정은 이 경우에 준용한다.

상법 제655조(계약해지와 보험금청구권) 보험사고가 발생한 후라도 보험자가 제650조, 제651조, 제652조 및 제653조에 따라 계약을 해지하였을 때에는 보험금을 지급할 책임이 없고 이미 지급한 보험금의 반환을 청구할 수 있다. 다만, 고지의무(告知義務)를 위반한 사실 또는 위험이 현저하게 변경되거나 증가된 사실

이 보험사고 발생에 영향을 미치지 아니하였음이 증명된 경우에는 보험금을 지급할 책임이 있다.

13. 다음 설명 중 옳지 않은 것은?

① 손해보험계약의 보험자는 보험사고로 인하여 생길 피보험자의 재산상의 손해를 보상할 책임이 있다.
② 손해보험증권에는 보험증권의 작성지와 그 작성년월일을 기재하여야 한다.
③ 보험사고로 인하여 상실된 피보험자가 얻을 이익이나 보수는 당사자간에 다른 약정이 없으면 보험자가 보상할 손해액에 산입하지 아니한다.
④ 집합된 물건을 일괄하여 보험의 목적으로 한 때에는 그 목적에 속한 물건이 보험기간 중에 수시로 교체된 경우에도 보험계약의 체결시에 현존한 물건은 보험의 목적에 포함된 것으로 한다.

정답 및 해설 ④

상법 제667조(상실이익 등의 불산입) 보험사고로 인하여 상실된 피보험자가 얻을 이익이나 보수는 당사자간에 다른 약정이 없으면 보험자가 보상할 손해액에 산입하지 아니한다.
상법 제687조(집합보험의 목적) 집합된 물건을 일괄하여 보험의 목적으로 한 때에는 그 목적에 속한 물건이 보험기간중에 수시로 교체된 경우에도 보험사고의 발생 시에 현존한 물건은 보험의 목적에 포함된 것으로 한다.

14. 초과보험에 관한 설명으로 옳지 않은 것은?

① 보험금액이 보험계약당시의 보험계약의 목적의 가액을 현저히 초과한 때를 말한다.
② 보험자 또는 보험계약자는 보험료와 보험금액의 감액을 청구할 수 있다.
③ 보험료의 감액은 보험계약체결시에 소급하여 그 효력이 있으나 보험금액의 감액은 장래에 대하여만 그 효력이 있다.
④ 보험계약자의 사기로 인하여 체결된 초과보험계약은 무효이며 보험자는 그 사실을 안 때까지의 보험료를 청구할 수 있다.

정답 및 해설 ③

상법 제669조(초과보험) ①보험금액이 보험계약의 목적의 가액을 현저하게 초과한 때에는 보험자 또는 보험계약자는 보험료와 보험금액의 감액을 청구할 수 있다. 그러나 보험료의 감액은 장래에 대하여서만 그 효력이 있다.
② 제1항의 가액은 계약당시의 가액에 의하여 정한다.
③ 보험가액이 보험기간 중에 현저하게 감소된 때에도 제1항과 같다.
④ 제1항의 경우에 계약이 보험계약자의 사기로 인하여 체결된 때에는 그 계약은 무효로 한다. 그러나 보험자는 그 사실을 안 때까지의 보험료를 청구할 수 있다.

15. 상법상 기평가보험과 미평가보험에 관한 설명으로 옳은 것은?

① 당사자간에 보험가액을 정하지 아니한 때에는 계약체결시의 가액을 보험가액으로 한다.
② 당자자간에 보험가액을 정한 때 그 가액이 사고발생시의 가액을 현저하게 초과할 때에는 사고발생시의 가액을 보험가액으로 한다.
③ 당사자간에 보험가액을 정한 때에는 그 가액은 계약체결시의 가액으로 정한 것으로 추정한다.
④ 당사자간에 보험가액을 정한 때에는 그 가액은 사고발생시의 가액을 정한 것으로 본다.

정답 및 해설 ②

상법 제670조(기평가보험) 당사자간에 보험가액을 정한 때에는 그 가액은 사고발생시의 가액으로 정한 것으로 추정한다. 그러나 그 가액이 사고발생시의 가액을 현저하게 초과할 때에는 사고발생시의 가액을 보험가액으로 한다.

상법 제671조(미평가보험) 당사자간에 보험가액을 정하지 아니한 때에는 사고발생시의 가액을 보험가액으로 한다.

16. 피보험이익에 관한 설명으로 옳지 않은 것은?

① 우리 상법은 손해보험뿐만 아니라 인보험에서도 피보험이익이 있을 것을 요구한다.
② 상법은 피보험이익을 보험계약의 목적이라고 표현하며 보험의 목적과는 다르다.
③ 밀수선이 압류되어 입을 경제적 손실은 피보험이익이 될 수 없다.
④ 보험계약의 동일성을 판단하는 표준이 된다.

정답 및 해설 ①

피보험자가 제3자에 대한 배상책임을 보험자에게 돌려 배상책임을 짐으로써 경제적 손해를 회피할 수 있는 경제적 이익이 피보험이익이다. 손해보험은 피보험이익이 생긴 손해를 보상할 목적으로 하므로 보험자의 보상책임은 피보험이익의 가액을 최고한도로 한다.

피보험이익이란 보험사고가 발생함으로써 피보험자가 손해를 입을 염려가 있는 경제적 이익으로 손해보험에서만 존재하는 특유의 요소이다. 상법 668조에서는 피보험이익을 보험계약의 목적이라고 하여 보험계약은 금전으로 산정할 수 있는 이익에 한정하고 있다. 따라서 인보험에서는 피보험이익이 존재하지 않는다.

동일한 목적에 대하여 경제적 이해관계가 다름에 따라 수개의 피보험이익이 있을 수 있고, 피보험이익이 다르면 동일한 목적물에 대한 보험계약이라도 별개의 보험계약이 된다.

17. 상법상 당사자간에 다른 약정이 있으면 허용되는 것을 모두 고른 것은?

> ㄱ. 보험사고가 전쟁 기타 변란으로 인하여 생긴 때의 위험을 담보하는 것
> ㄴ. 최초의 보험료의 지급이 없는 때에도 보험자의 책임이 개시되도록 하는 것
> ㄷ. 사고발생전 임의해지시 미경과보험료의 반환을 청구하지 않기로 하는 것
> ㄹ. 특정한 타인을 위한 보험의 경우에 보험계약자가 보험료의 지급을 지체한 때에는 보험자가 보험계약자에게만 최고하고 그의 지급이 없는 경우 그 계약을 해지하기로 하는 것

① ㄱ, ㄴ
② ㄴ, ㄷ
③ ㄱ, ㄴ, ㄷ
④ ㄱ, ㄷ, ㄹ

정답 및 해설 ③

상법 제660조(전쟁위험 등으로 인한 면책) 보험사고가 전쟁 기타의 변란으로 인하여 생긴 때에는 당사자간에 다른 약정이 없으면 보험자는 보험금액을 지급할 책임이 없다.

상법 제656조(보험료의 지급과 보험자의 책임개시) 보험자의 책임은 당사자간에 다른 약정이 없으면 최초의 보험료의 지급을 받은 때로부터 개시한다.

상법 제649조(사고발생전의 임의해지) ① 보험사고가 발생하기 전에는 보험계약자는 언제든지 계약의 전부 또는 일부를 해지할 수 있다. 그러나 제639조의 보험계약의 경우에는 보험계약자는 그 타인의 동의를 얻지 아니하거나 보험증권을 소지하지 아니하면 그 계약을 해지하지 못한다.

② 보험사고의 발생으로 보험자가 보험금액을 지급한 때에도 보험금액이 감액되지 아니하는 보험의 경우에는 보험계약자는 그 사고발생후에도 보험계약을 해지할 수 있다.

③ 제1항의 경우에는 보험계약자는 당사자간에 다른 약정이 없으면 미경과보험료의 반환을 청구할 수 있다.

18. 중복보험에 관한 설명으로 옳은 것은?

① 동일한 보험계약의 목적과 동일한 사고에 관하여 수개의 보험계약이 동시에 또는 순차로 체결된 경우에 그 보험금액의 총액이 보험가액을 현저히 초과한 경우에만 상법상 중복보험에 해당한다.
② 동일한 보험계약의 목적과 동일한 사고에 관하여 수개의 보험계약을 체결하는 경우에는 보험계약자는 각 보험자에 대하여 각 보험계약의 내용을 통지하여야 한다.
③ 중복보험의 경우 보험자 1인에 대한 피보험자의 권리의 포기는 다른 보험자의 권리의무에 영향을 미친다.
④ 보험자는 보험가액의 한도에서 연대책임을 진다.

정답 및 해설 ②

상법 제672조(중복보험) ①동일한 보험계약의 목적과 동일한 사고에 관하여 수개의 보험계약이 동시에 또는 순차로 체결된 경우에 그 보험금액의 총액이 보험가액을 초과한 때에는 보험자는 각자의 보험금액의 한도에서 연대책임을 진다. 이 경우에는 각 보험자의 보상책임은 각자의 보험금액의 비율에 따른다.

② 동일한 보험계약의 목적과 동일한 사고에 관하여 수개의 보험계약을 체결하는 경우에는 보험계약자는 각 보험자에 대하여 각 보험계약의 내용을 통지하여야 한다.

상법 제673조(중복보험과 보험자 1인에 대한 권리포기) 제672조의 규정에 의한 수개의 보험계약을 체결한 경우에 보험자 1인에 대한 권리의 포기는 다른 보험자의 권리의무에 영향을 미치지 아니한다.

19. 다음 (   )에 들어갈 용어로 옳은 것은?

(ㄱ)의 일부를 보험에 붙인 경우에는 보험자는 (ㄴ)의 (ㄷ)에 대한 비율에 따라 보상할 책임을 진다. 그러나 당사자간에 다른 약정이 있는 때에는 보험자는 (ㄹ)의 한도 내에서 그 손해를 보상할 책임을 진다.

① ㄱ: 보험금액 ㄴ: 보험가액 ㄷ: 보험금액 ㄹ: 보험금액
② ㄱ: 보험금액 ㄴ: 보험금액 ㄷ: 보험가액 ㄹ: 보험가액
③ ㄱ: 보험가액 ㄴ: 보험가액 ㄷ: 보험금액 ㄹ: 보험가액
④ ㄱ: 보험가액 ㄴ: 보험금액 ㄷ: 보험가액 ㄹ: 보험금액

정답 및 해설 ④

상법 제674조(일부보험) 보험가액의 일부를 보험에 붙인 경우에는 보험자는 보험금액의 보험가액에 대한 비율에 따라 보상할 책임을 진다. 그러나 당사자간에 다른 약정이 있는 때에는 보험자는 보험금액의 한도 내에서 그 손해를 보상할 책임을 진다.

20. 손해액의 산정기준 등에 관한 설명으로 옳은 것은?

① 보험의 목적에 관하여 보험자가 부담할 손해가 생긴 경우에는 그 후 그 목적이 보험자가 부담하지 아니하는 보험사고의 발생으로 인하여 멸실된 때에도 보험자는 이미 생긴 손해를 보상할 책임을 면하지 못한다.
② 당사자간에 다른 약정이 있는 때에도 이득금지의 원칙상 신품가액에 의하여 손해액을 산정할 수는 없다.
③ 보험자가 보상할 손해액은 보험계약이 체결된 때와 곳의 가액에 의하여 산정한다.
④ 손해액의 산정에 관한 비용은 보험계약자의 부담으로 한다.

정답 및 해설 ①

상법 제675조(사고발생 후의 목적멸실과 보상책임) 보험의 목적에 관하여 보험자가 부담할 손해가 생긴 경우에는 그 후 그 목적이 보험자가 부담하지 아니하는 보험사고의 발생으로 인하여 멸실된 때에도 보험자는 이미 생긴 손해를 보상할 책임을 면하지 못한다.

상법 제676조(손해액의 산정기준) ①보험자가 보상할 손해액은 그 손해가 발생한 때와 곳의 가액에 의하여 산정한다. 그러나 당사자간에 다른 약정이 있는 때에는 그 신품가액에 의하여 손해액을 산정할 수 있다.

② 제1항의 손해액의 산정에 관한 비용은 보험자의 부담으로 한다.

21. 다음 (   )에 들어갈 상법 규정으로 옳은 것은?

상법 제679조(보험목적의 양도)
① 피보험자가 보험의 목적을 양도한 때에는 양수인은 보험계약상의 권리와 의무를 승계한 것으로 추정한다.
② 제1항의 경우 에 보험의 목적의 (   )은 보험자에 대하여 지체없이 그 사실을 통지하여야 한다.

① 양도인   ② 양수인
③ 양도인과 양수인   ④ 양도인 또는 양수인

정답 및 해설 ④

상법 제679조(보험목적의 양도) ①피보험자가 보험의 목적을 양도한 때에는 양수인은 보험계약상의 권리와 의무를 승계한 것으로 추정한다.〉
② 제1항의 경우에 보험의 목적의 양도인 또는 양수인은 보험자에 대하여 지체없이 그 사실을 통지하여야 한다.

22. 손해방지의무 등에 관한 상법 규정의 설명으로 옳은 것은?

① 피보험자뿐만 아니라 보험계약자도 손해방지의무를 부담한다.
② 손해방지비용과 보상액의 합계액이 보험금액을 초과한 때에는 보험자의 지시에 의한 경우에만 보험자가 이를 부담한다.
③ 상법은 피보험자는 보험자에 대하여 손해방지비용의 선급을 청구할 수 있다고 규정한다.
④ 손해의 방지와 경감을 위하여 유익하였던 비용은 보험자가 이를 부담하지 않는다.

정답 및 해설 ①

상법 제680조(손해방지의무) ①보험계약자와 피보험자는 손해의 방지와 경감을 위하여 노력하여야 한다. 그러나 이를 위하여 필요 또는 유익하였던 비용과 보상액이 보험금액을 초과한 경우라도 보험자가 이를 부담한다.

23. 제3자에 대한 보험자대위에 관한 설명으로 옳지 않은 것은?

① 손해가 제3자의 행위로 인하여 발생한 경우에 보험금을 지급한 보험자는 그 지급한 금액의 한도에서 그 제3자에 대한 보험계약자 또는 피보험자의 권리를 취득한다.
② 보험자가 보상할 보험금의 일부를 지급한 경우에는 피보험자의 권리를 침해하지 아니하는 범위에서 그 권리를 행사할 수 있다.
③ 보험계약자나 피보험자의 제3자에 대한 권리가 그와 생계를 같이 하는 가족에 대한 것인 경우 보험자는 그 권리를 취득하지 못한다. 다만, 손해가 그 가족의 과실로 인하여 발생한 경우에는 그러하지 아니하다.
④ 보험계약에서 담보하지 아니하는 손해에 해당하여 보험금지급의무가 없음에도 보험자가 피보험자에게 보험금을 지급한 경우라면, 보험자대위가 인정되지 않는다.

정답 및 해설 ③

상법 제682조(제3자에 대한 보험대위) ① 손해가 제3자의 행위로 인하여 발생한 경우에 보험금을 지급한 보험자는 그 지급한 금액의 한도에서 그 제3자에 대한 보험계약자 또는 피보험자의 권리를 취득한다. 다만, 보험자가 보상할 보험금의 일부를 지급한 경우에는 피보험자의 권리를 침해하지 아니하는 범위에서 그 권리를 행사할 수 있다.

② 보험계약자나 피보험자의 제1항에 따른 권리가 그와 생계를 같이 하는 가족에 대한 것인 경우 보험자는 그 권리를 취득하지 못한다. 다만, 손해가 그 가족의 고의로 인하여 발생한 경우에는 그러하지 아니하다.

24. 보험자가 손해를 보상할 경우에 보험료의 지급을 받지 아니한 잔액이 있는 경우, 상법 규정으로 옳은 것은?

① 보상할 금액을 전액 지급한 후 그 지급기일이 도래한 때 보험자는 잔액의 상환을 청구할 수 있다.
② 그 지급기일이 도래하지 아니한 때라도 보상할 금액에서 이를 공제할 수 있다.
③ 그 지급기일이 도래하지 아니한 때라면 보상할 금액에서 이를 공제할 수 없다.
④ 상법은 보험소비자의 보호를 위하여 어떠한 경우에도 보상할 금액에서 이를 공제할 수 없다고 규정한다.

정답 및 해설 ②

상법 제677조(보험료체납과 보상액의 공제) 보험자가 손해를 보상할 경우에 보험료의 지급을 받지 아니한 잔액이 있으면 그 지급기일이 도래하지 아니한 때라도 보상할 금액에서 이를 공제할 수 있다.

25. 화재보험에 관한 설명으로 옳지 않은 것은?

① 건물을 보험의 목적으로 한 때에는 그 소재지, 구조와 용도를 화재보험증권에 기재하여야 한다.
② 동산을 보험의 목적으로 한 때에는 그 존치한 장소의 상태와 용도를 화재보험증권에 기재하여야 한다.
③ 보험가액을 정한 때에는 그 가액을 화재보험증권에 기재하여야 한다.
④ 보험계약자의 주소와 성명 또는 상호는 화재보험증권의 기재사항이 아니다.

정답 및 해설 ④

상법 제685조(화재보험증권) 화재보험증권에는 제666조(손해보험 기재사항)에 게기한 사항외에 다음의 사항을 기재하여야 한다.

1. 건물을 보험의 목적으로 한 때에는 그 소재지, 구조와 용도
2. 동산을 보험의 목적으로 한 때에는 그 존치한 장소의 상태와 용도
3. 보험가액을 정한 때에는 그 가액

상법 제666조(손해보험증권) 손해보험증권에는 다음의 사항을 기재하고 보험자가 기명날인 또는 서명하여야 한다.

1. 보험의 목적
2. 보험사고의 성질
3. 보험금액
4. 보험료와 그 지급방법
5. 보험기간을 정한 때에는 그 시기와 종기
6. 무효와 실권의 사유
7. 보험계약자의 주소와 성명 또는 상호
7의2. 피보험자의 주소, 성명 또는 상호
8. 보험계약의 연월일
9. 보험증권의 작성지와 그 작성년월일

■■■ 농어업재해보험법령 및 규정

26. 농어업재해보험법령상 재보험사업에 관한 설명으로 옳은 것은?

① 정부는 재해보험에 관한 재보험사업을 할 수 없다.
② 재보험수수료 등 재보험 약정에 포함되어야 할 사항은 농림축산식품부령에서 정하고 있다.
③ 재보험약정서에는 재보험금의 지급에 관한 사항뿐 아니라 분쟁에 관한 사항도 포함되어야 한다.

④ 농림축산식품부장관이 재보험사업에 관한 업무의 일부를 농업정책보험금융원에 위탁하는 경우에는 해양수산부장관과의 협의를 요하지 않는다.

정답 및 해설 ③

법 제20조(재보험사업) ① 정부는 재해보험에 관한 재보험사업을 할 수 있다.
② 농림축산식품부장관 또는 해양수산부장관은 재보험에 가입하려는 재해보험사업자와 다음 각 호의 사항이 포함된 재보험 약정을 체결하여야 한다.
1. 재해보험사업자가 정부에 내야 할 보험료에 관한 사항
2. 정부가 지급하여야 할 보험금에 관한 사항
3. 그 밖에 재보험수수료 등 재보험 약정에 관한 것으로서 대통령령으로 정하는 사항
③ 농림축산식품부장관은 해양수산부장관과 협의를 거쳐 재보험사업에 관한 업무의 일부를 「농업·농촌 및 식품산업 기본법」제63조의2제1항에 따라 설립된 농업정책보험금융원에 위탁할 수 있다.

27. 농어업재해보험법령상 농어업재해재보험기금에 관한 설명이다. (   )에 들어갈 내용을 순서대로 옳게 나열한 것은?

> 농림축산식품부장관은 (ㄱ)과 협의하여 법 제21조에 따른 농어업재해재보험기금의 수입과 지출을 명확히 하기 위하여 한국은행에 (ㄴ)을 설치하여야 한다.

① ㄱ: 기획재정부장관, ㄴ: 보험계정
② ㄱ: 기획재정부장관, ㄴ: 기금계정
③ ㄱ: 해양수산부장관, ㄴ: 보험계정
④ ㄱ: 해양수산부장관, ㄴ: 기금계정

정답 및 해설 ④

시행규칙 제5조(기금계정의 설치) 사업자금과장은 영 제17조에 따라 기금의 수입과 지출을 명확히 하기 위하여 한국은행에 농어업재해재보험기금계정(이하 "기금계정"이라 한다)을 설치하고, 기금계정을 통하여 수입과 지출을 관리하여야 한다.

28. 농어업재해보험법 시행령에서 정하고 있는 다음 사항에 대한 과태료 부과기준액을 모두 합한 금액은?

- 법 제10조제2항에서 준용하는 「보험업법」 제95조를 위반하여 보험안내를 한 자로서 재해보험사업자가 아닌 경우
- 법 제29조에 따른 보고 또는 관계 서류 제출을 하지 아니하거나 보고 또는 관계 서류 제출을 거짓으로 한 경우
- 법 제10조제2항에서 준용하는 「보험업법」 제97조제1항을 위반하여 보험계약의 체결 또는 모집에 관한 금지행위를 한 경우

① 1,000만원 ② 1,100만원
③ 1,200만원 ④ 1,300만원

정답 및 해설 ②

위반행위(대통령령)	과태료
가. 재해보험사업자가 법 제10조제2항에서 준용하는 「보험업법」 제95조를 위반하여 보험안내를 한 경우	1,000만원
나. 법 제10조제2항에서 준용하는 「보험업법」 제95조를 위반하여 보험안내를 한 자로서 재해보험사업자가 아닌 경우	500만원
다. 법 제10조제2항에서 준용하는 「보험업법」 제97조제1항을 위반하여 보험계약의 체결 또는 모집에 관한 금지행위를 한 경우	300만원
라. 재해보험사업자의 발기인, 설립위원, 임원, 집행간부, 일반간부직원, 파산관재인 및 청산인이 법 제18조에서 적용하는 「보험업법」 제120조에 따른 책임준비금 또는 비상위험준비금을 계상하지 아니하거나 이를 따로 작성한 장부에 각각 기재하지 아니한 경우	500만원
마. 재해보험사업자의 발기인, 설립위원, 임원, 집행간부, 일반간부직원, 파산관재인 및 청산인이 법 제18조에서 적용하는 「보험업법」 제131조제1항·제2항 및 제4항에 따른 명령을 위반한 경우	300만원
바. 재해보험사업자의 발기인, 설립위원, 임원, 집행간부, 일반간부직원, 파산관재인 및 청산인이 법 제18조에서 적용하는 「보험업법」 제133조에 따른 검사를 거부·방해 또는 기피한 경우	200만원
사. 법 제29조에 따른 보고 또는 관계 서류 제출을 하지 아니하거나 보고 또는 관계 서류 제출을 거짓으로 한 경우	300만원

29. 농어업재해보험법령과 농업재해보험 손해평가요령상 다음의 설명 중 옳지 않은 것은?

① 손해평가사나 손해사정사가 아닌 경우에는 손해평가인이 될 수 없다.

② 농업재해보험 손해평가요령은 농림축산식품부고시의 형식을 갖추고 있다.
③ 가축재해보험도 농업재해보험의 일종이다.
④ 손해평가보조인이라 함은 손해평가 업무를 보조하는 자를 말한다.

정답 및 해설 ①

시행규칙(손해평가요령) "손해평가인"이라 함은 법 제11조제1항과 「농어업재해보험법 시행령」제12조제1항에서 정한 자(시행령 별표에 따른 자격요건을 갖춘 자) 중에서 재해보험사업자가 위촉하여 손해평가업무를 담당하는 자를 말한다.

법 제11조(손해평가 등) ① 재해보험사업자는 보험목적물에 관한 지식과 경험을 갖춘 자 또는 그 밖의 관계 전문가를 손해평가인으로 위촉하여 손해평가를 담당하게 하거나 제11조의2에 따른 손해평가사 또는 「보험업법」제186조에 따른 손해사정사에게 손해평가를 담당하게 할 수 있다.

30. 농어업재해보험법령상 "시범사업"을 하기 위해 재해보험사업자가 농림축산식품부장관에게 제출하여야 하는 사업계획서 내용에 해당하는 것을 모두 고른 것은?

> ㄱ. 사업지역 및 사업기간에 관한 사항
> ㄴ. 보험상품에 관한 사항
> ㄷ. 보험계약사항 등 전반적인 사업운영 실적에 관한 사항
> ㄹ. 그 밖에 금융감독원장이 필요하다고 인정하는 사항

① ㄱ, ㄴ   ② ㄱ, ㄷ
③ ㄴ, ㄷ   ④ ㄴ, ㄹ

정답 및 해설 ①

시행령 제22조(시범사업 실시) ① 재해보험사업자는 법 제27조제1항에 따른 시범사업을 하려면 다음 각 호의 사항이 포함된 사업계획서를 농림축산식품부장관 또는 해양수산부장관에게 제출하고 협의하여야 한다.
1. 대상목적물, 사업지역 및 사업기간에 관한 사항
2. 보험상품에 관한 사항
3. 정부의 재정지원에 관한 사항
4. 그 밖에 농림축산식품부장관 또는 해양수산부장관이 필요하다고 인정하는 사항

31. 농업재해보험 손해평가요령상 손해평가인의 업무가 아닌 것은?

① 손해액 평가　　　　　　② 보험가액 평가
③ 보험료의 평가　　　　　　④ 피해사실 확인

정답 및 해설 ③

시행규칙 제3조(손해평가인의 업무) ① 손해평가인은 다음 각 호의 업무를 수행한다.
1. 피해사실 확인
2. 보험가액 및 손해액 평가
3. 그 밖에 손해평가에 관하여 필요한 사항

32. 농업재해보험 손해평가요령상 손해평가인의 교육에 관한 설명으로 옳지 않은 것은?

① 재해보험사업자는 위촉된 손해평가인을 대상으로 농업재해보험에 관한 손해평가의 방법 및 절차의 실무교육을 실시하여야 한다.
② 피해유형별 현지조사표 작성실습은 손해평가인 정기교육의 내용이다.
③ 손해평가인 정기교육 시 농업재해보험에 관한 기초지식의 교육내용에는 농어업재해보험법 제정 배경 및 조문별 주요내용 등이 포함된다.
④ 위촉된 손해평가인의 실무교육 시 재해보험사업자에 대하여 손해평가인은 교육비를 지급한다.

정답 및 해설 ④

시행규칙 제5조(손해평가인 실무교육) ① 재해보험사업자는 제4조에 따라 위촉된 손해평가인을 대상으로 농업재해보험에 관한 기초지식, 보험상품 및 약관, 손해평가의 방법 및 절차 등 손해평가에 필요한 실무교육을 실시하여야 한다.
② 삭제
③ 제1항에 따른 손해평가인에 대하여 재해보험사업자는 소정의 교육비를 지급할 수 있다.

제5조의2(손해평가인 정기교육) ① 법 제11조제5항에 따른 손해평가인 정기교육의 세부내용은 다음 각 호와 같다.
1. 농업재해보험에 관한 기초지식 : 농어업재해보험법 제정 배경·구성 및 조문별 주요내용, 농업재해보험 사업현황
2. 농업재해보험의 종류별 약관 : 농업재해보험 상품 주요내용 및 약관 일반 사항
3. 손해평가의 절차 및 방법 : 농업재해보험 손해평가 개요, 보험목적물별 손해평가 기준 및 피해유형별

보상사례

4. 피해유형별 현지조사표 작성 실습

② 재해보험사업자는 정기교육 대상자에게 소정의 교육비를 지급할 수 있다.

33. 농업재해보험 손해평가요령상 재해보험사업자가 손해평가인 업무의 정지나 위촉의 해지를 할 수 있는 사항에 관한 설명으로 옳지 않은 것은?

① 손해평가인이 농업재해보험 손해평가요령의 규정을 위반한 경우 위촉을 해지할 수 있다.
② 손해평가인이 농어업재해보험법에 따른 명령을 위반한 때 3개월간 업무의 정지를 명할 수 있다.
③ 부정한 방법으로 손해평가인으로 위촉된 경우 위촉을 해지할 수 있다.
④ 업무수행과 관련하여 동의를 받지 않고 개인정보를 수집하여 개인정보보호법을 위반한 경우 3개월간 업무의 정지를 명할 수 있다.

정답 및 해설 ③

③항은 위촉취소 사유이다.

제6조(손해평가인 위촉의 취소 및 해지) ① 재해보험사업자는 손해평가인이 다음 각 호의 어느 하나에 해당하게 되거나 위촉당시에 해당하는 자이었음이 판명된 때에는 그 위촉을 취소하여야 한다.

1. 피성년후견인 또는 피한정후견인
2. 파산선고를 받은 자로서 복권되지 아니한 자
3. 법 제30조에 의하여 벌금이상의 형을 선고받고 그 집행이 종료(집행이 종료된 것으로 보는 경우를 포함한다)되거나 집행이 면제된 날로부터 2년이 경과되지 아니한 자
4. 동 조에 따라 위촉이 취소된 후 2년이 경과하지 아니한 자
5. 거짓 그 밖의 부정한 방법으로 제4조에 따라 손해평가인으로 위촉된 자

② 재해보험사업자는 손해평가인이 다음 각 호의 어느 하나에 해당하는 때에는 6개월 이내의 기간을 정하여 그 업무의 정지를 명하거나 그 위촉을 해지할 수 있다.

1. 법 제11조제2항 및 이 요령의 규정을 위반 한 때
2. 법 및 이 요령에 의한 명령이나 처분을 위반한 때
3. 업무수행과 관련하여 「개인정보보호법」, 「신용정보의 이용 및 보호에 관한 법률」 등 정보보호와 관련된 법령을 위반한 때

③ 재해보험사업자는 제1항 및 제2항에 따라 위촉을 취소하거나 업무의 정지를 명하고자 하는 때에는 손

해평가인에게 청문을 실시하여야 한다. 다만, 손해평가인이 청문에 응하지 아니할 경우에는 서면으로 위촉을 취소하거나 업무의 정지를 통보할 수 있다.
④ 재해보험사업자는 손해평가인을 해촉하거나 손해평가인에게 업무의 정지를 명한 때에는 지체 없이 이유를 기재한 문서로 그 뜻을 손해평가인에게 통지하여야 한다.

34. 농업재해보험 손해평가요령상 손해평가반 구성에 관한 설명으로 옳은 것은?

① 손해평가인은 법에 따른 손해평가를 하는 경우 손해평가반을 구성하고 손해평가반별로 평가일정계획을 수립하여야 한다.
② 자기가 모집하지 않았더라도 자기와 생계를 같이하는 친족이 모집한 보험계약이라면 해당자는 그 보험계약에 관한 손해평가의 손해평가반 구성에서 배제되어야 한다.
③ 자기가 가입하였어도 자기가 모집하지 않은 보험계약이라면 해당자는 그 보험 계약에 관한 손해평가의 손해평가반 구성에 참여할 수 있다.
④ 손해평가반에는 손해평가인, 손해평가사, 손해사정사에 해당하는 자를 2인 이상 포함시켜야 한다.

정답 및 해설 ②

시행규칙 제8조(손해평가반 구성 등) ① 재해보험사업자는 제2조제1호의 손해평가를 하는 경우에는 손해평가반을 구성하고 손해평가반별로 평가일정계획을 수립하여야 한다.
② 제1항에 따른 손해평가반은 다음 각 호의 어느 하나에 해당하는 자를 1인 이상 포함하여 5인 이내로 구성한다.
1. 제2조제2호에 따른 손해평가인
2. 제2조제3호에 따른 손해평가사
3. 「보험업법」 제186조에 따른 손해사정사
③ 제2항의 규정에도 불구하고 다음 각 호의 어느 하나에 해당하는 손해평가에 대하여는 해당자를 손해평가반 구성에서 배제하여야 한다.
1. 자기 또는 자기와 생계를 같이 하는 친족(이하 "이해관계자"라 한다)이 가입한 보험계약에 관한 손해평가
2. 자기 또는 이해관계자가 모집한 보험계약에 관한 손해평가

35. 농어업재해보험법상 농어업재해에 해당하지 않는 것은?

① 농작물에 발생하는 자연재해
② 임산물에 발생하는 병충해
③ 농업용 시설물에 발생하는 화재
④ 농어촌 주민의 주택에 발생하는 화재

정답 및 해설 ④

시행령 [별표1]

재해보험에서 보상하는 재해의 범위(제8조 관련)

재해보험의 종류	보상하는 재해의 범위
1. 농작물·임산물 재해보험	자연재해, 조수해(鳥獸害), 화재 및 보험목적물별로 농림축산식품부장관이 정하여 고시하는 병충해
2. 가축 재해보험	자연재해, 화재 및 보험목적물별로 농림축산식품부장관이 정하여 고시하는 질병
3. 양식수산물 재해보험	자연재해, 화재 및 보험목적물별로 해양수산부장관이 정하여 고시하는 수산질병

36. 농어업재해보험법령상 농업재해보험심의회의 심의사항에 해당하는 것을 모두 고른 것은?

ㄱ. 재해보험목적물의 선정에 관한 사항
ㄴ. 재해보험사업에 대한 재정지원에 관한 사항
ㄷ. 손해평가의 방법과 절차에 관한 사항

① ㄱ, ㄴ ② ㄱ, ㄷ
③ ㄴ, ㄷ ④ ㄱ, ㄴ, ㄷ

정답 및 해설 ④

법 제3조 심의회의 심의사항

1. 재해보험 목적물의 선정에 관한 사항
2. 재해보험에서 보상하는 재해의 범위에 관한 사항
3. 재해보험사업에 대한 재정지원에 관한 사항

4. 손해평가의 방법과 절차에 관한 사항

5. 농어업재해재보험사업(이하 "재보험사업"이라 한다)에 대한 정부의 책임범위에 관한 사항

6. 재보험사업 관련 자금의 수입과 지출의 적정성에 관한 사항

7. 다른 법률에서 농업재해보험심의회 또는 어업재해보험심의회(이하 "심의회"라 한다)의 심의 사항으로 정하고 있는 사항

8. 그 밖에 농림축산식품부장관 또는 해양수산부장관이 필요하다고 인정하는 사항

37. 농어업재해보험법령상 재해보험사업에 관한 내용으로 옳지 않은 것은?

① 재해보험사업을 하려는 자는 기획재정부장관과 재해보험사업의 약정을 체결하여야 한다.
② 재해보험의 종류는 농작물재해보험, 임산물재해보험, 가축재해보험 및 양식수산물재해보험으로 한다.
③ 재해보험에 가입할 수 있는 자는 농림업, 축산업, 양식수산업에 종사하는 개인 또는 법인으로 한다.
④ 재해보험에서 보상하는 재해의 범위는 해당 재해의 발생 빈도, 피해 정도 및 객관적인 손해평가방법 등을 고려하여 재해보험의 종류별로 대통령령으로 정한다.

정답 및 해설 ①

법 제8조 재해보험사업을 하려는 자는 농림축산식품부장관 또는 해양수산부장관과 재해보험사업의 약정을 체결하여야 한다.

38. 농어업재해보험법령상 재해보험사업을 할 수 없는 자는?

① 「수산업협동조합법」에 따른 수산업협동조합중앙회
② 「새마을금고법」에 따른 새마을금고중앙회
③ 「보험업법」에 따른 보험회사
④ 「산림조합법」에 따른 산림조합중앙회

정답 및 해설 ②

법 제8조(보험사업자) ① 재해보험사업을 할 수 있는 자는 다음 각 호와 같다.

1. 삭제 〈2011. 3. 31.〉
2. 「수산업협동조합법」에 따른 수산업협동조합중앙회(이하 "수협중앙회"라 한다)
2의2. 「산림조합법」에 따른 산림조합중앙회
3. 「보험업법」에 따른 보험회사

39. 농어업재해보험법령상 재해보험사업 및 보험료율의 산정에 관한 설명으로 옳지 않은 것은?

① 재해보험사업의 약정을 체결하려는 자는 보험료 및 책임준비금 산출방법서 등을 농림축산식품부장관 또는 해양수산부장관에게 제출하여야 한다.
② 재해보험사업자는 보험료율을 객관적이고 합리적인 통계자료를 기초로 산정하여야 한다.
③ 보험료율은 보험목적물별 또는 보상방식별로 산정한다.
④ 보험료율은 대한민국 전체를 하나의 단위로 산정하여야 한다.

정답 및 해설 ④

법 제9조(보험료율의 산정) 제8조제2항에 따라 농림축산식품부장관 또는 해양수산부장관과 재해보험사업의 약정을 체결한 자는 재해보험의 보험료율을 객관적이고 합리적인 통계자료를 기초로 하여 보험목적물별 또는 보상방식별로 산정하되, 대통령령으로 정하는 행정구역 단위 또는 권역 단위로 산정하여야 한다.

40. 농어업재해보험법령상 재해보험을 모집할 수 있는 자가 아닌 것은?

① 「수산업협동조합법」에 따라 설립된 수협은행의 임직원
② 「수산업협동조합법」의 공제규약에 따른 공제모집인으로서 해양수산부장관이 인정하는 자
③ 「산림조합법」에 따른 산림조합중앙회의 임직원
④ 「보험업법」 제83조제1항에 따라 보험을 모집할 수 있는 자

정답 및 해설 ②

법 제10조(보험모집) ① 재해보험을 모집할 수 있는 자는 다음 각 호와 같다.

1. 산림조합중앙회와 그 회원조합의 임직원, 수협중앙회와 그 회원조합 및 「수산업협동조합법」에 따라 설립된 수협은행의 임직원
2. 「수산업협동조합법」 제60조(제108조, 제113조 및 제168조에 따라 준용되는 경우를 포함한다)의 공제규약에 따른 공제모집인으로서 수협중앙회장 또는 그 회원조합장이 인정하는 자
2의2. 「산림조합법」 제48조(제122조에 따라 준용되는 경우를 포함한다)의 공제규정에 따른 공제모집인으로서 산림조합중앙회장이나 그 회원조합장이 인정하는 자
3. 「보험업법」 제83조제1항에 따라 보험을 모집할 수 있는 자

41. 농어업재해보험법령상 손해평가사에 관한 설명으로 옳지 않은 것은?

① 농림축산식품부장관은 공정하고 객관적인 손해평가를 촉진하기 위하여 손해평가사 제도를 운영한다.
② 손해평가사 자격이 취소된 사람은 그 취소 처분이 있은 날부터 2년이 지나지 아니한 경우 손해평가사 자격시험에 응시하지 못한다.
③ 손해평가사 자격시험의 제1차 시험은 선택형으로 출제하는 것을 원칙으로 하되, 단답형 또는 기입형을 병행할 수 있다.
④ 보험목적물 또는 관련 분야에 관한 전문 지식과 경험을 갖추었다고 인정되는 대통령령으로 정하는 기준에 해당하는 사람에게는 손해평가사 자격시험 과목의 전부를 면제할 수 있다.

정답 및 해설 ④

법 제11조의 4 보험목적물 또는 관련 분야에 관한 전문 지식과 경험을 갖추었다고 인정되는 대통령령으로 정하는 기준에 해당하는 사람에게는 손해평가사 자격시험 과목의 일부를 면제할 수 있다.

42. 농어업재해보험법령상 손해평가에 관한 설명으로 옳지 않은 것은?

① 재해보험사업자는 손해평가인을 위촉하여 손해평가를 담당하게 할 수 있다.
② 농림축산식품부장관 또는 해양수산부장관은 손해평가인 간의 손해평가에 관한 기술·정보의 교환을 지원할 수 있다.
③ 농림축산식품부장관 또는 해양수산부장관은 손해평가인이 공정하고 객관적인 손해평가를 수행할 수 있도록 분기별 1회 이상 정기교육을 실시하여야 한다.

④ 농림축산식품부장관 또는 해양수산부장관은 손해평가 요령을 고시하려면 미리 금융위원회와 협의하여야 한다.

정답 및 해설 ③

법 제11조 제5항 농림축산식품부장관 또는 해양수산부장관은 제1항에 따른 손해평가인이 공정하고 객관적인 손해평가를 수행할 수 있도록 연 1회 이상 정기교육을 실시하여야 한다.

43. 농어업재해보험법령상 재정지원에 관한 내용으로 옳지 않은 것은?

① 정부는 예산의 범위에서 재해보험사업자의 재해보험의 운영 및 관리에 필요한 비용의 전부 또는 일부를 지원할 수 있다.
②「풍수해보험법」에 따른 풍수해보험에 가입한 자가 동일한 보험목적물을 대상으로 재해보험에 가입할 경우에는 정부가 재정지원을 하지 아니한다.
③ 보험료와 운영비의 지원 방법 및 지원 절차 등에 필요한 사항은 대통령령으로 정한다.
④ 지방자치단체는 예산의 범위에서 재해보험가입자가 부담하는 보험료의 일부를 추가로 지원할 수 있으며, 지방자치단체의 장은 지원금액을 재해보험가입자에게 지급하여야 한다.

정답 및 해설 ④

법 제19조(재정지원) ① 정부는 예산의 범위에서 재해보험가입자가 부담하는 보험료의 일부와 재해보험사업자의 재해보험의 운영 및 관리에 필요한 비용(이하 "운영비"라 한다)의 전부 또는 일부를 지원할 수 있다. 이 경우 지방자치단체는 예산의 범위에서 재해보험가입자가 부담하는 보험료의 일부를 추가로 지원할 수 있다.
② 농림축산식품부장관·해양수산부장관 및 지방자치단체의 장은 제1항에 따른 지원 금액을 재해보험사업자에게 지급하여야 한다.
③「풍수해보험법」에 따른 풍수해보험에 가입한 자가 동일한 보험목적물을 대상으로 재해보험에 가입할 경우에는 제1항에도 불구하고 정부가 재정지원을 하지 아니한다.
④ 제1항에 따른 보험료와 운영비의 지원 방법 및 지원 절차 등에 필요한 사항은 대통령령으로 정한다.

44. 농업재해보험 손해평가요령상 손해평가준비 및 평가결과 제출에 관한 설명으로 옳지 않은 것은?

① 재해보험사업자는 손해평가반이 실시한 손해평가결과를 기록할 수 있는 현지조사서를 마련해야 한다.
② 손해평가반은 보험가입자가 정당한 사유없이 손해평가를 거부하여 손해평가를 실시하지 못한 경우에는 그 피해를 인정할 수 없는 것으로 평가한다는 사실을 보험가입자에게 통지한 후 현지조사서를 재해보험사업자에게 제출하여야 한다.
③ 보험가입자가 정당한 사유없이 손해평가반이 작성한 현지조사서에 서명을 거부한 경우에는 손해평가반은 그 피해를 인정할 수 없는 것으로 평가한다는 현지조사서를 작성하여 재해보험사업자에게 제출하여야 한다.
④ 보험가입자가 손해평가반의 손해평가결과에 대하여 설명 또는 통지를 받은 날로부터 7일 이내에 손해평가가 잘못되었음을 증빙하는 서류 또는 사진 등을 제출하는 경우 재해보험사업자는 다른 손해평가반으로 하여금 재조사를 실시하게 할 수 있다.

정답 및 해설 ③

시행규칙 제10조(손해평가준비 및 평가결과 제출) ① 재해보험사업자는 손해평가반이 실시한 손해평가결과를 기록할 수 있도록 현지조사서를 마련하여야 한다.

② 재해보험사업자는 손해평가를 실시하기 전에 제1항에 따른 현지조사서를 손해평가반에 배부하고 손해평가시의 주의사항을 숙지시킨 후 손해평가에 임하도록 하여야 한다.

③ 손해평가반은 현지조사서에 손해평가 결과를 정확하게 작성하여 보험가입자에게 이를 설명한 후 서명을 받아 재해보험사업자에게 제출하여야 한다. 다만, 보험가입자가 정당한 사유 없이 서명을 거부하는 경우 손해평가반은 보험가입자에게 손해평가 결과를 통지한 후 서명없이 현지조사서를 재해보험사업자에게 제출하여야 한다.

④ 손해평가반은 보험가입자가 정당한 사유없이 손해평가를 거부하여 손해평가를 실시하지 못한 경우에는 그 피해를 인정할 수 없는 것으로 평가한다는 사실을 보험가입자에게 통지한 후 현지조사서를 재해보험사업자에게 제출하여야 한다.

⑤ 재해보험사업자는 보험가입자가 손해평가반의 손해평가결과에 대하여 설명 또는 통지를 받은 날로부터 7일 이내에 손해평가가 잘못되었음을 증빙하는 서류 또는 사진 등을 제출하는 경우 재해보험사업자는 다른 손해평가반으로 하여금 재조사를 실시하게 할 수 있다.

45. 농업재해보험 손해평가요령상 보험목적물별 손해평가의 단위로 옳은 것을 모두 고른 것은?

ㄱ. 벌 : 벌통 단위   ㄴ. 벼 : 농지별

| ㄷ. 돼지 : 개별축사별 | ㄹ. 농업시설물 : 보험가입 농가별 |

① ㄱ, ㄴ
② ㄱ, ㄷ
③ ㄴ, ㄹ
④ ㄷ, ㄹ

정답 및 해설 ①

제12조(손해평가 단위)

1. 농작물 : 농지별
2. 가축 : 개별가축별(단, 벌은 벌통 단위)
3. 농업시설물 : 보험가입 목적물별

46. **농업재해보험 손해평가요령상 농작물의 보험가액 산정에 관한 설명이다. (   )에 들어갈 내용으로 옳은 것은?**

(   ) 보험가액은 보험증권에 기재된 보험목적물의 평년수확량에 보험가입 당시의 단위당 가입가격을 곱하여 산정한다. 다만, 보험가액에 영향을 미치는 가입면적, 주수, 수령, 품종 등이 가입당시와 다를 경우 변경할 수 있다.

① 종합위험방식
② 적과전종합위험방식
③ 생산비보장
④ 특정위험방식

정답 및 해설 ①

시행규칙 제13조(농작물의 보험가액 및 보험금 산정) ① 농작물에 대한 보험가액 산정은 다음 각 호와 같다.

1. 특정위험방식 보험가액은 적과후 착과수조사를 통해 산정한 기준수확량에 보험가입 당시의 단위당 가입가격을 곱하여 산정한다. 다만, 인삼은 가입면적에 보험가입 당시의 단위당 가입가격을 곱하여 산정하되, 보험가액에 영향을 미치는 가입면적, 연근 등이 가입당시와 다를 경우 변경할 수 있다.
2. 적과전종합위험방식의 보험가액은 적과후착과수조사를 통해 산정한 기준수확량에 보험가입 당시의 단위당 가입가격을 곱하여 산정한다.
3. 종합위험방식 보험가액은 보험증권에 기재된 보험목적물의 평년수확량에 보험가입 당시의 단위당 가입가격을 곱하여 산정한다. 다만, 보험가액에 영향을 미치는 가입면적, 주수, 수령, 품종 등이 가입당시와 다를 경우 변경할 수 있다.
4. 생산비보장의 보험가액은 작물별로 보험가입 당시 정한 보험가액을 기준으로 산정한다. 다만, 보험가

액에 영향을 미치는 가입면적 등이 가입당시와 다를 경우 변경할 수 있다.
5. 나무손해보장의 보험가액은 기재된 보험목적물이 나무인 경우로 최초 보험사고 발생 시의 해당 농지 내에 심어져 있는 과실생산이 가능한 나무 수(피해 나무 수 포함)에 보험가입 당시의 나무당 가입가격을 곱하여 산정한다.

47. 농어업재해보험법령상 정부의 재정지원에 관한 설명이다. (   )에 들어갈 내용으로 옳은 것은?

> 보험료 또는 운영비의 지원금액을 지급받으려는 재해보험사업자는 농림축산식품부장관 또는 해양수산부장관이 정하는 바에 따라 (   )나 운영비 사용계획서를 농림축산식품부장관 또는 해양수산부장관에게 제출하여야 한다.

① 현지조사서　　　　　　　　② 재해보험 가입현황서
③ 보험료 사용계획서　　　　　④ 기금결산보고서

정답 및 해설 ②

시행령 제15조(보험료 및 운영비의 지원) ① 법 제19조제1항 전단 및 제2항에 따라 보험료 또는 운영비의 지원금액을 지급받으려는 재해보험사업자는 농림축산식품부장관 또는 해양수산부장관이 정하는 바에 따라 재해보험 가입현황서나 운영비 사용계획서를 농림축산식품부장관 또는 해양수산부장관에게 제출하여야 한다.

48. 농업재해보험 손해평가요령상 농업시설물의 보험가액 산정에 관한 설명이다. (   )에 들어갈 내용으로 옳은 것은?

> 농업시설물에 대한 보험가액은 보험사고가 발생한 때와 곳에서 평가한 피해목적물의 (   )에서 내용연수에 따른 감가상각률을 적용하여 계산한 감가상각액을 차감하여 산정한다.

① 재조달가액　　　　　　　　② 보험가입금액
③ 원상복구비용　　　　　　　④ 손해액

정답 및 해설 ①

시행규칙 제15조(농업시설물의 보험가액 및 손해액 산정) ① 농업시설물에 대한 보험가액은 보험사고가 발생한 때와 곳에서 평가한 피해목적물의 재조달가액에서 내용연수에 따른 감가상각률을 적용하여 계산한 감가상각액을 차감하여 산정한다.

② 농업시설물에 대한 손해액은 보험사고가 발생한 때와 곳에서 산정한 피해목적물의 원상복구비용을 말한다.

③ 제1항 및 제2항에도 불구하고 보험가입당시 보험가입자와 재해보험사업자가 보험가액 및 손해액 산정 방식을 별도로 정한 경우에는 그 방법에 따른다.

49. 농업재해보험 손해평가요령상 종합위험방식 상품에서 조사내용으로 「피해과실수 조사」를 하는 품목은?

① 복분자
② 오디
③ 감귤
④ 단감

정답 및 해설 ③

시행규칙 [별표1] 보험금 산정방법

구분	보장범위	산정내용	비고
특정위험방식	과실손해보장	보험가입금액 × (피해율 − 자기부담비율) ※ 피해율 = 누적감수량 ÷ 기준수확량	사과, 배, 단감, 떫은감
	나무손해보장	보험가입금액 × (피해율 − 자기부담비율) ※ 피해율 = 피해주수(고사된 나무) ÷ 실제결과주수	
	인삼손해보장	보험가입금액 × (피해율 − 자기부담비율) ※ 피해율 = $(1-\dfrac{수확량}{연근별기준수확량}) \times \dfrac{피해면적}{재배면적}$	인삼
종합위험방식	해가림시설	보험가입금액이 보험가액과 같을 때 : 보험가입금액을 한도로 손해액에서 자기부담금을 차감한 금액. 보험가입금액이 보험가액보다 클 때 : 보험가액을 한도로 손해액에서 자기부담금을 차감한 금액. 보험가입금액이 보험가액보다 작을 때 : (손해액 − 자기부담금) × (보험가입금액 ÷ 보험가액)	인삼
	수확감소보장	보험가입금액 × (피해율 − 자기부담비율) ※ 피해율 = (평년수확량 − 수확량 − 미보상감수량) 　　　　÷ 평년수확량 ※ 피해율(벼) = (보장수확량 − 수확량 − 미보상감수량) 　　　　÷ 보장수확량	
	이앙·직파불능보장	보험가입금액 × 10%	벼
	재이앙·재직파불능	보험가입금액 × 25% × 면적피해율 ※면적피해율=피해면적÷보험가입면적	벼

	능 보장		
	경작불능 보장	보험가입금액 × 일정비율 (자기부담비율에 따라 비율상이)	벼, 복분자, 밭작물(고추, 차 제외)
	수확불능 보장	보험가입금액 × 일정비율 (자기부담비율에 따라 비율상이)	벼
	생산비 보장	시설작물 : 보험가입면적 × 작물 단위면적당 보장생산비 × 경과비율 × 피해율 ※ 피해율 = 재배비율 × 피해비율 × 손해정도비율 *단, 고추 장미, 부추, 시금치·파·무, 표고버섯, 느타리버섯은 별도로 구분하여 산출	원예시설 ·버섯재배사
	농업시설물· 버섯재배사	1사고마다 재조달가액 기준으로 계산한 손해액에서 자기부담금을 차감한 금액에 보험증권에 기재된 보상비율(50% ~ 100%, 10%단위) 만큼을 보험가입금액 내에서 보상 ※ Min(손해액 − 자기부담금, 보험가입금액) × 보상비율 다만, 보험의 목적이 손해를 입은 장소에서 실제로 수리 또는 복구되지 않은 때에는 재조달가액에 의한 보상을 하지 않고 시가(감가상각된 금액)로 보상	
	나무손해 보장	보험가입금액 × (피해율 − 자기부담비율) ※ 피해율 = 피해주수(고사된 나무) ÷ 실제결과주수 다만, 자기부담율이 약관에 따라 일정금액으로 정해진 경우 (보험가입금액 × 피해율) − 자기부담금	
	과실손해 보장	보험가입금액 × (피해율 − 자기부담비율) ※ 피해율 = 고사결과모지수 ÷ 평년결과모지수	복분자
	과실손해 보장	보험가입금액 × (피해율 − 자기부담비율) ※ 피해율 = (평년결실수 − 조사결실수 − 미보상감수결실수) ÷ 평년결실수	오디
	과실손해 보장	과실손해보험금 = 손해액 − 자기부담금 ※ 손해액 = 보험가입금액 × 피해율 ※ 자기부담금 = 보험가입금액 × 자기부담비율 ※ 피해율 = (등급내 피해과실수 + 등급외 피해과실수) ÷ 기준과실수	감귤
적과전종합위험방식	과실손해 보장	보험가입금액 × (피해율 − 자기부담비율) ※ 피해율 = 누적감수량 ÷ 기준수확량	사과 배, 단감 떫은감
	나무손해 보장	보험가입금액 × (피해율 − 자기부담비율) ※ 피해율 = 피해주수(고사된 나무) ÷ 실제결과주수	

50. 농업재해보험 손해평가요령상 특정위험방식 상품 중 「발아기~적과 전」 생육시기에 우박으로 인한 손해수량의 조사내용인 것은?

① 나무피해 조사　　　　　　　　② 유과타박률 조사

③ 낙엽피해 조사 ④ 수확량 조사

정답 및 해설 ②

유과타박률 조사

1) 적과종료전의 착과(着果)된 유과(幼果, 꽃눈)등에서 우박(雨雹)으로 피해를 입은 유과(꽃눈)의 비율을 표본조사한다.

2) 표본주는 가입주수를 기준으로 품목별 표본주수표의 표본주 수에 따라 해당 주수를 선정한 후 리본을 부착한다. (과수원내 골고루 분포되도록 하고, 품목별 표본주수표의 표본주수 이상을 선정할 수 있음)

3) 선정된 표본주마다 동서남북 4곳의 가지에 각 가지별로 5개 이상의 유과(꽃눈 등)를 표본으로 추출하여 피해유과(꽃눈 등)와 정상 유과(꽃눈 등)의 개수를 조사한다.(단, 사과, 배는 선택된 과(화)총당 동일한 위치(번호)의 유과 (꽃)에 대하여 우박 피해여부를 조사)

4) 미보상비율 조사

보상하는 손해 이외의 원인으로 인해 감소한 과실의 비율을 조사한다.

부록 제6회 기출문제 및 해설

■■■ 상법「보험편」

1. 보험계약의 의의와 성립에 관한 설명으로 옳지 않은 것은?

   ① 보험계약의 성립은 특별한 요식행위를 요하지 않는다.
   ② 보험계약의 사행계약성으로 인하여 상법은 도덕적 위험을 방지하고자 하는 다수의 규정을 두고 있다.
   ③ 보험자가 상법에서 정한 낙부통지 기간 내에 통지를 해태한 때에는 청약을 거절한 것으로 본다.
   ④ 보험계약은 쌍무·유상계약이다.

   정답 및 해설 ③

   ③ 청약을 승낙한 것으로 본다.
   제638조의2(보험계약의 성립) ① 보험자가 보험계약자로부터 보험계약의 청약과 함께 보험료 상당액의 전부 또는 일부의 지급을 받은 때에는 다른 약정이 없으면 30일내에 그 상대방에 대하여 낙부의 통지를 발송하여야 한다. 그러나 인보험계약의 피보험자가 신체검사를 받아야 하는 경우에는 그 기간은 신체검사를 받은 날부터 기산한다.
   ② 보험자가 제1항의 규정에 의한 기간 내에 낙부의 통지를 해태한 때에는 승낙한 것으로 본다.계약은 낙성계약이다.

2. 다음 ( )에 들어갈 기간으로 옳은 것은?

   보험자가 파산의 선고를 받은 때에는 보험계약자는 계약을 해지할 수 있으며, 해지하지 아니한 보험계약은 파산선고 후 ( )을 경과한 때에는 그 효력을 잃는다.

   ① 10일   ② 1월   ③ 3월   ④ 6월

   정답 및 해설 ③

   제654조(보험자의 파산선고와 계약해지) ①보험자가 파산의 선고를 받은 때에는 보험계약자는 계약을 해지할 수 있다.
   ②제1항의 규정에 의하여 해지하지 아니한 보험계약은 파산선고 후 3월을 경과한 때에는 그 효력을 잃는

다.

3. 일부보험에 관한 설명으로 옳지 않은 것은?

① 일부보험은 보험금액이 보험가액에 미달하는 보험이다.
② 특약이 없을 경우, 일부보험에서 보험자는 보험금액의 보험가액에 대한 비율에 따라 보상할 책임을 진다.
③ 일부보험에 관하여 당사자 간에 다른 약정이 있는 때에는 보험자는 실제 발생한 손해 전부를 보상할 책임을 진다.
④ 일부보험은 당사자의 의사와 상관없이 발생할 수 있다.

정답 및 해설 ③

제674조(일부보험) 보험가액의 일부를 보험에 붙인 경우에는 보험자는 보험금액의 보험가액에 대한 비율에 따라 보상할 책임을 진다. 그러나 당사자 간에 다른 약정이 있는 때에는 보험자는 보험금액의 한도 내에서 그 손해를 보상할 책임을 진다.

4. 손해액의 산정에 관한 설명으로 옳지 않은 것은?

① 보험자가 보상할 손해액은 그 손해가 발생한 때와 곳의 가액에 의하여 산정하는 것이 원칙이다.
② 손해액 산정에 관하여 당사자 간에 다른 약정이 있는 때에는 신품가액에 의하여 산정할 수 있다.
③ 특약이 없는 한 보험자가 보상할 손해액에는 보험사고로 인하여 상실된 피보험자가 얻을 이익이나 보수를 산입하지 않는다.
④ 손해액 산정에 필요한 비용은 보험자와 보험계약자가 공동으로 부담한다.

정답 및 해설 ④

제676조(손해액의 산정기준) ①보험자가 보상할 손해액은 그 손해가 발생한 때와 곳의 가액에 의하여 산정한다. 그러나 당사자간에 다른 약정이 있는 때에는 그 신품가액에 의하여 손해액을 산정할 수 있다.
②제1항의 손해액의 산정에 관한 비용은 보험자의 부담으로 한다.

5. 보험자가 손해를 보상할 경우에 보험료의 지급을 받지 아니한 잔액이 있을 경우와 관련하여 상법 제677조(보험료체납과 보상액의 공제)의 내용으로 옳은 것은?

① 보험자는 보험계약에 대한 납입최고 및 해지예고 통보를 하지 않고도 보험계약을 해지할 수 있다.
② 보험자는 보상할 금액에서 지급기일이 도래하지 않은 보험료는 공제할 수 없다.
③ 보험자는 보험금 전부에 대한 지급을 거절할 수 있다.
④ 보험자는 보상할 금액에서 지급기일이 도래한 보험료를 공제할 수 있다.

정답 및 해설 ④

제677조(보험료체납과 보상액의 공제) 보험자가 손해를 보상할 경우에 보험료의 지급을 받지 아니한 잔액이 있으면 그 지급기일이 도래하지 아니한 때라도 보상할 금액에서 이를 공제할 수 있다.

6. 보험계약에 관한 설명으로 옳은 것은?

① 보험의 목적의 성질, 하자 또는 자연소모로 인한 손해는 보험자가 보상할 책임이 없다.
② 피보험자가 보험의 목적을 양도한 때에는 양수인은 보험계약 상의 권리와 의무를 승계한 것으로 간주한다.
③ 손해방지의무는 보험계약자에게만 부과되는 의무이다.
④ 보험의 목적이 양도된 경우 보험의 목적의 양도인 또는 양수인은 보험자에 대하여 30일 이내에 그 사실을 통지하여야 한다.

정답 및 해설 ①

제678조(보험자의 면책사유) 보험의 목적의 성질, 하자 또는 자연소모로 인한 손해는 보험자가 이를 보상할 책임이 없다.

제679조(보험목적의 양도) ①피보험자가 보험의 목적을 양도한 때에는 양수인은 보험계약상의 권리와 의무를 승계한 것으로 추정한다.

②제1항의 경우에 보험의 목적의 양도인 또는 양수인은 보험자에 대하여 지체없이 그 사실을 통지하여야 한다.

제680조(손해방지의무) ①보험계약자와 피보험자는 손해의 방지와 경감을 위하여 노력하여야 한다. 그러나 이를 위하여 필요 또는 유익하였던 비용과 보상액이 보험금액을 초과한 경우라도 보험자가 이를 부담한다.

7. 보험목적에 관한 보험대위(잔존물대위)의 설명으로 옳지 않은 것은?

① 일부보험에서도 보험금액의 보험가액에 대한 비율에 따라 잔존물대위권을 취득할 수 있다.
② 잔존물대위가 성립하기 위해서는 보험목적의 전부가 멸실하여야 한다.
③ 피보험자는 보험자로부터 보험금을 지급받기 전에는 잔존물을 임의로 처분할 수 있다.
④ 잔존물에 대한 권리가 보험자에게 이전되는 시점은 보험자가 보험금액을 전부 지급하고, 물권변동 절차를 마무리한 때이다.

정답 및 해설 ④

④ 권리취득시점 : 보험금액을 전부 지급한 때

제681조(보험 목적에 관한 보험대위) 보험의 목적의 전부가 멸실한 경우에 보험금액의 전부를 지급한 보험자는 그 목적에 대한 피보험자의 권리를 취득한다. 그러나 보험가액의 일부를 보험에 붙인 경우에는 보험자가 취득할 권리는 보험금액의 보험가액에 대한 비율에 따라 이를 정한다.

8. 화재보험에 관한 설명으로 옳지 않은 것은? (다툼이 있으면 판례에 따름)

① 화재보험에서는 일반적으로 위험개별의 원칙이 적용된다.
② 화재가 발생한 건물의 철거비와 폐기물처리비는 화재와 상당인과관계가 있는 건물수리비에 포함된다.
③ 화재보험계약의 보험자는 화재로 인하여 생긴 손해를 보상할 책임이 있다.
④ 보험자는 화재의 소방 또는 손해의 감소에 필요한 조치로 인하여 생긴 손해에 대해서도 보상할 책임이 있다.

정답 및 해설 ①

① 보험자는 화재 원인 여하를 묻지 아니하고 보상할 책임이 있다.(위험보편의 원칙)

제683조(화재보험자의 책임) 화재보험계약의 보험자는 화재로 인하여 생긴 손해를 보상할 책임이 있다.

9. 화재보험증권에 관한 설명으로 옳은 것은?

① 화재보험증권의 교부는 화재보험계약의 성립요건이다.
② 화재보험증권은 불요식증권의 성질을 가진다.

③ 화재보험계약에서 보험가액을 정했다면 이를 화재보험증권에 기재하여야 한다.
④ 건물을 화재보험의 목적으로 한 경우에는 건물의 소재지, 구조와 용도는 화재보험증권의 법정기재사항이 아니다.

정답 및 해설 ③

① 화재보험은 불요식 계약이다.
② 요식증권
④ 건물을 보험의 목적으로 한 때에는 그 소재지, 구조와 용도는 법정기재사항이다.

제685조(화재보험증권) 화재보험증권에는 제666조에 게기한 사항 외에 다음의 사항을 기재하여야 한다.
1. 건물을 보험의 목적으로 한 때에는 그 소재지, 구조와 용도
2. 동산을 보험의 목적으로 한 때에는 그 존치한 장소의 상태와 용도
3. 보험가액을 정한 때에는 그 가액

제666조(손해보험증권) 손해보험증권에는 다음의 사항을 기재하고 보험자가 기명날인 또는 서명하여야 한다.
1. 보험의 목적
2. 보험사고의 성질
3. 보험금액
4. 보험료와 그 지급방법
5. 보험기간을 정한 때에는 그 시기와 종기
6. 무효와 실권의 사유
7. 보험계약자의 주소와 성명 또는 상호
7의2. 피보험자의 주소, 성명 또는 상호
8. 보험계약의 연월일
9. 보험증권의 작성지와 그 작성년월일

10. 집합보험에 관한 설명으로 옳은 것은? (다툼이 있으면 판례에 따름)

① 집합보험에서는 피보험자의 가족과 사용인의 물건도 보험의 목적에 포함된다.
② 집합보험 중에서 보험의 목적이 특정되어 있는 것을 담보하는 보험을 총괄보험이라고 하며, 보험목적의 일부 또는 전부가 수시로 교체될 것을 예정하고 있는 보험을 특정보험이라 한다.

③ 집합된 물건을 일괄하여 보험의 목적으로 한 때에는 그 목적에 속한 물건이 보험기간 중에 수시로 교체된 경우에 보험사고의 발생 시에 현존한 물건에 대해서는 보험의 목적에서 제외된 것으로 한다.
④ 집합보험에서 보험목적의 일부에 대해서 고지의무 위반이 있는 경우, 보험자는 원칙적으로 계약 전체를 해지할 수 있다.

정답 및 해설 ①

② 집합보험 중에서 보험의 목적이 특정되어 있는 것을 담보하는 보험을 특정보험이라고 하며, 보험목적의 일부 또는 전부가 수시로 교체될 것을 예정하고 있는 보험을 총괄보험이라 한다.
③ 제687조
④ 보험자는 특별한 경우에 계약 전체를 해지할 수 있다.

제686조(집합보험의 목적) 집합된 물건을 일괄하여 보험의 목적으로 한 때에는 피보험자의 가족과 사용인의 물건도 보험의 목적에 포함된 것으로 한다. 이 경우에는 그 보험은 그 가족 또는 사용인을 위하여서도 체결한 것으로 본다.

제687조(동전) 집합된 물건을 일괄하여 보험의 목적으로 한 때에는 그 목적에 속한 물건이 보험기간 중에 수시로 교체된 경우에도 보험사고의 발생 시에 현존한 물건은 보험의 목적에 포함된 것으로 한다.

11. 보험계약의 성립에 관한 설명으로 옳지 않은 것은?

① 보험계약은 보험계약자의 청약과 이에 대한 보험자의 승낙으로 성립한다.
② 보험계약자로부터 청약을 받은 보험자는 보험료 지급여부와 상관없이 청약일로부터 30일 이내에 승낙의사표시를 발송하여야 한다.
③ 보험자의 승낙의사표시는 반드시 서면으로 할 필요는 없다.
④ 보험자가 보험계약자로부터 보험계약의 청약과 함께 보험료 상당액의 전부 또는 일부를 받은 경우에 그 청약을 승낙하기 전에 보험계약에서 정한 보험사고가 생긴 때에는 그 청약을 거절할 사유가 없는 한 보험자는 보험계약 상의 책임을 진다.

정답 및 해설 ②

제638조의2(보험계약의 성립) ①보험자가 보험계약자로부터 보험계약의 청약과 함께 보험료 상당액의 전부 또는 일부의 지급을 받은 때에는 다른 약정이 없으면 30일 내에 그 상대방에 대하여 낙부의 통지를 발송하여야 한다.

12. 타인을 위한 보험에 관한 설명으로 옳은 것은?

① 보험계약자는 위임을 받아야만 특정한 타인을 위하여 보험계약을 체결할 수 있다.
② 타인을 위한 손해보험계약의 경우에 보험계약자는 그 타인의 서면위임을 받아야만 보험자와 계약을 체결할 수 있다.
③ 타인을 위한 손해보험계약의 경우에 보험계약자가 그 타인에게 보험사고의 발생으로 생긴 손해의 배상을 한 때에는 타인의 권리를 해하지 않는 범위 내에서 보험자에게 보험금액의 지급을 청구할 수 있다.
④ 타인을 위해서 보험계약을 체결한 보험계약자는 보험자에게 보험료를 지급할 의무가 없다.

정답 및 해설 ③

①② 위임 없이도 가능

제639조(타인을 위한 보험) ①보험계약자는 위임을 받거나 위임을 받지 아니하고 특정 또는 불특정의 타인을 위하여 보험계약을 체결할 수 있다. 그러나 손해보험계약의 경우에 그 타인의 위임이 없는 때에는 보험계약자는 이를 보험자에게 고지하여야 하고, 그 고지가 없는 때에는 타인이 그 보험계약이 체결된 사실을 알지 못하였다는 사유로 보험자에게 대항하지 못한다.

③제1항의 경우에는 보험계약자는 보험자에 대하여 보험료를 지급할 의무가 있다. 그러나 보험계약자가 파산선고를 받거나 보험료의 지급을 지체한 때에는 그 타인이 그 권리를 포기하지 아니하는 한 그 타인도 보험료를 지급할 의무가 있다.

13. 보험증권의 교부에 관한 내용으로 옳은 것을 모두 고른 것은?

ㄱ. 보험계약이 성립하고 보험계약자가 최초의 보험료를 지급했다면 보험자는 지체 없이 보험증권을 작성하여 보험계약자에게 교부하여야 한다.
ㄴ. 보험증권을 현저하게 훼손한 때에는 보험계약자는 보험증권의 재교부를 청구할 수 있다. 이 경우에 증권작성비용은 보험자의 부담으로 한다.
ㄷ. 기존의 보험계약을 연장한 경우에는 보험자는 그 사실을 보험증권에 기재하여 보험증권의 교부에 갈음할 수 있다.

① ㄱ, ㄴ   ② ㄱ, ㄷ   ③ ㄴ, ㄷ   ④ ㄱ, ㄴ, ㄷ

정답 및 해설 ②

제642조(증권의 재교부청구) 보험증권을 멸실 또는 현저하게 훼손한 때에는 보험계약자는 보험자에 대하

여 증권의 재교부를 청구할 수 있다. 그 증권작성의 비용은 보험계약자의 부담으로 한다.

14. 보험사고의 객관적 확정의 효과에 관한 설명으로 옳은 것은?

① 보험계약당시에 보험사고가 이미 발생하였더라도 그 계약은 무효로 하지 않는다.
② 보험계약당시에 보험사고가 발생할 수 없는 것이라도 그 계약은 무효로 하지 않는다.
③ 보험계약당시에 보험사고가 이미 발생하였지만 보험수익자가 이를 알지 못한 때에는 그 계약은 무효로 하지 않는다.
④ 보험계약당시에 보험사고가 발생할 수 없는 것이었지만 당사자 쌍방과 피보험자가 그 사실을 몰랐다면 그 계약은 무효로 하지 않는다.

정답 및 해설 ④

제644조(보험사고의 객관적 확정의 효과) 보험계약당시에 보험사고가 이미 발생하였거나 또는 발생할 수 없는 것인 때에는 그 계약은 무효로 한다. 그러나 당사자 쌍방과 피보험자가 이를 알지 못한 때에는 그러하지 아니하다.

15. 보험대리상이 아니면서 특정한 보험자를 위하여 계속적으로 보험계약의 체결을 중개하는 자의 권한을 모두 고른 것은?

ㄱ. 보험자가 작성한 보험증권을 보험계약자에게 교부할 수 있는 권한
ㄴ. 보험자가 작성한 영수증 교부를 조건으로 보험계약자로부터 보험료를 수령할 수 있는 권한
ㄷ. 보험계약자로부터 보험계약의 취소의 의사표시를 수령할 수 있는 권한
ㄹ. 보험계약자에게 보험계약의 체결에 관한 의사표시를 할 수 있는 권한

① ㄱ, ㄴ ② ㄱ, ㄷ ③ ㄴ, ㄷ ④ ㄷ, ㄹ

정답 및 해설 ①

보험대리상과 달리 보험중개인은 의사수령을 하거나 의사표시를 할 권한이 없다.

16. 임의해지에 관한 설명으로 옳지 않은 것은?

① 보험계약자는 원칙적으로 보험사고가 발생하기 전에는 언제든지 계약의 전부 또는 일부를 해지할 수 있다.
② 보험사고가 발생하기 전이라도 타인을 위한 보험의 경우에 보험계약자는 그 타인의 동의를 얻지 못하거나 보험증권을 소지하지 않은 경우에는 계약의 전부 또는 일부를 해지할 수 없다.
③ 보험사고의 발생으로 보험자가 보험금액을 지급한 때에도 보험금액이 감액되지 아니하는 보험의 경우에는 보험계약자는 그 사고발생 후에도 보험계약을 해지할 수 없다.
④ 보험사고 발생 전에 보험계약자가 계약을 해지하는 경우, 당사자 사이의 특약으로 미경과 보험료의 반환을 제한할 수 있다.

정답 및 해설 ③

제649조(사고발생전의 임의해지) ①보험사고가 발생하기 전에는 보험계약자는 언제든지 계약의 전부 또는 일부를 해지할 수 있다. 그러나 제639조의 보험계약의 경우에는 보험계약자는 그 타인의 동의를 얻지 아니하거나 보험증권을 소지하지 아니하면 그 계약을 해지하지 못한다.

②보험사고의 발생으로 보험자가 보험금액을 지급한 때에도 보험금액이 감액되지 아니하는 보험의 경우에는 보험계약자는 그 사고발생후에도 보험계약을 해지할 수 있다.

③제1항의 경우에는 보험계약자는 당사자간에 다른 약정이 없으면 미경과보험료의 반환을 청구할 수 있다.

17. 보험계약자 甲은 보험자 乙과 손해보험계약을 체결하면서 계약에 관한 사항을 고지하지 않았다. 이에 대한 보험자 乙의 상법상 계약해지권에 관한 설명으로 옳은 것은?

① 甲의 고지의무위반 사실에 대한 乙의 계약해지권은 계약체결일로부터 최대 1년 내에 한하여 행사할 수 있다.
② 乙은 甲의 중과실을 이유로 상법상 보험계약해지권을 행사할 수 없다.
③ 乙의 계약해지권은 甲이 고지의무를 위반했다는 사실을 계약당시에 乙이 알 수 있었는지 여부와 상관없이 행사할 수 있다.
④ 甲이 고지하지 않은 사실이 계약과 관련하여 중요하지 않은 것이라면 乙은 상법상 고지 의무위반을 이유로 보험계약을 해지할 수 없다.

정답 및 해설 ④

제651조(고지의무위반으로 인한 계약해지) 보험계약당시에 보험계약자 또는 피보험자가 고의 또는 중대한 과실로 인하여 중요한 사항을 고지하지 아니하거나 부실의 고지를 한 때에는 보험자는 그 사실을 안 날로부터 1월내에, 계약을 체결한 날로부터 3년내에 한하여 계약을 해지할 수 있다. 그러나 보험자가 계약당시에 그 사실을 알았거나 중대한 과실로 인하여 알지 못한 때에는 그러하지 아니하다.

18. 보험계약자 甲은 보험자 乙과 보험계약을 체결하면서 일정한 보험료를 매월 균등하게 10년간 지급하기로 약정하였다. 이에 관한 설명으로 옳지 않은 것은?

① 甲은 약정한 최초의 보험료를 계약체결 후 지체없이 납부하여야 한다.
② 甲이 계약이 성립한 후에 2월이 경과하도록 최초의 보험료를 지급하지 아니하면, 그 계약은 법률에 의거해 효력을 상실한다. 이에 관한 당사자 간의 특약은 계약의 효력에 영향을 미치지 않는다.
③ 甲이 계속 보험료를 약정한 시기에 지급하지 아니하여 乙이 보험계약을 해지하려면 상당한 기간을 정하여 甲에게 최고하여야 한다.
④ 甲이 계속 보험료를 지급하지 않아서 乙이 계약해지권을 적법하게 행사하였더라도 해지환급금이 지급되지 않았다면 甲은 일정한 기간 내에 연체보험료에 약정이자를 붙여 乙에게 지급하고 그 계약의 부활을 청구할 수 있다.

정답 및 해설 ②

제650조(보험료의 지급과 지체의 효과) ①보험계약자는 계약체결 후 지체 없이 보험료의 전부 또는 제1회 보험료를 지급하여야 하며, 보험계약자가 이를 지급하지 아니하는 경우에는 다른 약정이 없는 한 계약성립 후 2월이 경과하면 그 계약은 해제된 것으로 본다.

19. 위험변경증가와 계약해지에 관한 설명으로 옳은 것을 모두 고른 것은?

ㄱ. 위험변경증가의 통지를 해태한 때에는 보험자는 그 사실을 안 날부터 1월 내에 보험료의 증액을 청구하거나 계약을 해지할 수 있다.
ㄴ. 보험계약자 등의 고의나 중과실로 인하여 위험이 현저하게 변경 또는 증가된 때에는 보험자는 그 사실을 안 날부터 1월 내에 보험료의 증액을 청구하거나 계약을 해지할 수 있다.
ㄷ. 보험사고가 발생한 후라도 보험사가 위험변경증가에 따라 계약을 해지하였을

때에는 보험금을 지급할 책임이 없고 이미 지급한 보험금의 반환을 청구할 수 있다. 다만, 위험이 현저하게 변경되거나 증가된 사실이 보험사고 발생에 영향을 미치지 아니하였음이 증명된 경우에는 보험금을 지급할 책임이 있다.

① ㄱ, ㄴ ② ㄱ, ㄷ ③ ㄴ, ㄷ ④ ㄱ, ㄴ, ㄷ

정답 및 해설 ③

제652조(위험변경증가의 통지와 계약해지) ①보험기간 중에 보험계약자 또는 피보험자가 사고발생의 위험이 현저하게 변경 또는 증가된 사실을 안 때에는 지체 없이 보험자에게 통지하여야 한다. 이를 해태한 때에는 보험자는 그 사실을 안 날로부터 1월 내에 한하여 계약을 해지할 수 있다.

②보험자가 제1항의 위험변경증가의 통지를 받은 때에는 1월 내에 보험료의 증액을 청구하거나 계약을 해지할 수 있다.

20. 다음은 중복보험에 관한 설명이다. ( )에 들어갈 용어로 옳은 것은?

동일한 보험계약의 목적과 동일한 사고에 관하여 수개의 보험계약이 동시에 또는 순차로 체결된 경우에 그 (ㄱ)의 총액이 (ㄴ)을 초과한 때에는 보험자는 각자의 (ㄷ)의 한도에서 연대책임을 진다.

① ㄱ: 보험금액, ㄴ: 보험가액, ㄷ: 보험금액
② ㄱ: 보험금액, ㄴ: 보험가액, ㄷ: 보험가액
③ ㄱ: 보험료, ㄴ: 보험가액, ㄷ: 보험금액
④ ㄱ: 보험료, ㄴ: 보험금액, ㄷ: 보험금액

정답 및 해설 ①

제672조(중복보험) ①동일한 보험계약의 목적과 동일한 사고에 관하여 수개의 보험계약이 동시에 또는 순차로 체결된 경우에 그 보험금액의 총액이 보험가액을 초과한 때에는 보험자는 각자의 보험금액의 한도에서 연대책임을 진다. 이 경우에는 각 보험자의 보상책임은 각자의 보험금액의 비율에 따른다.

21. 청구권에 관한 소멸시효 기간으로 옳지 않은 것은?

① 보험금청구권: 3년
② 보험료청구권: 3년

③ 적립금반환청구권: 3년
④ 보험료반환청구권: 3년

정답 및 해설 ②

제662조(소멸시효) 보험금청구권은 3년간, 보험료 또는 적립금의 반환청구권은 3년간, 보험료청구권은 2년간 행사하지 아니하면 시효의 완성으로 소멸한다.

22. 손해보험에 관한 설명으로 옳지 않은 것은?

① 보험자는 보험사고로 인하여 생길 보험계약자의 재산상의 손해를 보상할 책임이 있다.
② 금전으로 산정할 수 있는 이익에 한하여 보험계약의 목적으로 할 수 있다.
③ 보험계약의 목적은 상법 보험편 손해보험 장에서 규정하고 있으나 인보험 장에서는 그러하지 아니하다.
④ 중복보험의 경우에 보험자 1인에 대한 권리의 포기는 다른 보험자의 권리의무에 영향을 미치지 아니한다.

정답 및 해설 ①

제665조(손해보험자의 책임) 손해보험계약의 보험자는 보험사고로 인하여 생길 피보험자의 재산상의 손해를 보상할 책임이 있다.

23. 손해보험증권의 법정기재사항이 아닌 것은?

① 보험의 목적
② 보험금액
③ 보험료의 산출방법
④ 무효와 실권의 사유

정답 및 해설 ③

문제 9번 참조

24. 초과보험에 관한 설명으로 옳지 않은 것은?

① 보험금액이 보험계약의 목적의 가액을 현저하게 초과한 경우에 성립한다.
② 보험가액이 보험기간 중 현저하게 감소된 때에도 초과보험에 관한 규정이 적용된다.
③ 보험계약자 또는 보험자는 보험료와 보험금액의 감액을 청구할 수 있으나 보험료의 감액은 장래에 대하여서만 그 효력이 있다.
④ 계약이 보험계약자의 사기로 인하여 체결된 때에는 보험자는 그 사실을 안 날로부터 1월 내에 계약을 해지할 수 있다.

정답 및 해설 ④

사기 보험 → 확정적 무효

25. 보험가액에 관한 설명으로 옳지 않은 것은?

① 당사자 간에 보험가액을 정한 때에는 그 가액은 사고발생시의 가액으로 정한 것으로 추정한다.
② 당사자 간에 정한 보험가액이 사고발생시의 가액을 현저하게 초과할 때에는 그 원인에 따라 당사자 간에 정한 보험가액과 사고발생시의 가액 중 협의하여 보험가액을 정한다.
③ 상법상 초과보험을 판단하는 보험계약의 목적의 가액은 계약당시의 가액에 의하여 정하는 것이 원칙이다.
④ 당사자간에 보험가액을 정하지 아니한 때에는 사고발생시의 가액을 보험가액으로 한다.

정답 및 해설 ②

제669조(초과보험) ①보험금액이 보험계약의 목적의 가액을 현저하게 초과한 때에는 보험자 또는 보험계약자는 보험료와 보험금액의 감액을 청구할 수 있다. 그러나 보험료의 감액은 장래에 대하여서만 그 효력이 있다.
②제1항의 가액은 계약당시의 가액에 의하여 정한다.
③보험가액이 보험기간 중에 현저하게 감소된 때에도 제1항과 같다.
④제1항의 경우에 계약이 보험계약자의 사기로 인하여 체결된 때에는 그 계약은 무효로 한다. 그러나 보험자는 그 사실을 안 때까지의 보험료를 청구할 수 있다.

농어업재해보험법령 및 규정

26. 농어업재해보험법령상 농림축산식품부장관 또는 해양수산부장관이 재해보험사업을 하려는 자와 재해보험사업의 약정을 체결할 때에 포함되어야 하는 사항이 아닌 것은?

① 약정기간에 관한 사항
② 재해보험사업의 약정을 체결한 자가 준수하여야 할 사항
③ 국가에 대한 재정지원에 관한 사항
④ 약정의 변경·해지 등에 관한 사항

정답 및 해설 ③

대통령령제10조(재해보험사업의 약정체결) ② 농림축산식품부장관 또는 해양수산부장관은 법 제8조제2항에 따라 재해보험사업을 하려는 자와 재해보험사업의 약정을 체결할 때에는 다음 각 호의 사항이 포함된 약정서를 작성하여야 한다.

1. 약정기간에 관한 사항
2. 재해보험사업의 약정을 체결한 자(이하 "재해보험사업자"라 한다)가 준수하여야 할 사항
3. 재해보험사업자에 대한 재정지원에 관한 사항
4. 약정의 변경·해지 등에 관한 사항
5. 그 밖에 재해보험사업의 운영에 관한 사항

27. 농어업재해보험법상 농어업재해에 관한 설명이다. (   )에 들어갈 내용을 순서대로 옳게 나열한 것은?

농어업재해"란 농작물·임산물·가축 및 농업용 시설물에 발생하는 자연재해·병충해·(ㄱ)·질병 또는 화재와 양식수산물 및 어업용 시설물에 발생하는 자연재해·질병 또는 (ㄴ)를 말한다.

① ㄱ: 지진, ㄴ: 조수해(鳥獸害)
② ㄱ: 조수해(鳥獸害), ㄴ: 풍수해

③ ㄱ: 조수해(鳥獸害), ㄴ: 화재
④ ㄱ: 지진, ㄴ: 풍수해

정답 및 해설 ③

제2조(정의) 이 법에서 사용하는 용어의 뜻은 다음과 같다.

1. "농어업재해"란 농작물・임산물・가축 및 농업용 시설물에 발생하는 자연재해・병충해・조수해(鳥獸害)・질병 또는 화재(이하 "농업재해"라 한다)와 양식수산물 및 어업용 시설물에 발생하는 자연재해・질병 또는 화재(이하 "어업재해"라 한다)를 말한다.

28. 농어업재해보험법령상 농업재해보험심의회 또는 어업재해보험심의회에 관한 설명으로 옳지 않은 것은?

① 심의회는 위원장 및 부위원장 각 1명을 포함한 21명 이내의 위원으로 구성한다.
② 심의회의 위원장은 각각 농림축산식품부장관 및 해양수산부장관으로 하고, 부위원장은 위원 중에서 호선(互選)한다.
③ 심의회의 회의는 재적위원 3분의 1 이상의 요구가 있을 때 또는 위원장이 필요하다고 인정할 때에 소집한다.
④ 심의회의 회의는 재적위원 과반수의 출석으로 개의(開議)하고, 출석위원 과반수의 찬성으로 의결한다.

정답 및 해설 ②

심의회의 위원장은 각각 농림축산식품부차관 및 해양수산부차관으로 하고, 부위원장은 위원 중에서 호선(互選)한다.

29. 농어업재해보험법령상 보험료율의 산정에 있어서 기준이 되는 행정구역 단위가 아닌 것은?

① 특별시
② 광역시
③ 자치구
④ 읍・면

정답 및 해설 ④

제9조(보험료율의 산정) 제8조제2항에 따라 농림축산식품부장관 또는 해양수산부장관과 재해보험사업의 약정을 체결한 자(이하 "재해보험사업자"라 한다)는 재해보험의 보험료율을 객관적이고 합리적인 통계자료를 기초로 하여 보험목적물별 또는 보상방식별로 산정하되, 대통령령으로 정하는 행정구역 단위 또는 권역 단위로 산정하여야 한다.

대통령령 제11조(행정구역 단위 또는 권역 단위) 법 제9조에서 "대통령령으로 정하는 행정구역 단위 또는 권역 단위"란 다음 각 호의 구분에 따른 단위를 말한다.
1. 행정구역 단위: 특별시·광역시·도·특별자치도 또는 시·군·자치구
2. 권역 단위: 농림축산식품부장관 또는 해양수산부장관이 행정구역 단위와는 따로 구분하여 고시하는 지역 단위

30. 농어업재해보험법령상 양식수산물재해보험의 손해평가인으로 위촉될 수 있는 자격요건을 갖추지 않은 자는?

① 재해보험 대상 양식수산물을 3년 동안 양식한 경력이 있는 어업인
② 고등교육법 제2조에 따른 전문대학에서 보험 관련 학과를 졸업한 사람
③ 수산생물질병 관리법 에 따른 수산질병관리사
④ 농수산물 품질관리법 에 따른 수산물품질관리사

정답 및 해설 ①

손해평가인 자격요건(대통령령)

| 양식
수산물
재해보험 | 1. 재해보험 대상 양식수산물을 5년 이상 양식한 경력이 있는 어업인
2. 공무원으로 해양수산부, 국립수산과학원 또는 지방자치단체에서 수산물양식 분야 또는 수산생명의학 분야에 관한 연구 또는 지도업무를 3년 이상 담당한 경력이 있는 사람
3. 교원으로 수산계 고등학교에서 수산물양식 분야 또는 수산생명의학 분야의 관련 과목을 5년 이상 교육한 경력이 있는 사람
4. 조교수 이상으로 「고등교육법」 제2조에 따른 학교에서 수산물양식 관련학 또는 수산생명의학 관련학을 3년 이상 교육한 경력이 있는 사람
5. 「보험업법」에 따른 보험회사의 임직원이나 「수산업협동조합법」에 따른 수산업협동조합중앙회, 수협은행 및 조합의 임직원으로 수산업지원 또는 보험·공제 관련 업무를 3년 이상 담당하였거나 손해평가 업무를 2년 이상 담당한 경력이 있는 사람
6. 「고등교육법」 제2조에 따른 학교에서 수산물양식 관련학 또는 수산생명의학 관련학을 전공하고 수산전문 연구기관 또는 연구소에서 5년 이상 근무한 학사학위 소지자
7. 「고등교육법」 제2조에 따른 전문대학에서 보험 관련 학과를 졸업한 사람
8. 「학점인정 등에 관한 법률」 제8조에 따라 전문대학의 보험 관련 학과 졸업자와 같은 수준 이상의 학력이 있다고 인정받은 사람이나 「고등교육법」 제2조에 따른 학교에서 80학점(보험 관련 과목 학점이 45학점 이상이어야 한다) 이상을 이수한 사람 등 제7호에 해당하는 사람과 같은 수준 이상의 학력이 있다고 인정되는 사람
9. 「수산생물질병 관리법」에 따른 수산질병관리사
10. 재해보험 대상 양식수산물 분야에서 「국가기술자격법」에 따른 기사 이상의 자격을 소지한 사람 |

| 11. 「농수산물 품질관리법」에 따른 수산물품질관리사 |

31. 농어업재해보험법령상 재해보험사업에 관한 내용으로 옳지 않은 것은?

① 재해보험의 종류는 농작물재해보험, 임산물재해보험, 가축재해보험 및 양식수산물재해보험으로 한다.
② 재해보험에서 보상하는 재해의 범위는 해당 재해의 발생 범위, 피해 정도 및 주관적인 손해평가방법 등을 고려하여 재해보험의 종류별로 대통령령으로 정한다.
③ 정부는 재해보험에서 보상하는 재해의 범위를 확대하기 위하여 노력하여야 한다.
④ 가축재해보험에서 보상하는 재해의 범위는 자연재해, 화재 및 보험목적물별로 농림축산식품부장관이 정하여 고시하는 질병이다.

정답 및 해설 ②

제6조(보상의 범위 등) ①재해보험에서 보상하는 재해의 범위는 해당 재해의 발생 빈도, 피해 정도 및 객관적인 손해평가방법 등을 고려하여 재해보험의 종류별로 대통령령으로 정한다.

32. 농어업재해보험법상 손해평가사의 감독에 관한 내용이다. ( )에 들어갈 숫자는?

> 농림축산식품부장관은 손해평가사가 그 직무를 게을리하거나 직무를 수행하면서 부적절한 행위를 하였다고 인정하면 (   )년 이내의 기간을 정하여 업무의 정지를 명할 수 있다.

① 1 ② 2 ③ 3 ④ 5

정답 및 해설 ①

제11조의6(손해평가사의 감독) ① 농림축산식품부장관은 손해평가사가 그 직무를 게을리하거나 직무를 수행하면서 부적절한 행위를 하였다고 인정하면 1년 이내의 기간을 정하여 업무의 정지를 명할 수 있다.

33. 농어업재해보험법상 손해평가사의 자격 취소사유로 명시되지 않은 것은?

① 손해평가사의 자격을 거짓 또는 부정한 방법으로 취득한 사람
② 업무정지 기간 중에 손해평가업무를 수행한 사람
③ 거짓으로 손해평가를 한 사람
④ 다른 사람에게 손해평가사의 업무를 수행하게 하거나 자격증을 빌려준 사람

정답 및 해설 ④

제11조의5(손해평가사의 자격 취소) ① 농림축산식품부장관은 다음 각 호의 어느 하나에 해당하는 사람에 대하여 손해평가사 자격을 취소할 수 있다. 다만, 제1호 및 제5호에 해당하는 경우에는 자격을 취소하여야 한다.

1. 손해평가사의 자격을 거짓 또는 부정한 방법으로 취득한 사람
2. 거짓으로 손해평가를 한 사람
3. 제11조의4제6항을 위반하여 다른 사람에게 손해평가사의 명의를 사용하게 하거나 그 자격증을 대여한 사람
4. 제11조의4제7항을 위반하여 손해평가사 명의의 사용이나 자격증의 대여를 알선한 사람
5. 업무정지 기간 중에 손해평가 업무를 수행한 사람

② 제1항에 따른 자격 취소 처분의 세부기준은 대통령령으로 정한다.

34. 농어업재해보험법령상 재정지원에 관한 설명으로 옳은 것은?

① 정부는 예산의 범위에서 재해보험사업자가 지급하는 보험금의 일부를 지원할 수 있다.
② 풍수해보험법에 따른 풍수해보험에 가입한 자가 동일한 보험목적물을 대상으로 재해보험에 가입할 경우에는 정부가 재정지원을 하여야 한다.
③ 재해보험의 운영에 필요한 지원금액을 지급받으려는 재해보험사업자는 농림축산식품부장관 또는 해양수산부장관이 정하는 바에 따라 재해보험 가입현황서나 운영비 사용계획서를 농림축산식품부장관 또는 해양수산부장관에게 제출하여야 한다.
④ 농림축산식품부장관·해양수산부장관이 예산의 범위에서 지원하는 재정지원의 경우 그 지원 금액을 재해보험가입자에게 지급하여야 한다.

정답 및 해설 ③

① 재해보험가입자가 부담하는 보험료의 일부와 재해보험사업자의 재해보험의 운영 및 관리에 필요한 비용
② 중복지원 불가

④ 지원 금액을 재해보험사업자에게 지급

제19조(재정지원) ① 정부는 예산의 범위에서 재해보험가입자가 부담하는 보험료의 일부와 재해보험사업자의 재해보험의 운영 및 관리에 필요한 비용(이하 "운영비"라 한다)의 전부 또는 일부를 지원할 수 있다. 이 경우 지방자치단체는 예산의 범위에서 재해보험가입자가 부담하는 보험료의 일부를 추가로 지원할 수 있다.

② 농림축산식품부장관·해양수산부장관 및 지방자치단체의 장은 제1항에 따른 지원 금액을 재해보험사업자에게 지급하여야 한다.

③ 「풍수해보험법」에 따른 풍수해보험에 가입한 자가 동일한 보험목적물을 대상으로 재해보험에 가입할 경우에는 제1항에도 불구하고 정부가 재정지원을 하지 아니한다.

④ 제1항에 따른 보험료와 운영비의 지원 방법 및 지원 절차 등에 필요한 사항은 대통령령으로 정한다.

35. 농어업재해보험법상 분쟁조정에 관한 내용이다. ( )에 들어갈 법률로 옳은 것은?

> 재해보험과 관련된 분쟁의 조정(調停)은 (   ) 제51조부터 제57조까지의 규정에 따른다.

① 보험업법
② 풍수해보험법
③ 금융소비자 보호에 관한 법률
④ 화재로 인한 재해보상과 보험가입에 관한 법률

정답 및 해설 ③

제17조(분쟁조정) 재해보험과 관련된 분쟁의 조정(調停)은 「금융소비자 보호에 관한 법률」 제33조부터 제43조까지의 규정에 따른다. (2021.3 시행)

36. 농업재해보험 손해평가요령상 용어의 정의로 옳지 않은 것은?

① "농업재해보험"이란 농어업재해보험법 제4조에 따른 농작물재해보험, 임산물재해보험 및 양식수산물재해보험을 말한다.
② "손해평가인"이라 함은 농어업재해보험법 제11조 제1항과 농어업재해보험법 시행령 제12조 제1항에서 정한 자 중에서 재해보험사업자가 위촉하여 손해평가업무를 담당하는 자를 말한다.

③ "손해평가보조인"이라 함은 농어업재해보험법 에 따라 손해평가인, 손해평가사 또는 손해사정사가 그 피해사실을 확인하고 평가하는 업무를 보조하는 자를 말한다.
④ "손해평가사"라 함은 농어업재해보험법 제11조의4 제1항에 따른 자격시험에 합격한 자를 말한다.

정답 및 해설 ①

제2조(정의) "농어업재해보험"이란 농어업재해로 발생하는 재산 피해에 따른 손해를 보상하기 위한 보험을 말한다.

제4조(재해보험의 종류 등) 재해보험의 종류는 농작물재해보험, 임산물재해보험, 가축재해보험 및 양식수산물재해보험으로 한다.

37. 농어업재해보험법령상 농어업재해보험기금을 조성하기 위한 재원으로 옳지 않은 것은?

① 재해보험사업자가 정부에 낸 보험료
② 재보험금의 회수 자금
③ 기금의 운용수익금과 그 밖의 수입금
④ 재해보험가입자가 약정에 따라 재해보험사업자에게 내야 하는 금액

정답 및 해설 ④

제22조(기금의 조성) ① 기금은 다음 각 호의 재원으로 조성한다.

1. 제20조제2항제1호에 따라 받은 재보험료
2. 정부, 정부 외의 자 및 다른 기금으로부터 받은 출연금
3. 재보험금의 회수 자금
4. 기금의 운용수익금과 그 밖의 수입금
5. 제2항에 따른 차입금
6. 「농어촌구조개선 특별회계법」 제5조제2항제7호에 따라 농어촌구조개선 특별회계의 농어촌특별세사업계정으로부터 받은 전입금

② 농림축산식품부장관은 기금의 운용에 필요하다고 인정되는 경우에는 해양수산부장관과 협의하여 기금의 부담으로 금융기관, 다른 기금 또는 다른 회계로부터 자금을 차입할 수 있다.

38. 농어업재해보험법령상 시범사업의 실시에 관한 설명으로 옳은 것은?

① 기획재정부장관이 신규 보험상품을 도입하려는 경우 재해보험사업자와의 협의를 거치지 않고 시범사업을 할 수 있다.
② 재해보험사업자가 시범사업을 하려면 사업계획서를 농림축산식품부장관에게 제출하고 기획재정부장관과 협의하여야 한다.
③ 재해보험사업자는 시범사업이 끝나면 정부의 재정지원에 관한 사항이 포함된 사업결과보고서를 제출하여야 한다.
④ 농림축산식품부장관 또는 해양수산부장관은 시범사업의 사업결과보고서를 받으면 그 사업결과를 바탕으로 신규 보험상품의 도입 가능성 등을 검토·평가하여야 한다.

정답 및 해설 ④

①② 재해보험사업자는 법 제27조제1항에 따른 시범사업을 하려면 다음 각 호의 사항이 포함된 사업계획서를 농림축산식품부장관 또는 해양수산부장관에게 제출하고 협의하여야 한다.
③ 재해보험사업자는 시범사업이 끝나면 지체 없이 다음 각 호의 사항이 포함된 사업결과보고서를 작성하여 농림축산식품부장관 또는 해양수산부장관에게 제출하여야 한다.
1. 대상목적물, 사업지역 및 사업기간에 관한 사항
2. 보험상품에 관한 사항
3. 정부의 재정지원에 관한 사항
4. 그 밖에 농림축산식품부장관 또는 해양수산부장관이 필요하다고 인정하는 사항
④ 농림축산식품부장관 또는 해양수산부장관은 제2항에 따른 사업결과보고서를 받으면 그 사업결과를 바탕으로 신규 보험상품의 도입 가능성 등을 검토·평가하여야 한다.

39. 농어업재해보험법령상 농림축산식품부장관이 해양수산부장관과 협의하여 농어업재해재보험기금의 수입과 지출에 관한 사무를 수행하게 하기 위하여 소속 공무원 중에서 임명하는 자에 해당하지 않는 것은?

① 기금수입징수관 ② 기금출납원
③ 기금지출관   ④ 기금재무관

정답 및 해설 ②

② 기금출납원 -> 기금출납공무원
제25조(기금의 회계기관) ① 농림축산식품부장관은 해양수산부장관과 협의하여 기금의 수입과 지출에 관

한 사무를 수행하게 하기 위하여 소속 공무원 중에서 기금수입징수관, 기금재무관, 기금지출관 및 기금출납공무원을 임명한다.

② 농림축산식품부장관은 제24조제2항에 따라 기금의 관리·운용에 관한 사무를 위탁한 경우에는 해양수산부장관과 협의하여 농업정책보험금융원의 임원 중에서 기금수입담당임원과 기금지출원인행위담당임원을, 그 직원 중에서 기금지출원과 기금출납원을 각각 임명하여야 한다. 이 경우 기금수입담당임원은 기금수입징수관의 업무를, 기금지출원인행위담당임원은 기금재무관의 업무를, 기금지출원은 기금지출관의 업무를, 기금출납원은 기금출납공무원의 업무를 수행한다.

40. 농어업재해보험법령상 농림축산식품부장관 또는 해양수산부장관으로부터 보험상품의 운영 및 개발에 필요한 통계자료의 수집·관리업무를 위탁받아 수행할 수 있는 자를 모두 고른 것은?

> ㄱ. 수산업협동조합법 에 따른 수협은행
> ㄴ. 보험업법 에 따른 보험회사
> ㄷ. 농업정책보험금융원
> ㄹ. 지방자치단체의 장

① ㄱ, ㄴ
② ㄴ, ㄷ
③ ㄷ, ㄹ
④ ㄱ, ㄴ, ㄷ

정답 및 해설 ④

제21조(통계의 수집·관리 등에 관한 업무의 위탁) ① 농림축산식품부장관 또는 해양수산부장관은 법 제26조제4항에 따라 같은 조 제1항 및 제3항에 따른 통계의 수집·관리, 조사·연구 등에 관한 업무를 다음 각 호의 어느 하나에 해당하는 자에게 위탁할 수 있다.

1. 「농업협동조합법」에 따른 농업협동조합중앙회

1의2. 「산림조합법」에 따른 산림조합중앙회

2. 「수산업협동조합법」에 따른 수산업협동조합중앙회 및 수협은행

3. 「정부출연연구기관 등의 설립·운영 및 육성에 관한 법률」제8조에 따라 설립된 연구기관

4. 「보험업법」에 따른 보험회사, 보험요율산출기관 또는 보험계리를 업으로 하는 자

5. 「민법」제32조에 따라 농림축산식품부장관 또는 해양수산부장관의 허가를 받아 설립된 비영리법인

6. 「공익법인의 설립·운영에 관한 법률」제4조에 따라 농림축산식품부장관 또는 해양수산부장관의 허가를 받아 설립된 공익법인

7. 농업정책보험금융원

② 농림축산식품부장관 또는 해양수산부장관은 제1항에 따라 업무를 위탁한 때에는 위탁받은 자 및 위탁 업무의 내용 등을 고시하여야 한다.

41. 농어업재해보험법령상 고의로 진실을 숨기거나 거짓으로 손해평가를 한 손해평가인과 손해평가사에게 부과될 수 있는 벌칙이 아닌 것은?

① 징역 6월
② 과태료 2,000만 원
③ 벌금 500만 원
④ 벌금 1,000만 원

정답 및 해설 ②

다음 각 호의 어느 하나에 해당하는 자는 1년 이하의 징역 또는 1천만원 이하의 벌금에 처한다.
1. 제10조제1항을 위반하여 모집을 한 자
2. 제11조제2항 후단을 위반하여 고의로 진실을 숨기거나 거짓으로 손해평가를 한 자
3. 제11조의4제6항을 위반하여 다른 사람에게 손해평가사의 명의를 사용하게 하거나 그 자격증을 대여한 자
4. 제11조의4제7항을 위반하여 손해평가사의 명의를 사용하거나 그 자격증을 대여받은 자 또는 명의의 사용이나 자격증의 대여를 알선한 자

42. 농업재해보험 손해평가요령상 손해평가인의 위반행위 중 1차 위반행위에 대한 개별 처분기준의 종류가 다른 것은?

① 고의로 진실을 숨기거나 거짓으로 손해평가를 한 경우
② 검증조사 결과 부당·부실 손해평가로 확인된 경우
③ 현장조사 없이 보험금 산정을 위해 손해평가행위를 한 경우
④ 정당한 사유없이 손해평가반 구성을 거부하는 경우

정답 및 해설 ②

위반행위	처분기준		
	1차	2차	3차
1. 법 제11조제2항 및 이 요령의 규정을 위반한 때 1) 고의 또는 중대한 과실로 손해평가의 신뢰성을 크게 악화 시킨 경우	위촉해지		

2) 고의로 진실을 숨기거나 거짓으로 손해평가를 한 경우	위촉해지		
3) 정당한 사유없이 손해평가반구성을 거부하는 경우	위촉해지		
4) 현장조사 없이 보험금 산정을 위해 손해평가행위를 한 경우	위촉해지		
5) 현지조사서를 허위로 작성한 경우	위촉해지		
6) 검증조사 결과 부당·부실 손해평가로 확인된 경우	경고	업무정지 3개월	위촉해지
7) 기타 업무수행상 과실로 손해평가의 신뢰성을 약화시킨 경우	주의	경고	업무정지 3개월
2. 법 및 이 요령에 의한 명령이나 처분을 위반한 때	업무정지 6개월	위촉해지	
3. 업무수행과 관련하여 「개인정보호법」, 「신용정보의 이용 및 보호에 관한 법률」 등 정보보호와 관련된 법령을 위반한 때	위촉해지		

43. 농어업재해보험법령상 재해보험사업자가 재해보험사업을 원활히 수행하기 위하여 재해보험 업무의 일부를 위탁할 수 있는 자에 해당하지 않는 것은?

① 농업협동조합법 에 따라 설립된 지역농업협동조합·지역축산업협동조합 및 품목별·업종별 협동조합
② 산림조합법 에 따라 설립된 지역산림조합 및 품목별·업종별산림조합
③ 보험업법 제187조에 따라 손해사정을 업으로 하는 자
④ 농어업재해보험 관련 업무를 수행할 목적으로 민법 제32조에 따라 기획재정부장관의 허가를 받아 설립된 영리법인

정답 및 해설 ④

대통령령 제13조(업무 위탁) 법 제14조에서 "대통령령으로 정하는 자"란 다음 각 호의 자를 말한다.

1. 「농업협동조합법」에 따라 설립된 지역농업협동조합·지역축산업협동조합 및 품목별·업종별협동조합

1의2. 「산림조합법」에 따라 설립된 지역산림조합 및 품목별·업종별산림조합

2. 「수산업협동조합법」에 따라 설립된 지구별 수산업협동조합, 업종별 수산업협동조합, 수산물가공 수산업협동조합 및 수협은행

3. 「보험업법」 제187조에 따라 손해사정을 업으로 하는 자

4. 농어업재해보험 관련 업무를 수행할 목적으로 「민법」 제32조에 따라 농림축산식품부장관 또는 해양수산부장관의 허가를 받아 설립된 비영리법인(손해평가 관련 업무를 위탁하는 경우만 해당한다)

44. 농업재해보험 손해평가요령상 손해평가에 관한 설명으로 옳지 않은 것은?

① 교차손해평가에 있어서도 평가인력 부족 등으로 신속한 손해평가가 불가피하다고 판단되는 경우에는 손해평가반구성에 지역손해평가인을 배제할 수 있다.
② 손해평가 단위와 관련하여 농지란 하나의 보험가입금액에 해당하는 토지로 필지(지번) 등과 관계없이 농작물을 재배하는 하나의 경작지를 말한다.
③ 손해평가반이 손해평가를 실시할 때에는 재해보험사업자가 해당 보험가입자의 보험계약사항 중 손해평가와 관련된 사항을 해당 지방자치단체에 통보하여야 한다.
④ 보험가입자가 정당한 사유없이 검증조사를 거부하는 경우 검증조사반은 검증조사가 불가능하여 손해평가 결과를 확인할 수 없다는 사실을 보험가입자에게 통지한 후 검증조사결과를 작성하여 재해보험사업자에게 제출하여야 한다.

정답 및 해설 ③

통보의무 없음

45. 농업재해보험 손해평가요령상 종합위험방식 상품(농업수입보장 포함)의 수확 전 생육시기에 "오디"의 과실손해조사 시기로 옳은 것은?

① 결실완료 후
② 수정완료 후
③ 조사가능일
④ 사고접수 후 지체 없이

정답 및 해설 ①

생육시기	재해	조사내용	조사시기	조사방법	비고
수확 전	보상하는 재해 전부	피해사실 확인 조사	사고접수 후 지체 없이	보상하는 재해로 인한 피해발생 여부 조사 (피해사실이 명백한 경우 생략 가능)	
		이앙(직파) 불능피해 조사	이앙 한계일 (7.31)이후	이앙(직파)불능 상태 및 통상적인영 농활동 실시여부조사 조사방법 : 전수조사 또는 표본조사	벼만 해당
		재이앙(재직파) 조사	사고접수 후 지체 없이	해당농지에 보상하는 손해로 인하여 재이앙(재직파)이 필요한 면적 또는 면적비율 조사 ·조사방법: 전수조사 또는 표본조사	벼만 해당

재파종 조사	사고접수 후 지체 없이	해당농지에 보상하는 손해로 인하여 재파종이 필요한 면적 또는 면적비율 조사 • 조사방법: 전수조사 또는 표본조사	마늘만 해당
재정식 조사	사고접수 후 지체 없이	해당농지에 보상하는 손해로 인하여 재정식이 필요한 면적 또는 면적비율 조사 • 조사방법: 전수조사 또는 표본조사	양배추만 해당
경작불능조사	사고접수 후 지체 없이	해당 농지의 피해면적비율 또는 보험 목적인 식물체 피해율 조사 • 조사방법: 전수조사 또는 표본조사	벼·밀, 밭작물(차(茶)제외), 복분자만 해당
과실손해조사	수정완료 후	살아있는 결과모지수 조사 및 수정불량(송이)피해율 조사 • 조사방법: 표본조사	복분자만 해당
	결실완료 후	결실수 조사 • 조사방법: 표본조사	오디만 해당
수확전 사고조사	사고접수 후 지체 없이	표본주의 과실 구분 • 조사방법: 표본조사	감귤만 해당

46. 농업재해보험 손해평가요령 제10조(손해평가준비 및 평가결과 제출)의 일부이다. ( )에 들어갈 내용을 순서대로 옳게 나열한 것은?

> 재해보험사업자는 보험가입자가 손해평가반의 손해평가결과에 대하여 설명 또는 통지를 (ㄱ)로부터 (ㄴ) 이내에 손해평가가 잘못되었음을 증빙하는 서류 또는 사진 등을 제출하는 경우 재해보험사업자는 다른 손해평가반으로 하여금 재조사를 실시하게 할 수 있다.

① ㄱ: 받은 날, ㄴ: 7일
② ㄱ: 받은 다음 날, ㄴ: 7일
③ ㄱ: 받은 날, ㄴ: 10일
④ ㄱ: 받은 다음 날, ㄴ: 10일

정답 및 해설 ①

손해평가요령 제10조(손해평가준비 및 평가결과 제출)
⑤ 재해보험사업자는 보험가입자가 손해평가반의 손해평가결과에 대하여 설명 또는 통지를 받은 날로부터

7일 이내에 손해평가가 잘못되었음을 증빙하는 서류 또는 사진 등을 제출하는 경우 재해보험사업자는 다른 손해평가반으로 하여금 재조사를 실시하게 할 수 있다.

47. 농업재해보험 손해평가요령상 "손해평가업무방법서" 및 "농업재해보험 손해평가요령의 재검토기한"에 관한 설명이다. ( )에 들어갈 내용을 순서대로 옳게 나열한 것은?

> ○ (ㄱ)은(는) 이 요령의 효율적인 운용 및 시행을 위하여 필요한 세부적인 사항을 규정한 손해평가업무방법서를 작성하여야 한다.
> ○ 농림축산식품부장관은 이 고시에 대하여 2020년 1월 1일 기준으로 매 (ㄴ)이 되는 시점마다 그 타당성을 검토하여 개선 등의 조치를 하여야 한다.
>
> ① ㄱ: 손해평가반, ㄴ: 2년
> ② ㄱ: 재해보험사업자, ㄴ: 2년
> ③ ㄱ: 손해평가반, ㄴ: 3년
> ④ ㄱ: 재해보험사업자, ㄴ: 3년

정답 및 해설 ④

손해평가요령 제16조(손해평가업무방법서) 재해보험사업자는 이 요령의 효율적인 운용 및 시행을 위하여 필요한 세부적인 사항을 규정한 손해평가업무방법서를 작성하여야 한다.

제17조(재검토기한) 농림축산식품부장관은 이 고시에 대하여 2020년 1월 1일 기준으로 매 3년이 되는 시점(매 3년째의 12월 31일까지를 말한다)마다 그 타당성을 검토하여 개선 등의 조치를 하여야 한다.

48. 농업재해보험 손해평가요령상 농작물의 보험가액 산정에 관한 설명으로 옳지 않은 것을 모두 고른 것은?

> ㄱ. 인삼의 특정위험방식 보험가액은 적과후 착과수조사를 통해 산정한 기준수확량에 보험가입 당시의 단위당 가입가격을 곱하여 산정한다.
> ㄴ. 적과전종합위험방식의 보험가액은 적과후 착과수조사를 통해 산정한 기준수확량에 보험가입 당시의 단위당 가입가격을 곱하여 산정한다.
> ㄷ. 종합위험방식 보험가액은 특별한 사정이 없는 한 보험증권에 기재된 보험목적물의

| 평년수확량에 최초 보험사고 발생시의 단위당 가입가격을 곱하여 산정한다. |

① ㄱ　　　　　　　　　　　　　② ㄷ
③ ㄱ, ㄷ　　　　　　　　　　　④ ㄴ, ㄷ

정답 및 해설 ③

손해평가요령 제13조(농작물의 보험가액 및 보험금 산정) ① 농작물에 대한 보험가액 산정은 다음 각 호와 같다.

1. 특정위험방식 보험가액은 적과후 착과수조사를 통해 산정한 기준수확량에 보험가입 당시의 단위당 가입가격을 곱하여 산정한다. 다만, 인삼은 가입면적에 보험가입 당시의 단위당 가입가격을 곱하여 산정하되, 보험가액에 영향을 미치는 가입면적, 연근 등이 가입당시와 다를 경우 변경할 수 있다.

2. 적과전종합위험방식의 보험가액은 적과후착과수조사를 통해 산정한 기준수확량에 보험가입 당시의 단위당 가입가격을 곱하여 산정한다.

3. 종합위험방식 보험가액은 보험증권에 기재된 보험목적물의 평년수확량에 보험가입 당시의 단위당 가입가격을 곱하여 산정한다. 다만, 보험가액에 영향을 미치는 가입면적, 주수, 수령, 품종 등이 가입당시와 다를 경우 변경할 수 있다.

4. 생산비보장의 보험가액은 작물별로 보험가입 당시 정한 보험가액을 기준으로 산정한다. 다만, 보험가액에 영향을 미치는 가입면적 등이 가입당시와 다를 경우 변경할 수 있다.

5. 나무손해보장의 보험가액은 기재된 보험목적물이 나무인 경우로 최초 보험사고 발생 시의 해당 농지 내에 심어져 있는 과실생산이 가능한 나무 수(피해 나무 수 포함)에 보험가입 당시의 나무당 가입가격을 곱하여 산정한다.

49. 농어업재해보험법령과 농업재해보험 손해평가요령상 손해평가 및 손해평가인에 관한 설명으로 옳지 않은 것은?

① 농어업재해보험법의 구성 및 조문별 주요내용은 농림축산식품부장관 또는 해양수산부장관이 실시하는 손해평가인 정기교육의 세부내용에 포함된다.
② 손해평가인이 적법한 절차에 따라 위촉이 취소된 후 3년이 되었다면 새로이 손해평가인으로 위촉될 수 있다.
③ 재해보험사업자로부터 소정의 절차에 따라 손해평가 업무의 일부를 위탁받은 자는 손해평가보조인을 운용할 수 없다.
④ 재해보험사업자는 손해평가인의 업무의 정지를 명하고자 하는 때에는 손해평가인이 청문에 응하지 않는 경우가 아닌 한 청문을 실시하여야 한다.

정답 및 해설 ③

손해평가요령 제4조(손해평가인 위촉) ① 재해보험사업자는 법 제11조제1항과 시행령 제12조제1항에 따라 손해평가인을 위촉한 경우에는 그 자격을 표시할 수 있는 손해평가인증을 발급하여야 한다.

② 재해보험사업자는 피해 발생 시 원활한 손해평가가 이루어지도록 농업재해보험이 실시되는 시·군·자치구별 보험가입자의 수 등을 고려하여 적정 규모의 손해평가인을 위촉하여야 한다.

③ 재해보험사업자 및 법 제14조에 따라 손해평가 업무를 위탁받은 자는 손해평가 업무를 원활히 수행하기 위하여 손해평가보조인을 운용할 수 있다.

50. 농업재해보험 손해평가요령상 적과전종합위험방식 상품(사과, 배, 단감, 떫은감)의 6월 1일 ~ 적과전 생육시기에 해당되는 재해가 아닌 것은? (단, 적과종료 이전 특정위험 5종 한정 보장 특약 가입건에 한함)

① 일소
② 화재
③ 지진
④ 강풍

정답 및 해설 ①

생육시기	재해	조사내용	조사시기	조사방법	비고
보험계약체결일~적과전	보상하는 재해 전부	피해사실 확인 조사	사고접수 후 지체 없이	보상하는 재해로 인한 피해발생여부 조사	피해사실이 명백한 경우 생략 가능
	우박		사고접수 후 지체 없이	우박으로 인한 유과(어린과실) 및 꽃(눈)등의 타박비율 조사 ·조사방법: 표본조사	적과종료 이전 특정위험 5종 한정 보장 특약 가입건에 한함
6월1일 ~ 적과전	태풍(강풍), 우박, 집중호우, 화재, 지진		사고접수 후 지체 없이	보상하는 재해로 발생한 낙엽피해 정도 조사 - 단감·떫은감에 대해서만 실시 ·조사방법: 표본조사	
적과후	-	적과 후 착과수 조사	적과 종료 후	보험가입금액의 결정 등을 위하여 해당 농지의 적과종료 후 총 착과 수를 조사 ·조사방법: 표본조사	피해와 관계없이 전 과수원 조사
적과후 ~ 수확기 종료	보상하는 재해	낙과피해 조사	사고접수 후 지체 없이	재해로 인하여 떨어진 피해과실수 조사 - 낙과피해조사는 보험약관에서 정한 과실피해분류기준에 따라 구분하여 조사 ·조사방법: 전수조사 또는 표본조사	
				낙엽률 조사(우박 및 일소 제외) - 낙엽피해정도 조사	단감·떫은감

				・조사방법: 표본조사	
	우박, 일소, 가을동상해	착과피해조사	수확 직전	재해로 인하여 달려있는 과실의 피해과실 수 조사 - 착과피해조사는 보험약관에서 정한 과실피해분류기준에 따라 구분 하여 조사 ・조사방법: 표본조사	
수확완료 후 ~ 보험종기	보상하는 재해 전부	고사나무조사	수확완료 후 보험 종기 전	보상하는 재해로 고사되거나 또는 회생이 불가능한 나무 수를 조사 - 특약 가입 농지만 해당 ・조사방법: 전수조사	수확완료 후 추가 고사나무가 없는 경우 생략 가능

■■■ 상법「보험편」

1. 보험계약에 관한 설명으로 옳지 않은 것은?

   ① 보험계약은 유상·쌍무계약이다.
   ② 보험계약은 보험자의 청약에 대하여 보험계약자가 승낙함으로써 성립한다.
   ③ 보험계약은 보험자의 보험금 지급책임이 우연한 사고의 발생에 달려 있으므로 사행계약의 성질을 갖는다.
   ④ 보험계약은 부합계약이다.

   정답 및 해설 ②
   ① 보험계약은 보험사고가 발생한 경우에 보험금의 지급과 보험료의 납입이라는 상호 대가적 의미를 가지는 쌍무계약이며, 유상계약이다.
   ② 보험계약은 불요식·낙성계약으로, 보험계약자의 청약과 보험자의 승낙으로 이루어진다.
   ③ 보험계약은 보험자의 보험금 지급책임이 보험계약 체결 후의 우연한 사고의 발생에 달려 있으므로, 사행계약의 성격을 갖는다.
   ④ 보험계약은 보험자가 일반적이고 표준적이며 정형적으로 미리 만든 내용에 보험계약자가 맞추어 계약을 체결하는 부합계약의 성격을 가진다.

2. 타인을 위한 보험에 관한 설명으로 옳은 것은?

   ① 보험계약자는 위임을 받지 아니하면 특정의 타인을 위하여 보험계약을 체결할 수 없다.
   ② 타인을 위한 보험계약의 경우에 그 타인은 수익의 의사표시를 하여야 그 계약의 이익을 받을 수 있다.
   ③ 보험계약자가 불특정의 타인을 위한 보험을 그 타인의 위임 없이 체결할 경우에는 이를 보험자에게 고지할 필요가 없다.
   ④ 타인을 위한 보험계약의 경우 보험계약자가 보험료의 지급을 지체한 때에는 그 타인이 그 권리를 포기하지 아니하는 한 그 타인도 보험료를 지급할 의무가 있다.

   정답 및 해설 ④

① 보험계약자가 자기 이외의 제3자를 보험수익자로 한 보험계약을 체결할 수 있으며, 이를 타인을 위한 보험계약이라 한다.

② 타인을 위한 보험계약에서 보험계약자가 보험수익자를 지정하거나 변경할 수 있는 권리는 보험계약자에게 있고, 보험계약자가 보험수익자를 지정하거나 변경하면 보험수익자는 당연히 그 보험계약상의 권리(이익)를 취득한다(상법 제639조 제2항 본문).

③ 보험계약자는 위임을 받거나 위임을 받지 않고 특정 또는 불특정 타인을 위하여 보험계약을 체결할 수 있다. 그러나 손해보험계약의 경우에 그 타인의 위임이 없는 때에는 보험계약자는 이를 보험자에게 고지하여야 하고, 그 고지가 없는 때에는 타인이 그 보험계약이 체결된 사실을 알지 못하였다는 사유로 보험자에게 대항하지 못한다(상법 제639조 제1항).

④ 타인을 위한 보험계약의 경우 보험수익자는 보험계약의 당사자가 아니므로 원칙적으로 보험료를 지급할 의무가 없으나, 보험계약자가 파산선고를 받거나 보험료의 지급을 지체한 때에는 보험수익자가 그 권리를 포기하지 않는 한 보험료 지급의무를 부담하게 된다(상법 제639조 제3항).

3. 상법상 보험에 관한 설명으로 옳은 것은?

① 보험증권의 멸실로 보험계약자가 증권의 재교부를 청구한 경우 증권의 작성비용은 보험자의 부담으로 한다.
② 보험기간의 시기는 보험계약 이후로만 하여야 한다.
③ 보험계약당시에 보험사고가 이미 발생하였을 경우 당사자 쌍방과 피보험자가 이를 알지 못하였어도 그 계약은 무효이다.
④ 보험계약의 당사자는 보험증권의 교부가 있는 날부터 일정한 기간내에 한하여 그 증권내용의 정부(正否)에 관한 이의를 할 수 있음을 약정할 수 있다.

정답 및 해설 ④

① 보험증권을 멸실 또는 현저하게 훼손한 때에는 보험계약자는 자기의 비용 부담으로 보험자에 대하여 증권의 재교부를 청구할 수 있다(상법 제642조).

② 보험기간은 보험자의 책임이 시작되어 종료하는 기간을 말하는 것으로, 책임기간 또는 위험기간이라고도 한다. 보험계약은 그 계약 전의 어느 시기를 보험기간의 시기로 할 수 있으며, 이를 소급보험이라 한다(상법 제643조).

③ 보험계약 체결 당시에 보험사고가 이미 발생하였거나 또는 발생할 수 없는 것인 때에는 보험계약이 무효이나, 당사자 쌍방과 피보험자가 이를 알지 못한 때에는 그러하지 아니하다(상법 제644조).

④ 보험계약의 당사자는 보험증권의 교부가 있은 날로부터 일정한 기간 내에 한하여 그 증권 내용의 정부에 관한 이의를 할 수 있음을 약정할 수 있으며, 이 기간은 1월을 내리지 못한다(상법 제641조).

4. 보험대리상 등의 권한에 관한 설명으로 옳지 않은 것은?

① 보험대리상은 보험계약자로부터 보험계약에 관한 청약의 의사표시를 수령할 수 있다.
② 보험자는 보험계약자로부터 보험료를 수령할 수 있는 보험대리상의 권한을 제한할 수 있다.
③ 보험대리상은 보험계약자에게 보험계약에 관한 해지의 의사표시를 할 수 없다.
④ 보험대리상이 아니면서 특정한 보험자를 위하여 계속적으로 보험계약의 체결을 중개하는 자는 보험계약자로부터 보험계약에 관한 취소의 의사표시를 수령할 수 없다.

정답 및 해설 ③

① 보험대리상은 보험계약자로부터 청약, 고지, 통지, 해지, 취소 등 보험계약에 관한 의사표시를 수령할 수 있는 권한이 있다(상법 제646조의2 제1항 제3호).
② 보험자는 보험대리상의 권한 중 일부를 제한할 수 있다(상법 제646조의2 제2항 본문).
③ 보험대리상은 보험계약자에게 보험계약의 체결, 변경, 해지 등 보험계약에 관한 의사표시를 할 수 있는 권한이 있다(상법 제646조의2 제1항 제4호).
④ 보험대리상이 아니면서 특정한 보험자를 위하여 계속적으로 보험계약의 체결을 중개하는 자는 보험계약자로부터 보험료를 수령할 수 있는 권한 및 보험자가 작성한 보험증권을 보험계약자에게 교부할 수 있는 권한이 있다. 이때 보험계약자로부터 보험료를 수령할 수 있는 권한은 보험자가 작성한 영수증을 보험계약자에게 교부하는 경우에만 해당한다(상법 제646조의2 제3항).

5. 보험계약의 해지에 관한 설명으로 옳지 않은 것은?

① 보험계약자가 보험계약을 전부 해지했을 때에는 언제든지 미경과 보험료의 반환을 청구할 수 있다.
② 타인을 위한 보험의 경우를 제외하고, 보험사고가 발생하기 전에는 보험계약는 언제든지 보험계약의 전부를 해지할 수 있다.
③ 타인을 위한 보험계약의 경우 보험사고가 발생하기 전에는 그 타인의 동의를 얻으면 그 계약을 해지할 수 있다.
④ 보험금액이 지급된 때에도 보험금액이 감액되지 아니하는 보험의 경우에는 보험계약자는 그 사고발생 후에도 보험계약을 해지할 수 있다.

정답 및 해설 ①

① 보험계약자가 보험사고가 발생하기 전 보험계약의 전부 또는 일부를 해지한 경우, 보험계약자는 당사자 간 다른 약정이 없으면 미경과보험료의 반환을 청구할 수 있다(상법 제649조 제3항).

②③ 보험계약자는 보험사고가 발생하기 전 언제든지 보험계약의 전부 또는 일부를 해지할 수 있다. 그러나 타인을 위한 보험계약의 경우에는 타인의 동의를 얻지 않거나 보험증권을 소지하지 않으면 그 계약을 해지하지 못한다(상법 제649조 제1항).

④ 보험사고의 발생으로 보험자가 보험금액을 지급한 때에도 보험금액이 감액되지 아니하는 보험의 경우에는 보험계약자는 그 사고 발생 후에도 보험계약을 해지할 수 있다(상법 제649조 제2항).

6. 보험료의 지급과 지체의 효과에 관한 설명으로 옳은 것은?

> ① 보험계약자는 계약체결 후 지체 없이 보험료의 전부 또는 제1회 보험료를 지급하여야 한다.
> ② 계속 보험료가 약정한 시기에 지급되지 아니한 때에는 보험자는 상당한 기간을 정하여 보험 계약자에게 최고하고 그 기간 내에 지급되지 아니한 때에는 그 계약은 해지된 것으로 본다.
> ③ 특정한 타인을 위한 보험의 경우에 보험계약자가 보험료의 지급을 지체한 때에는 보험자는 그 계약을 해제 또는 해지할 수 있다.
> ④ 보험계약자가 최초보험료를 지급하지 아니한 경우에는 다른 약정이 없는 한 계약성립 후 1월이 경과하면 그 계약은 해제된 것으로 본다.

정답 및 해설 ①

① 보험계약자는 보험계약 체결 후 지체 없이 보험료의 전부 또는 1회 보험료를 지급하여야 한다(상법 제650조 제1항).
② 계속 보험료가 약정한 시기에 지급되지 아니한 때에는 보험자는 상당한 기간을 정하여 보험계약자에게 최고하고 그 기간 내에 지급되지 않는 때에는 그 계약을 해지할 수 있으며(상법 제650조 제2항), 계약 해지를 간주하는 것은 아니다.
③ 특정한 타인을 위한 보험의 경우, 보험계약자가 보험료의 지급을 지체한 때에는 보험자는 그 타인에게도 상당한 기간을 정하여 보험료의 지급을 최고한 후가 아니면 그 계약을 해제 또는 해지하지 못한다(상법 제650조 제3항).
④ 보험계약자가 최초보험료를 지급하지 아니하는 경우에는 다른 약정이 없는 한 계약 성립후 2개월이 경과하면 그 계약은 해제된 것으로 본다(상법 제650조 제4항).

7. 고지의무에 관한 설명으로 옳지 않은 것은?

> ① 고지의무를 부담하는 자는 보험계약상의 보험계약자 또는 보험수익자이다.

② 보험계약자가 고의로 중요한 사항을 고지하지 아니한 경우, 보험자는 계약 체결일로부터 1월이 된 시점에는 계약을 해지할 수 있다.
③ 보험자가 계약당시에 보험계약자의 고지의무위반 사실을 알았을 때에는 계약을 해지할 수 없다.
④ 보험계약자가 중대한 과실로 중요한 사항을 고지하지 아니한 경우, 보험자는 계약 체결일로부터 5년이 경과한 시점에는 계약을 해지할 수 없다.

정답 및 해설 ①

① 보험계약을 체결할 때 보험계약자 또는 피보험자가 보험자에 대하여 중요한 사항을 고지하고 부실한 고지를 하지 않을 의무를 지는데(상법 제651조 본문), 이를 고지의무라 한다.
②, ④ 보험계약 당시 보험계약자 또는 피보험자가 고의 또는 중대한 과실로 인하여 중요한 사항을 고지하지 아니하거나 부실하게 고지한 때, 보험자는 그 사실을 안 날로부터 1월 내에, 계약을 체결한 날로부터 3년내에 한하여 계약을 해지할 수 없다(상법 제651조 본문).
③ 보험계약자 또는 피보험자가 고지의무를 위반하였다고 하더라도, 보험자가 계약 당시에 그 사실을 알았거나 중대한 과실로 인하여 알지 못한 때에는, 보험자는 고지의무 위반을 이유로 계약을 해지할 수 없다(상법 제651조 단서).

8. 보험계약에 관한 설명으로 옳은 것을 모두 고른 것은? (다툼이 있으면 판례에 따름)

ㄱ. 보통보험약관이 계약당사자에 대하여 구속력을 가지는 것을 보험계약 당사자 사이에서 계약내용에 포함시키기를 합의하였기 때문이다.
ㄴ. 보험자가 약관의 교부·설명 의무를 위반한 경우에 보험계약이 성립한 날부터 3개월 이내에는 피보험자 또는 보험수익자도 그 계약을 해지할 수 있다.
ㄷ. 약관의 내용이 이미 법령에 의하여 정하여진 것을 되풀이하는 정도에 불과한 경우, 보험자는 고객에게 이를 따로 설명하지 않아도 된다.

① ㄱ, ㄴ
② ㄱ, ㄷ
③ ㄴ, ㄷ
④ ㄱ, ㄴ, ㄷ

정답 및 해설 ②

ㄱ. 보험계약은 보험자가 일방적으로 작성한 보통보험약관에 의하여 정형적으로 체결되고, 이러한 보통보험약관이 계약 당사자에 대하여 구속력을 가지게 되는 것은 보험계약 당사자 사이에 보통보험약관을 계약 내용으로 포함시키기로 합의하였기 때문이다.

ㄴ. 보험자는 보험계약을 체결할 때 보험계약자에게 보험약관을 교부하고 그 약관의 중요 내용을 설명하여야 한다(상법 제638조의3 제1항). 보험자가 약관의 교부·설명의무를 위반한 경우, 보험계약자는 보험계약이 성립한 날부터 3개월 이내에 그 계약을 취소할 수 있다(상법 제638조의3 제2항).

ㄷ. 판례는 보험약관의 설명의무의 대상과 범위에 대하여 "약관에 정하여진 사항이라고 하더라도 거래상 일반적이고 공통된 것이어서 보험계약자가 이미 잘 알고 있는 내용이거나 별도의 설명 없이도 충분히 예상할 수 있었던 사항이거나 이미 법령에 의하여 정하여진 것을 되풀이하거나 부연하는 정도에 불과한 사항이라면 명시·설명의무가 인정되는 것은 아니다"고 판시하고 있다(대법원 2007. 4. 27. 선고 2006다87453 판결 등).

9. 위험변경증가의 통지와 계약해지에 관한 설명으로 옳은 것은?

① 보험기간 중에 피보험자가 사고발생의 위험이 현저하게 변경 또는 증가된 사실을 안 때에는 지체없이 보험자에게 통지하여야 한다.
② 보험계약체결 직전에 보험계약자가 사고발생의 위험이 변경 또는 증가된 사실을 안 때에는 제체없이 보험자에게 통지하여야 한다.
③ 보험기간 중에 위험변경증가의 통지를 받은 때에는 보험자는 3개월 내에 보험료의 증액을 청구할 수 있다.
④ 보험기간 중에 위험변경증가의 통지를 받은 때에는 보험자는 3개월 내에 계약을 해지할 수 있다.

정답 및 해설 ①

①, ② 보험기간 중에 보험계약자 또는 피보험자가 사고발생의 위험이 현저하게 변경 또는 증가된 사실을 안 때에는 지체없이 보험자에게 통지하여야 한다(상법 제652조 제1항).
③, ④ 보험자가 보험계약자 또는 피보험자로부터 위험변경증가의 통지를 받은 때에는 1월 내에 보험료의 증액을 청구하거나 보험계약을 해지할 수 있다(상법 제652제 제2항).

10. 보험계약 등의 고의나 중과실로 인한 위험증가와 계약해지에 관한 설명으로 옳지 않은 것은? (다툼이 있으면 판례에 따름)

① 보험기간 중에 보험계약자의 중대한 과실로 인하여 사고발생의 위험이 현저하게 증가된 때에는 보험자는 그 사실을 안 날부터 1월내에 보험료의 증액을 청구할 수 있다.
② 위험의 현저한 변경이나 증가된 사실과 보험사고 발생과의 사이에 인과관계가 부존재

> 한다는 점에 관한 주장·입증책임은 보험자 측에 있다.
> ③ 보험기간 중에 피보험자의 고의로 인하여 사고발생의 위험이 현저하게 증가된 때에는 보험자는 그 사실을 안 날부터 1월내에 계약을 해지할 수 있다.
> ④ 사고 발생의 위험이 현저하게 변경 또는 증가된 사실이라 함은 그 변경 또는 증가된 위험이 보험계약의 체결 당시에 존재하고 있었다면 보험자가 보험계약을 체결하지 않았거나 적어도 그 보험료로는 보험을 인수하지 않았을 것으로 인정되는 정도의 것을 말한다.

정답 및 해설 ②

①, ③ 보험기간 중에 보험계약자, 피보험자 또는 보험수익자의 고의 또는 중대한 과실로 인하여 사고발생의 위험이 현저하게 변경 또는 증가된 때에는 보험자는 그 사실을 안날부터 1월내에 보험료의 증액을 청구하거나 계약을 해지할 수 있다.
② 위험의 현저한 변경이나 증가된 사실이 보험사고의 발생과 인과관계 없음이 증명된 때에는 보험자는 보험금액의 지급의무를 부담하는데(상법 제655조 단서), 위험의 현저한 변경이나 증가된 사실과 보험사고 발생과의 사이에 인과관계가 부존재 한다는 점에 관한 주장·입증책임은 보험계약자 측에 있다 (대법원 1997. 9. 5. 선고 95다25268 판결).
④ '사고 발생의 위험이 현저하게 변경 또는 증가된 사실'이라 함은, 그 변경 또는 증가된 위험이 보험계약의 체결 당시에 존재하고 있었다면 보험자가 보험계약을 체결하지 않았거나 적어도 그 보험료로는 보험을 인수하지 않았을 것으로 인정되는 정도의 것을 말한다(대법원 2003. 11. 13. 선고 2001다49630 판결).

11. 보험자의 계약해지와 보험금청구권에 관한 설명으로 옳은 것을 모두 고른 것은?

> ㄱ. 보험사고 발생 후라도 보험계약자의 계속보험료 지급지체를 이유로 보험자가 계약을 해지하였을 때에는 보험금을 지급할 책임이 있다.
> ㄴ. 보험사고 발생 후에 보험계약자가 고지의무를 위반한 사실이 보험사고 발생에 영향을 미치지 아니하였음을 증명된 경우에는 보험자는 보험금을 지급할 책임이 있다.
> ㄷ. 보험수익자의 중과실로 인하여 사고발생의 위험이 현저하게 변경되거나 증가된 사실이 보험사고 발생에 영향을 미치지 아니하였음이 증명된 경우에는 보험자는 보험금을 지급할 책임이 있다.

① ㄷ
② ㄱ, ㄴ
③ ㄴ, ㄷ
④ ㄱ, ㄴ, ㄷ

정답 및 해설 ③

ㄱ. 보험사고가 발생한 후라도 보험자가 보험계약자의 계속보험료 지급 지체, 고지의무 위반, 위험변경증 가통지의무 위반 또는 보험계약자등의 고의나 중과실로 인한 위험증가를 이유로 보험계약을 해지하였을 때에는 보험금을 지급할 책임이 없고, 이미 지급한 보험금의 반환을 청구할 수 있다(상법 제655조 본문).

ㄴ, ㄷ. 보험자는 고지의무를 위반한 사실 또는 위험이 현저하게 변경되거나 증가된 사실이 보험사고 발생에 영향을 미치지 아니하였음이 증명된 경우에는 보험금을 지급할 책임이 있다(상법 제655조 단서).

12. 보험사고발생의 통지의무에 관한 설명으로 옳은 것은?

① 상법은 보험사고발생의 통지의무위반 시 보험자의 계약해지권을 규정하고 있다.
② 보험계약자는 보험사고의 발생을 안 때에는 상당한 기간 내에 보험자에게 그 통지를 발송하여야 한다.
③ 피보험자가 보험사고발생의 통지의무를 해태함으로 인하여 손해가 증가된 때에는 보험자는 그 증가된 손해를 보상할 책임이 없다.
④ 보험수익자는 보험사고발생의 통지의무에 포함되지 않는다.

정답 및 해설 ②

①, ③ 보험계약자 등이 보험사고 발생의 통지를 게을리한 경우에 보험자는 보험금 지급채무를 면하지 않지만, 그 통지를 게을리함으로 인하여 손해가 증가된 때에는 그 증가된 손해를 보상할 책임이 없다(상법 제657조 제2항).

②, ④ 보험계약자 또는 피보험자나 보험수익자는 보험사고의 발생을 안 때에는 지체 없이 보험자에게 그 통지를 발송하여야 한다(상법 제657조 제1항).

13. 손해보험에 관한 설명으로 옳지 않은 것은?

① 보험사고로 인하여 상실된 피보험자가 얻을 보수는 보험자가 보상할 손해액에 산입하여야 한다.
② 보험계약은 금전으로 산정할 수 있는 이익에 한하여 보험계약의 목적으로 할 수 있다.
③ 무효와 실권의 사유는 손해보험증권의 기재사항이다.
④ 당사자간에 보험가액을 정하지 아니한 때에는 사고발생시의 가액을 보험가액으로 한다.

정답 및 해설 ①

① 보험자가 부담하는 손해보상액은 보험금액의 한도에서 피보험자가 보험사고로 입은 재산상의 손해뿐이다.
② 보험계약에서 피보험이익은 금전으로 산정할 수 있는 이익이어야 한다(상법 제668조).
③ 손해보험증권에는 보험의 목적, 보험사고의 성질, 보험금액, 보험료와 그 지급방법, 보험기간을 정한 때에는 그 시기와 종기, 무효와 실권의 사유, 보험계약자 및 피보험자의 주소와 성명 또는 상호, 보험계약의 연월일, 보험증권의 작성지와 그 작성년월일을 기재하고 보험자가 기명날인 또는 서명하여야 한다(상법 제666조).
④ 보험계약 체결 시 당사자 간에 보험가액에 관하여 아무런 합의를 하지 않은 보험을 미평가보험이라 한다. 당사자 간에 보험가액을 정하지 아니한 때에는 사고발생시의 가액을 보험가액으로 한다(상법 제671조).

14. 보험금액의 지급에 관한 설명으로 옳지 않은 것은? (다툼이 있으면 판례에 따름)

① 보험금액의 지급에 관하여 약정기간이 있는 경우, 보험자는 그 기간 내에 보험금액을 지급하여야 한다.
② 보험금액의 지급에 관하여 약정기간이 없는 경우, 보험자는 보험사고발생의 통지를 받은 후 지체 없이 지급할 보험금액을 정하여야 한다.
③ 보험금액의 지급에 관하여 약정기간이 없을 경우, 보험금액이 정하여진 날부터 1월내에 보험수익자에게 보험금액을 지급하여야 한다.
④ 보험계약자의 동의없이 보험자와 피보험자 사이에 한 보험금 지급기한 유예의 합의는 유효하다.

정답 및 해설 ③

①, ②, ③ 보험자는 보험금의 지급에 관하여 약정기간이 있는 경우에는 그 기간내에, 약정기간이 없는 경우에는 보험사고 발생의 통지를 받은 후 지체 없이 지급할 보험금액을 정하고 그 정하여진 날부터 10일 이내에 피보험자 또는 수익자에게 보험금액을 지급하여야 한다(상법 제658조).
④ 타인을 위한 보험계약에 있어서 피보험자는 직접 자기 고유의 권리로서 보험자에 대한 보험금지급청구권을 취득하는 것이므로, 특별한 사정이 없는 한 피보험자는 보험계약자의 지급기한을 연기하는 등 그 권리를 행사하고 처분할 수 있다. 보험계약자의 동의 없이 보험자와 피보험자 사이에 한 보험금 지급기한 유예 합의는 보험금지급청구권에 관한 소멸시효의 이익을 미리 포기하는 것에 해당하지 아니하며, 합의의 효력은 유효하다(대법원 1981. 10. 6. 선고 80다2699판결).

15. 상법 제662조(소멸시효)에 관한 설명으로 옳은 것은?

① 보험금청구권은 2년간 행사하지 아니하면 시효의 완성으로 소멸한다.
② 보험료의 반환청구권은 3년간 행사하지 아니하면 시효의 완성으로 소멸한다.
③ 보험금청구권은 1년간 행사하지 아니하면 시효의 완성으로 소멸한다.
④ 적립금의 반환청구권은 2년간 행사하지 아니하면 시효의 완성으로 소멸한다.

정답 및 해설 ②

①, ②, ③, ④ 보험금청구권은 3년간, 보험료 또는 적립금의 반환청구권은 3년간, 보험료청구권은 2년간 행사하지 아니하면 시효의 완성으로 소멸한다(상법 제662조).

16. 보험계약자의 등의 불이익변경금지에 관한 설명으로 옳지 않은 것은?

① 상법 보험편의 규정은 당사자 간의 특약으로 피보험자의 이익으로 변경하지 못한다.
② 상법 보험편의 규정은 당사자 간의 특약으로 보험수익자의 불이익으로 변경하지 못한다.
③ 해상보험의 경우 보험계약자 등의 불이익변경금지 규정은 적용되지 아니한다.
④ 재보험의 경우 보험계약자 등의 불이익변경금지 규정은 적용되지 아니한다.

정답 및 해설 ①

①, ②, ③, ④ 상법 보험편의 규정은 당사자간의 특약으로 보험계약자 또는 피보험자나 보험수익자의 불이익으로 변경하지 못한다(상법 제663조).

17. 중복보험에 관한 설명으로 옳은 것을 모두 고른 것은?

ㄱ. 중복보험의 경우 보험자 1인에 대한 권리의 포기는 다른 보험자의 권리 의무에 영향을 미치지 않는다.
ㄴ. 중복보험계약을 체결하는 경우에는 보험계약자는 각 보험자에 대하여 각 보험계약의 내용을 통지하여야 한다.
ㄷ. 중복보험에서 보험금액의 총액이 보험가액을 초과한 때에는 보험자는 각자의 보험금액의 한도에서 연대책임을 진다.

① ㄱ　　　　　　　　　　② ㄱ, ㄴ

③ ㄴ, ㄷ　　　　　　　　　　　　　　④ ㄱ, ㄴ, ㄷ

정답 및 해설 ④

ㄱ. 수개의 보험계약을 체결한 경우에 보험자 1인에 대한 권리의 포기는 다른 보험자의 권리의무에 영향을 미치지 않는다(상법 제673조).
ㄴ. 동일한 보험계약의 목적과 동일한 사고에 관하여 수개의 보험계약, 즉 중복보험을 체결하는 경우에는 보험계약자는 각 보험자에 대하여 각 보험계약의 내용을 통지하여야 한다(상법 제672조 제2항).
ㄷ. 중복보험에서 보험금액의 총액이 보험가액을 초과한 때에는 보험자는 각자의 보험금액의 한도에서 연대책임을 진다. 이 경우에는 각 보험자의 보상책임은 각자의 보험금액의 비율에 따른다(상법 제672조 제1항).

18. 甲은 보험가액이 2억원인 건물에 대하여 보험금액을 1억원으로 하는 손해보험에 가입하였다. 이에 관한 설명으로 옳지 않은 것은? (단, 다른 약정이 없음을 전제로 함)

① 일부보험에 해당한다.
② 전손(全損) 경우에는 보험자는 1억원을 지급한다.
③ 1억원의 손해가 발생한 경우에는 보험자는 1억원을 지급한다.
④ 8천만원의 손해가 발생한 경우에는 보험자는 4천만원을 지급한다.

정답 및 해설 ③

① 보험금액이 보험가액에 미달하여 그 일부를 보험에 붙인 경우를 일부보험이라 한다.
②, ③, ④ 보험가액의 일부를 보험에 붙인 경우에는 보험자는 보험금액의 보험가액에 대한 비율에 따라 보상할 책임을 진다(상법 제674조). 즉, 일부보험의 경우 보상액은 손해액 × (보험금액/보험가액)이 된다. 전체의 손해가 발생한 경우, 보험자는 1억원을 지급하고, 1억원의 손해가 발생한 경우에는 보험자는 5천만원, 8천만원의 손해가 발생한 경우에는 4천만원을 지급한다.

19. 일부보험에 관한 설명으로 옳은 것은?

① 계약체결의 시점에 의도적으로 보험가액보다 낮게 보험금액을 약정하는 것은 허용되지 않는다.
② 일부보험에 관한 상법의 규정은 강행규정이다.
③ 일부보험의 경우에는 잔존물 대위가 인정되지 않는다.

④ 일부보험에 있어서 일부손해가 발생하여 비례보상원칙을 적용하면 손해액은 보상액보다 크다.

정답 및 해설 ④

① 일부보험에는 보험계약 체결 당시 의도적으로 하는 일부 보험과 보험계약 체결 당시에는 전부보험이었지만 보험기간 중 물가 상승 등으로 보험가액이 높아져서 자연적으로 발생하는 일부보험이 있다.
② 일부보험에 관한 상법규정은 임의규정이다.
③ 일부보험의 경우에도 잔존물 대위가 인정되며, 이 경우 보험자와 피보험자는 잔존물에 대해 지분적 공유를 하게 된다.
④ 일부보험에 있어 일부손해가 발생한 경우 보험자는 보험금액의 보험가액에 대한 비율에 따라 보상할 책임을 지고, 일부보험의 경우 보상액 = 손해액 X (보험금액/보험가액)에 의해 보상금이 결정되고, 보상되지 않는 부분은 피보험자의 자기 부담이 된다.

20. 손해액 산정에 관한 설명으로 옳지 않은 것은?

① 보험사고로 인하여 상실된 피해자가 얻을 이익은 당사자 간에 다른 약정이 없으면 보험자가 보상할 손해액에 산입하지 아니한다.
② 당사자 간에 다른 약정이 있는 때에는 신품가액에 의하여 보험자가 보상할 손해액을 산정할 수 있다.
③ 손해액 산정에 필요한 비용은 보험자와 보험계약자 및 보험수익자가 공동으로 부담한다.
④ 손해보상은 원칙적으로 금전으로 하지만 당사자의 합의로 손해의 전부 또는 일부를 현물로 보상할 수 있다.

정답 및 해설 ③

① 보험사고로 인하여 상실된 피보험자가 얻을 이익이나 보수는 당사자 간에 다른 약정이 없으면 보험자가 보상할 손해액에 산입하지 아니한다(상법 제667조).
② 보험자가 보상할 손해액은 그 손해가 발생한 때와 곳의 가액에 의하여 산정한다. 그러나, 당사자 간에 다른 약정이 있는 때에는 그 신품가액에 의하여 손해액을 산정할 수 있다(상법 제676조 제1항).
③ 손해액 산정에 관한 비용은 보험자의 부담으로 한다(상법 제676조 제2항).
④ 손해보상의 방법에 대해서는 상법에 특별한 규정이 없으나, 원칙적으로 금전으로써 하고, 당사자간 특약에 의하여 예외적으로 금전지급에 갈음하여 현물로써 보상할 수 있다.

21. 손해보험에 관한 설명으로 옳지 않은 것은?

① 보험자가 손해를 보상할 경우에 보험료의 지급을 받지 아니한 잔액이 있으면 그 지급기일이 도래하지 아니한 때라도 보상할 금액에서 이를 공제할 수 있다.
② 보험계약자가 손해의 방지와 경감을 위하여 필요 또는 유익하였던 비용과 보상액이 보험금액을 초과한 경우에는 보험자는 보험금액의 한도 내에서 이를 부담한다.
③ 보험의 목적에 관하여 보험자가 부담할 손해가 생긴 경우에는 그 후 그 목적이 보험자가 부담하지 아니하는 보험사고의 발생으로 인하여 멸실된 때에도 보험자는 이미 생긴 손해를 보상할 책임을 면하지 못한다.
④ 보험의 목적의 자연소모로 인한 손해는 보험자가 이를 보상할 책임이 없다.

정답 및 해설 ②

① 보험자가 손해를 보상할 경우에 보험료의 지급을 받지 아니한 잔액이 있으면 그 지급기일이 도래하지 아니한 때라도 보상할 금액에서 이를 공제할 수 있다(상법 제677조).
② 보험계약자와 피보험자는 손해의 방지와 경감을 위하여 노력하여야 한다. 그러나 이를 위하여 필요 또는 유익하였던 비용과 보상액이 보험금액을 초과한 경우라도 보험자가 이를 부담한다(상법 제680조 제1항).
③ 보험의 목적에 관하여 보험자가 부담할 손해가 생긴 경우에는 그 후 그 목적이 보험자가 부담하지 아니하는 보험사고의 발생으로 인하여 멸실된 때에도 보험자는 이미 생긴 손해를 보상할 책임을 면하지 못한다(상법 제675조).
④ 보험 목적의 성질, 하자 또는 자연소모로 인한 손해는 보험자가 이를 보상할 책임이 없다(상법 제678조).

22. 보험대위에 관한 설명으로 옳은 것은? (다툼이 있으면 판례에 따름)

① 손해가 제3자의 행위로 인하여 발생한 경우에 보험금을 지급하기 전이라도 보험자는 그 제3자에 대한 보험계약자의 권리를 취득한다.
② 잔존물대위가 성립하기 위해서는 보험목적의 전부가 멸실하여야 한다.
③ 잔존물에 대한 권리가 보험자에게 이전되는 시점은 보험자가 보험금액을 전부 지급하고, 물권변동 절차를 마무리한 때이다.
④ 재보험에 대하여는 제3자에 대한 보험자대위가 적용되지 않는다.

정답 및 해설 ②

① 손해가 제3자의 행위로 인하여 발생한 경우에 보험금을 지급한 보험자는 그 지급한 금액의 한도에서

그 제3자에 대한 보험계약자 또는 피보험자의 권리를 취득한다(상법 제682조 본문).
② 보험의 목적의 전부가 멸실한 경우 보험금액의 전액을 지급한 보험자가 피보험자의 보험의 목적에 관한 권리를 법률상 당연히 취득하는데, 이를 잔존물대위라 한다(상법 제681조).
③, ④ 잔존물대위의 요건이 성립하면, 소유권에 한하지 않고, 피보험자의 보험목적에 대한 권리, 경제적 이익이 있는 모든 권리가 보험금액 전액을 지급한 때부터 민법상 물권변동절차 등을 밟을 필요 없이 당연히 보험자에게 이전된다.

23. 화재보험에 관한 설명으로 옳은 것은? (다툼이 있으면 판례에 따름)

① 화재가 발생한 건물을 수리하면서 지출한 철거비와 폐기물처리비는 화재와 상당인과관계가 있는 건물수리비에는 포함되지 않는다.
② 피보험자가 화재 진화를 위해 살포한 물로 보험목적이 훼손된 손해는 보상하지 않는다.
③ 불에 탈 수 있는 목조교량은 화재보험의 목적이 될 수 없다.
④ 보험자가 손해를 보상함에 있어서 화재와 손해 간에 상당인과관계가 필요하다.

정답 및 해설 ④

24. 건물을 화재보험의 목적으로 한 경우 화재보험증권의 법정기재사항이 아닌 것은?

① 건물의 소재지, 구조와 용도
② 보험가액을 정한 때에는 그 가액
③ 보험가액을 정한 때에는 그 시기와 종기
④ 설계감리법인의 주소와 성명 또는 상호

정답 및 해설 ④

건물을 보험의 목적으로 한때는 보험증권에 보험의 목적, 보험사고의 성질, 보험금액, 보험료와 그 지급방법, 보험기간을 정한 때에는 그 시기와 종기, 무효와 실권의 사유, 보험계약자 및 피보험자의 주소, 성명 또는 상호, 보험계약의 연월일, 보험증권의 작성지와 그 작성년월일 외에 그 소재지, 구조와 용도를 기재하여야 한다(상법 제685조).

25. 집합보험에 관한 설명으로 옳은 것은?

① 피보험자의 가족의 물건은 보험의 목적에 포함되지 않는 것으로 한다.
② 보험자의 사용인의 물건은 보험의 목적에 포함되지 않는 것으로 한다.
③ 보험의 목적에 속한 물건이 보험기간 중에 수시로 교체된 경우에는 보험사고의 발생 시에 현존한 물건이라도 보험의 목적에 포함되지 않는 것으로 한다.
④ 집합보험이란 경제적으로 독립한 여러 물건의 집합 물을 보험의 목적으로 한 보험을 말한다.

정답 및 해설 ④

①, ② 집합된 물건을 일괄하여 보험의 목적으로 한 때에는 피보험자의 가족과 사용인의 물건도 보험의 목적에 포함된 것으로 한다(상법 제686조).
③ 집합된 물건을 일괄하여 보험의 목적으로 한 때에는 그 목적에 속한 물건이 보험기간 중에 수시로 교체된 경우에도 보험사고의 발생시에 현존한 물건은 보험의 목적에 포함된 것으로 한다(상법 제687조).
④ 경제적으로 독립한 다수의 집합물을 보험의 목적으로 한 보험을 집합보험이라 한다.

농어업재해보험법령 및 규정

26. 농어업재해보험법상 용어의 설명으로 옳지 않은 것은?

① "농어업재해보험"은 농어업재해로 발생하는 인명 및 재산 피해에 따른 손해를 보상하기 위한 보험을 말한다
② "어업재해"란 양식수산물 및 어업용 시설물에 발생하는 자연재해・질병 또는 화재를 말한다.
③ "농업재해"란 농작물・임산물・가축 및 농업용 시설물에 발생하는 자연재해・병충해・조수해(鳥獸害)・질병 또는 화재를 말한다.
④ "보험료"란 보험가입자와 보험사업자 간의 약정에 따라 보험가입자가 보험사업자에게 내야 하는 금액을 말한다.

정답 및 해설 ①

① "농어업재해보험"이란 농어업재해로 발생하는 재산 피해에 따른 손해를 보상하기 위한 보험을 말한다(농어업재해보험법 제2조 제2호).

②, ③ "농어업재해"란 농작물 임산물 가축 및 농업용 시설물에 발생하는 자연재해 병충해 조수해 질병 또는 화재를 의미하는 "농업재해"와 양식수산물 및 어업용 시설물에 발생하는 자연재해 질병 또는 화재를 의미하는 "어업재해"를 말한다(농어업재해보험법 제2조 제1호). ④ "보험료"란 보험가입자와 보험사업자 간의 약정에 따라 보험가입자가 보험사업자에게 내야 하는 금액을 말한다(농어업재해보험법 제2조 제4호).

27. 농어업재해보험법상 재해보험사업을 할 수 없는 자는?

① 「농업협동조합법」에 따른 농업협동조합중앙회
② 「수산업협동조합법」에 따른 수산업협동조합중앙회
③ 「보험업법」에 따른 보험회사
④ 「산림조합법」에 따른 산림조합중앙회

정답 및 해설 ①

재해보험사업을 할 수 있는 자는 「수산업협동조합법」에 따른 수산업협동조합중앙회, 「산림조합법」에 따른 산림조합중앙회, 「보험업법」에 따른 보험회사가 있다(농어업재해보험법 제8조 제1항).

28. 농어업재해보험법상 재해보험에 관한 설명으로 옳지 않은 것은?

① 재해보험에 가입할 수 있는 자는 농림업, 축산업, 양식수산업에 종사하는 개인 또는 법인으로 하고, 구체적인 보험가입자의 기준은 대통령령으로 정한다.
② 「산림조합법」의 공제규정에 따른 공제모집인으로서 산림조합중앙회장이나 그 회원조합장이 인정하는 자는 재해보험을 모집할 수 있다.
③ 재해보험사업자는 사고 예방을 위하여 보험가입자가 납입한 보험료의 일부를 되돌려줄 수 있다.
④ 「수산업협동조합법」에 따른 조합이 그 조합원에게 재해보험의 보험료 일부를 지원하는 경우에는 「보험업법」상 해당 보험계약의 체결 또는 모집과 관련한 특별이익의 제공으로 본다.

정답 및 해설 ④

① 재해보험에 가입할 수 있는 자는 농림업, 축산업, 양식수산업에 종사하는 개인 또는 법인으로 하고, 구체적인 보험가입자의 기준은 대통령령으로 정한다(농어업재해보험법 제7조). ②, ④ 산림조합중앙회와

그 회원조합의 임직원, 수협중앙회와 그 회원조합 및 수산업협동조합법에 따라 설립된 수협은행의 임직원, 「수산업협동조합법」의 공제규약에 따른 공제모집인으로서 수협중앙회장 또는 그 회원조합장이 인정하는 자, 「산림조합법」의 공제규정에 따른 공제모집인으로서 산림조합중앙회장이나 그 회원조합장이 인정하는 자 및 「보험업법」에 따라 보험을 모집할 수 있는 자는 재해보험을 모집할 수 있다(농어업재해보험법 제10조 제1항).

③ 재해보험사업자는 사고 예방을 위하여 보험가입자가 납입한 보험료의 일부를 되돌려줄 수 있다(농어업재해보험법 제10조의2 제2항).

29. 농어업재해보험법령상 손해평가에 관한 설명으로 옳은 것은?

① 재해보험사업자는 「보험업법」에 따른 손해평가인에게 손해평가를 담당하게 할 수 있다.
② 「고등교육법」에 따른 전문대학에서 임산물재배 관련 학과를 졸업한 사람은 손해평가인으로 위촉될 자격이 인정된다.
③ 농림축산식품부장관은 손해평가사가 공정하고 객관적인 손해평가를 수행할 수 있도록 연1회 이상 정기교육을 실시하여야 한다.
④ 농림축산식품부장관 또는 해양수산부장관은 손해평가 요령을 고시하려면 미리 금융위원회와 협의하여야 한다.

정답 및 해설 ④

① 재해보험사업자는 보험목적물에 관한 지식과 경험을 갖춘 사람 또는 그 밖의 관계전문가를 손해평가인으로 위촉하여 손해평가를 담당하게 하거나 손해평가사 또는 「보험업법」에 따른 손해사정사에게 손해평가를 담당하게 할 수 있다(농어업재해보험법 제11조 제1항).
② 손해평가인으로 위촉될 수 있는 사람의 자격요건 등에 필요한 사항은 대통령령으로 정하도록 하고 있고(농어업재해보험법 제11조의1 제7항), 「고등교육법」에 따른 전문대학에서 보험 관련 학과를 졸업한 사람은 손해평가인의 자격요건이 인정된다(농어업재해보험법 시행령 별표2).
③ 농림축산식품부장관 또는 해양수산부장관은 손해평가인이 공정하고 객관적인 손해평가를 수행할 수 있도록 연 1회 이상 정기교육을 실시하여야 한다(농어업재해보험법 제11조 제5항).
④ 농림축산식품부장관 또는 해양수산부장관은 손해평가 요령을 고시하려면 미리 금융위원회와 협의하여야 한다(농어업재해보험법 제11조 제4항).

30. 농어업재해보험법상 손해평가사에 관한 설명으로 옳은 것은?

① 농림축산식품부장관과 해양수산부장관은 공정하고 객관적인 손해평가를 촉진하기 위하

여 손해평가사 제도를 운영한다.
② 임산물재해보험에 관한 피해사실의 확인은 손해평가사가 수행하는 업무에 해당하지 않는다.
③ 손해평가사 자격이 취소된 사람은 그 처분이 있는 날부터 3년이 지나지 아니한 경우 손해평가사 자격시험에 응시하지 못한다.
④ 손해평가사는 다른 사람에게 그 자격증을 대여해서는 아니 되나, 손해평가사 자격증의 대여를 알선하는 것은 허용된다.

정답 및 해설 ②

① 농림축산식품부장관은 공정하고 객관적인 손해평가를 촉진하기 위하여 손해평가사 제도를 운영한다(농어업재해보험법 제11조의2).
② 손해평가사는 농작물재해보험 및 가축재해보험에 관하여 피해사실의 확인, 보험가액 및 손해액의 평가, 그 밖의 손해평가에 필요한 사항의 업무를 수행한다(농어업재해보험법 제11조의3).
③ 손해평가사 시험의 정지·무효 처분을 받은 사람 및 손해평가사 자격이 취소된 사람은 그 처분이 있은 날부터 2년이 지나지 아니한 경우 손해평가사 자격시험에 응시하지 못한다(농어업재해보험법 제11조의4 제4항).
④ 손해평가사는 다른 사람에게 그 명의를 사용하게 하거나 다른 사람에게 그 자격증을 대여해서는 안된다(농어업재해보험법 제11조의4 제6항).

31. 농어업재해보험법상 농림축산식품부장관이 손해평가사 자격을 취소하여야 하는 대상을 모두 고른 것은?

ㄱ. 업무정지 기간 중에 손해평가 업무를 수행한 사람
ㄴ. 업무 수행과 관련하여 향응을 제공받은 사람
ㄷ. 손해평가사의 자격을 부정한 방법으로 취득한 사람
ㄹ. 손해평가 요령을 준수하지 않고 손해평가를 한 사람

① ㄱ, ㄴ
② ㄱ, ㄷ
③ ㄴ, ㄹ
④ ㄷ, ㄹ

정답 및 해설 ②

농림축산식품부장관은 손해평가사의 자격을 거짓 또는 부정한 방법으로 취득한 사람 및 업무정지 기간 중에 손해평가 업무를 수행한 사람에 대하여 손해평가사의 자격을 취소하여야 한다(농어업재해보험법 제11

조의5 제1항).

32. 농어업재해보험법령상 보험금 수급권에 관한 설명으로 옳은 것은?

① 재해보험사업자는 보험금을 현금으로 지급하여야 하나, 불가피한 사유가 있을 때에는 수급권자의 신청이 없더라도 수급권자 명의의 계좌로 입금할 수 있다.
② 재해보험가입자가 재해보험에 가입된 보험목적물을 양도하는 경우 그 양수인은 재해보험계약에 관한 양도인의 권리 및 의무를 승계한다.
③ 재해보험의 보험목적물이 담보로 제공된 경우에는 보험금을 지급받을 권리를 압류할 수 있다.
④ 농작물의 재생산에 직접적으로 소요되는 비용의 보장을 목적으로 보험금수급전용계좌로 입금된 보험금의 경우 그 2분의 1에 해당하는 액수 이하의 금액에 관하여는 채권을 압류할 수 있다.

정답 및 해설 ③

① 재해보험사업자는 수급권자의 신청이 있는 경우에는 보험금을 수급권자 명의의 지정된 계좌로 입금하여야 한다. 다만, 정보통신장애나 그 밖에 대통령령으로 정하는 불가피한 사유로 보험금을 보험금수급계좌로 이체할 수 없는 때에는 현금 지급 등으로 보험금을 지급할 수 있다(농어업재해보험법 제11조의7 제7항).
② 재해보험가입자가 재해보험에 가입된 보험목적물을 양도하는 경우 그 양수인은 재해보험계약에 관한 양도인의 권리 및 의무를 승계한 것으로 추정한다(농어업재해보험법 제13조).
③ 재해보험의 보험금을 지급받을 권리는 압류할 수 없다. 다만, 보험목적물이 담보로 제공된 경우에는 압류가 가능한다(농어업재해보험법 제12조 제1항).
④ 보험금수급전용계좌의 예금 중 농작물·임산물·가축 및 양식수산물의 재생산에 직접적으로 소요되는 비용의 보장을 목적으로 보험금수급전용계좌로 입금된 보험금은 입금된 보험금 전액, 그 외의 목적으로 보험금수급전용계좌로 입금된 보험금은 입금된 보험금의 2분의 1에 해당하는 액수 이하의 금액에 관한 채권은 압류할 수 없다(농어업재해보험법 제12조 제2항, 동법 시행령 제12조의12).

33. 농어업재해보험법령상 재해보험사업자가 재해보험 업무의 일부를 위탁할 수 있는 자가 아닌 것은?

①「농업협동조합법」에 따라 설립된 지역축산업협동조합

②「농업·농촌 및 식품산업 기본법」에 따라 설립된 농업정책보험금융원
③「산림조합법」에 따라 설립된 품목별·업종별산림조합
④「보험업법」에 따라 손해사정을 업으로 하는 자

정답 및 해설 ②

재해보험사업자는 재해보험사업을 원활히 수행하기 위하여 필요한 경우에는 보험모집 및 손해평가 등 재해보험 업무의 일부를 위탁할 수 있으며, 이때 재해보험 업무의 일부를 위탁할 수 있는 자는 「농업협동조합법」에 따라 설립된 지역농업협동조합·지역축산업협동조합 및 품목별·업종별협동조합, 「산림조합법」에 따라 설립된 지역산림조합 및 품목별·업종별산림조합, 「수산업협동조합법」에 따라 설립된 지구별 수산업협동조합, 업종별 수산업협동조합, 수산물가공 수산업협동조합 및 수협은행, 「보험업법」에 따라 손해사정을 업으로 하는 자, 농어업재해보험 관련 업무를 수행할 목적으로 민법에 따라 농림축산식품부장관 또는 해양수산부장관의 허가를 받아 설립된 비영리법인(손해평가 관련 업무를 위탁하는 경우만 해당함)이 있다(농어업재해보험법 제14조, 동법 시행령 제13조).

34. 농어업재해보험법상 재정지원에 관한 설명으로 옳은 것은?

① 정부는 예산의 범위에서 재해보험가입자가 부담하는 보험료의 전부 또는 일부를 지원할 수 있다.
② 지방자치단체는 예산의 범위에서 재해보험사업자의 재해보험의 운영 및 관리에 필요한 비용의 전부 또는 일부를 지원할 수 있다.
③ 농림축산식품부장관은 정부의 보험료 지원 금액을 재해보험가입자에게 지급하여야 한다.
④「풍수해보험법」에 따른 풍수해보험에 가입한 자가 동일한 보험목적물을 대상으로 재해보험에 가입할 경우에는 정부가 재정지원을 하지 아니한다.

정답 및 해설 ④

①, ② 정부는 예산의 범위에서 재해보험가입자가 부담하는 보험료의 일부와 재해보험사업자의 재해보험의 운영 및 관리에 필요한 비용의 전부 또는 일부를 지원할 수 있다. 이 경우 지방자치단체는 예산의 범위에서 재해보험가입자가 부담하는 보험료의 일부를 추가로 지원할 수 있다(농어업재해보험법 제19조 제1항).
③ 농림축산식품부장관·해양수산부장관 및 지방자치단체의 장은 정부의 재정지원 금액을 재해보험사업자에게 지급하여야 한다(농어업재해보험법 제19조 제2항).
④「풍수해보험법」에 따른 풍수해보험에 가입한 자가 동일한 보험목적물을 대상으로 재해보험에 가입할 경우에는 정부가 재정지원을 하지 아니한다(농어업재해보험법 제19조 제3항).

35. **농어업재해보험법령상 재보험사업 및 농어업재해재보험기금(이하 "기금"이라 함)에 관한 설명으로 옳지 않은 것은?**

① 기금은 기금의 관리·운영에 필요한 경비의 지출에 사용할 수 없다.
② 농림축산식품부장관은 해양수산부장관과 협의하여 기금의 수입과 지출을 명확히 하기 위하여 한국은행에 기금계정을 설치하여야 한다.
③ 재보험금의 회수 자금은 기금 조성의 재원에 포함된다.
④ 정부는 재해보험에 관한 재보험사업을 할 수 있다.

정답 및 해설 ①

① 기금은 재보험금의 지급, 차입금의 원리금 상환, 기금의 관리·운용에 관한 경비의 지출 및 그 밖에 농림축산식품부장관이 해양수산부장관과 협의하여 재보험사업을 유지·개선하는데 필요하다고 인정하는 경비의 지출에 해당하는 용도에 사용한다(농어업재해보험법 제23조).
② 농림축산식품부장관은 해양수산부장관과 협의하여 공동으로 재보험사업에 필요한 재원에 충당하기 위하여 농어업재해재보험기금을 설치하며(농어업재해보험법 제21조), 기금의 수입과 지출을 명확히 하기 위하여 한국은행에 기금계정을 설치하여야 한다(농어업재해보험법 시행령 제17조).
③ 기금은 i) 재보험료, ii) 정부, 정부 외의 자 및 다른 기금으로부터 받은 출연금, iii) 재보험금의 회수 자금, iv) 기금의 운용수익금과 그 밖의 수입금, v) 차입금 및 vi) 농어촌구조개선 특별회계법에 따라 농어촌구조개선 특별회계의 농어촌특별세사업계정으로부터 받은 전입금의 재원으로 조성한다(농어업재해보험법 제22조 제1항).
④ 정부는 재해보험에 관한 재보험사업을 할 수 있다(농어업재해보험법 제20조 제1항).

36. **농어업재해보험법상 농어업재해보험기금(이하 "기금"이라 함)에 관한 설명으로 옳지 않은 것은?**

① 기금은 농림축산식품부장관이 해양수산부장관과 협의하여 관리·운영한다.
② 농림축산식품부장관은 해양수산부장관과 협의를 거쳐 기금의 관리·운영에 관한 사무의 일부를 농업정책보험금융원에 위탁할 수 있다.
③ 농림축산식품부장관은 해양수산부장관과 협의하여 기금의 수입과 지출에 관한 사무를 수행하게 하기 위하여 소속 공무원 중에서 기금수입 징수관 등을 임명한다.
④ 농림축산식품부장관이 농업정책보험금융의 임원 중에서 임명한 기금지출원인행위 담당 임원은 기금지출관리의 업무를 수행한다.

정답 및 해설 ④

① 기금은 농림축산식품부장관이 해양수산부장관과 협의하여 관리·운영한다(농어업재해보험법 제24조 제1항).
② 농림축산식품부장관은 해양수산부장관과 협의를 거쳐 기금의 관리·운영에 관한 사무의 일부를 농업정책보험금융원에 위탁할 수 있다(농어업재해보험법 제24조 제2항).
③ 농림축산식품부장관은 해양수산부장관과 협의하여 기금의 수입과 지출에 관한 사무를 수행하게 하기 위하여 소속 공무원 중에서 기금수입징수관, 기금재무관, 기금지출관 및 기금출납공무원을 임명한다(농어업재해보험법 제25조 제1항).
④ 농림축산식품부장관은 기금의 관리·운용에 관한 사무를 위탁한 경우에는 해양수산부장관과 협의하여 농업정책보험금융원의 임원 중에서 기금수입담당임원과 기금지출원인행위담당임원을, 그 직원 중에서 기금지출원과 기금출납원을 각각 임명하여야 한다. 이 경우 기금수입담당임원은 기금수입징수관의 업무를, 기금지출원인행위담당임원은 기금재무관의 업무를, 기금지출원은 기금지출관의 업무를, 기금출납원은 기금출납공무원의 업무를 수행한다(농어업재해보험법 제25조 제2항).

37. 농어업재해보험법령상 보험가입촉진계획에 포함되어야 하는 사항을 모두 고른 것은?

ㄱ. 전년도의 성과분석 및 해당 연도의 사업계획
ㄴ. 해당 년도의 보험 상품 운영계획
ㄷ. 농어업재해보험 교육 및 홍보계획

① ㄱ, ㄴ
② ㄱ, ㄷ
③ ㄴ, ㄷ
④ ㄱ, ㄴ, ㄷ

정답 및 해설 ④

정부는 농어업인의 재해대비의식을 고양하고 재해보험의 가입을 촉진하기 위하여 교육·홍보 및 보험가입자에 대한 정책자금 지원, 신용보증 지원 등을 할 수 있다(농어업재해보험법 제28조).

38. 농어업재해보험법상 벌칙에 관한 설명이다. ( )에 들어갈 내용은?

「보험업법」제98조에 따른 금품 등을 제공(같은 조 제3호의 경우에는 보험금 지급의 약속을 말한다)한 자 또는 이를 요구하여 받은 보험가입자는 (ㄱ)년 이하의 징역 또는 (ㄴ)천만원 이하의 벌금에 처한다.

① ㄱ: 1, ㄴ: 1
② ㄱ: 1, ㄴ: 3

③ ㄱ: 3, ㄴ: 3   ④ ㄱ: 3, ㄴ: 5

정답 및 해설 ③

보험업법 98조에 따른 금품 등을 제공(같은 조 제3호의 경우에는 보험금 지급의 약속을 말한다)한 자 또는 이를 요구하여 받은 보험가입자는 3년 이하의 징역 또는 3천만원 이하의 벌금에 처한다(농어업재해보험법 제30조 제1항).

39. 농업재해보험 손해평가요령상 손해평가인 위촉에 관한 규정이다. (　　)에 들어갈 내용은?

> 재해보험사업자는 피해 발생 시 원활한 손해평가가 이루어지도록 농업재해보험이 실시되는 (　　)별 보험가입자의 수 등을 고려하여 적정 규모의 손해평가인을 위촉하여야 한다.

① 시·도
② 읍·면·동
③ 시·군·자치구
④ 특별자치도·특별자치시

정답 및 해설 ③

재해보험사업자는 피해 발생 시 원활한 손해평가가 이루어지도록 농업재해보험이 실시되는 시·군·자치구별 보험가입자의 수 등을 고려하여 적정 규모의 손해평가인을 위촉하여야 한다(농업재해보험 손해평가요령 제4조 제2항).

40. 농업재해보험 손해평가요령상 손해평가인 정기교육의 세부내용에 명시적으로 포함되어 있지 않은 것은?

① 농어업재해보험법 제정 배경
② 손해평가 관련 민원사례
③ 피해유형별 보상사례
④ 농업재해보험 상품 주요내용

정답 및 해설 ②

손해평가인 정기교육의 세부내용은 다음과 같다((농업재해보험 손해평가요령 제5조의2 제1항).

농업재해보험에 관한 기초지식: 농어업재해보험법 제정 배경·구성 및 조문별 주요내용, 농업재해보험 사업 현황

농업재해보험의 종류별 약관 : 농업재해보험 상품 주요내용 및 약관 일반 사항

손해평가의 절차 및 방법 : 농업재해보험 손해평가 개요, 보험목적물별 손해평가 기준 및 피해유형별 보상사례

피해유형별 현재조사표 작성 실습

41. 농업재해보험 손해평가요령상 재해보험사업자가 손해평가인에 대하여 위촉을 취소하여야 하는 경우는?

① 피한정후견인이 된 때
② 업무수행과 관련하여「개인정보보호법」등 정보보호와 관련된 법령을 위반한 때
③ 업무수행상 과실로 손해평가의 신뢰성을 약화시킨 경우
④ 현지조사서를 허위로 작성한 경우

정답 및 해설 ①

재해보험사업자는 손해평가인이 i) 피성년후견인 또는 피한정후견인, ii) 파산선고를 받은 자로서 복권되지 아니한 자, iii) 농어업재해보험법 제30조에 의하여 벌금 이상의 형을 선고받고 그 집행이 종료(집행이 종료된 것으로 보는 경우를 포함한다)되거나 집행이 면제된 날로부터 2년이 경과되지 아니한 자, iv) 동 조에 따라 위촉이 취소된 후 2년이 경과하지 아니한 자, v) 거짓 그 밖의 부정한 방법으로 손해평가인으로 위촉된 자 및 vi) 업무정지 기간 중에 손해평가업무를 수행한 자에 해당하게 되거나 위촉당시에 해당하는 자이었음이 판명된 때에는 그 위촉을 취소하여야 한다((농업재해보험 손해평가요령 제6조 제1항).

42. 농업재해보험 손해평가요령상 손해평가사 甲을 손해평가반 구성에서 배제하여야 하는 경우를 모두 고른 것은?

ㄱ. 甲의 이해관계자가 가입한 보험계약에 관한 손해평가
ㄴ. 甲의 이해관계자가 모집한 보험계약에 관한 손해평가
ㄷ. 甲의 이해관계자가 실시한 손해평가에 대한 검증조사

① ㄱ, ㄴ
② ㄱ, ㄷ
③ ㄴ, ㄷ
④ ㄱ, ㄴ, ㄷ

정답 및 해설 ①

재해보험사업자는 다음 어느 하나에 해당하는 손해평가에 대하여는 해당자를 손해평가반 구성에서 배제하여야 한다(농업재해보험 손해평가요령 제8조 제3항).

자기 또는 자기와 생계를 같이 하는 친족(이하 "이해관계자"라 함)이 가입한 보험계약에 관한 손해평가

자기 또는 이해관계자가 모집한 보험계약에 관한 손해평가

직전 손해평가일로부터 30일 이내의 보험가입자간 상호 손해평가

자기가 실시한 손해평가에 대한 검증조사 및 재조사

43. 농업재해보험 손해평가요령상 손해평가에 관한 설명으로 옳지 않은 것은?

① 손해평가반은 손해평가인, 손해평가사, 손해사정사 중 어느 하나에 해당하는 자를 1인 이상 포함하여 5인 이내로 구성한다.
② 교차손해평가에 있어서 거대재해 발생 등으로 신속한 손해평가가 불가피하다고 판단되는 경우에도 손해평가반 구성에 지역손해평가인을 포함하여야 한다.
③ 재해보험사업자는 손해평가반이 실시한 손해평가결과를 기록할 수 있도록 현지조사서를 마련하여야 한다.
④ 손해평가반이 손해평가를 실시할 때에는 재해보험사업자가 해당 보험가입자의 보험 계약사항 중 손해평가와 관련된 사항을 손해평가반에게 통보하여야 한다.

정답 및 해설 ②

① 손해평가반은 손해평가인, 손해평가사, 「보험업법」에 따른 손해사정사 중 어느 하나에 해당하는 자를 1인 이상 포함하여 5인 이내로 구성한다(농업재해보험 손해평가요령 제8조 제2항).
② 재해보험사업자는 선정한 교차손해평가 대상 시·군·구 내에서 손해평가 경력, 타지역 조사 가능여부 등을 고려하여 교차손해평가를 담당할 지역손해평가인을 선발하여야 한다(농업재해보험 손해평가요령 제8조의2 제2항). 교차손해평가를 위해 손해평가반을 구성할 경우 이에 따라 선발된 지역손해평가인 1인 이상이 포함되어야 한다. 다만, 거대재해 발생, 평가인력 부족 등으로 신속한 손해평가가 불가피하다고 판단되는 경우 그러하지 아니할 수 있다(농업재해보험 손해평가요령 제8조의2 제3항).
③ 재해보험사업자는 손해평가반이 실시한 손해평가결과를 기록할 수 있도록 현지조사서를 마련하여야 한다(농업재해보험 손해평가요령 제10조 제1항).
④ 손해평가반이 손해평가를 실시할 때에는 재해보험사업자가 해당 보험가입자의 보험계약사항 중 손해평가와 관련된 사항을 손해평가반에게 통보하여야 한다(농업재해보험 손해평가요령 제9조 제2항).

44. 농업재해보험 손해평가요령상 손해평가결과 검증에 관한 설명으로 옳지 않은 것은?

① 검증조사결과 현저한 차이가 발생된 경우 해당 손해평가반이 조사한 전체 보험목적물에 대하여 검증조사를 하여야 한다.
② 보험가입자가 정당한 사유 없이 검증조사를 거부하는 경우 검증조사반은 검증조사가 불가능하여 손해평가 결과를 확인할 수 없다는 사실을 보험가입자에게 통지한 후 검증조사결과를 작성하여 재해보험사업자에게 제출하여야 한다.
③ 재해보험사업자 및 재해보험의사업의 재보험사업자는 손해평가반이 실시한 손해평가 결과를 확인하기 위하여 손해평가를 실시한 보험목적물 중에서 일정수를 임의 추출하여 검증조사를 할 수 있다.
④ 농림축산식품부장관은 재해보험사업자로 하여금 검증조사를 하게 할 수 있다.

정답 및 해설 ①

① 검증조사결과 현저한 차이가 발생된 경우 해당 손해평가반이 조사한 전체 보험목적물에 대하여 재조사를 할 수 있다(농업재해보험 손해평가요령 제11조 제1항).
② 보험가입자가 정당한 사유 없이 검증조사를 거부하는 경우 검증조사반은 검증조사가 불가능하여 손해평가 결과를 확인할 수 없다는 사실을 보험가입자에게 통지한 후 검증조사결과를 작성하여 재해보험사업자에게 제출하여야 한다(농업재해보험 손해평가요령 제11조 제4항).
③ 재해보험사업자 및 재해보험사업의 재보험사업자는 손해평가반이 실시한 손해평가결과를 확인하기 위하여 손해평가를 실시한 보험목적물 중에서 일정수를 임의 추출하여 검증조사를 할 수 있다(농업재해보험 손해평가요령 제11조 제1항).
④ 농림축산식품부장관은 재해보험사업자로 하여금 검증조사를 하게 할 수 있으며, 재해보험사업자는 특별한 사유가 없는 한 이에 응하여야 한다(농업재해보험 손해평가요령 제11조 제2항).

45. **농업재해보험 손해평가요령상 보험목적물별 손해평가 단위이다. (   )에 들어갈 내용은?**

○ 농작물 : (ㄱ)　　　　○ 가축(단, 벌은 제외) : (ㄴ)
○ 농업시설물 : (ㄷ)

① ㄱ: 농지별,　ㄴ: 축사별,　ㄷ: 보험가입 목적물별
② ㄱ: 품종별,　ㄴ: 축사별,　ㄷ: 보험가입자별
③ ㄱ: 농지별,　ㄴ: 개별가축별,　ㄷ: 보험가입 목적물별
④ ㄱ: 품종별,　ㄴ: 개별가축별,　ㄷ: 보험가입자별

정답 및 해설 ③

보험목적물별 손해평가단위는 농작물은 농지별, 가축은 개별가축별(단, 벌은 벌통 단위), 농업시설물은 보험가입 목적물별로 한다(농업재해보험 손해평가요령 제12조 제1항).

46. 농업재해보험 손해평가요령상 종합위험방식 수확감소보장에서 "벼"의 경우, 다음의 조건으로 산정한 보험금은?

    ○ 보험가입금액: 100만원   ○ 자기부담비율: 20%
    ○ 보장수확량: 1,000kg   ○ 수확량: 500kg
    ○ 미보상감수량: 50kg

    ① 10만원   ② 20만원
    ③ 25만원   ④ 45만원

정답 및 해설 ③

종합위험방식 수확감소보장에서 "벼"는 보험가입금액 X (피해율 − 자기부담비율)로 보험금을 산정하고, 이 때 "벼"의 피해율은 (보장수확량 − 수확량 − 미보상감수량) / 보장수확량으로 산정한다. 이에 따라 산정된 "벼"의 피해율은 (1,000kg − 500kg − 50kg)/1,000kg) = 45%이고, 보험금은 100만원 X (45% − 20%) = 25만원이다(농업재해보험 손해평가요령 제13조 제2항, [별표1] 농작물의 보험금 산정 참조).

47. 농업재해보험 손해평가요령에 따른 종합위험방식 상품의 조사내용 중 "재정식 조사"에 해당되는 품목은?

    ① 벼   ② 콩
    ③ 양배추   ④ 양파

정답 및 해설 ③

종합위험방식 상품의 조사내용 중 "재정식 조사"에 해당되는 품목은 양배추이다(농업재해보험 손해평가요령 [별표2] 농작물의 품목별·재해별·시기별 손해수량 조사방법).

48. 농업재해보험 손해평가요령상 종합위험방식 "마늘"의 재파종 보험금 산정에 관한 내

용이다. (   )에 들어갈 내용은?

| 보험가입금액 × (   )% × 표준출현피해율 |
| 단, 10a당 출현주수가 30,000주보다 작고, 10a당 30,000주 이상으로 재파종한 경우에 한함 |

① 10 ② 20
③ 25 ④ 35

정답 및 해설 ④

종합위험방식 "마늘"의 재파종 보험금은 보험가입금액 × 35% × 표준출현피해율로 산정하며, 단, 10a당 출현주수가 30,000주보다 작고, 10a당 3-0,000주 이상으로 재파종한 경우에 한다(농업재해보험 손해평가요령 [별표1] 농작물의 보험금 산정).

49. 농업재해보험 손해평가요령상 농작물의 품목별·재해별·시기별 손해수량 조사방법 중 적과전종합위험방식 "떫은감"에 관한 기술이다. (   )에 들어갈 내용은?

생육시기	재해	조사내용	조사시기	조사방법
적과 후 ~ 수확기종료	가을동상해	(ㄱ)	(ㄴ)	재해로 인하여 달려있는 과실의 피해과실 수 조사 - (ㄱ)는 보험약관에서 정한 과실피해분류기준에 따라 구분하여 조사·조사방법 : 표준조사

① ㄱ : 피해사실 확인 조사 ㄴ : 사고접수 후 지체 없이
② ㄱ : 피해사실 확인 조사 ㄴ : 수확 직전
③ ㄱ : 착과피해 조사 ㄴ : 사고접수 후 지체 없이
④ ㄱ : 착과피해 조사 ㄴ : 수확 직전

정답 및 해설 ④

농업재해보험 손해평가요령상 농작물의 품목별·재해별·시기별 손해수량 조사방법 중 적좌전종합위험방식 상품은 사과, 배, 단감, 떫은감이 있으며, 적과 후부터 수확기 종료시까지 가을동상해를 입은 경우, 수확 직전 착과피해 조사를 하고, 착과피해조사는 보험약관에서 정한 과실피해분류기준에 따라 구분하여 조사하며, 조사방법은 표본조사로 한다(농업재해보험 손해평가요령 [별표2] 농작물의 품목별·재해별·시기별 손

해수량 조사방법).

2. 적과전종합위험방식 상품(사과, 배, 단감, 떫은감)

생육시기	재해	조사내용	조사시기	조사방법
적과 후~ 수확기 종료	우박, 일소, 가을동상해	착과피해 조사	수확 직전	재해로 인하여 달려있는 과실의 피해과실 수 조사 - 착과피해조사는 보험약관에서 정한 과 　실피해분류기준에 따라 구분하여 조사 ·조사방법 : 표준조사

50. 농업재해보험 손해평가요령상 가축 및 농업시설물의 보험가액 및 손해액 산정에 관한 설명으로 옳은 것은?

① 가축에 대한 보험가액은 보험사고가 발생한 때와 곳에서 평가한 보험목적물의 수량에 적용가격을 곱한 후 감가상각액을 차감하여 산정한다.
② 보험가입당시 보험가입자와 재해보험사업자가 가축에 대한 보험가액 및 손해액 산정방식을 별도로 정한 경우에는 그 방법에 따른다.
③ 농업시설물에 대한 보험가액은 보험사고가 발생한 때와 곳에서 평가한 재조달가액으로 한다.
④ 농업시설에 대한 손해액은 보험사고가 발생한 때와 곳에서 산정한 피해목적물 수량에 적용가격을 곱하여 산정한다.

정답 및 해설 ②

① 가축에 대한 보험가액은 보험사고가 발생한 때와 곳에서 평가한 보험목적물의 수량에 적용가격을 곱하여 산정한다(농업재해보험 손해평가요령 제14조 제1항).
② 가축에 대한 보험가액 및 손해액 산정 시 적용가격은 보험사고가 발생한 때와 곳에서의 시장가격 등을 감안하여 보험약관에서 정한 방법에 따라 산정한다. 다만, 보험가입당시 보험가입자와 재해보험사업자가 보험가액 및 손해액 산정 방식을 별도로 정한 경우에는 그 방법에 따른다(농업재해보험 손해평가요령 제14조 제3항).
③ 농업시설물에 대한 보험가액은 보험사고가 발생한 때와 곳에서 평가한 피해목적물의 재조달가액에서 내용연수에 따른 감가상각률을 적용하여 계산한 감가상각액을 차감하여 산정한다(농업재해보험 손해평가요령 제15조 제1항).
④ 농업시설물에 대한 손해액은 보험사고가 발생한 때와 곳에서 산정한 피해목적물의 원상복구비용을 말한다(농업재해보험 손해평가요령 제15조 제2항).

제8회 기출문제 및 해설

■■■ 상법「보험편」

1. 보상법상 손해보험계약에 관한 설명으로 옳은 것은?

① 피보험자는 보험계약에서 정한 불확정한 사고가 발생한 경우 보험금의 지급을 보험자에게 청구할 수 없다.
② 보험자가 보험계약자로부터 보험계약의 청약과 함께 보험료 상당액의 전부 또는 일부의 지급을 받은 때는 다른 약정이 없으면 30일 이내에 낙부통지를 발송해야 한다.
③ 보험자는 보험사고가 발생한 경우 보험금이 아닌 형태의 보험급여를 지급할 것을 약정할 수 없다.
④ 보험기간의 시기(始期)는 보험계약 체결시점과 같아야 한다.

정답 및 해설 ②

① 보험금청구권자는 피보험자 또는 보험수익자이다.
② 상법 제638조의2(보험계약의 성립)
③ 상법 제638조(보험계약의 의의) 보험계약은 당사자 일방이 약정한 보험료를 지급하고 재산 또는 생명이나 신체에 불확정한 사고가 발생할 경우에 상대방이 일정한 보험금이나 그 밖의 급여를 지급할 것을 약정함으로써 효력이 생긴다.
④ 상법 제643조(소급보험) 보험계약은 그 계약전의 어느 시기를 보험기간의 시기로 할 수 있다.

2. 甲보험회사의 화재보험 약관에는 보험계약자에게 설명해야 하는 중요한 내용을 포함하고 있으나 甲회사가 이를 설명하지 않고 보험계약을 체결하였다. 이에 관한 설명으로 옳지 않은 것은? (다툼이 있으면 판례에 따름)

① 보험계약이 성립한 날로부터 1개월이 된 시점이라면 보험계약자는 보험계약을 취소할 수 있다.
② 甲보험회사는 화재보험약관을 보험계약자에게 교부해야 한다.
③ 보험계약이 성립한 날로부터 4개월이 된 시점이라면 보험계약자는 보험계약을 취소할 수 없다.
④ 보험계약자가 보험계약을 취소하지 않았다면 甲보험회사는 중요한 약관조항을 계약의

내용으로 주장할 수 있다.

정답 및 해설 ④

상법 제638조의3(보험약관의 교부·설명 의무) ① 보험자는 보험계약을 체결할 때에 보험계약자에게 보험약관을 교부하고 그 약관의 중요한 내용을 설명하여야 한다.

② 보험자가 제1항을 위반한 경우 보험계약자는 보험계약이 성립한 날부터 3개월 이내에 그 계약을 취소할 수 있다.

[대법원 2016다277200] 보험자는 보험계약을 체결할 때 보험계약자 또는 피보험자에게 보험약관에 기재되어 있는 보험계약의 중요한 내용에 대하여 구체적이고 상세한 명시·설명의무를 진다. 따라서 거래상 일반적이고 공통된 것이어서 보험계약자가 별도로 설명하지 않아도 충분히 예상할 수 있는 사항이거나 이미 법령에 규정되어 있는 것을 되풀이하거나 부연하는 정도에 불과한 사항이 아니라면, 보험자가 이러한 보험약관의 명시·설명의무에 위반하여 보험계약을 체결한 때에는 그 약관의 내용을 보험계약의 내용으로 주장할 수 없다.

3. 상법상 보험증권에 관한 설명으로 옳은 것은?

① 보험계약자가 보험증권을 멸실한 경우에는 보험자에 대하여 증권의 재교부를 청구할 수 있으며, 그 증권 작성의 비용은 보험계약자가 부담한다.
② 기존의 보험계약을 변경한 경우 보험자는 그 보험증권에 그 사실을 기재함으로써 보험증권의 교부에 갈음할 수 없다.
③ 타인을 위한 보험계약이 성립된 경우에는 보험자는 그 타인에게 보험증권을 교부해야 한다.
④ 보험계약자가 최초의 보험료를 지급하지 아니한 경우에도 보험계약이 성립한 때에는 보험자는 지체없이 보험증권을 작성하여 보험계약자에게 교부하여야 한다.

정답 및 해설 ①

① 상법 제642조(증권의 재교부청구) 보험증권을 멸실 또는 현저하게 훼손한 때에는 보험계약자는 보험자에 대하여 증권의 재교부를 청구할 수 있다. 그 증권작성의 비용은 보험계약자의 부담으로 한다.

②③④ 상법 제640조(보험증권의 교부) ①보험자는 보험계약이 성립한 때에는 지체없이 보험증권을 작성하여 보험계약자에게 교부하여야 한다. 그러나 보험계약자가 보험료의 전부 또는 최초의 보험료를 지급하지 아니한 때에는 그러하지 아니하다. ②기존의 보험계약을 연장하거나 변경한 경우에는 보험자는 그 보험증권에 그 사실을 기재함으로써 보험증권의 교부에 갈음할 수 있다.

4. 타인을 위한 손해보험계약(보험회사 A, 보험계약자 B, 타인 C)에서 보험사고의 객관적 확정이 있는 경우 그 보험계약의 효력에 관한 설명으로 옳지 않은 것은?

① 보험계약 당시에 보험사고가 이미 발생하였음을 B가 알고서 보험계약을 체결하였다면 그 계약은 무효이다.
② 보험계약 당시에 보험사고가 이미 발생하였음을 A와 B가 알았을지라도 C가 알지 못했다면 그 계약은 유효하다.
③ 보험계약 당시에 보험사고가 발생할 수 없음을 A가 알면서도 보험계약을 체결하였다면 그 계약은 무효이다.
④ 보험계약 당시에 보험사고가 발생할 수 없음을 A, B, C가 알지 못한 때에는 그 계약은 유효하다.

정답 및 해설 ②

상법 제644조(보험사고의 객관적 확정의 효과) 보험계약당시에 보험사고가 이미 발생하였거나 또는 발생할 수 없는 것인 때에는 그 계약은 무효로 한다. 그러나 당사자 쌍방과 피보험자가 이를 알지 못한 때에는 그러하지 아니하다.

즉, 3인 공히 알지 못한 때에는 유효하다.

5. 상법상 보험대리상 등에 관한 설명으로 옳은 것은 모두 몇 개인가?

- 보험대리상은 보험계약자로부터 보험료를 수령할 수 있는 권한을 갖는다.
- 보험대리상이 아니면서 특정한 보험자를 위하여 계속적으로 보험계약의 체결을 중개하는 자는 보험자가 작성한 보험증권을 보험계약자에게 교부할 수 있는 권한을 갖는다.
- 대리인에 의하여 보험계약을 체결한 경우 대리인이 안 사유는 그 본인이 안 것과 동일한 것으로 한다.
- 보험자는 보험대리상이 보험계약자로부터 청약, 고지, 통지 등 보험계약에 관한 의사표시를 수령할 수 있는 권한을 제한할 수 없다.

① 1개　　　　　　　　　② 2개
③ 3개　　　　　　　　　④ 4개

정답 및 해설 ③

상법 제646조의2(보험대리상 등의 권한) ① 보험대리상은 다음 각 호의 권한이 있다.
1. 보험계약자로부터 보험료를 수령할 수 있는 권한
2. 보험자가 작성한 보험증권을 보험계약자에게 교부할 수 있는 권한
3. 보험계약자로부터 청약, 고지, 통지, 해지, 취소 등 보험계약에 관한 의사표시를 수령할 수 있는 권한
4. 보험계약자에게 보험계약의 체결, 변경, 해지 등 보험계약에 관한 의사표시를 할 수 있는 권한
② 제1항에도 불구하고 보험자는 보험대리상의 제1항 각 호의 권한 중 일부를 제한할 수 있다. 다만, 보험자는 그러한 권한 제한을 이유로 선의의 보험계약자에게 대항하지 못한다.
③ 보험대리상이 아니면서 특정한 보험자를 위하여 계속적으로 보험계약의 체결을 중개하는 자는 제1항제1호(보험자가 작성한 영수증을 보험계약자에게 교부하는 경우만 해당한다) 및 제2호의 권한이 있다.
④ 피보험자나 보험수익자가 보험료를 지급하거나 보험계약에 관한 의사표시를 할 의무가 있는 경우에는 제1항부터 제3항까지의 규정을 그 피보험자나 보험수익자에게도 적용한다.

6. **상법상 보험계약자가 보험자와 보험료를 분납하기로 약정한 경우에 관한 설명으로 옳지 않은 것은?**

① 보험계약 체결 후 보험계약자가 제1회 보험료를 지급하지 아니한 경우, 다른 약정이 없는 한 계약 성립 후 2월이 경과하면 보험계약은 해제된 것으로 본다.
② 계속 보험료가 연체된 경우 보험자는 즉시 그 계약을 해지할 수는 없다.
③ 계속 보험료가 연체된 경우 보험대리상이 아니면서 특정한 보험자를 위하여 계속적으로 보험계약의 체결을 중개하는 자는 보험계약자에 대해 해지의 의사표시를 할 수 있는 권한이 있다.
④ 보험대리상이 아니면서 특정한 보험자를 위하여 계속적으로 보험계약의 체결을 중개하는 자는 보험자가 작성한 영수증을 보험계약자에게 교부하는 경우에 한하여 보험료를 수령할 권한이 있다.

정답 및 해설 ③

보험중개상에게는 의사표시 및 그 수령의 권한이 없다.

7. **상법상 특정한 타인(이하 "A"라고 함)을 위한 손해보험계약에 관한 설명으로 옳은 것은?**

① 보험계약자는 A의 동의를 얻지 아니하거나 보험증권을 소지하지 아니하면 그 계약을 해지하지 못한다.
② A가 보험계약에 따른 이익을 받기 위해서는 이익을 받겠다는 의사표시를 하여야 한다.
③ 보험계약자가 계속보험료의 지급을 지체한 때에는 보험자는 A에게 보험료 지급을 최고하지 않아도 보험계약을 해지할 수 있다.
④ 보험계약자가 A를 위해 보험계약을 체결하려면 A의 위임을 받아야 한다.

정답 및 해설 ①

상법 제649조(사고발생전의 임의해지) ①보험사고가 발생하기 전에는 보험계약자는 언제든지 계약의 전부 또는 일부를 해지할 수 있다. 그러나 제639조(타인을 위한 보험)의 보험계약의 경우에는 보험계약자는 그 타인의 동의를 얻지 아니하거나 보험증권을 소지하지 아니하면 그 계약을 해지하지 못한다.

상법 제639조(타인을 위한 보험) ①보험계약자는 위임을 받거나 위임을 받지 아니하고 특정 또는 불특정의 타인을 위하여 보험계약을 체결할 수 있다. 그러나 손해보험계약의 경우에 그 타인의 위임이 없는 때에는 보험계약자는 이를 보험자에게 고지하여야 하고, 그 고지가 없는 때에는 타인이 그 보험계약이 체결된 사실을 알지 못하였다는 사유로 보험자에게 대항하지 못한다.

② 제1항의 경우에는 그 타인은 당연히 그 계약의 이익을 받는다. 그러나 손해보험계약의 경우에 보험계약자가 그 타인에게 보험사고의 발생으로 생긴 손해의 배상을 한 때에는 보험계약자는 그 타인의 권리를 해하지 아니하는 범위안에서 보험자에게 보험금액의 지급을 청구할 수 있다.

상법 제650조(보험료의 지급과 지체의 효과) ①보험계약자는 계약체결 후 지체없이 보험료의 전부 또는 제1회 보험료를 지급하여야 하며, 보험계약자가 이를 지급하지 아니하는 경우에는 다른 약정이 없는 한 계약성립후 2월이 경과하면 그 계약은 해제된 것으로 본다.

②계속보험료가 약정한 시기에 지급되지 아니한 때에는 보험자는 상당한 기간을 정하여 보험계약자에게 최고하고 그 기간 내에 지급되지 아니한 때에는 그 계약을 해지할 수 있다.

③특정한 타인을 위한 보험의 경우에 보험계약자가 보험료의 지급을 지체한 때에는 보험자는 그 타인에게도 상당한 기간을 정하여 보험료의 지급을 최고한 후가 아니면 그 계약을 해제 또는 해지하지 못한다.

8. 상법상 손해보험계약의 부활에 관한 설명으로 옳지 않은 것은?

① 제1회 보험료의 지급이 이루어지지 않아 보험계약이 해제된 경우 보험계약자는 보험계약의 부활을 청구할 수 있다.
② 계속보험료의 연체로 인하여 보험계약이 해지되고 해지환급금이 지급되지 아니한 경우 보험계약자는 보험계약의 부활을 청구할 수 있다.
③ 계속보험료의 연체로 인하여 보험계약이 해지된 경우 보험계약자가 보험계약의 부활을

청구하려면 연체보험료에 약정이자를 붙여 보험자에게 지급해야 한다.
④ 보험계약자가 상법상의 요건을 갖추어 계약의 부활을 청구하는 경우 보험자는 30일 이내에 낙부통지를 발송해야 한다.

정답 및 해설 ①

①의 경우 보험계약이 체결되지 아니한 경우로 유효했던 보험계약이 존재하지 않는다.

상법 제650조의2(보험계약의 부활) 제650조제2항(보험료의 지급지체)에 따라 보험계약이 해지되고 해지환급금이 지급되지 아니한 경우에 보험계약자는 일정한 기간내에 연체보험료에 약정이자를 붙여 보험자에게 지급하고 그 계약의 부활을 청구할 수 있다. 제638조의2(보험계약의 성립)의 규정은 이 경우에 준용한다.

9. 상법상 고지의무에 관한 설명으로 옳은 것은?

① 타인을 위한 손해보험계약에서 그 타인은 고지의무를 부담하지 않는다.
② 보험자가 서면으로 질문한 사항은 중요한 사항으로 본다.
③ 고지의무자가 고의 또는 중과실로 중요한 사항을 불고지 또는 부실고지 한 사실을 보험자가 보험계약 체결직후 알게 된 경우, 보험자가 그 사실을 안 날로부터 1월이 경과하면 보험계약을 해지할 수 없다.
④ 고지의무자가 고의 또는 중과실로 중요한 사항을 불고지 또는 부실고지한 경우 보험자가 계약 당시에 그 사실을 알았을지라도 보험자는 보험계약을 해지할 수 있다.

정답 및 해설 ③

① 타인 역시 보험계약의 피보험자로서 고지의무가 있다.

상법 제651조(고지의무위반으로 인한 계약해지) 보험계약당시에 보험계약자 또는 피보험자가 고의 또는 중대한 과실로 인하여 중요한 사항을 고지하지 아니하거나 부실의 고지를 한 때에는 보험자는 그 사실을 안 날로부터 1월내에, 계약을 체결한 날로부터 3년내에 한하여 계약을 해지할 수 있다. 그러나 보험자가 계약당시에 그 사실을 알았거나 중대한 과실로 인하여 알지 못한 때에는 그러하지 아니하다.

상법 제651조의2(서면에 의한 질문의 효력) 보험자가 서면으로 질문한 사항은 중요한 사항으로 추정한다.

10. 보험기간 중 사고발생의 위험이 현저하게 변경된 경우에 관한 설명으로 옳은것 을 모두 고른 것은?

> ㄱ. 보험수익자가 이 사실을 안 때에는 지체없이 보험자에게 통지하여야 한다.
> ㄴ. 보험자가 보험계약자로부터 위험변경의 통지를 받은 때로부터 2월이 경과 하면 계약을 해지할 수 없다.
> ㄷ. 보험수익자의 고의로 인하여 위험이 현저하게 변경된 때에는 보험자는 보험료의 증액을 청구할 수 있다.
> ㄹ. 피보험자의 중대한 과실로 인하여 위험이 현저하게 변경된 때에는 보험자는 계약을 해지할 수 없다.
>
> ① ㄱ, ㄴ
> ② ㄴ, ㄷ
> ③ ㄷ, ㄹ
> ④ ㄱ, ㄴ, ㄷ, ㄹ

정답 및 해설 ②

ㄱ. 보험수익자에게는 통지의무가 없다.
ㄴ. 보험수익자의 고의 또는 중대한 과실로 인하여 사고발생의 위험이 현저하게 변경 또는 증가된 때에는 보험자는 그 사실을 안 날부터 1월내에 보험료의 증액을 청구하거나 계약을 해지할 수 있다.

상법 제652조(위험변경증가의 통지와 계약해지) ①보험기간 중에 보험계약자 또는 피보험자가 사고발생의 위험이 현저하게 변경 또는 증가된 사실을 안 때에는 지체없이 보험자에게 통지하여야 한다. 이를 해태한 때에는 보험자는 그 사실을 안 날로부터 1월내에 한하여 계약을 해지할 수 있다.
②보험자가 제1항의 위험변경증가의 통지를 받은 때에는 1월내에 보험료의 증액을 청구하거나 계약을 해지할 수 있다.

상법 제653조(보험계약자 등의 고의나 중과실로 인한 위험증가와 계약해지) 보험기간중에 보험계약자, 피보험자 또는 보험수익자의 고의 또는 중대한 과실로 인하여 사고발생의 위험이 현저하게 변경 또는 증가된 때에는 보험자는 그 사실을 안 날부터 1월내에 보험료의 증액을 청구하거나 계약을 해지할 수 있다.

11. 보험계약의 해지에 관한 설명으로 옳지 않은 것은? (다툼이 있으면 판례에 따름)

> ① 보험자가 파산의 선고를 받은 때에는 보험계약자는 계약을 해지할 수 있다.
> ② 보험자가 보험기간 중에 사고발생의 위험이 현저하게 증가하여 보험계약을 해지한 경우 이미 지급한 보험금의 반환을 청구할 수 없다.
> ③ 보험자가 파산의 선고를 받은 경우 해지하지 아니한 보험계약은 파산선고 후 3월을 경과한 때에는 그 효력을 잃는다.
> ④ 보험자가 보험기간중 사고발생의 위험이 현저하게 변경되었음을 이유로 계약을 해지하려는 경우 그 사실을 입증하여야 한다.

정답 및 해설 ②

상법 제654조(보험자의 파산선고와 계약해지) ①보험자가 파산의 선고를 받은 때에는 보험계약자는 계약을 해지할 수 있다. ②제1항의 규정에 의하여 해지하지 아니한 보험계약은 파산선고 후 3월을 경과한 때에는 그 효력을 잃는다.

상법 제655조(계약해지와 보험금청구권) 보험사고가 발생한 후라도 보험자가 제650조, 제651조(고지의무위반으로 인한 계약해지), 제652조 및 제653조에 따라 계약을 해지하였을 때에는 보험금을 지급할 책임이 없고 이미 지급한 보험금의 반환을 청구할 수 있다. 다만, 고지의무(告知義務)를 위반한 사실 또는 위험이 현저하게 변경되거나 증가된 사실이 보험사고 발생에 영향을 미치지 아니하였음이 증명된 경우에는 보험금을 지급할 책임이 있다.

12. 상법상 보험사고의 발생에 따른 보험자의 책임에 관한 설명으로 옳은 것은?

① 보험수익자가 보험사고의 발생을 안 때에는 보험자에게 그 통지를 할 의무가 없다.
② 보험사고가 보험계약자의 고의로 인하여 생긴 때에는 보험자는 보험금액을 지급할 책임이 없다.
③ 보험자는 보험금액의 지급에 관하여 약정기간이 없는 경우 지급할 보험금액이 정하여진 날로부터 5일내에 지급하여야 한다.
④ 보험자의 책임은 당사자간에 다른 약정이 없으면 보험계약자가 보험계약의 체결을 청약한 때로부터 개시한다.

정답 및 해설 ②

상법 제657조(보험사고발생의 통지의무) ①보험계약자 또는 피보험자나 보험수익자는 보험사고의 발생을 안 때에는 지체없이 보험자에게 그 통지를 발송하여야 한다.

상법 제659조(보험자의 면책사유) ①보험사고가 보험계약자 또는 피보험자나 보험수익자의 고의 또는 중대한 과실로 인하여 생긴 때에는 보험자는 보험금액을 지급할 책임이 없다.

상법 제658조(보험금액의 지급) 보험자는 보험금액의 지급에 관하여 약정기간이 있는 경우에는 그 기간내에 약정기간이 없는 경우에는 제657조제1항의 통지를 받은 후 지체없이 지급할 보험금액을 정하고 그 정하여진 날부터 10일내에 피보험자 또는 보험수익자에게 보험금액을 지급하여야 한다.

상법 제656조(보험료의 지급과 보험자의 책임개시) 보험자의 책임은 당사자간에 다른 약정이 없으면 최초의 보험료의 지급을 받은 때로부터 개시한다.

13. 상법 보험편에 관한 설명으로 옳지 않은 것은? (다툼이 있으면 판례에 따름)

① 재보험에서는 당사자간의 특약에 의하여 상법 보험편의 규정을 보험계약자의 불이익으로 변경할 수 있다.
② 보험계약자 등의 불이익변경 금지원칙은 보험계약자와 보험자가 서로 대등한 경제적 지위에서 계약조건을 정하는 기업보험에 있어서는 그 적용이 배제된다.
③ 상법 보험편의 규정은 그 성질에 반하지 아니하는 범위에서 공제에도 준용된다.
④ 상법 보험편의 규정은 약관에 의하여 피보험자나 보험수익자의 이익으로 변경할 수 없다.

정답 및 해설 ④

상법 제663조(보험계약자 등의 불이익변경금지) 이 편의 규정은 당사자간의 특약으로 보험계약자 또는 피보험자나 보험수익자의 불이익으로 변경하지 못한다. 그러나 재보험 및 해상보험 기타 이와 유사한 보험의 경우에는 그러하지 아니하다.

상법 제664조(상호보험, 공제 등에의 준용) 이 편(編)의 규정은 그 성질에 반하지 아니하는 범위에서 상호보험(相互保險), 공제(共濟), 그 밖에 이에 준하는 계약에 준용한다.

[대법원 선고.2005다21531] 상법 제663조에 규정된 '보험계약자 등의 불이익변경 금지원칙'은 보험계약자와 보험자가 서로 대등한 경제적 지위에서 계약조건을 정하는 이른바 기업보험에 있어서의 보험계약 체결에 있어서는 그 적용이 배제된다 (대법원 2005. 8. 25. 선고 2004다18903 판결 참조).

14. 상법상 손해보험증권에 기재되어야 하는 사항으로 옳은 것은 모두 몇 개인가?

○ 보험수익자의 주소, 성명 또는 상호
○ 무효의 사유
○ 보험사고의 성질
○ 보험금액

① 1개 ② 2개
③ 3개 ④ 4개

정답 및 해설 ③

상법 제666조(손해보험증권) 손해보험증권에는 다음의 사항을 기재하고 보험자가 기명날인 또는 서명하여야 한다.

1. 보험의 목적
2. 보험사고의 성질

3. 보험금액

4. 보험료와 그 지급방법

5. 보험기간을 정한 때에는 그 시기와 종기

6. 무효와 실권의 사유

7. 보험계약자의 주소와 성명 또는 상호

7의2. 피보험자의 주소, 성명 또는 상호

8. 보험계약의 연월일

9. 보험증권의 작성지와 그 작성년월일

15. 상법상 손해보험에 관한 설명으로 옳지 않은 것은?

① 당사자간에 보험가액을 정한 때에는 그 가액은 사고발생시의 가액으로 정한 것으로 본다.
② 당사자는 약정에 의하여 보험사고로 인하여 상실된 피보험자가 얻을 보수를 보험자가 보상할 손해액에 산입할 수 있다.
③ 화재보험의 보험자는 화재의 소방 또는 손해의 감소에 필요한 조치로 인하여 생긴 손해를 보상할 책임이 있다.
④ 보험계약은 금전으로 산정할 수 있는 이익에 한하여 보험계약의 목적으로 할 수 있다.

정답 및 해설 ①

상법 제670조(기평가보험) 당사자간에 보험가액을 정한 때에는 그 가액은 사고발생시의 가액으로 정한 것으로 추정한다. 그러나 그 가액이 사고발생시의 가액을 현저하게 초과할 때에는 사고발생시의 가액을 보험가액으로 한다.

상법 제667조(상실이익 등의 불산입) 보험사고로 인하여 상실된 피보험자가 얻을 이익이나 보수는 당사자간에 다른 약정이 없으면 보험자가 보상할 손해액에 산입하지 아니한다.

상법 제683조(화재보험자의 책임) 화재보험계약의 보험자는 화재로 인하여 생긴 손해를 보상할 책임이 있다.

상법 제684조(소방 등의 조치로 인한 손해의 보상) 보험자는 화재의 소방 또는 손해의 감소에 필요한 조치로 인하여 생긴 손해를 보상할 책임이 있다.

상법 제668조(보험계약의 목적) 보험계약은 금전으로 산정할 수 있는 이익에 한하여 보험계약의 목적으로 할 수 있다.

16. 손해보험에서의 보험가액에 관한 설명으로 옳은 것은?

① 초과보험에 있어서 보험계약의 목적의 가액은 사고 발생시의 가액에 의하여 정한다.
② 보험금액이 보험계약의 목적의 가액을 현저하게 초과한 때에는 보험계약자는 소급하여 보험료의 감액을 청구할 수 있다.
③ 보험가액이 보험계약 당시가 아닌 보험기간 중에 현저하게 감소된 때에는 보험자는 보험료와 보험금액의 감액을 청구할 수 없다.
④ 초과보험이 보험계약자의 사기로 인하여 체결된 때에는 그 계약은 무효이며 보험자는 그 사실을 안 때까지의 보험료를 청구할 수 있다.

정답 및 해설 ④

상법 제669조(초과보험) ①보험금액이 보험계약의 목적의 가액을 현저하게 초과한 때에는 보험자 또는 보험계약자는 보험료와 보험금액의 감액을 청구할 수 있다. 그러나 보험료의 감액은 장래에 대하여서만 그 효력이 있다.

②제1항의 가액은 계약당시의 가액에 의하여 정한다. ③보험가액이 보험기간 중에 현저하게 감소된 때에도 제1항과 같다. ④제1항의 경우에 계약이 보험계약자의 사기로 인하여 체결된 때에는 그 계약은 무효로 한다. 그러나 보험자는 그 사실을 안 때까지의 보험료를 청구할 수 있다.

17. 상법상 소멸시효에 관하여 ( )에 들어갈 내용으로 옳은 것은?

보험금청구권은 (ㄱ)년간, 보험료청구권은 (ㄴ)년간, 적립금의 반환청구권은 (ㄷ)년간 행사하지 아니하면 시효의 완성으로 소멸한다.

① ㄱ: 2, ㄴ: 3, ㄷ: 2
② ㄱ: 2, ㄴ: 3, ㄷ: 3
③ ㄱ: 3, ㄴ: 2, ㄷ: 3
④ ㄱ: 3, ㄴ: 3, ㄷ: 2

정답 및 해설 ③

상법 제662조(소멸시효) 보험금청구권은 3년간, 보험료 또는 적립금의 반환청구권은 3년간, 보험료청구권은 2년간 행사하지 아니하면 시효의 완성으로 소멸한다.

18. 상법상 중복보험에 관한 설명으로 옳지 않은 것은?

① 보험계약자가 중복보험의 체결사실을 보험자에게 통지하지 아니한 경우 보험자는 보험

계약을 취소할 수 있다.
② 중복보험을 체결한 경우 보험계약자는 각 보험자에 대하여 각 보험계약의 내용을 통지하여야 한다.
③ 중복보험이라 함은 동일한 보험계약의 목적과 동일한 사고에 관하여 수개의 보험계약이 동시에 또는 순차로 체결된 경우를 말한다.
④ 중복보험은 하나의 보험계약을 수인의 보험자와 체결한 공동보험과 구별된다.

정답 및 해설 ①

① 통지하지 않았다고 해서 취소할 수 있는 것이 아니라, 사기적 중복보험이 무효가 될 뿐이다.

상법 제672조(중복보험) ①동일한 보험계약의 목적과 동일한 사고에 관하여 수개의 보험계약이 동시에 또는 순차로 체결된 경우에 그 보험금액의 총액이 보험가액을 초과한 때에는 보험자는 각자의 보험금액의 한도에서 연대책임을 진다. 이 경우에는 각 보험자의 보상책임은 각자의 보험금액의 비율에 따른다. ②동일한 보험계약의 목적과 동일한 사고에 관하여 수개의 보험계약을 체결하는 경우에는 보험계약자는 각 보험자에 대하여 각 보험계약의 내용을 통지하여야 한다. ③제669조제4항의 규정은 제1항의 보험계약에 준용한다.

상법 제673조(중복보험과 보험자 1인에 대한 권리포기) 제672조의 규정에 의한 수개의 보험계약을 체결한 경우에 보험자 1인에 대한 권리의 포기는 다른 보험자의 권리의무에 영향을 미치지 아니한다.

19. 다음 사례에 관한 설명으로 옳은 것은? (단, 다른 약정이 없고, 보험사고 당시 보험가액은 보험계약 당시와 동일한 것으로 전제함)

〈사례 1〉 甲은 보험가액이 3억원인 자신의 아파트를 보험목적으로 하여 A보험회사 및 B보험회사와 보험금액을 3억원으로 하는 화재보험계약을 각각 체결하였다.
〈사례 2〉 乙은 보험가액이 10억원인 자신의 건물을 보험목적으로 하여 C보험회사와 보험금액을 5억원으로 하는 화재보험계약을 체결하였다.

① 화재로 인하여 甲의 아파트가 전부 소실된 경우 甲은 A와 B로부터 각각 3억원의 보험금을 수령할 수 있다.
② 화재로 인하여 甲의 아파트가 전부 소실된 경우 甲이 A에 대한 보험금 청구를 포기하였다면 甲에게 보험금 3억원을 지급한 B는 A에 대해 구상금을 청구할 수 없다.
③ 화재로 인하여 乙의 건물에 5억원의 손해가 발생한 경우 C는 乙에게 5억원을 보험금으로 지급하여야 한다.
④ 화재로 인하여 甲의 아파트가 전부 소실된 경우 A는 甲에 대하여 3억원의 한도에서 B

와 연대책임을 부담한다.

정답 및 해설 ④

〈사례1. 초과중복보험〉

① 甲의 보험금(A,B사 각) = 손해액(3억원) × 비례분담(3/6) = 1억5천만원
② 상법 제673조(중복보험과 보험자 1인에 대한 권리포기) 제672조의 규정에 의한 수개의 보험계약을 체결한 경우에 보험자 1인에 대한 권리의 포기는 다른 보험자의 권리의무에 영향을 미치지 아니한다.
④ 상법 제672조(중복보험) ①동일한 보험계약의 목적과 동일한 사고에 관하여 수개의 보험계약이 동시에 또는 순차로 체결된 경우에 그 보험금액의 총액이 보험가액을 초과한 때에는 보험자는 각자의 보험금액의 한도에서 연대책임을 진다. 이 경우에는 각 보험자의 보상책임은 각자의 보험금액의 비율에 따른다.

〈사례2. 일부보험〉

③ 乙보험금 = 손해액(5억원) × 5/10 = 2억5천만원

20. 화재보험에 있어서 보험자의 보상의무에 관한 설명으로 옳지 않은 것은? (다툼이 있으면 판례에 따름)

① 보험사고의 발생은 보험금 지급을 청구하는 보험계약자 등이 입증해야 한다.
② 보험자의 보험금지급의무는 보험기간 내에 보험사고가 발생하고 그 보험사고의 발생으로 인하여 피보험자의 피보험이익에 손해가 생기면 성립된다.
③ 손해란 피보험이익의 전부 또는 일부가 멸실됐거나 감손된 것을 말한다.
④ 보험의 목적에 관하여 보험자가 부담할 손해가 생긴 경우에는 그 후 그 목적이 보험자가 부담하지 아니하는 보험사고의 발생으로 인하여 멸실된 때에는 보험자는 이미 생긴 손해를 보상할 책임을 면한다.

정답 및 해설 ④

상법 제675조(사고발생 후의 목적멸실과 보상책임) 보험의 목적에 관하여 보험자가 부담할 손해가 생긴 경우에는 그 후 그 목적이 보험자가 부담하지 아니하는 보험사고의 발생으로 인하여 멸실된 때에도 보험자는 이미 생긴 손해를 보상할 책임을 면하지 못한다

21. 상법상 손해보험에서 손해액의 산정기준 등에 관한 설명으로 옳지 않은 것은?

① 보험자가 보상할 손해액은 그 손해가 발생한 때와 곳의 가액에 의하여 산정하는 것이

원칙이다.
② 손해액의 산정에 관한 비용은 보험계약자의 부담으로 한다.
③ 보험자가 손해를 보상할 경우에 보험료의 지급을 받지 아니한 잔액이 있으면 그 지급기일이 도래하지 아니한 때라도 보상할 금액에서 이를 공제할 수 있다.
④ 보험자는 약정에 따라 신품가액에 의하여 손해액을 산정할 수 있다.

정답 및 해설 ②

상법 제676조(손해액의 산정기준) ①보험자가 보상할 손해액은 그 손해가 발생한 때와 곳의 가액에 의하여 산정한다. 그러나 당사자간에 다른 약정이 있는 때에는 그 신품가액에 의하여 손해액을 산정할 수 있다.
②제1항의 손해액의 산정에 관한 비용은 보험자의 부담으로 한다.
상법 제677조(보험료체납과 보상액의 공제) 보험자가 손해를 보상할 경우에 보험료의 지급을 받지 아니한 잔액이 있으면 그 지급기일이 도래하지 아니한 때라도 보상할 금액에서 이를 공제할 수 있다.

22. 상법상 손해보험에 있어 보험자의 면책 사유로 옳은 것을 모두 고른 것은?

ㄱ. 보험의 목적의 성질로 인한 손해
ㄴ. 보험의 목적의 하자로 인한 손해
ㄷ. 보험의 목적의 자연소모로 인한 손해
ㄹ. 보험사고가 보험계약자의 고의 또는 중대한 과실로 인하여 생긴 경우

① ㄱ, ㄴ
② ㄴ, ㄷ
③ ㄷ, ㄹ
④ ㄱ, ㄴ, ㄷ, ㄹ

정답 및 해설 ④

상법 제678조(보험자의 면책사유) 보험의 목적의 성질, 하자 또는 자연소모로 인한 손해는 보험자가 이를 보상할 책임이 없다.
상법 제659조(보험자의 면책사유) ①보험사고가 보험계약자 또는 피보험자나 보험수익자의 고의 또는 중대한 과실로 인하여 생긴 때에는 보험자는 보험금액을 지급할 책임이 없다.

23. 상법상 손해보험에서 손해방지의무에 관한 설명으로 옳지 않은 것은? (다툼이 있으면 판례에 따름)

① 손해방지의무의 주체는 보험계약자와 피보험자이다.
② 손해방지를 위하여 필요 또는 유익하였던 비용은 보험자가 부담한다.
③ 손해방지를 위하여 필요 또는 유익하였던 비용과 보상액이 보험금액을 초과한 경우에는 보험금액의 한도에서만 보험자가 이를 부담한다.
④ 피보험자가 손해방지의무를 고의 또는 중과실로 위반한 경우 보험자는 손해방지의무 위반과 상당인과관계가 있는 손해에 대하여 배상을 청구할 수 있다.

정답 및 해설 ③

상법 제680조(손해방지의무) ①보험계약자와 피보험자는 손해의 방지와 경감을 위하여 노력하여야 한다. 그러나 이를 위하여 필요 또는 유익하였던 비용과 보상액이 보험금액을 초과한 경우라도 보험자가 이를 부담한다.

24. 보험목적에 관한 보험대위에 관한 설명이다. ( )에 들어갈 내용으로 옳은 것은?

> 보험의 목적의 전부가 멸실한 경우에 (ㄱ)의 (ㄴ)를 지급한 보험자는 그 목적에 대한 (ㄷ)의 권리를 취득한다. 그러나 (ㄹ)의 일부를 보험에 붙인 경우에는 보험자가 취득할 권리는 보험금액의 보험가액에 대한 비율에 따라 이를 정한다.

① ㄱ: 보험금액, ㄴ: 전부, ㄷ: 피보험자, ㄹ: 보험가액
② ㄱ: 보험금액, ㄴ: 일부, ㄷ: 보험계약자, ㄹ: 보험금액
③ ㄱ: 보험가액, ㄴ: 일부, ㄷ: 피보험자, ㄹ: 보험가액
④ ㄱ: 보험가액, ㄴ: 전부, ㄷ: 피보험자, ㄹ: 보험가액

정답 및 해설 ①

상법 제681조(보험목적에 관한 보험대위) 보험의 목적의 전부가 멸실한 경우에 보험금액의 전부를 지급한 보험자는 그 목적에 대한 피보험자의 권리를 취득한다. 그러나 보험가액의 일부를 보험에 붙인 경우에는 보험자가 취득할 권리는 보험금액의 보험가액에 대한 비율에 따라 이를 정한다.

25. 제3자에 대한 보험대위에 관한 설명으로 옳지 않은 것은? (다툼이 있으면 판례에 따름)

① 제3자에 대한 보험대위의 취지는 이득금지 원칙의 실현과 부당한 면책의 방지에 있다.

② 보험자는 피보험자와 생계를 같이 하는 가족에 대한 피보험자의 권리는 취득하지 못하는 것이 원칙이다.
③ 보험금을 지급한 보험자는 그 지급한 금액의 한도에서 그 제3자에 대한 피보험자의 권리를 취득한다.
④ 보험약관상 보험자가 면책되는 사고임에도 불구하고 보험자가 보험금을 지급한 경우 피보험자의 제3자에 대한 권리를 대위취득할 수 있다.

정답 및 해설 ④

④ 보험계약에서 담보하지 아니하는 손해에 해당하여 보험금지급의무가 없는데도 보험자가 피보험자에게 보험금을 지급한 경우, 보험자대위가 인정되지 않는다.

상법 제682조(제3자에 대한 보험대위) ① 손해가 제3자의 행위로 인하여 발생한 경우에 보험금을 지급한 보험자는 그 지급한 금액의 한도에서 그 제3자에 대한 보험계약자 또는 피보험자의 권리를 취득한다. 다만, 보험자가 보상할 보험금의 일부를 지급한 경우에는 피보험자의 권리를 침해하지 아니하는 범위에서 그 권리를 행사할 수 있다.

② 보험계약자나 피보험자의 제1항에 따른 권리가 그와 생계를 같이 하는 가족에 대한 것인 경우 보험자는 그 권리를 취득하지 못한다. 다만, 손해가 그 가족의 고의로 인하여 발생한 경우에는 그러하지 아니하다.

[대법원 2017. 6. 29., 선고, 2017다218307, 판결]

[1] 보험계약에서 담보하지 아니하는 손해에 해당하여 보험금지급의무가 없는데도 보험자가 피보험자에게 보험금을 지급한 경우, 보험자대위가 인정되는지 여부(소극)

[2] 甲 보험회사가 피보험자를 乙 주식회사로 하여 체결한 도급업자배상책임보험계약의 약관에 보험자가 보상하지 아니하는 손해의 하나로서 '피보험자의 수급인(하수급인 등을 포함한다)이 수행하는 작업으로 생긴 손해에 대한 배상책임'이 규정되어 있는데, 乙 회사와 변전소 철거공사계약을 체결한 丙 주식회사의 직원인 丁이 굴삭기를 이용하여 철거작업을 하던 중 사고가 발생하였고, 甲 회사가 사고 피해자들에게 보험금을 지급한 후 丙 회사와 丁을 상대로 구상금 지급을 구한 사안에서, 위 사고는 甲 회사가 보상하지 아니하는 손해에 해당하므로 甲 회사는 상법 제682조 제1항에서 정한 보험자대위권을 행사할 수 없고, 甲 회사는 보험금지급의무가 있는 것으로 잘못 알고 피해자들에게 보험금을 지급하였으므로 채무자인 丙 회사와 丁에 대하여 민법 제745조 제2항에 의하여 구상권을 행사할 수 있다고 한 사례

농어업재해보험법령 및 규정

26. 농어업재해보험법상 재해보험 발전 기본계획에 포함되어야 하는 사항으로 명시되지 않은 것은?

① 재해보험의 종류별 가입률 제고 방안에 관한 사항
② 손해평가인의 정기교육에 관한 사항
③ 재해보험사업에 대한 지원 및 평가에 관한 사항
④ 재해보험의 대상 품목 및 대상 지역에 관한 사항

정답 및 해설 ②

농어업재해보험법상 재해보험 발전 기본계획
1. 재해보험사업의 발전 방향 및 목표
2. 재해보험의 종류별 가입률 제고 방안에 관한 사항
3. 재해보험의 대상 품목 및 대상 지역에 관한 사항
4. 재해보험사업에 대한 지원 및 평가에 관한 사항
5. 그 밖에 재해보험 활성화를 위하여 농림축산식품부장관 또는 해양수산부장관이 필요하다고 인정하는 사항

27. 농어업재해보험법상 농업재해보험심의회의 심의 사항에 해당되는 것을 모두 고른 것은?

ㄱ. 재해보험에서 보상하는 재해의 범위에 관한 사항
ㄴ. 손해평가의 방법과 절차에 관한 사항
ㄷ. 농어업재해재보험사업에 대한 정부의 책임범위에 관한 사항
ㄹ. 농어업재해재보험사업 관련 자금의 수입과 지출의 적정성에 관한 사항

① ㄱ, ㄴ
② ㄴ, ㄷ
③ ㄱ, ㄷ, ㄹ
④ ㄱ, ㄴ, ㄷ, ㄹ

정답 및 해설 ④

농업재해보험심의회의 심의 사항

1. 재해보험 목적물의 선정에 관한 사항
2. 재해보험에서 보상하는 재해의 범위에 관한 사항
3. 재해보험사업에 대한 재정지원에 관한 사항
4. 손해평가의 방법과 절차에 관한 사항
5. 농어업재해재보험사업(이하 "재보험사업"이라 한다)에 대한 정부의 책임범위에 관한 사항
6. 재보험사업 관련 자금의 수입과 지출의 적정성에 관한 사항
6의2. 제2조의2제1항에 따른 기본계획의 수립·시행에 관한 사항

28. 농어업재해보험법상 재해보험을 모집할 수 있는 자에 해당하지 않는 것은?

① 산림조합중앙회의 임직원
② 수산업협동조합법 에 따라 설립된 수협은행의 임직원
③ 산림조합법 제48조의 공제규정에 따른 공제모집인으로서 농림축산식품부장관이 인정하는 자
④ 보험업법 제83조제1항에 따라 보험을 모집할 수 있는 자

정답 및 해설 ③

법 제10조(보험모집) ① 재해보험을 모집할 수 있는 자는 다음 각 호와 같다.

1. 산림조합중앙회와 그 회원조합의 임직원, 수협중앙회와 그 회원조합 및 「수산업협동조합법」에 따라 설립된 수협은행의 임직원
2. 「수산업협동조합법」 제60조(제108조, 제113조 및 제168조에 따라 준용되는 경우를 포함한다)의 공제규약에 따른 공제모집인으로서 수협중앙회장 또는 그 회원조합장이 인정하는 자
2의2. 「산림조합법」 제48조(제122조에 따라 준용되는 경우를 포함한다)의 공제규정에 따른 공제모집인으로서 산림조합중앙회장이나 그 회원조합장이 인정하는 자
3. 「보험업법」 제83조제1항에 따라 보험을 모집할 수 있는 자

29. 농어업재해보험법상 손해평가 등에 관한 설명으로 옳은 것은?

① 재해보험사업자는 동일 시·군·구 내에서 교차손해평가를 수행할 수 없다.
② 농림축산식품부장관은 손해평가인이 공정하고 객관적인 손해평가를 수행할 수 있도록 연 1회 이상 정기교육을 실시하여야 한다.

③ 농림축산식품부장관이 손해평가 요령을 정한 뒤 이를 고시하려면 미리 금융위원회의 인가를 거쳐야 한다.
④ 농림축산식품부장관은 손해평가인 간의 손해평가에 관한 기술·정보의 교환을 금지하여야 한다.

정답 및 해설 ②

법 제11조(손해평가 등) ① 재해보험사업자는 보험목적물에 관한 지식과 경험을 갖춘 사람 또는 그 밖의 관계 전문가를 손해평가인으로 위촉하여 손해평가를 담당하게 하거나 제11조의2에 따른 손해평가사(이하 "손해평가사"라 한다) 또는 「보험업법」 제186조에 따른 손해사정사에게 손해평가를 담당하게 할 수 있다.

② 제1항에 따른 손해평가인과 손해평가사 및 「보험업법」 제186조에 따른 손해사정사는 농림축산식품부장관 또는 해양수산부장관이 정하여 고시하는 손해평가 요령에 따라 손해평가를 하여야 한다. 이 경우 공정하고 객관적으로 손해평가를 하여야 하며, 고의로 진실을 숨기거나 거짓으로 손해평가를 하여서는 아니 된다.

③ 재해보험사업자는 공정하고 객관적인 손해평가를 위하여 동일 시·군·구(자치구를 말한다) 내에서 교차손해평가(손해평가인 상호간에 담당지역을 교차하여 평가하는 것을 말한다. 이하 같다)를 수행할 수 있다. 이 경우 교차손해평가의 절차·방법 등에 필요한 사항은 농림축산식품부장관 또는 해양수산부장관이 정한다.

④ 농림축산식품부장관 또는 해양수산부장관은 제2항에 따른 손해평가 요령을 고시하려면 미리 금융위원회와 협의하여야 한다.

⑤ 농림축산식품부장관 또는 해양수산부장관은 제1항에 따른 손해평가인이 공정하고 객관적인 손해평가를 수행할 수 있도록 연 1회 이상 정기교육을 실시하여야 한다.

⑥ 농림축산식품부장관 또는 해양수산부장관은 손해평가인 간의 손해평가에 관한 기술·정보의 교환을 지원할 수 있다.

⑦ 제1항에 따라 손해평가인으로 위촉될 수 있는 사람의 자격 요건, 제5항에 따른 정기교육, 제6항에 따른 기술·정보의 교환 지원 및 손해평가 실무교육 등에 필요한 사항은 대통령령으로 정한다.

30. 농어업재해보험법령상 손해평가사의 자격 취소사유로 명시되지 않은 것은?

① 손해평가사의 자격을 거짓 또는 부정한 방법으로 취득한 경우
② 거짓으로 손해평가를 한 경우
③ 업무 수행과 관련하여 보험계약자로부터 향응을 제공받은 경우
④ 법 제11조의4제7항을 위반하여 손해평가사 명의의 사용이나 자격증의 대여를 알선한 경우

정답 및 해설 ③

③은 업무정지 사유이다.

법 제11조의5(손해평가사의 자격 취소) ① 농림축산식품부장관은 다음 각 호의 어느 하나에 해당하는 사람에 대하여 손해평가사 자격을 취소할 수 있다. 다만, 제1호 및 제5호에 해당하는 경우에는 자격을 취소하여야 한다.

1. 손해평가사의 자격을 거짓 또는 부정한 방법으로 취득한 사람
2. 거짓으로 손해평가를 한 사람
3. 제11조의4제6항을 위반하여 다른 사람에게 손해평가사의 명의를 사용하게 하거나 그 자격증을 대여한 사람
4. 제11조의4제7항을 위반하여 손해평가사 명의의 사용이나 자격증의 대여를 알선한 사람
5. 업무정지 기간 중에 손해평가 업무를 수행한 사람

31. 농어업재해보험법령상 보험금의 압류 금지에 관한 조문의 일부이다. ( )에 들어 갈 내용은?

> 법 제12조제2항에서 "대통령령으로 정하는 액수"란 다음 각 호의 구분에 따른 보험금 액수를 말한다.
> 1. 농작물·임산물·가축 및 양식수산물의 재생산에 직접적으로 소요되는 비용의 보장을 목적으로 법 제11조의7제1항 본문에 따라 보험금수급전용계좌로 입금된 보험금: 입금된 (ㄱ)
> 2. 제1호 외의 목적으로 법 제11조의7제1항 본문에 따라 보험금수급전용계좌로 입금된 보험금: 입금된 (ㄴ)에 해당하는 액수
>
> ① ㄱ: 보험금의 2분의 1, ㄴ: 보험금의 3분의 1
> ② ㄱ: 보험금의 2분의 1, ㄴ: 보험금의 3분의 2
> ③ ㄱ: 보험금 전액, ㄴ: 보험금의 3분의 1
> ④ ㄱ: 보험금 전액, ㄴ: 보험금의 2분의 1

정답 및 해설 ④

대통령령 제12조의12(보험금의 압류 금지) 법 제12조제2항에서 "대통령령으로 정하는 액수"란 다음 각 호의 구분에 따른 보험금 액수를 말한다.

1. 농작물·임산물·가축 및 양식수산물의 재생산에 직접적으로 소요되는 비용의 보장을 목적으로 법 제

11조의7제1항 본문에 따라 보험금수급전용계좌로 입금된 보험금: 입금된 보험금 전액

2. 제1호 외의 목적으로 법 제11조의7제1항 본문에 따라 보험금수급전용계좌로 입금된 보험금: 입금된 보험금의 2분의 1에 해당하는 액수

32. 농어업재해보험법령상 재해보험사업자가 보험모집 및 손해평가 등 재해보험 업무의 일부를 위탁할 수 있는 자에 해당하지 않는 것은?

① 농업협동조합법에 따라 설립된 지역농업협동조합
② 수산업협동조합법에 따라 설립된 지구별 수산업협동조합
③ 보험법 제187조에 따라 손해사정을 업으로 하는 자
④ 농어업재해보험 관련 업무를 수행할 목적으로 민법에 따라 설립된 영리법인

정답 및 해설 ④

대통령령 제13조(업무 위탁) 법 제14조에서 "대통령령으로 정하는 자"란 다음 각 호의 자를 말한다.
1. 「농업협동조합법」에 따라 설립된 지역농업협동조합·지역축산업협동조합 및 품목별·업종별협동조합
1의2. 「산림조합법」에 따라 설립된 지역산림조합 및 품목별·업종별산림조합
2. 「수산업협동조합법」에 따라 설립된 지구별 수산업협동조합, 업종별 수산업협동조합, 수산물가공 수산업협동조합 및 수협은행
3. 「보험업법」 제187조에 따라 손해사정을 업으로 하는 자
4. 농어업재해보험 관련 업무를 수행할 목적으로 「민법」 제32조에 따라 농림축산식품부장관 또는 해양수산부장관의 허가를 받아 설립된 비영리법인(손해평가 관련 업무를 위탁하는 경우만 해당한다)

33. 농어업재해보험법상 재정지원에 관한 설명으로 옳지 않은 것은?

① 정부는 재해보험사업자의 재해보험의 운영 및 관리에 필요한 비용의 전부를 지원하여야 한다.
② 지방자치단체는 예산의 범위에서 재해보험가입자가 부담하는 보험료의 일부를 추가로 지원할 수 있다.
③ 풍수해보험법에 따른 풍수해보험에 가입한 자가 동일한 보험목적물을 대상으로 재해보험에 가입할 경우에는 정부가 재정지원을 하지 아니한다.
④ 법 제19조제1항에 따른 보험료와 운영비의 지원 방법 및 지원 절차 등에 필요한 사항

은 대통령령으로 정한다.

정답 및 해설 ①

법 제19조(재정지원) ① 정부는 예산의 범위에서 재해보험가입자가 부담하는 보험료의 일부와 재해보험사업자의 재해보험의 운영 및 관리에 필요한 비용(이하 "운영비"라 한다)의 전부 또는 일부를 지원할 수 있다. 이 경우 지방자치단체는 예산의 범위에서 재해보험가입자가 부담하는 보험료의 일부를 추가로 지원할 수 있다.
② 농림축산식품부장관·해양수산부장관 및 지방자치단체의 장은 제1항에 따른 지원 금액을 재해보험사업자에게 지급하여야 한다.
③ 「풍수해보험법」에 따른 풍수해보험에 가입한 자가 동일한 보험목적물을 대상으로 재해보험에 가입할 경우에는 제1항에도 불구하고 정부가 재정지원을 하지 아니한다.
④ 제1항에 따른 보험료와 운영비의 지원 방법 및 지원 절차 등에 필요한 사항은 대통령령으로 정한다.

34. 농어업재해보험법령상 손해평가인의 자격요건에 관한 내용의 일부이다. ( )에 들어갈 숫자는?

> 학점인정 등에 관한 법률 제8조에 따라 전문대학의 보험 관련 학과 졸업자와 같은 수준 이상의 학력이 있다고 인정받은 사람이나 고등교육법 제2조에 따른 학교에서 (ㄱ)학점(보험 관련 과목 학점이 (ㄴ)학점 이상이어야 한다) 이상을 이수한 사람 등 제7호에 해당하는 사람과 같은 수준 이상의 학력이 있다고 인정되는 사람

① ㄱ: 60, ㄴ: 40
② ㄱ: 60, ㄴ: 45
③ ㄱ: 80, ㄴ: 40
④ ㄱ: 80, ㄴ: 45

정답 및 해설 ④

대통령령 [별표2] 손해평가인의 자격요건 8항
「학점인정 등에 관한 법률」 제8조에 따라 전문대학의 보험 관련 학과 졸업자와 같은 수준 이상의 학력이 있다고 인정받은 사람이나 「고등교육법」 제2조에 따른 학교에서 80학점(보험 관련 과목 학점이 45학점 이상이어야 한다) 이상을 이수한 사람 등 제7호에 해당하는 사람과 같은 수준 이상의 학력이 있다고 인정되는 사람

35. 농어업재해보험법상 농어업재해재보험기금의 재원에 포함되는 것을 모두 고른 것은?

> ㄱ. 재해보험가입자가 재해보험사업자에게 내야 할 보험료의 회수 자금
> ㄴ. 정부, 정부 외의 자 및 다른 기금으로부터 받은 출연금
> ㄷ. 농어업재해재보험기금의 운용수익금
> ㄹ. 농어촌구조개선 특별회계법 제5조제2항제7호에 따라 농어촌구조개선 특별회계의 농어촌특별세사업계정으로부터 받은 전입금

① ㄱ, ㄴ, ㄷ
② ㄱ, ㄴ, ㄹ
③ ㄱ, ㄷ, ㄹ
④ ㄴ, ㄷ, ㄹ

정답 및 해설 ④

법 제22조(기금의 조성) ① 기금은 다음 각 호의 재원으로 조성한다.
1. 제20조제2항제1호에 따라 받은 재보험료
2. 정부, 정부 외의 자 및 다른 기금으로부터 받은 출연금
3. 재보험금의 회수 자금
4. 기금의 운용수익금과 그 밖의 수입금
5. 제2항에 따른 차입금
6. 「농어촌구조개선 특별회계법」 제5조제2항제7호에 따라 농어촌구조개선 특별회계의 농어촌특별세사업계정으로부터 받은 전입금

② 농림축산식품부장관은 기금의 운용에 필요하다고 인정되는 경우에는 해양수산부장관과 협의하여 기금의 부담으로 금융기관, 다른 기금 또는 다른 회계로부터 자금을 차입할 수 있다.

36. **농어업재해보험법령상 농어업재해재보험기금(이하 "기금"이라 한다)에 관한 설명으로 옳은 것은?**

① 농림축산식품부장관은 행정안전부장관과 협의를 거쳐 기금의 관리·운용에 관한 사무의 일부를 농업정책보험금융원에 위탁할 수 있다.
② 농림축산식품부장관은 기금의 수입과 지출을 명확히 하기 위하여 농업정책보험금융원에 기금계정을 설치하여야 한다.
③ 기금의 관리·운용에 필요한 경비의 지출은 기금의 용도에 해당한다.
④ 기금은 농림축산식품부장관이 환경부장관과 협의하여 관리·운용한다.

정답 및 해설 ③

② 기금계정을 어디에 설치하는가에 대한 규정은 없다.

법 제24조(기금의 관리·운용) ① 기금은 농림축산식품부장관이 해양수산부장관과 협의하여 관리·운용한다.

② 농림축산식품부장관은 해양수산부장관과 협의를 거쳐 기금의 관리·운용에 관한 사무의 일부를 농업정책보험금융원에 위탁할 수 있다.

③ 제1항 및 제2항에서 규정한 사항 외에 기금의 관리·운용에 필요한 사항은 대통령령으로 정한다. 사무처리에 드는 경비는 기금의 부담으로 한다.

37. 농어업재해보험법상 보험사업의 관리에 관한 설명으로 옳지 않은 것은?

① 농림축산식품부장관 또는 해양수산부장관은 재해보험사업을 효율적으로 추진하기 위하여 손해평가인력의 육성 업무를 수행한다.
② 농림축산식품부장관은 손해평가사의 업무 정지 처분을 하는 경우 청문을 하지 않아도 된다.
③ 농림축산식품부장관은 손해평가사 자격시험의 실시 및 관리에 관한 업무를 한국산업인력공단법에 따른 한국산업인력공단에 위탁할 수 있다.
④ 정부는 농어업인의 재해대비의식을 고양하고 재해보험의 가입을 촉진하기 위하여 교육·홍보 및 보험가입자에 대한 정책자금 지원, 신용보증 지원 등을 할 수 있다.

정답 및 해설 ②

① 농림축산식품부장관 또는 해양수산부장관은 재해보험사업을 효율적으로 추진하기 위하여 손해평가인력의 육성 업무를 수행한다.
② 농림축산식품부장관은 손해평가사의 업무 정지 처분을 하는 경우 청문을 하지 않아도 된다.
③ 농림축산식품부장관은 손해평가사 자격시험의 실시 및 관리에 관한 업무를 한국산업인력공단법에 따른 한국산업인력공단에 위탁할 수 있다.
④ 정부는 농어업인의 재해대비의식을 고양하고 재해보험의 가입을 촉진하기 위하여 교육·홍보 및 보험가입자에 대한 정책자금 지원, 신용보증 지원 등을 할 수 있다.

38. 농어업재해보험법상 손해평가사의 자격을 취득하지 아니하고 그 명의를 사용하거나 자격증을 대여받은 자에게 부과될 수 있는 벌칙은?

① 과태료 5백만원　　　② 벌금 2천만원
③ 징역 6월　　　　　　④ 징역 2년

정답 및 해설 ③

법 제30조(벌칙) ① 제10조제2항에서 준용하는 「보험업법」 제98조에 따른 금품 등을 제공(같은 조 제3호의 경우에는 보험금 지급의 약속을 말한다)한 자 또는 이를 요구하여 받은 보험가입자는 3년 이하의 징역 또는 3천만원 이하의 벌금에 처한다.

② 다음 각 호의 어느 하나에 해당하는 자는 1년 이하의 징역 또는 1천만원 이하의 벌금에 처한다.

1. 제10조제1항을 위반하여 모집을 한 자
2. 제11조제2항 후단을 위반하여 고의로 진실을 숨기거나 거짓으로 손해평가를 한 자
3. 제11조의4제6항을 위반하여 다른 사람에게 손해평가사의 명의를 사용하게 하거나 그 자격증을 대여한 자
4. 제11조의4제7항을 위반하여 손해평가사의 명의를 사용하거나 그 자격증을 대여받은 자 또는 명의의 사용이나 자격증의 대여를 알선한 자

③ 제15조를 위반하여 회계를 처리한 자는 500만원 이하의 벌금에 처한다.

39. 농업재해보험 손해평가요령상 용어의 정의에 관한 내용의 일부이다. (　　)에 들어 갈 내용은?

> (　　)"(이)라 함은 농어업재해보험법 제11조제1항과 농어업재해보험법 시행령 제12조제1항에서 정한 자 중에서 재해보험사업자가 위촉하여 손해평가업무를 담당하는 자를 말한다.

① 손해평가인　　　　② 손해평가사
③ 손해사정사　　　　④ 손해평가보조인

정답 및 해설 ①

40. 농업재해보험 손해평가요령상 손해평가인의 업무로 명시되지 않은 것은?

① 보험가액 평가　　　② 보험료율 산정
③ 피해사실 확인　　　④ 손해액 평가

정답 및 해설 ②

시행규칙 제3조(손해평가인의 업무) ① 손해평가인은 다음 각 호의 업무를 수행한다.

1. 피해사실 확인
2. 보험가액 및 손해액 평가
3. 그 밖에 손해평가에 관하여 필요한 사항

41. 농업재해보험 손해평가요령상 손해평가인의 위촉과 교육에 관한 설명으로 옳은 것은?

① 손해평가인 정기교육의 세부내용 중 농업재해보험 상품 주요내용은 농업재해보험에 관한 기초지식에 해당한다.
② 손해평가인 정기교육의 세부내용에 피해유형별 현지조사표 작성 실습은 포함되지 않는다.
③ 재해보험사업자 및 농어업재해보험법 제14조에 따라 손해평가 업무를 위탁받은 자는 손해평가 업무를 원활히 수행하기 위하여 손해평가보조인을 운용할 수 있다.
④ 실무교육에 참여하는 손해평가인은 재해보험사업자에게 교육비를 납부하여야 한다.

정답 및 해설 ③

제4조(손해평가인 위촉) ① 재해보험사업자는 법 제11조제1항과 시행령 제12조제1항에 따라 손해평가인을 위촉한 경우에는 그 자격을 표시할 수 있는 손해평가인증을 발급하여야 한다.
② 재해보험사업자는 피해 발생 시 원활한 손해평가가 이루어지도록 농업재해보험이 실시되는 시·군·자치구별 보험가입자의 수 등을 고려하여 적정 규모의 손해평가인을 위촉하여야 한다.
③ 재해보험사업자 및 법 제14조에 따라 손해평가 업무를 위탁받은 자는 손해평가 업무를 원활히 수행하기 위하여 손해평가보조인을 운용할 수 있다.

제5조(손해평가인 실무교육) ① 재해보험사업자는 제4조에 따라 위촉된 손해평가인을 대상으로 농업재해보험에 관한 기초지식, 보험상품 및 약관, 손해평가의 방법 및 절차 등 손해평가에 필요한 실무교육을 실시하여야 한다. ② 삭제
③ 제1항에 따른 손해평가인에 대하여 재해보험사업자는 소정의 교육비를 지급할 수 있다.

제5조의2(손해평가인 정기교육) ① 법 제11조제5항에 따른 손해평가인 정기교육의 세부내용은 다음 각 호와 같다.

1. 농업재해보험에 관한 기초지식 : 농어업재해보험법 제정 배경·구성 및 조문별 주요내용, 농업재해보험 사업현황

2. 농업재해보험의 종류별 약관 : 농업재해보험 상품 주요내용 및 약관 일반 사항
3. 손해평가의 절차 및 방법 : 농업재해보험 손해평가 개요, 보험목적물별 손해평가 기준 및 피해유형별 보상사례
4. 피해유형별 현지조사표 작성 실습

42. 농업재해보험 손해평가요령상 손해평가인 위촉의 취소에 관한 설명이다. ( )에 들어갈 내용은?

> 재해보험사업자는 손해평가인이 농어업재해보험법 제30조에 의하여 벌금이상의 형을 선고받고 그 집행이 종료(집행이 종료된 것으로 보는 경우를 포함한 다)되거나 집행이 면제된 날로부터 (ㄱ)년이 경과되지 아니한 자, 또는 (ㄴ) 기간 중에 손해평가업무를 수행한 자인 경우 그 위촉을 취소하여야 한다.

① ㄱ: 1, ㄴ: 자격정지
② ㄱ: 2, ㄴ: 업무정지
③ ㄱ: 1, ㄴ: 업무정지
④ ㄱ: 3, ㄴ: 자격정지

정답 및 해설 ②

제6조(손해평가인 위촉의 취소 및 해지 등) ① 재해보험사업자는 손해평가인이 다음 각 호의 어느 하나에 해당하게 되거나 위촉당시에 해당하는 자이었음이 판명된 때에는 그 위촉을 취소하여야 한다.

1. 피성년후견인 또는 피한정후견인
2. 파산선고를 받은 자로서 복권되지 아니한 자
3. 법 제30조에 의하여 벌금이상의 형을 선고받고 그 집행이 종료(집행이 종료된 것으로 보는 경우를 포함한다)되거나 집행이 면제된 날로부터 2년이 경과되지 아니한 자
4. 동 조에 따라 위촉이 취소된 후 2년이 경과하지 아니한 자
5. 거짓 그 밖의 부정한 방법으로 제4조에 따라 손해평가인으로 위촉된 자
6. 업무정지 기간 중에 손해평가업무를 수행한 자

43. 농업재해보험 손해평가요령상 손해평가반 구성에 관한 설명으로 옳은 것은?

① 자기가 실시한 손해평가에 대한 검증조사 및 재조사에 해당하는 손해평가의 경우 해당자를 손해평가반 구성에서 배제하여야 한다.

② 자기가 가입하였어도 자기가 모집하지 않은 보험계약에 관한 손해평가의 경우 해당자는 손해평가반 구성에 참여할 수 있다.
③ 손해평가인은 손해평가를 하는 경우에는 손해평가반을 구성하고 손해평가반별로 평가일정계획을 수립하여야 한다.
④ 손해평가반은 손해평가인을 3인 이상 포함하여 7인 이내로 구성한다.

정답 및 해설 ①

제8조(손해평가반 구성 등) ① 재해보험사업자는 제2조제1호의 손해평가를 하는 경우에는 손해평가반을 구성하고 손해평가반별로 평가일정계획을 수립하여야 한다.
② 제1항에 따른 손해평가반은 다음 각 호의 어느 하나에 해당하는 자를 1인 이상 포함하여 5인 이내로 구성한다.
1. 제2조제2호에 따른 손해평가인
2. 제2조제3호에 따른 손해평가사
3. 「보험업법」 제186조에 따른 손해사정사
③ 제2항의 규정에도 불구하고 다음 각 호의 어느 하나에 해당하는 손해평가에 대하여는 해당자를 손해평가반 구성에서 배제하여야 한다.
1. 자기 또는 자기와 생계를 같이 하는 친족(이하 "이해관계자"라 한다)이 가입한 보험계약에 관한 손해평가
2. 자기 또는 이해관계자가 모집한 보험계약에 관한 손해평가
3. 직전 손해평가일로부터 30일 이내의 보험가입자간 상호 손해평가
4. 자기가 실시한 손해평가에 대한 검증조사 및 재조사

44. 농업재해보험 손해평가요령상 손해평가준비 및 평가결과 제출에 관한 설명으로 옳은 것은?

① 손해평가반은 재해보험사업자가 실시한 손해평가결과를 기록할 수 있도록 현지조사서를 마련하여야 한다.
② 손해평가반은 손해평가를 실시하기 전에 현지조사서를 재해보험사업자에게 배부하고 손해평가에 임하여야 한다.
③ 손해평가반은 보험가입자가 7일 이내에 손해평가가 잘못되었음을 증빙하는 서류 등을 제출하는 경우 다른 손해평가반으로 하여금 재조사를 실시하게 할 수 있다.
④ 손해평가반은 보험가입자가 정당한 사유없이 손해평가를 거부하여 손해평가를 실시하

지 못한 경우에는 그 피해를 인정할 수 없는 것으로 평가한다는 사실을 보험가입자에게 통지한 후 현지조사서를 재해보험사업자에게 제출하여야 한다.

정답 및 해설 ④

제10조(손해평가준비 및 평가결과 제출) ① 재해보험사업자는 손해평가반이 실시한 손해평가결과를 기록할 수 있도록 현지조사서를 마련하여야 한다.

② 재해보험사업자는 손해평가를 실시하기 전에 제1항에 따른 현지조사서를 손해평가반에 배부하고 손해평가시의 주의사항을 숙지시킨 후 손해평가에 임하도록 하여야 한다.

③ 손해평가반은 현지조사서에 손해평가 결과를 정확하게 작성하여 보험가입자에게 이를 설명한 후 서명을 받아 재해보험사업자에게 제출하여야 한다. 다만, 보험가입자가 정당한 사유 없이 서명을 거부하는 경우 손해평가반은 보험가입자에게 손해평가 결과를 통지한 후 서명없이 현지조사서를 재해보험사업자에게 제출하여야 한다.

④ 손해평가반은 보험가입자가 정당한 사유없이 손해평가를 거부하여 손해평가를 실시하지 못한 경우에는 그 피해를 인정할 수 없는 것으로 평가한다는 사실을 보험가입자에게 통지한 후 현지조사서를 재해보험사업자에게 제출하여야 한다.

⑤ 재해보험사업자는 보험가입자가 손해평가반의 손해평가결과에 대하여 설명 또는 통지를 받은 날로부터 7일 이내에 손해평가가 잘못되었음을 증빙하는 서류 또는 사진 등을 제출하는 경우 재해보험사업자는 다른 손해평가반으로 하여금 재조사를 실시하게 할 수 있다.

45. 농업재해보험 손해평가요령상 손해평가결과 검증에 관한 설명으로 옳은 것은?

① 재해보험사업자 및 재해보험사업의 재보험사업자는 손해평가반이 실시한 손해평가결과를 확인하기 위하여 손해평가를 실시한 보험목적물 중에서 일정수를 임의 추출하여 검증조사를 할 수 있다.
② 손해평가반은 농림축산식품부장관으로 하여금 검증조사를 하게 할 수 있다.
③ 손해평가결과와 임의 추출조사의 결과에 차이가 발생하면 해당 손해평가반이 조사한 전체 보험목적물에 대하여 재조사를 하여야 한다.
④ 보험가입자가 검증조사를 거부하는 경우 검증조사반은 손해평가 검증을 강제할 수 있다는 사실을 보험가입자에게 통지하여야 한다.

정답 및 해설 ①

제11조(손해평가결과 검증) ① 재해보험사업자 및 재해보험사업의 재보험사업자는 손해평가반이 실시한 손해평가결과를 확인하기 위하여 손해평가를 실시한 보험목적물 중에서 일정수를 임의 추출하여 검증조사를 할 수 있다.

② 농림축산식품부장관은 재해보험사업자로 하여금 제1항의 검증조사를 하게 할 수 있으며, 재해보험사업자는 특별한 사유가 없는 한 이에 응하여야 한다.
③ 제1항 및 제2항에 따른 검증조사결과 현저한 차이가 발생되어 재조사가 불가피하다고 판단될 경우에는 해당 손해평가반이 조사한 전체 보험목적물에 대하여 재조사를 할 수 있다.
④ 보험가입자가 정당한 사유없이 검증조사를 거부하는 경우 검증조사반은 검증조사가 불가능하여 손해평가 결과를 확인할 수 없다는 사실을 보험가입자에게 통지한 후 검증조사결과를 작성하여 재해보험사업자에게 제출하여야 한다.

46. 농업재해보험 손해평가요령상 특정위험방식 중 "인삼"의 경우, 다음의 조건으로 산정한 보험금은?

○ 보험가입금액 : 1,000만원   ○ 보험가액 : 1,000만원
○ 피해율 : 50%   ○ 자기부담비율 : 20%

① 200만원
② 300만원
③ 500만원
④ 700만원

정답 및 해설 ②

보험금 = 보험가입금액1,000 × (피해율0.5 - 자기부담비율0.2) = 300만원

47. 농업재해보험 손해평가요령상 종합위험방식 이앙·직파불능보장에서 "벼"의 경우, 보험가입금액이 1,000만원이고 보험가액이 1,500만원이라면 산정한 보험금은? (단, 다른 사정은 고려하지 않음)

① 100만원
② 150만원
③ 250만원
④ 375만원

정답 및 해설 ①

이앙·직파불능보험금 = 보험가입금액1,000 × 10% = 100만원

48. 농업재해보험 손해평가요령상 종합위험방식 상품의 조사내용 중 "착과수조사"에 해당되는 품목은?

① 사과
② 감귤
③ 자두
④ 단감

정답 및 해설 ③

착과수조사 대상 품목 : 포도, 복숭아, 자두

49. 농업재해보험 손해평가요령상 농작물의 품목별·재해별·시기별 손해수량 조사방법 중 종합위험방식 상품에 관한 표의 일부이다. ( )에 들어갈 내용은?

생육시기	재해	조사내용	조사시기	조사방법	비고
수확 시작 후 ~ 수확 종료	태풍(강풍), 우박	(ㄱ)	사고접수 후 지체없이	전체 열매수(전체 개화수) 및 수확 가능 열매수 조사 - 6월1일 ~ 6월20일 사고 건에 한함 · 조사방법: 표본조사	(ㄴ)만 해당

① ㄱ: 과실손해조사, ㄴ: 복분자
② ㄱ: 과실손해조사, ㄴ: 무화과
③ ㄱ: 수확량조사, ㄴ: 복분자
④ ㄱ: 수확량조사, ㄴ: 무화과

정답 및 해설 ①

수확 시작 후 ~ 수확종료	태풍(강풍), 우박	과실손해조사	사고접수 후 지체 없이	전체 열매수(전체 개화수) 및 수확 가능 열매수 조사 6월1일~6월20일 사고 건에 한함 · 조사방법: 표본조사	복분자만 해당
				표본주의 고사 및 정상 결과지수 조사 · 조사방법: 표본조사	무화과만 해당

50. 농업재해보험 손해평가요령상 농업시설물의 보험가액 및 손해액 산정에 관한 설명

이다. ( )에 들어갈 내용은?

> ○ 농업시설물에 대한 보험가액은 보험사고가 발생한 때와 곳에서 평가한 피해목적물의 (ㄱ)에서 내용연수에 따른 감가상각률을 적용하여 계산한 감가상각액을 (ㄴ)하여 산정한다.
> ○ 농업시설물에 대한 손해액은 보험사고가 발생한 때와 곳에서 산정한 피해목적물의 (ㄷ)을 말한다.

① ㄱ: 시장가격, ㄴ: 곱,   ㄷ: 시장가격
② ㄱ: 시장가격, ㄴ: 차감, ㄷ: 원상복구비용
③ ㄱ: 재조달가액, ㄴ: 곱,   ㄷ: 시장가격
④ ㄱ: 재조달가액, ㄴ: 차감, ㄷ: 원상복구비용

정답 및 해설 ④

제15조(농업시설물의 보험가액 및 손해액 산정) ① 농업시설물에 대한 보험가액은 보험사고가 발생한 때와 곳에서 평가한 피해목적물의 재조달가액에서 내용연수에 따른 감가상각률을 적용하여 계산한 감가상각액을 차감하여 산정한다.

② 농업시설물에 대한 손해액은 보험사고가 발생한 때와 곳에서 산정한 피해목적물의 원상복구비용을 말한다.

③ 제1항 및 제2항에도 불구하고 보험가입당시 보험가입자와 재해보험사업자가 보험가액 및 손해액 산정 방식을 별도로 정한 경우에는 그 방법에 따른다.

제9회 기출문제 및 해설

■■■ 상법「보험편」

1. 상법상 보험자가 보험계약자로부터 손해보험계약의 청약과 함께 보험료 상당액의 전부 또는 일부를 받은 경우 이 보험계약에 관한 설명으로 옳지 않은 것은?

> ① 보험계약은 낙성계약이므로 보험자가 승낙하면 성립한다.
> ② 다른 약정이 없으면 보험자는 30일내에 보험계약자에 대하여 낙부의 통지를 발송하여야한다.
> ③ 보험자가 상법이 정하는 낙부의 통지 기간 내에 그 통지를 해태한 때에는 승낙한 것으로 본다.
> ④ 승낙하기 전에 발생한 보험사고에 대해서 청약을 거절할 사유가 있더라도 보험자는 보험계약상의 책임을 진다.

정답 및 해설 ④

① 보험계약은 낙성·불요식계약이다.
②③④ 제638조의2(보험계약의 성립) ①보험자가 보험계약자로부터 보험계약의 청약과 함께 보험료 상당액의 전부 또는 일부의 지급을 받은 때에는 다른 약정이 없으면 30일내에 그 상대방에 대하여 낙부의 통지를 발송하여야 한다.
② 보험자가 제1항의 규정에 의한 기간내에 낙부의 통지를 해태한 때에는 승낙한 것으로 본다.
③ 보험자가 보험계약자로부터 보험계약의 청약과 함께 보험료 상당액의 전부 또는 일부를 받은경우에 <u>그 청약을 승낙하기 전에 보험계약에서 정한 보험사고가 생긴 때에는 그 청약을 거절할 사유가 없는 한 보험자는 보험계약상의 책임을 진다.</u>

2. 상법상 타인을 위한 보험에 관한 설명으로 옳지 않은 것은?

> ① 보험계약자는 보험자에 대하여 보험료를 지급할 의무가 있다.
> ② 보험계약자는 위임을 받지 아니하고 타인을 위하여 보험계약을 체결할 수 있다.
> ③ 타인은 계약 성립 시 특정되어야 한다.
> ④ 보험계약자가 파산선고를 받은 때에는 그 타인이 그 권리를 포기하지 아니하는 한 그

타인도 보험료를 지급할 의무가 있다.

정답 및 해설 ③

특정 또는 불특정의 타인을 위하여 보험계약을 체결할 수 있다.

제639조(타인을 위한 보험)
① 보험계약자는 위임을 받거나 위임을 받지 아니하고 특정 또는 불특정의 타인을 위하여 보험계약을 체결할 수 있다. 그러나 손해보험계약의 경우에 그 타인의 위임이 없는 때에는 보험계약자는 이를 보험자에게 고지하여야 하고, 그 고지가 없는 때에는 타인이 그 보험계약이 체결된 사실을 알지 못하였다는 사유로 보험자에게 대항하지 못한다.
② 제1항의 경우에는 그 타인은 당연히 그 계약의 이익을 받는다. 그러나 손해보험계약의 경우에 보험계약자가 그 타인에게 보험사고의 발생으로 생긴 손해의 배상을 한 때에는 보험계약자는 그 타인의 권리를 해하지 아니하는 범위 안에서 보험자에게 보험금액의 지급을 청구할 수 있다.
③ 제1항의 경우에는 <u>보험계약자는 보험자에 대하여 보험료를 지급할 의무가 있다. 그러나 보험계약자가 파산선고를 받거나 보험료의 지급을 지체한 때에는 그 타인이 그 권리를 포기하지 아니하는 한 그 타인도 보험료를 지급할 의무가 있다.</u>

3. 상법상 보험증권에 관한 설명으로 옳은 것은?

① 기존의 보험계약을 변경한 경우 보험자는 그 보험증권에 그 사실을 기재함으로써 보험증권의 교부에 갈음할 수 있다.
② 보험자는 보험계약자의 청약이 있는 경우 보험료의 지급 여부와 상관없이 지체없이 보험증권을 작성하여 보험계약자에게 교부하여야 한다.
③ 보험계약의 당사자는 보험증권의 교부가 있은 날부터 14일내에 한하여 그 증권내용의 정부(正否)에 관한 이의를 할 수 있음을 약정할 수 있다.
④ 보험계약자가 보험증권을 멸실한 경우 보험계약자는 보험자에게 증권의 재교부를 청구할 수 있으며, 그 증권작성의 비용은 보험자의 부담으로 한다.

정답 및 해설 ①

기존의 보험계약을 연장하거나 변경한 경우에는 보험자는 그 보험증권에 그 사실을 기재함으로써 보험증권의 교부에 갈음할 수 있다.

①② **제640조(보험증권의 교부)** ① 보험자는 보험계약이 성립한 때에는 지체없이 보험증권을 작성하여 보험계약자에게 교부하여야 한다. 그러나 보험계약자가 보험료의 전부 또는 최초의 보험료를 지급하지 아니한 때에는 그러하지 아니하다. ② 기존의 보험계약을 연장하거나 변경한 경우에는 보험자는 그 보험증권에 그 사실을 기재함으로써 보험증권의 교부에 갈음할 수 있다.

③ **제641조(증권에 관한 이의약관의 효력)** 보험계약의 당사자는 보험증권의 교부가 있는 날로부터 일정한 기간내에 한하여 그 증권내용의 정부에 관한 이의를 할 수 있음을 약정할 수 있다. <u>이 기간은 1월을 내리지 못한다.</u>

④ **제642조(증권의 재교부청구)** 보험증권을 멸실 또는 현저하게 훼손한 때에는 보험계약자는 보험자에 대하여 증권의 재교부를 청구할 수 있다. <u>그 증권작성의 비용은 보험계약자의 부담으로 한다.</u>

4. 상법상 보험사고 등에 관한 설명으로 옳지 않은 것은?

> ① 보험계약은 그 계약전의 어느 시기를 보험기간의 시기(始期)로 할 수 있다.
> ② 보험계약 당시에 보험사고가 발생할 수 없음이 객관적으로 확정된 경우 당사자 쌍방과 피보험자가 이를 알았는지 여부에 관계없이 그 계약은 무효로 한다.
> ③ 자기를 위한 보험계약에서 보험사고가 발생하기 전에는 언제든지 보험계약자는 계약의 전부 또는 일부를 해지할 수 있다.
> ④ 피보험자는 보험사고의 발생을 안 때에는 지체없이 보험자에게 그 통지를 발송하여야 한다.

정답 및 해설 ②

당사자 쌍방과 피보험자가 이를 알지 못한 때에는 그러하지 아니하다.

① **제643조(소급보험)** 보험계약은 그 계약전의 어느 시기를 보험기간의 시기로 할 수 있다.

② **제644조(보험사고의 객관적 확정의 효과)** 보험계약당시에 보험사고가 이미 발생하였거나 또는 발생할 수 없는 것인 때에는 그 계약은 무효로 한다. <u>그러나 당사자 쌍방과 피보험자가 이를 알지 못한 때에는 그러하지 아니하다.</u>

③ **제649조(사고발생전의 임의해지)** ① <u>보험사고가 발생하기 전에는 보험계약자는 언제든지 계약의 전부 또는 일부를 해지할 수 있다.</u> 그러나 제639조의 보험계약의 경우에는 보험계약자는 그 타인의 동의를 얻지 아니하거나 보험증권을 소지하지 아니하면 그 계약을 해지하지 못한다.

④ **제657조(보험사고발생의 통지의무)** ① <u>보험계약자 또는 피보험자나 보험수익자는 보험사고의 발생을 안 때에는 지체없이 보험자에게 그 통지를 발송하여야 한다.</u>

5. 甲은 보험대리상이 아니면서 특정한 보험자 乙을 위하여 계속적으로 보험계약의 체결을 중개하는 자로서 丙이 乙과 보험계약을 체결하도록 중개하였다. 甲의 권한에 관한 설명으로 옳지 않은 것은?

① 甲은 자신이 작성한 영수증을 丙에게 교부하는 경우 丙으로부터 보험료를 수령할 권한이 있다.
② 甲은 乙이 작성한 보험증권을 丙에게 교부할 수 있는 권한이 있다.
③ 甲은 丙으로부터 청약, 고지, 통지, 해지, 취소 등 보험계약에 관한 의사표시를 수령할 수 있는 권한이 없다.
④ 甲은 丙에게 보험계약의 체결, 변경, 해지 등 보험계약에 관한 의사표시를 할 수 있는 권한이 없다.

정답 및 해설 ①

① 보험대리상 甲은 보험회사 乙이 작성한 영수증을 교부할 수 있고, 이 때 제1회 보험료를 수령할 수 있다.
② 보험대리상 甲은 보험회사 乙이 작성한 보험증권을 丙에게 교부할 수 있는 권한이 있다.
③④ 보험대리상 甲에게는 의사표시의 표시 및 수령할 권한이 없다.

6. 상법상 보험료의 지급 및 반환 등에 관한 설명으로 옳은 것은?

① 보험사고가 발생하기 전에 보험계약자가 계약을 해지한 경우 당사자간에 약정을 한 경우에 한해 보험계약자는 미경과보험료의 반환을 청구할 수 있다.
② 보험계약자가 계약체결 후 제1회 보험료를 지급하지 아니하는 경우 다른 약정이 없는 한 보험자가 계약성립 후 2월 이내에 그 계약을 해제하지 않으면 그 계약은 존속한다.
③ 계속보험료가 약정한 시기에 지급되지 아니한 때에는 보험자는 보험계약자에 대하여 최고 없이 그 계약을 해지할 수 있다.
④ 특정한 타인을 위한 보험의 경우에 보험계약자가 보험료의 지급을 지체한 때에는 보험자는 그 타인에게 상당한 기간을 정하여 보험료의 지급을 최고한 후가 아니면 그 계약을 해제 또는 해지하지 못한다.

정답 및 해설 ④

특정한 타인을 위한 보험의 경우에 보험계약자가 보험료의 지급을 지체한 때에는 보험자는 그 타인에게도 상당한 기간을 정하여 보험료의 지급을 최고한 후가 아니면 그 계약을 해제 또는 해지하지 못한다.

① 제649조(사고발생전의 임의해지) ① 보험사고가 발생하기 전에는 보험계약자는 언제든지 계약의 전부 또는 일부를 해지할 수 있다. ③ 제1항의 경우에는 보험계약자는 당사자간에 다른 약정이 없으면 미

경과보험료의 반환을 청구할 수 있다.

②③④ 제650조(보험료의 지급과 지체의 효과) ① 보험계약자는 계약체결 후 지체없이 보험료의 전부 또는 제1회 보험료를 지급하여야 하며, 보험계약자가 이를 지급하지 아니하는 경우에는 다른 약정이 없는 한 계약성립 후 2월이 경과하면 그 계약은 해제된 것으로 본다. ② 계속보험료가 약정한 시기에 지급되지 아니한 때에는 보험자는 상당한 기간을 정하여 보험계약자에게 최고하고 그 기간내에 지급되지 아니한 때에는 그 계약을 해지할 수 있다. ③ 특정한 타인을 위한 보험의 경우에 보험계약자가 보험료의 지급을 지체한 때에는 보험자는 그 타인에게도 상당한 기간을 정하여 보험료의 지급을 최고한 후가 아니면 그 계약을 해제 또는 해지하지 못한다.

7. 상법상 보험계약자가 부활을 청구할 수 있는 경우는 모두 몇 개인가? (단, 어느 경우든 해지환급금은 지급되지 않음)

○ 보험계약자가 계속보험료를 지급하지 않아 보험자가 계약을 해지한 경우
○ 피보험자의 고지의무 위반을 이유로 보험자가 계약을 해지한 경우
○ 위험이 현저하게 변경되어 보험자가 계약을 해지한 경우
○ 위험이 현저하게 증가하여 보험자가 계약을 해지한 경우

① 1개 ② 2개 ③ 3개 ④ 4개

정답 및 해설 ①

계속보험료의 지급지체 외 나머지 3개는 보험계약자의 책임(고지의무 위반), 위험변경증가의 통지의무 위반에 의해 보험자로부터 계약을 해지당한 경우로서 보험계약을 부활 청구할 수 없다.

제650조의2(보험계약의 부활) 제650조제2항(계속보험료의 미지급)에 따라 보험계약이 해지되고 해지환급금이 지급되지 아니한 경우에 보험계약자는 일정한 기간 내에 연체보험료에 약정이자를 붙여 보험자에게 지급하고 그 계약의 부활을 청구할 수 있다.

8. 상법상 고지의무에 관한 설명으로 옳은 것은?

① 보험수익자는 고지의무를 부담한다.
② 보험계약당시에 고지의무와 관련 보험자가 서면으로 질문한 사항은 중요한 사항으로 의제한다.
③ 고지의무자의 고지의무 위반을 이유로 보험자가 계약을 해지한 경우 보험자는 이미 받은 보험료의 전부를 반환하여야 한다.

④ 고지의무자가 고지의무를 위반한 사실이 보험사고 발생에 영향을 미치지 아니하였음이 증명된 경우 보험자는 보험금을 지급할 책임이 있다.

정답 및 해설 ④

고지의무(告知義務)를 위반한 사실 또는 위험이 현저하게 변경되거나 증가된 사실이 보험사고 발생에 영향을 미치지 아니하였음이 증명된 경우에는 보험금을 지급할 책임이 있다.

① 제651조(고지의무위반으로 인한 계약해지) 보험계약당시에 보험계약자 또는 피보험자가 고의 또는 중대한 과실로 인하여 중요한 사항을 고지하지 아니하거나 부실의 고지를 한 때에는 보험자는 그 사실을 안 날로부터 1월내에, 계약을 체결한 날로부터 3년내에 한하여 계약을 해지할 수 있다. 그러나 보험자가 계약당시에 그 사실을 알았거나 중대한 과실로 인하여 알지 못한 때에는 그러하지 아니하다.

② 제651조의2(서면에 의한 질문의 효력) 보험자가 서면으로 질문한 사항은 중요한 사항으로 추정한다.

③ 고지의무자의 귀책사유로 인한 해지이므로 이미 받은 보험료는 유효하고 반환하지 않는다.

④ 제655조(계약해지와 보험금청구권) 보험사고가 발생한 후라도 보험자가 제650조, 제651조, 제652조 및 제653조에 따라 계약을 해지하였을 때에는 보험금을 지급할 책임이 없고 이미 지급한 보험금의 반환을 청구할 수 있다. 다만, 고지의무(告知義務)를 위반한 사실 또는 위험이 현저하게 변경되거나 증가된 사실이 보험사고 발생에 영향을 미치지 아니하였음이 증명된 경우에는 보험금을 지급할 책임이 있다.

9. 상법상 보험계약 관련 소멸시효의 기간으로 옳은 것은?

① 보험금청구권: 2년 ② 보험료청구권: 3년
③ 보험료의 반환청구권: 2년 ④ 적립금의 반환청구권: 3년

정답 및 해설 ④

제662조(소멸시효) 보험금청구권은 3년간, 보험료 또는 적립금의 반환청구권은 3년간, 보험료청구권은 2년간 행사하지 아니하면 시효의 완성으로 소멸한다.

소멸시효

보험계약자(피보험자)의 권리 : 3년, 보험금청구권, 보험료의 반환청구권, 적립금의 반환청구권

보험자의 권리 : 2년, 보험료청구권

10. 상법상 손해보험증권에 관한 설명으로 옳지 않은 것은?

① 보험사고의 성질을 기재하여야 한다. ② 보험증권의 작성지를 기재하여야 한다.
③ 보험계약자가 기명날인하여야 한다. ④ 무효와 실권의 사유를 기재하여야 한다.

정답 및 해설 ③

보험자가 기명날인 또는 서명하여야 한다.

제666조(손해보험증권) 손해보험증권에는 다음의 사항을 기재하고 <u>보험자가 기명날인 또는 서명하여야 한다.</u>

1. 보험의 목적
2. <u>보험사고의 성질</u>
3. 보험금액
4. 보험료와 그 지급방법
5. 보험기간을 정한 때에는 그 시기와 종기
6. <u>무효와 실권의 사유</u>
7. 보험계약자의 주소와 성명 또는 상호
   7의2. 피보험자의 주소, 성명 또는 상호
8. 보험계약의 연월일
9. 보험증권의 작성지와 그 작성년월일

11. 상법상 초과보험에 관한 설명으로 옳은 것은?

① 보험자 또는 보험계약자는 보험료와 보험금액의 감액을 청구할 수 있다.
② 보험계약자가 청구한 보험료의 감액은 계약체결일부터 소급하여 그 효력이 있다.
③ 보험가액이 보험기간 중에 현저하게 감소된 때에도 보험계약자는 보험료의 감액을 청구할 수 없다.
④ 보험계약자의 사기로 인하여 체결된 초과보험의 경우 보험자는 그 계약을 체결한날부터 1월내에 계약을 해지할 수 있다.

정답 및 해설 ①

보험자 또는 보험계약자는 보험료와 보험금액의 감액을 청구할 수 있다

①② **제669조(초과보험)** ① 보험금액이 보험계약의 목적의 가액을 현저하게 초과한 때에는 <u>보험자 또는 보험계약자는 보험료와 보험금액의 감액을 청구할 수 있다.</u> 그러나 <u>보험료의 감액은 장래에 대하여서만 그 효력이 있다.</u> ② 제1항의 가액은 계약당시의 가액에 의하여 정한다.

③ 보험가액이 보험기간 중에 현저하게 감소된 때에도 제1항과 같다.
④ 제1항의 경우에 계약이 보험계약자의 사기로 인하여 체결된 때에는 그 계약은 무효로 한다. 그러나 보험자는 그 사실을 안 때까지의 보험료를 청구할 수 있다.(특별한 해지 절차 불필요)

12. 상법상 보험가액에 관한 설명으로 옳지 않은 것은?

① 보험가액이란 피보험이익을 금전적으로 산정 또는 평가한 액수이다.
② 당사자간에 보험가액을 정한 때에는 그 가액은 사고발생시의 가액으로 정한 것으로 본다.
③ 당사자간에 보험가액을 정하지 아니한 때에는 사고발생시의 가액을 보험가액으로한다.
④ 기평가보험에서 당사자간에 정한 보험가액이 사고발생시의 가액을 현저하게 초과할때에는 사고발생시의 가액을 보험가액으로 한다.

정답 및 해설 ②

당사자간에 보험가액을 정한 때에는 그 가액은 사고발생시의 가액으로 정한 것으로 추정한다.
②④ 제670조(기평가보험) 당사자간에 보험가액을 정한 때에는 그 가액은 사고발생시의 가액으로 정한 것으로 추정한다. 그러나 그 가액이 사고발생시의 가액을 현저하게 초과할 때에는 사고발생시의 가액을 보험가액으로 한다.
③ 제671조(미평가보험) 당사자간에 보험가액을 정하지 아니한 때에는 사고발생시의 가액을 보험가액으로 한다.

13. 상법상 손해보험계약에서 보험금액의 지급에 관한 설명으로 옳지 않은 것은?

① 보험자는 보험금액의 지급에 관하여 약정기간이 있는 경우에는 그 기간내에 지급할 보험금액을 정하여야 한다.
② 보험사고가 전쟁으로 인하여 생긴 때에도 당사자간에 다른 약정이 없으면 보험자는 보험금액을 지급할 책임이 있다.
③ 보험사고가 피보험자의 중대한 과실로 인하여 생긴 때에는 보험자는 보험금액을 지급할 책임이 없다.
④ 보험자는 보험금액의 지급에 관하여 약정기간이 없는 경우에는 보험사고 발생의 통지를 받은 후 지체없이 지급할 보험금액을 정하고 그 정하여진 날부터 10일내에 피보

험자에게 보험금액을 지급하여야 한다.

정답 및 해설 ②

보험사고가 전쟁 기타의 변란으로 인하여 생긴 때에는 당사자간에 다른 약정이 없으면 보험자는 보험금액을 지급할 책임이 없다.

② 제660조(전쟁위험 등으로 인한 면책) 보험사고가 전쟁 기타의 변란으로 인하여 생긴 때에는 <u>당사자간에 다른 약정이 없으면 보험자는 보험금액을 지급할 책임이 없다.</u>
③ 제659조(보험자의 면책사유) ① 보험사고가 보험계약자 또는 피보험자나 보험수익자의 고의 또는 중대한 과실로 인하여 생긴 때에는 보험자는 보험금액을 지급할 책임이 없다.
④ 제658조(보험금액의 지급) 보험자는 보험금액의 지급에 관하여 약정기간이 있는 경우에는 그 기간내에 <u>약정기간이 없는 경우에는 제657조제1항의 통지를 받은 후 지체없이 지급할 보험금액을 정하고 그 정하여진 날부터 10일내에</u> 피보험자 또는 보험수익자에게 보험금액을 지급하여야 한다.

14. 상법 제663조(보험계약자 등의 불이익변경금지) 규정이다. ( )에 들어갈 내용은?

이 편의 규정은 당사자간의 특약으로 보험계약자 또는 피보험자나 보험수익자의 불이익으로 변경하지 못한다. 그러나 (ㄱ) 및 (ㄴ) 기타 이와 유사한 보험의경우에는 그러하지 아니하다.

① ㄱ: 책임보험, ㄴ: 해상보험 ② ㄱ: 책임보험, ㄴ: 화재보험
③ ㄱ: 재보험, ㄴ: 해상보험   ④ ㄱ: 재보험, ㄴ: 화재보험

정답 및 해설 ③

제663조(보험계약자 등의 불이익변경금지) 이 편의 규정은 당사자간의 특약으로 보험계약자 또는 피보험자나 보험수익자의 불이익으로 변경하지 못한다. 그러나 재보험 및 해상보험 기타 이와 유사한 보험의 경우에는 그러하지 아니하다.

15. 상법상 보험기간 중에 사고발생의 위험이 현저하게 변경 또는 증가된 경우에 관한 설명으로 옳은 것은?

① 보험수익자가 사고발생의 위험이 현저하게 변경된 사실을 안 때에는 지체없이 보험자

에게 통지하여야 한다.
② 통지의무자가 사고발생의 위험이 현저하게 증가된 사실의 통지를 해태한 때에는 보험자는 그 사실을 안 날부터 3월내에 한하여 계약을 해지할 수 있다.
③ 보험수익자의 중대한 과실로 인하여 사고발생의 위험이 현저하게 증가된 때에는 보험자는 그 사실을 안 날부터 2월내에 계약을 해지할 수 있다.
④ 보험자가 사고발생의 위험변경증가의 통지를 받은 때에는 1월내에 보험료의 증액을 청구할 수 있다.

정답 및 해설 ④

보험기간 중에 보험계약자 또는 피보험자가 사고발생의 위험이 현저하게 변경 또는 증가된 사실을 안 때에는 지체없이 보험자에게 통지하여야 한다.

①②④ 제652조(위험변경증가의 통지와 계약해지) ① 보험기간 중에 보험계약자 또는 피보험자가 사고발생의 위험이 현저하게 변경 또는 증가된 사실을 안 때에는 지체없이 보험자에게 통지하여야 한다. 이를 해태한 때에는 보험자는 그 사실을 안 날로부터 1월내에 한하여 계약을 해지할 수 있다. ② 보험자가 제1항의 위험변경증가의 통지를 받은 때에는 1월내에 보험료의 증액을 청구하거나 계약을 해지할 수 있다.

③ 제653조(보험계약자 등의 고의나 중과실로 인한 위험증가와 계약해지) 보험기간 중에 보험계약자, 피보험자 또는 보험수익자의 고의 또는 중대한 과실로 인하여 사고발생의 위험이 현저하게 변경 또는 증가된 때에는 보험자는 그 사실을 안 날부터 1월내에 보험료의 증액을 청구하거나 계약을 해지할 수 있다.

16. 상법상 보험계약 해지 및 보험사고 발생에 관한 설명으로 옳지 않은 것은?

① 보험자가 파산의 선고를 받은 때에는 보험계약자는 계약을 해지할 수 있다.
② 보험수익자는 보험사고의 발생을 안 때에는 지체없이 보험계약자에게 그 통지를 발송하여야 한다.
③ 보험계약자가 사고발생의 통지의무를 해태함으로 인하여 손해가 증가된 때에는 보험자는 그 증가된 손해를 보상할 책임이 없다.
④ 보험자의 파산선고에도 불구하고 보험계약자가 해지하지 아니한 보험계약은 파산선고 후 3월을 경과한 때에는 그 효력을 잃는다.

정답 및 해설 ②

보험계약자 또는 피보험자나 보험수익자는 보험사고의 발생을 안 때에는 지체없이 보험자에게 그 통지를 발송하여야 한다.

①④ 제654조(보험자의 파산선고와 계약해지) ① 보험자가 파산의 선고를 받은 때에는 보험계약자는 계약을 해지할 수 있다. ② 제1항의 규정에 의하여 해지하지 아니한 보험계약은 파산선고 후 3월을 경과한 때에는 그 효력을 잃는다.

②③ 제657조(보험사고발생의 통지의무) ① 보험계약자 또는 피보험자나 보험수익자는 보험사고의 발생을 안 때에는 지체없이 보험자에게 그 통지를 발송하여야 한다. ② 보험계약자 또는 피보험자나 보험수익자가 제1항의 통지의무를 해태함으로 인하여 손해가 증가된 때에는 보험자는 그 증가된 손해를 보상할 책임이 없다.

17. 상법상 손해보험에 관한 설명으로 옳은 것은?

① 보험자는 보험사고로 인하여 생길 보험수익자의 재산상의 손해를 보상할 책임이 있다.
② 보험사고로 인하여 상실된 피보험자가 얻을 이익이나 보수는 보험자가 보상할 손해액에 산입한다.
③ 대리인에 의하여 손해보험계약을 체결한 경우에 대리인이 안 사유는 그 본인이 안 것과 동일한 것으로 할 수 없다.
④ 보험계약은 금전으로 산정할 수 있는 이익에 한하여 보험계약의 목적으로 할 수 있다.

정답 및 해설 ④

보험계약은 금전으로 산정할 수 있는 이익에 한하여 보험계약의 목적으로 할 수 있다.

① 제665조(손해보험자의 책임) 손해보험계약의 보험자는 보험사고로 인하여 생길 피보험자의 재산상의 손해를 보상할 책임이 있다.
② 제667조(상실이익 등의 불산입) 보험사고로 인하여 상실된 피보험자가 얻을 이익이나 보수는 당사자간에 다른 약정이 없으면 보험자가 보상할 손해액에 산입하지 아니한다.
③ 제646조(대리인이 안 것의 효과) 대리인에 의하여 보험계약을 체결한 경우에 대리인이 안 사유는 그 본인이 안 것과 동일한 것으로 한다.
④ 제668조(보험계약의 목적) 보험계약은 금전으로 산정할 수 있는 이익에 한하여 보험계약의 목적으로 할 수 있다.

18. 상법상 손해보험에서 중복보험에 관한 설명으로 옳지 않은 것은?

① 중복보험은 동일한 보험계약의 목적과 동일한 사고에 관하여 수개의 보험계약이 동시

> 에 또는 순차로 체결되는 방식으로 성립할 수 있다.
> ② 중복보험에서 그 보험금액의 총액이 보험가액을 초과한 때에는 보험자는 각자의 보험금액의 한도에서 연대책임을 지며 이 경우 각 보험자의 보상책임은 각자의 보험금액의 비율에 따른다.
> ③ 보험계약자의 사기로 인하여 중복보험 계약이 체결된 경우 보험자는 그 사실을 안 때까지의 보험료를 청구할 수 없다.
> ④ 보험자 1인에 대한 권리의 포기는 다른 보험자의 권리의무에 영향을 미치지 아니한다.

정답 및 해설 ③

중복보험에서 계약이 보험계약자의 사기로 인하여 체결된 때에는 그 계약은 무효로 한다. 그러나 보험자는 그 사실을 안 때까지의 보험료를 청구할 수 있다.

- ①②③ 제672조(중복보험) ① 동일한 보험계약의 목적과 동일한 사고에 관하여 수개의 보험계약이 동시에 또는 순차로 체결된 경우에 그 보험금액의 총액이 보험가액을 초과한 때에는 보험자는 각자의 보험금액의 한도에서 연대책임을 진다. 이 경우에는 각 보험자의 보상책임은 각자의 보험금액의 비율에 따른다. ②동일한 보험계약의 목적과 동일한 사고에 관하여 수개의 보험계약을 체결하는 경우에는 보험계약자는 각 보험자에 대하여 각 보험계약의 내용을 통지하여야 한다. ③ 제669조제4항의 규정은 제1항의 보험계약에 준용한다.
- ※ **제669조제4항의 규정** : 계약이 보험계약자의 사기로 인하여 체결된 때에는 그 계약은 무효로 한다. 그러나 보험자는 그 사실을 안 때까지의 보험료를 청구할 수 있다.
- ④ 제673조(중복보험과 보험자 1인에 대한 권리포기) 제672조의 규정에 의한 수개의 보험계약을 체결한 경우에 보험자 1인에 대한 권리의 포기는 다른 보험자의 권리의무에 영향을 미치지 아니한다.

19. 상법상 손해보험에서 일부보험에 관한 설명으로 옳은 것은?

> ① 일부보험이란 보험가액이 보험금액에 미달되는 경우를 말한다.
> ② 당사자간에 다른 약정이 없는 한 보험자는 보험가액의 보험금액에 대한 비율에 따라 보상할 책임을 진다.
> ③ 보험자는 보험금액의 한도내에서 그 손해를 전부 보상할 책임을 지는 내용의 약정을 할 수 있다.
> ④ 전부보험계약 체결 후 물가 등귀로 인하여 보험가액이 현저히 인상되더라도 일부보험은 발생하지 아니한다.

정답 및 해설 ③

전부보상의 약정 : 보험금액 한도내에서 약정 가능

① 일부보험 : 보험금액이 보험가액의 일부인 경우
② **제674조(일부보험)** 보험가액의 일부를 보험에 붙인 경우에는 보험자는 보험금액의 보험가액에 대한 비율에 따라 보상할 책임을 진다. 그러나 당사자간에 다른 약정이 있는 때에는 보험자는 보험금액의 한도내에서 그 손해를 보상할 책임을 진다.
④ 장래의 보험가액 변동에 따라 일부보험 또는 초과보험이 될 수 있다.

20. **상법상 손해보험에서 손해액의 산정기준 등에 관한 설명으로 옳지 않은 것은?**

① 보험자가 보상할 손해액의 산정에 관한 비용은 보험자의 부담으로 한다.
② 당사자간에 다른 약정이 없는 경우 보험자가 보상할 손해액은 그 손해가 발생한 때의 보험계약 체결지의 가액에 의하여 산정한다.
③ 당사자간의 약정에 의하여 보험의 목적의 신품가액에 의하여 손해액을 산정할 수 있다.
④ 보험의 목적의 성질, 하자 또는 자연소모로 인한 손해는 보험자가 이를 보상할 책임이 없다.

정답 및 해설 ②

보험자가 보상할 손해액은 그 손해가 발생한 때와 곳의 가액에 의하여 산정한다.
①②③ **제676조(손해액의 산정기준)** ① 보험자가 보상할 손해액은 그 손해가 발생한 때와 곳의 가액에 의하여 산정한다. 그러나 당사자간에 다른 약정이 있는 때에는 그 신품가액에 의하여 손해액을 산정할 수 있다. ② 제1항의 손해액의 산정에 관한 비용은 보험자의 부담으로 한다.
④ **제678조(보험자의 면책사유)** 보험의 목적의 성질, 하자 또는 자연소모로 인한 손해는 보험자가 이를 보상할 책임이 없다.

21. **甲이 자기 소유 건물에 대하여 A보험회사와 화재보험을 체결한 경우에 관한 설명으로 옳지 않은 것은?**

① A보험회사가 甲으로부터 보험료의 지급을 받지 아니한 잔액이 있더라도 그 지급기일이 아직 도래하지 아니한 때에는, A보험회사는 甲에게 손해를 보상할 경우에 보상할 금액에서 그 잔액을 공제하여서는 아니된다.

② A보험회사는 보험사고로 인하여 부담할 책임에 대하여 다른 보험자와 재보험계약을 체결할 수 있다.
③ 甲이 보험의 목적인 건물을 乙에게 양도한 때에는 乙은 보험계약상의 권리와 의무를 승계한 것으로 추정한다.
④ 甲이 보험의 목적인 건물을 乙에게 양도한 경우 甲 또는 乙은 A보험회사에 대하여 지체없이 그 사실을 통지하여야 한다.

정답 및 해설 ①

보험자가 손해를 보상할 경우에 보험료의 지급을 받지 아니한 잔액이 있으면 그 지급기일이 도래하지 아니한 때라도 보상할 금액에서 이를 공제할 수 있다.

① 제677조(보험료체납과 보상액의 공제) 보험자가 손해를 보상할 경우에 보험료의 지급을 받지 아니한 잔액이 있으면 그 지급기일이 도래하지 아니한 때라도 보상할 금액에서 이를 공제할 수 있다.
② 제661조(재보험) 보험자는 보험사고로 인하여 부담할 책임에 대하여 다른 보험자와 재보험계약을 체결할 수 있다. 이 재보험계약은 원보험계약의 효력에 영향을 미치지 아니한다.
③④ 제679조(보험목적의 양도) ① 피보험자가 보험의 목적을 양도한 때에는 양수인은 보험계약상의 권리와 의무를 승계한 것으로 추정한다. ② 제1항의 경우에 보험의 목적의 양도인 또는 양수인은 보험자에 대하여 지체없이 그 사실을 통지하여야 한다.

22. 다음 사례와 관련하여 손해방지의무 등에 관한 설명으로 옳지 않은 것은?

> 甲은 乙이 소유한 창고(시가 1억원)에 대하여 A보험회사와 화재보험계약(보험금액 1억원) 하였다. 이후 보험기간 중 해당 창고에 화재가 발생하였는데 화재사고 당시 甲은 창고의 인한 손해방지를 위한 비용을 1천만원 지출하였고, 乙은 창고의 연소로 인한 손해의 경감여 비용을 3천만원 지출하였다.

① 甲과 乙 모두 손해의 방지와 경감을 위하여 노력하여야 한다.
② 甲이 지출한 1천만원이 손해방지를 위하여 필요하였던 비용일 경우 A보험회사는 甲이 지출한 1천만원의 비용을 부담한다.
③ 乙이 지출한 3천만원이 손해경감을 위하여 유익하였던 비용일 경우 A보험회사는 乙이 지출한 3천만원의 비용을 부담한다.
④ 위 사고로 인하여 乙에 대한 보상액이 8천만원으로 책정될 경우 A보험회사는 甲 및 乙이 지출한 비용과 보상액을 합쳐서 1억원의 한도에서 부담한다.

정답 및 해설 ④

제680조(손해방지의무) ①보험계약자와 피보험자는 손해의 방지와 경감을 위하여 노력하여야 한다. 그러나 이를 위하여 필요 또는 유익하였던 비용과 보상액이 보험금액을 초과한 경우라도 보험자가 이를 부담한다.

23. 다음 사례와 관련하여 보험자대위에 관한 설명으로 옳은 것은?

> 보리 농사를 대규모로 영위하는 甲은 금년에 수확하여 팔고 남은 보리를 자신의 창고에 보관하면서, 해당 보리 재고를 보험목적으로 하고 자신을 피보험자로 하는 화재보험계약을 A보험회사와 체결하였다. 그런데 甲의 창고를 방문한 乙이 화재를 일으켰고 그 결과 위 보리 재고가 전소되었다. 이에 A보험회사는 甲에게 보험금을 전액 지급하였다.
>
> ① 중과실로 화재를 일으킨 乙이 甲의 이웃집 친구일 경우, A보험회사는 乙에게 보험금 지급사실의 통지를 발송하는 시점에 乙에 대한 甲의 권리를 취득한다.
> ② 경과실로 화재를 일으킨 乙이 甲의 거래처 지인일 경우, A보험회사는 그 지급한 금액의 한도에서 乙에 대한 甲의 권리를 취득한다.
> ③ 중과실로 화재를 일으킨 乙이 甲과 생계를 달리 하는 자녀일 경우, A보험회사는 乙에 대한 甲의 권리를 취득하지 못한다.
> ④ 고의로 방화한 乙이 甲과 생계를 같이 하는 배우자일 경우, A보험회사는 乙에 대한 甲의 권리를 취득하지 못한다.

정답 및 해설 ②

손해가 제3자의 행위로 인하여 발생한 경우에 보험금을 지급한 보험자는 그 지급한 금액의 한도에서 그 제3자에 대한 보험계약자 또는 피보험자의 권리를 취득한다.

①②③④ 제682조(제3자에 대한 보험대위) ① 손해가 제3자의 행위로 인하여 발생한 경우에 보험금을 지급한 보험자는 그 지급한 금액의 한도에서 그 제3자에 대한 보험계약자 또는 피보험자의 권리를 취득한다.(보험금 지급과 동시에 별도의 의사표시 없이 대위권 취득) ② 보험계약자나 피보험자의 제1항에 따른 권리가 그와 생계를 같이 하는 가족에 대한 것인 경우 보험자는 그 권리를 취득하지 못한다. 다만, 손해가 그 가족의 고의로 인하여 발생한 경우에는 그러하지 아니하다.

24. 상법상 화재보험계약에 관한 설명으로 옳지 않은 것은?

① 보험자는 화재와 상당인과관계에 있는 손해를 보상하여야 한다.
② 보험자는 화재의 소방 또는 손해의 감소에 필요한 조치로 인하여 생긴 손해를 보상할 책임이 있다.
③ 동일한 건물에 관한 화재보험계약일 경우 그 소유자와 담보권자가 갖는 피보험이익은 같다.
④ 연소 작용이 아닌 열의 작용으로 발생한 손해는 보험자가 보상하지 아니한다.

정답 및 해설 ③

③ 화재보험에서 피보험이익은 동일한 목적물이라고 하더라도 피보험자의 지위에 따라 소유자 이익, 임차인 이익, 담보권자의 이익 등이 될 수 있다. 피보험이익이 명확하지 않은 경우에는 소유자 이익으로 본다.
④ 제683조(화재보험자의 책임) 화재보험계약의 보험자는 화재로 인하여 생길 손해를 보상할 책임이 있다.
② 제684조(소방 등의 조치로 인한 손해의 보상) 보험자는 화재의 소방 또는 손해의 감소에 필요한 조치로 인하여 생긴 손해를 보상할 책임이 있다.

※ 화재보험사고

화재보험의 보험사고는 '화재'이다. 화재란 화력의 연소작용에 의한 재해인데 피보험자의 재산에 실질적인 발화가 요구된다. 화재로 인한 사고로부터 손해가 있어야 하는데 보험자가 보상책임을 지는 손해는 화재와 상당인과관계가 있는 모든 손해를 포함한다. 직접적인 손해뿐만 아니라 인과관계가 있는 간접손해도 포함한다.

25. **상법상 집합된 물건을 일괄하여 화재보험의 목적으로 한 경우 해당 화재보험에 관한 설명으로 옳은 것을 모두 고른 것은?**

> ㄱ. 집합된 물건에 피보험자의 가족의 물건이 있는 경우 해당 물건도 보험의 목적에 포함된 것으로 한다.
> ㄴ. 집합된 물건에 피보험자의 사용인의 물건이 있는 경우 그 보험은 그 사용인을 위하여서도 체결한 것으로 본다.
> ㄷ. 보험의 목적에 속한 물건이 보험기간 중에 수시로 교체된 경우 보험계약의 체결 시에 현존한 물건은 그 보험의 목적에 포함된 것으로 한다.

① ㄱ, ㄴ ② ㄱ, ㄷ ③ ㄴ, ㄷ ④ ㄱ, ㄴ, ㄷ

정답 및 해설 ①

ㄱ, ㄴ. 제686조(집합보험의 목적) 집합된 물건을 일괄하여 보험의 목적으로 한 때에는 피보험자의 가족과

　　　사용인의 물건도 보험의 목적에 포함된 것으로 한다. 이 경우에는 그 보험은 그 가족 또는 사용인을 위하여서도 체결한 것으로 본다.

ㄷ. **제687조(동전)** 집합된 물건을 일괄하여 보험의 목적으로 한 때에는 그 목적에 속한 물건이 보험기간 중에 수시로 교체된 경우에도 보험사고의 발생 시에 현존한 물건은 보험의 목적에 포함된 것으로 한다.

농어업재해보험법령 및 규정

26. 농어업재해보험법상 용어의 정의로 옳지 않은 것은?

① "농업재해"란 농작물·임산물·가축 및 농업용 시설물에 발생하는 자연재해·병충해·조수해(鳥獸害)·질병 또는 화재를 말한다.
② "농어업재해보험"이란 농어업재해로 발생하는 재산 피해에 따른 손해를 보상하기 위한 보험을 말한다.
③ "보험금"이란 보험가입자와 보험사업자 간의 약정에 따라 보험가입자가 보험사업자에게 내야 하는 금액을 말한다.
④ "보험가입금액"이란 보험가입자의 재산 피해에 따른 손해가 발생한 경우 보험에서 최대로 보상할 수 있는 한도액으로서 보험가입자와 보험사업자 간에 약정한 금액을 말한다.

정답 및 해설 ③

"보험료"란 보험가입자와 보험사업자 간의 약정에 따라 보험가입자가 보험사업자에게 내야 하는 금액을 말한다.

제2조(정의) 이 법에서 사용하는 용어의 뜻은 다음과 같다.

1. "농어업재해"란 농작물·임산물·가축 및 농업용 시설물에 발생하는 자연재해·병충해·조수해(鳥獸害)·질병 또는 화재(이하 "농업재해"라 한다)와 양식수산물 및 어업용 시설물에 발생하는 자연재해·질병 또는 화재(이하 "어업재해"라 한다)를 말한다.
2. "농어업재해보험"이란 농어업재해로 발생하는 재산 피해에 따른 손해를 보상하기 위한 보험을 말한다.
3. "보험가입금액"이란 보험가입자의 재산 피해에 따른 손해가 발생한 경우 보험에서 최대로 보상할 수 있는 한도액으로서 보험가입자와 보험사업자 간에 약정한 금액을 말한다.
4. "보험료"란 보험가입자와 보험사업자 간의 약정에 따라 보험가입자가 보험사업자에게 내야 하는 금액을 말한다.

5. "보험금"이란 보험가입자에게 재해로 인한 재산 피해에 따른 손해가 발생한 경우 보험가입자와 보험사업자 간의 약정에 따라 보험사업자가 보험가입자에게 지급하는 금액을 말한다.
6. "시범사업"이란 농어업재해보험사업(이하 "재해보험사업"이라 한다)을 전국적으로 실시하기 전에 보험의 효용성 및 보험 실시 가능성 등을 검증하기 위하여 일정 기간 제한된 지역에서 실시하는 보험사업을 말한다.

27. 농어업재해보험법령상 농업재해보험심의회에 관한 설명으로 옳지 않은 것은?

① 심의회는 위원장 및 부위원장 각 1명을 포함한 21명 이내의 위원으로 구성한다.
② 심의회의 위원장은 농림축산식품부장관이 위촉한다.
③ 심의회는 그 심의 사항을 검토·조정하고, 심의회의 심의를 보조하게 하기 위하여 심의회에 분과위원회를 둘 수 있다.
④ 심의회의 회의는 재적위원 과반수의 출석으로 개의(開議)하고, 출석위원 과반수의 찬성으로 의결한다.

정답 및 해설 ②

심의회의 위원장은 각각 농림축산식품부차관 및 해양수산부차관으로 한다.

제3조(심의회) ① 이 법에 따른 재해보험 및 농어업재해재보험(이하 "재보험"이라 한다)에 관한 다음 각 호의 사항을 심의하기 위하여 농림축산식품부장관 소속으로 농업재해보험심의회를 두고, 해양수산부장관 소속으로 어업재해보험심의회를 둔다.
② 심의회는 위원장 및 부위원장 각 1명을 포함한 21명 이내의 위원으로 구성한다.
③ 심의회의 위원장은 각각 농림축산식품부차관 및 해양수산부차관으로 하고, 부위원장은 위원 중에서 호선(互選)한다.
⑥ 심의회는 그 심의 사항을 검토·조정하고, 심의회의 심의를 보조하게 하기 위하여 심의회에 분과위원회를 둘 수 있다.

시행령 제3조(회의) ③ 심의회의 회의는 재적위원 과반수의 출석으로 개의(開議)하고, 출석위원 과반수의 찬성으로 의결한다.

28. 농어업재해보험법상 재해보험에 관한 설명으로 옳지 않은 것은?

① 재해보험에서 보상하는 재해의 범위는 해당 재해의 발생 빈도, 피해 정도 및 객관적인 손해평가방법 등을 고려하여 재해보험의 종류별로 대통령령으로 정한다.

② 양식수산업에 종사하는 법인은 재해보험에 가입할 수 없다.
③「수산업협동조합법」에 따른 수산업협동조합중앙회는 재해보험사업을 할 수 있다.
④ 정부는 재해보험에서 보상하는 재해의 범위를 확대하기 위하여 노력하여야 한다.

정답 및 해설 ②

재해보험에 가입할 수 있는 자는 농림업, 축산업, 양식수산업에 종사하는 개인 또는 법인으로 하고, 구체적인 보험가입자의 기준은 대통령령으로 정한다.

①④ **제6조(보상의 범위 등)** ① 재해보험에서 보상하는 재해의 범위는 해당 재해의 발생 빈도, 피해 정도 및 객관적인 손해평가방법 등을 고려하여 재해보험의 종류별로 대통령령으로 정한다. ② 정부는 재해보험에서 보상하는 재해의 범위를 확대하기 위하여 노력하여야 한다.

② **제7조(보험가입자)** 재해보험에 가입할 수 있는 자는 농림업, 축산업, 양식수산업에 종사하는 <u>개인 또는 법인</u>으로 하고, 구체적인 보험가입자의 기준은 대통령령으로 정한다.

③ **제8조(보험사업자)** ① 재해보험사업을 할 수 있는 자는 다음 각 호와 같다.

1. 삭제 〈2011. 3. 31.〉
2. <u>「수산업협동조합법」에 따른 수산업협동조합중앙회</u>(이하 "수협중앙회"라 한다)

2의2. 「산림조합법」에 따른 산림조합중앙회

3. 「보험업법」에 따른 보험회사

29. 농어업재해보험법상 보험료율의 산정에 관한 내용이다. ( )에 들어갈 용어는?

> 농림축산식품부장관 또는 해양수산부장관과 재해보험사업의 약정을 체결한 자는 재해보험의 보험료율을 객관적이고 합리적인 통계자료를 기초로 하여 (ㄱ) 또는 (ㄴ)로 산정하되, 행정구역과 권역의 구분에 따른 단위로 산정하여야 한다.
>
> ① ㄱ: 보험목적물별, ㄴ: 보상방식별
> ② ㄱ: 보상방식별, ㄴ: 보험종류별
> ③ ㄱ: 보험종류별, ㄴ: 보험가입금액별
> ④ ㄱ: 보험가입금액별, ㄴ: 보험료별

정답 및 해설 ①

제9조(보험료율의 산정) ① 제8조제2항에 따라 농림축산식품부장관 또는 해양수산부장관과 재해보험사업의 약정을 체결한 자(이하 "재해보험사업자"라 한다)는 재해보험의 보험료율을 객관적이고 합리적인 통계자료를 기초로 하여 <u>보험목적물별 또는 보상방식별로 산정</u>하되, 다음 각 호의 구분에 따른 단위로 산정하

여야 한다.

30. 농어업재해보험법령상 농작물재해보험 손해평가인의 자격요건에 관한 내용의 일부이다. ( )에 들어갈 숫자는?

> 「보험업법」에 따른 보험회사의 임직원이나 「농업협동조합법」에 따른 중앙회와 조합의 임직원으로 영농 지원 또는 보험·공제 관련 업무를 (ㄱ)년 이상 담당하였거나 손해평가 업무를 (ㄴ)년 이상 담당한 경력이 있는 사람
>
> ① ㄱ: 2, ㄴ: 1 ② ㄱ: 1, ㄴ: 2 ③ ㄱ: 3, ㄴ: 2 ④ ㄱ: 2, ㄴ: 3

정답 및 해설 ③

시행규칙 제12조(손해평가인의 자격요건 등) ① 법 제11조에 따른 손해평가인으로 위촉될 수 있는 사람의 자격요건은 [별표 2]와 같다.

농작물재해보험 손해평가인 자격요건

5. 「보험업법」에 따른 보험회사의 임직원이나 「농업협동조합법」에 따른 중앙회와 조합의 임직원으로 영농 지원 또는 보험·공제 관련 업무를 3년 이상 담당하였거나 손해평가 업무를 2년 이상 담당한 경력이 있는 사람

31. 농어업재해보험법령상 손해평가사의 시험 등에 관한 설명으로 옳은 것은?

> ① 금융감독원에서 손해사정 관련 업무에 2년 종사한 경력이 있는 사람에게는 손해평가사 자격시험 과목의 일부를 면제할 수 있다.
> ② 농림축산식품부장관은 부정한 방법으로 시험에 응시한 사람에 대하여는 그 시험을 정지시키고 그 처분 사실을 14일 이내에 알려야 한다.
> ③ 농림축산식품부장관은 시험에서 부정한 행위를 한 사람에 대하여는 그 시험을 취소하고 그 처분 사실을 7일 이내에 알려야 한다.
> ④ 손해평가사는 다른 사람에게 그 명의를 사용하게 하거나 다른 사람에게 그 자격증을 대여해서는 아니 된다.

정답 및 해설 ④

① 2년 → 3년

② 14일 이내 -> 지체없이

③ 7일 이내 -> 지체없이

제11조의4(손해평가사의 시험 등) ① 손해평가사가 되려는 사람은 농림축산식품부장관이 실시하는 손해평가사 자격시험에 합격하여야 한다. ② 보험목적물 또는 관련 분야에 관한 전문 지식과 경험을 갖추었다고 인정되는 <u>대통령령으로 정하는 기준</u>에 해당하는 사람에게는 손해평가사 자격시험 과목의 일부를 면제할 수 있다.

> **시행령 제12조의5(손해평가사 자격시험의 일부 면제)** ① 법 제11조의4제2항에서 "대통령령으로 정하는 기준에 해당하는 사람"이란 다음 각 호의 어느 하나에 해당하는 사람을 말한다.
>
> 1. 법 제11조제1항에 따른 손해평가인으로 위촉된 기간이 3년 이상인 사람으로서 손해평가 업무를 수행한 경력이 있는 사람
>
> 2. 「보험업법」 제186조에 따른 손해사정사
>
> 3. **다음 각 목의 기관 또는 법인에서 <u>손해사정 관련 업무에 3년 이상 종사한 경력이 있는 사람</u>**
>
> 가. 「금융위원회의 설치 등에 관한 법률」에 따라 설립된 <u>금융감독원</u>
>
> 나. 「농업협동조합법」에 따른 농업협동조합중앙회. 이 경우 법률 제10522호 농업협동조합법 일부개정법률 제134조의5의 개정규정에 따라 농협손해보험이 설립되기 전까지의 농업협동조합중앙회에 한정한다.
>
> 다. 「보험업법」 제4조에 따른 허가를 받은 손해보험회사
>
> 라. 「보험업법」 제175조에 따라 설립된 손해보험협회
>
> 마. 「보험업법」 제187조제2항에 따른 손해사정을 업(業)으로 하는 법인
>
> 바. 「화재로 인한 재해보상과 보험가입에 관한 법률」 제11조에 따라 설립된 한국화재보험협회

③ 농림축산식품부장관은 다음 각 호의 어느 하나에 해당하는 사람에 대하여는 그 시험을 정지시키거나 무효로 하고 <u>그 처분 사실을 지체 없이 알려야</u> 한다. 〈신설 2015. 8. 11.〉

1. 부정한 방법으로 시험에 응시한 사람

2. 시험에서 부정한 행위를 한 사람

④ 다음 각 호에 해당하는 사람은 그 처분이 있은 날부터 2년이 지나지 아니한 경우 제1항에 따른 손해평가사 자격시험에 응시하지 못한다.

1. 제3항에 따라 정지·무효 처분을 받은 사람

2. 제11조의5에 따라 손해평가사 자격이 취소된 사람

⑤ 제1항 및 제2항에 따른 손해평가사 자격시험의 실시, 응시수수료, 시험과목, 시험과목의 면제, 시험방법, 합격기준 및 자격증 발급 등에 필요한 사항은 대통령령으로 정한다.

⑥ <u>손해평가사는 다른 사람에게 그 명의를 사용하게 하거나 다른 사람에게 그 자격증을 대여해서는 아니된다.</u>

⑦ 누구든지 손해평가사의 자격을 취득하지 아니하고 그 명의를 사용하거나 자격증을 대여받아서는 아니되며, 명의의 사용이나 자격증의 대여를 알선해서도 아니 된다.

32. 농어업재해보험법령상 손해평가사의 자격취소 사유에 해당하지 않은 것은?

① 심신장애로 인하여 직무를 수행할 수 없게 된 경우
② 거짓으로 손해평가를 한 경우
③ 업무정지 기간 중에 손해평가 업무를 수행한 경우
④ 손해평가사의 자격을 거짓 또는 부정한 방법으로 취득한 경우

정답 및 해설 ①

제11조의5(손해평가사의 자격 취소) ① 농림축산식품부장관은 다음 각 호의 어느 하나에 해당하는 사람에 대하여 손해평가사 자격을 취소할 수 있다. 다만, 제1호 및 제5호에 해당하는 경우에는 자격을 취소하여야 한다.

1. 손해평가사의 자격을 거짓 또는 부정한 방법으로 취득한 사람
2. 거짓으로 손해평가를 한 사람
3. 제11조의4제6항을 위반하여 다른 사람에게 손해평가사의 명의를 사용하게 하거나 그 자격증을 대여한 사람
4. 제11조의4제7항을 위반하여 손해평가사 명의의 사용이나 자격증의 대여를 알선한 사람
5. 업무정지 기간 중에 손해평가 업무를 수행한 사람

② 제1항에 따른 자격 취소 처분의 세부기준은 대통령령으로 정한다.

33. 농어업재해보험법상 재해보험사업에 관한 설명으로 옳은 것은?

① 농림축산식품부장관은 손해평가사가 그 직무를 수행하면서 부적절한 행위를 하였다고 인정하면 1년 이상의 기간을 정하여 업무의 정지를 명할 수 있다.
② 재해보험사업자는 정보통신장애나 그 밖에 대통령령으로 정하는 불가피한 사유로 보험금을 보험금수급계좌로 이체할 수 없을 때에는 현금으로 보험금을 지급할 수 있다.
③ 보험목적물이 담보로 제공된 경우에는 이를 압류할 수 없다.
④ 재해보험가입자가 재해보험에 가입된 보험목적물을 양도하는 경우 재해보험계약에 관한 양도인의 의무는 그 양수인에게 승계되지 않는다.

정답 및 해설 ②

정보통신장애나 그 밖에 대통령령으로 정하는 불가피한 사유로 보험금을 보험금수급계좌로 이체할 수 없

을 때에는 현금 지급 등 대통령령으로 정하는 바에 따라 보험금을 지급할 수 있다.

① 제11조의6(손해평가사의 감독) ① 농림축산식품부장관은 손해평가사가 그 직무를 게을리하거나 직무를 수행하면서 부적절한 행위를 하였다고 인정하면 1년 이내의 기간을 정하여 업무의 정지를 명할 수 있다.

② 제11조의7(보험금수급전용계좌) ① 재해보험사업자는 수급권자의 신청이 있는 경우에는 보험금을 수급권자 명의의 지정된 계좌(이하 "보험금수급전용계좌"라 한다)로 입금하여야 한다. 다만, 정보통신장애나 그 밖에 대통령령으로 정하는 불가피한 사유로 보험금을 보험금수급계좌로 이체할 수 없을 때에는 현금 지급 등 대통령령으로 정하는 바에 따라 보험금을 지급할 수 있다.

③ 제12조(수급권의 보호) ① 재해보험의 보험금을 지급받을 권리는 압류할 수 없다. 다만, 보험목적물이 담보로 제공된 경우에는 그러하지 아니하다.

④ 제13조(보험목적물의 양도에 따른 권리 및 의무의 승계) 재해보험가입자가 재해보험에 가입된 보험목적물을 양도하는 경우 그 양수인은 재해보험계약에 관한 양도인의 권리 및 의무를 승계한 것으로 추정한다.

34. 농어업재해보험법령상 재보험 약정에 포함되는 사항을 모두 고른 것은?

ㄱ. 재보험 약정의 변경·해지 등에 관한 사항
ㄴ. 재보험 책임범위에 관한 사항
ㄷ. 재보험금 지급 및 분쟁에 관한 사항

① ㄱ, ㄴ ② ㄱ, ㄷ ③ ㄴ, ㄷ ④ ㄱ, ㄴ, ㄷ

정답 및 해설 ①

제20조(재보험사업) ① 정부는 재해보험에 관한 재보험사업을 할 수 있다. ② 농림축산식품부장관 또는 해양수산부장관은 재보험에 가입하려는 재해보험사업자와 다음 각 호의 사항이 포함된 재보험 약정을 체결하여야 한다.

1. 재해보험사업자가 정부에 내야 할 보험료(이하 "재보험료"라 한다)에 관한 사항
2. 정부가 지급하여야 할 보험금(이하 "재보험금"이라 한다)에 관한 사항
3. 그 밖에 재보험수수료 등 재보험 약정에 관한 것으로서 대통령령으로 정하는 사항

제16조(재보험 약정서) 법 제20조제2항제3호에서 "대통령령으로 정하는 사항"이란 다음 각 호의 사항을 말한다.

1. 재보험수수료에 관한 사항
2. 재보험 약정기간에 관한 사항
3. 재보험 책임범위에 관한 사항

4. 재보험 약정의 변경·해지 등에 관한 사항

5. 재보험금 지급 및 분쟁에 관한 사항

6. 그 밖에 재보험의 운영·관리에 관한 사항

35. 농어업재해보험법상 과태료 부과대상인 것은?

① 거짓으로 손해평가를 한 손해평가사
② 재해보험을 모집할 수 없는 자로서 모집을 한 자
③ 다른 사람에게 손해평가사 자격증을 대여한 손해평가사
④ 농림축산식품부장관이 재해보험사업에 관한 업무처리 상황을 보고하게 하였으나 보고하지 아니한 재해보험사업자

정답 및 해설 ④

①②③ 1년 이하의 징역 또는 1천만원 이하의 벌금

④ 500만원 이하의 과태료

제30조(벌칙) ① 제10조제2항에서 준용하는 「보험업법」 제98조에 따른 금품 등을 제공(같은 조 제3호의 경우에는 보험금 지급의 약속을 말한다)한 자 또는 이를 요구하여 받은 보험가입자는 3년 이하의 징역 또는 3천만원 이하의 벌금에 처한다.

② 다음 각 호의 어느 하나에 해당하는 자는 <u>**1년 이하의 징역 또는 1천만원 이하의 벌금에 처한다.**</u>

1. 제10조제1항(<u>재해보험을 모집할 수 있는 자</u>)을 위반하여 모집을 한 자

2. 제11조제2항 후단을 위반하여 <u>고의로 진실을 숨기거나 거짓으로 손해평가를 한 자</u>

3. 제11조의4제6항을 위반하여 <u>다른 사람에게 손해평가사의 명의를 사용하게 하거나 그 자격증을 대여한 자</u>

4. 제11조의4제7항을 위반하여 손해평가사의 명의를 사용하거나 그 자격증을 대여받은 자 또는 명의의 사용이나 자격증의 대여를 알선한 자

③ 제15조를 위반하여 회계를 처리한 자는 500만원 이하의 벌금에 처한다.

제32조(과태료) ① 재해보험사업자가 제10조제2항에서 준용하는 「보험업법」 제95조를 위반하여 보험안내를 한 경우에는 1천만원 이하의 과태료를 부과한다.

③ 다음 각 호의 어느 하나에 해당하는 자에게는 **500만원 이하의 과태료**를 부과한다.

1. 제10조제2항에서 준용하는 「보험업법」 제95조를 위반하여 보험안내를 한 자로서 재해보험사업자가 아닌 자

2. 제10조제2항에서 준용하는 「보험업법」 제97조제1항 또는 「금융소비자 보호에 관한 법률」 제21조를 위

반하여 보험계약의 체결 또는 모집에 관한 금지행위를 한 자
3. 제29조에 따른 보고 또는 관계 서류 제출을 하지 아니하거나 보고 또는 관계 서류 제출을 거짓으로 한 자

36. 농어업재해보험법령상 농어업재해재보험기금에 관한 사항으로 농림축산식품부장관과 해양수산부장관이 협의하여 하는 것이 아닌 것은?

① 기금의 설치
② 기금의 관리·운용
③ 기금의 부담으로 금융기관으로부터 자금을 차입하는 것
④ 기금의 결산

정답 및 해설 전체정답

④ 제19조(기금의 결산) ① 기금수탁관리자(농업정책보험금융원)는 회계연도마다 기금결산보고서를 작성하여 다음 회계연도 2월 15일까지 농림축산식품부장관 및 해양수산부장관에게 제출하여야 한다.

① 제21조(기금의 설치) 농림축산식품부장관은 해양수산부장관과 협의하여 공동으로 재보험사업에 필요한 재원에 충당하기 위하여 농어업재해재보험기금(이하 "기금"이라 한다)을 설치한다.

② 제24조(기금의 관리·운용) ① 기금은 농림축산식품부장관이 해양수산부장관과 협의하여 관리·운용한다.

③ 제22조(기금의 조성) ② 농림축산식품부장관은 기금의 운용에 필요하다고 인정되는 경우에는 해양수산부장관과 협의하여 기금의 부담으로 금융기관, 다른 기금 또는 다른 회계로부터 자금을 차입할 수 있다.

37. 농어업재해보험법령상 보험사업의 관리에 관한 설명으로 옳은 것은?

① 농림축산식품부장관 또는 해양수산부장관은 손해평가사 제도 운용 관련 업무를 농업정책보험금융원에 위탁할 수 있다.
② 정부가 하는 재해보험 가입 촉진을 위한 조치로서 신용보증 지원을 할 수 없다.
③ 농림축산식품부장관은 손해평가인의 자격요건에 대하여 매년 그 타당성을 검토하여야 한다.
④ 농림축산식품부장관은 보험가입촉진계획을 매년 수립한다.

정답 및 해설 전체정답

제25조의2(농어업재해보험사업의 관리) ① 농림축산식품부장관 또는 해양수산부장관은 재해보험사업을 효율적으로 추진하기 위하여 다음 각 호의 업무를 수행한다.

1. 재해보험사업의 관리·감독
2. 재해보험 상품의 연구 및 보급
3. 재해 관련 통계 생산 및 데이터베이스 구축·분석
4. 손해평가인력의 육성
5. 손해평가기법의 연구·개발 및 보급

② 농림축산식품부장관 또는 해양수산부장관은 다음 각 호의 업무를 **농업정책보험금융원에 위탁**할 수 있다.

1. 제1항제1호부터 제5호까지의 업무
2. 제8조제2항에 따른 재해보험사업의 약정 체결 관련 업무
3. 제11조의2에 따른 손해평가사 제도 운용 관련 업무
4. 그 밖에 재해보험사업과 관련하여 농림축산식품부장관 또는 해양수산부장관이 위탁하는 업무

제28조(보험가입의 촉진 등) 정부는 농어업인의 재해대비의식을 고양하고 재해보험의 가입을 촉진하기 위하여 교육·홍보 및 보험가입자에 대한 정책자금 지원, 신용보증 지원 등을 할 수 있다.

제28조의2(보험가입촉진계획의 수립) ① 재해보험사업자는 농어업재해보험 가입 촉진을 위하여 보험가입촉진계획을 매년 수립하여 농림축산식품부장관 또는 해양수산부장관에게 제출하여야 한다.

38. 농업재해보험 손해평가요령상 손해평가반의 구성에 관한 설명으로 옳지 않은 것은?

① 손해평가반은 재해보험사업자가 구성한다.
②「보험업법」제186조에 따른 손해사정사는 손해평가반에 포함될 수 있다.
③ 손해평가인 2인과 손해평가보조인 3인으로는 손해평가반을 구성할 수 없다.
④ 자기 또는 이해관계자가 모집한 보험계약에 관한 손해평가에 대하여는 해당자를 손해평가반 구성에서 배제하여야 한다.

정답 및 해설 ③

시행규칙 제8조(손해평가반 구성 등) ① 재해보험사업자는 제2조제1호의 손해평가를 하는 경우에는 손해평가반을 구성하고 손해평가반별로 평가일정계획을 수립하여야 한다.

② 제1항에 따른 손해평가반은 다음 각 호의 어느 하나에 해당하는 자를 1인 이상 포함하여 5인 이내로 구성한다.

1. 제2조제2호에 따른 손해평가인
2. 제2조제3호에 따른 손해평가사
3. 「보험업법」 제186조에 따른 손해사정사

③ 제2항의 규정에도 불구하고 다음 각 호의 어느 하나에 해당하는 손해평가에 대하여는 해당자를 **손해평가반 구성에서 배제**하여야 한다.

1. 자기 또는 자기와 생계를 같이 하는 친족(이하 "이해관계자"라 한다)이 가입한 보험계약에 관한 손해평가
2. 자기 또는 이해관계자가 모집한 보험계약에 관한 손해평가
3. 직전 손해평가일로부터 30일 이내의 보험가입자간 상호 손해평가
4. 자기가 실시한 손해평가에 대한 검증조사 및 재조사

39. 농업재해보험 손해평가요령상 손해평가인에 관한 설명으로 옳지 않은 것은?

① 손해평가인은 농업재해보험이 실시되는 시·군·자치구별 보험가입자의 수 등을 고려하여 적정 규모로 위촉하여야 한다.
② 손해평가인증은 농림축산식품부장관 또는 해양수산부장관이 발급한다.
③ 재해보험사업자는 손해평가 업무를 원활히 수행하기 위하여 손해평가보조인을 운용할 수 있다.
④ 재해보험사업자는 실무교육을 받는 손해평가인에 대하여 소정의 교육비를 지급할 수 있다.

정답 및 해설 ②

손해평가인증은 재해보험사업자가 발급한다.

시행규칙 제4조(손해평가인 위촉) ① 재해보험사업자는 법 제11조제1항과 시행령 제12조제1항에 따라 손해평가인을 위촉한 경우에는 그 자격을 표시할 수 있는 손해평가인증을 발급하여야 한다.
② 재해보험사업자는 피해 발생 시 원활한 손해평가가 이루어지도록 농업재해보험이 실시되는 시·군·자치구별 보험가입자의 수 등을 고려하여 적정 규모의 손해평가인을 위촉하여야 한다.
③ 재해보험사업자 및 법 제14조에 따라 손해평가 업무를 위탁받은 자는 손해평가 업무를 원활히 수행하기 위하여 손해평가보조인을 운용할 수 있다.

시행규칙 제5조(손해평가인 실무교육) ① 재해보험사업자는 제4조에 따라 위촉된 손해평가인을 대상으로 농업재해보험에 관한 기초지식, 보험상품 및 약관, 손해평가의 방법 및 절차 등 손해평가에 필요한 실무교육을 실시하여야 한다.

② 삭제

③ 제1항에 따른 손해평가인에 대하여 재해보험사업자는 소정의 교육비를 지급할 수 있다.

40. 농업재해보험 손해평가요령상 농업재해보험의 종류에 해당하지 않는 것은?

① 농작물재해보험 ② 양식수산물재해보험
③ 가축재해보험   ④ 임산물재해보험

정답 및 해설 ②

양식수산물재해보험은 어업재해보험이다.

41. 농업재해보험 손해평가요령상 손해평가인의 업무에 해당하는 것은?

① 피해사실 확인   ② 재해보험사업의 약정 체결
③ 보험료율의 산정 ④ 재해보험상품의 연구와 보급

정답 및 해설 ①

제3조(손해평가인의 업무) ① 손해평가인은 다음 각 호의 업무를 수행한다.

1. 피해사실 확인
2. 보험가액 및 손해액 평가
3. 그 밖에 손해평가에 관하여 필요한 사항

② 재해보험사업의 약정 체결 : 농업정책보험금융원

③ 보험료율의 산정 : 재해보험사업자

④ 재해보험상품의 연구와 보급 : 농업정책보험금융원

제10조(재해보험사업의 약정체결) ① 법 제8조제2항에 따라 재해보험 사업의 약정을 체결하려는 자는 농림축산식품부장관 또는 해양수산부장관이 정하는 바에 따라 재해보험사업 약정체결신청서에 같은 조 제3항 각 호에 따른 서류를 첨부하여 농림축산식품부장관 또는 해양수산부장관에게 제출하여야 한다.

제5조(약정의 체결) ① 수탁기관(농업정책보험금융원)은 재해보험사업자와 법 제8조제3항 및 영 제10조제2항에서 정한 사항이 포함된 재해보험사업 약정을 체결해야 한다.

제7조(상품 연구 및 보급) ① 수탁기관은 어업현장의 수요 등이 반영될 수 있도록 재해보험상품 연구에

철저를 기해야 하며, 필요한 경우 재해보험사업자와 공동연구를 실시하거나 외부 전문기관에 위탁하여 실시할 수 있다. ② 재해보험사업자는 수탁기관의 재해보험상품 연구 및 보급 업무에 적극 협조해야 하며, 재해보험상품 개발을 위하여 연구 자료가 필요한 경우 수탁기관에 그 자료를 요구할 수 있다.

제9조(보험료율의 산정) 제8조제2항에 따라 농림축산식품부장관 또는 해양수산부장관과 재해보험사업의 약정을 체결한 자(이하 "재해보험사업자"라 한다)는 재해보험의 보험료율을 객관적이고 합리적인 통계자료를 기초로 하여 보험목적물별 또는 보상방식별로 산정하되, 다음 각 호의 구분에 따른 단위로 산정하여야 한다.

42. 농업재해보험 손해평가요령상 손해평가인 위촉의 취소 사유에 해당하는 것은?

① 업무수행과 관련하여 「개인정보보호법」을 위반한 경우
② 업무수행과 관련하여 보험사업자로부터 금품 또는 향응을 제공받은 경우
③ 손해평가인이 피한정후견인이 된 경우
④ 손해평가인 위촉이 취소된 후 3년이 경과한 때에 다시 손해평가인으로 위촉된 경우

정답 및 해설 ③

제6조(손해평가인 위촉의 취소 및 해지 등) ① 재해보험사업자는 손해평가인이 다음 각 호의 어느 하나에 해당하게 되거나 위촉당시에 해당하는 자이었음이 판명된 때에는 그 위촉을 취소하여야 한다.

1. 피성년후견인 또는 피한정후견인
2. 파산선고를 받은 자로서 복권되지 아니한 자
3. 법 제30조에 의하여 벌금이상의 형을 선고받고 그 집행이 종료(집행이 종료된 것으로 보는 경우를 포함한다)되거나 집행이 면제된 날로부터 2년이 경과되지 아니한 자
4. 동 조에 따라 위촉이 취소된 후 2년이 경과하지 아니한 자
5. 거짓 그 밖의 부정한 방법으로 제4조에 따라 손해평가인으로 위촉된 자
6. 업무정지 기간 중에 손해평가업무를 수행한 자

② 재해보험사업자는 손해평가인이 다음 각 호의 어느 하나에 해당하는 때에는 6개월 이내의 기간을 정하여 그 업무의 정지를 명하거나 위촉 해지 등을 할 수 있다.

1. 법 제11조제2항 및 이 요령의 규정을 위반 한 때
2. 법 및 이 요령에 의한 명령이나 처분을 위반한 때
3. 업무수행과 관련하여 「개인정보보호법」, 「신용정보의 이용 및 보호에 관한 법률」 등 정보보호와 관련된 법령을 위반한 때

※ 업무수행과 관련하여 보험사업자로부터 금품 또는 향응을 제공받은 경우 : 업무정지

43. 농업재해보험 손해평가요령상 교차손해평가에 관한 설명으로 옳지 않은 것은?

① 평가인력 부족 등으로 신속한 손해평가가 불가피하다고 판단되는 경우 손해평가반의구성에 지역손해평가인을 포함시키지 않을 수 있다.
② 교차손해평가를 위해 손해평가반을 구성할 경우 농업재해보험 손해평가요령에 따라 선발된 지역손해평가인 2인 이상이 포함되어야 한다.
③ 재해보험사업자가 교차손해평가를 담당할 지역손해평가인을 선발할 때 타지역조사 가능여부는 고려사항이다.
④ 재해보험사업자는 교차손해평가가 필요한 경우 재해보험 가입규모, 가입분포등을고려하여 교차손해평가 대상 시·군·구를 선정하여야 한다.

정답 및 해설 ②

지역손해평가인 1인 이상이 포함되어야 한다.

제8조의2(교차손해평가) ① 재해보험사업자는 공정하고 객관적인 손해평가를 위하여 교차손해평가가 필요한 경우 재해보험 가입규모, 가입분포 등을 고려하여 교차손해평가 대상 시·군·구(자치구를 말한다. 이하 같다)를 선정하여야 한다.
② 재해보험사업자는 제1항에 따라 선정한 시·군·구 내에서 손해평가 경력, 타지역 조사 가능여부 등을 고려하여 교차손해평가를 담당할 지역손해평가인을 선발하여야 한다.
③ 교차손해평가를 위해 손해평가반을 구성할 경우에는 제2항에 따라 선발된 지역손해평가인 1인 이상이 포함되어야 한다. 다만, 거대재해 발생, 평가인력 부족 등으로 신속한 손해평가가 불가피하다고 판단되는 경우 그러하지 아니할 수 있다.

44. 농업재해보험 손해평가요령상 손해평가결과 검증에 관한 설명으로 옳지 않은 것은?

① 농림축산식품부장관은 재해보험사업자로 하여금 검증조사를 하게 할 수 있으며, 재해보험사업자는 특별한 사유가 없는 한 이에 응하여야 한다.
② 보험가입자가 정당한 사유없이 검증조사를 거부하는 경우 검증조사반은 검증조사가 불가능하여 손해평가 결과를 확인할 수 없다는 사실을 지체없이 농림축산식품부장관에게 보고하여야 한다.
③ 검증조사결과 현저한 차이가 발생되어 재조사가 불가피하다고 판단될 경우에는 해당 손해평가반이 조사한 전체 보험목적물에 대하여 재조사를 할 수 있다.
④ 재해보험사업자 및 재해보험사업의 재보험사업자는 손해평가반이 실시한 손해평가결과를 확인하기 위하여 손해평가를 실시한 보험목적물 중에서 일정수를 임의추출하여 검증조사를 할 수 있다.

정답 및 해설 ②

보험가입자가 정당한 사유없이 검증조사를 거부하는 경우 검증조사반은 검증조사가 불가능하여 손해평가 결과를 확인할 수 없다는 사실을 보험가입자에게 통지한 후 검증조사결과를 작성하여 재해보험사업자에게 제출하여야 한다.

제11조(손해평가결과 검증) ① 재해보험사업자 및 재해보험사업의 재보험사업자는 손해평가반이 실시한 손해평가결과를 확인하기 위하여 손해평가를 실시한 보험목적물 중에서 일정수를 임의 추출하여 검증조사를 할 수 있다.

② 농림축산식품부장관은 재해보험사업자로 하여금 제1항의 검증조사를 하게 할 수 있으며, 재해보험사업자는 특별한 사유가 없는 한 이에 응하여야 한다.

③ 제1항 및 제2항에 따른 검증조사결과 현저한 차이가 발생되어 재조사가 불가피하다고 판단될 경우에는 해당 손해평가반이 조사한 전체 보험목적물에 대하여 재조사를 할 수 있다.

④ 보험가입자가 정당한 사유없이 검증조사를 거부하는 경우 검증조사반은 검증조사가 불가능하여 손해평가 결과를 확인할 수 없다는 사실을 보험가입자에게 통지한 후 검증조사결과를 작성하여 재해보험사업자에게 제출하여야 한다.

45. 농업재해보험 손해평가요령상 보험목적물별 손해평가 단위로 옳은 것을 모두 고른 것은?

> ㄱ. 농작물 : 농지별(농지라 함은 하나의 보험가입금액에 해당하는 토지로 필지에 따라 구획된 경작지를 말함)
> ㄴ. 가축 : 개별가축별(단, 벌은 벌통 단위)
> ㄷ. 농업시설물 : 보험가입 목적물별

① ㄱ, ㄴ ② ㄱ, ㄷ ③ ㄴ, ㄷ ④ ㄱ, ㄴ, ㄷ

정답 및 해설 ③

제12조(손해평가 단위) ① 보험목적물별 손해평가 단위는 다음 각 호와 같다.

1. 농작물 : 농지별
2. 가축 : 개별가축별(단, 벌은 벌통 단위)
3. 농업시설물 : 보험가입 목적물별

② 제1항제1호에서 정한 농지라 함은 하나의 보험가입금액에 해당하는 토지로 필지(지번) 등과 관계없이 농작물을 재배하는 하나의 경작지를 말하며, 방풍림, 돌담, 도로(농로 제외) 등에 의해 구획된 것 또는 동일한 울타리, 시설 등에 의해 구획된 것을 하나의 농지로 한다. 다만, 경사지에서 보이는 돌담 등으로 구획되어 있는 면적이 극히 작은 것은 동일 작업 단위 등으로 정리하여 하나의 농지에 포함할 수 있다.

46. 농업재해보험 손해평가요령상 '농작물의 품목별·재해별·시기별 손해수량조사방법' 중 '특정위험방식 상품(인삼)'에 관한 것으로 ( )에 들어갈 내용은?

생육시기	재해	조사내용	조사시기
보험기간	태풍(강풍)	수확량 조사	( )

① 수확 직전
② 사고접수 후 지체 없이
③ 수확완료 후 보험 종기 전
④ 피해 확인이 가능한 시기

정답 및 해설 ④

특정위험방식 상품(인삼)

생육 시기	재해	조사내용	조사시기	조사방법	비고
보험 기간	태풍(강풍)·폭설·집중호우·침수·화재·우박·냉해·폭염	수확량 조사	피해 확인이 가능한 시기	보상하는 재해로 인하여 감소된 수확량 조사 ·조사방법: 전수조사 또는 표본조사	

47. 농업재해보험 손해평가요령상 종합위험방식의 과실손해보장 보험금 산정시 피해율로 옳지 않은 것은?

① 감귤 : (등급내 피해과실수 + 등급외 피해과실수 × 70%) ÷ 기준과실수
② 복분자 : 고사결과모지수 ÷ 평년결과모지수
③ 오디 : (평년결실수 - 조사결실수 - 미보상감수결실수) ÷ 평년결실수
④ 7월 31일 이전에 사고가 발생한 무화과 : (1 - 수확전사고 피해율) × 경과비율 × 결과지 피해율

정답 및 해설 ① ④

① 피해율 = $\left(\dfrac{\text{피해과실수}}{\text{기준과실수}}\right) \times (1 - \text{미보상비율})$

　　기준 과실수 = 표본주의 과실수 총 합계

　　피해 과실수 = 등급 내 피해 과실수 + (등급 외 피해 과실수 × 50%)

※ 피해율(7월 31일 이전에 사고가 발생한 경우)

　　(평년수확량 - 수확량 - 미보상감수량) ÷ 평년수확량

④ 피해율(8월 1일 이후에 사고가 발생한 경우)

　　(1 - 수확전사고 피해율) × 경과비율 × 결과지 피해율

48. 농업재해보험 손해평가요령상 가축의 보험가액 및 손해액 산정 등에 관한 설명으로 옳은 것은?

① 가축에 대한 보험가액은 보험사고가 발생한 때와 곳에서 평가한 보험목적물의 수량에 시장가격을 곱하여 산정한다.
② 가축에 대한 손해액 산정시 보험가입 당시 보험가입자와 재해보험사업자가 별도로 정한 방법은 고려하지 않는다.
③ 가축에 대한 보험가액 산정시 보험목적물에 대한 감가상각액을 고려해야 한다.
④ 가축에 대한 손해액은 보험사고가 발생한 때와 곳에서 폐사 등 피해를 입은 보험목적물의 수량에 적용가격을 곱하여 산정한다.

정답 및 해설 ④

③ 가축의 경우 감가상각은 존재하지 않는다.

제14조(가축의 보험가액 및 손해액 산정) ① 가축에 대한 보험가액은 보험사고가 발생한 때와 곳에서 평가한 보험목적물의 수량에 적용가격을 곱하여 산정한다.

② 가축에 대한 손해액은 보험사고가 발생한 때와 곳에서 폐사 등 피해를 입은 보험목적물의 수량에 적용가격을 곱하여 산정한다.

③ 제1항 및 제2항의 적용가격은 보험사고가 발생한 때와 곳에서의 시장가격 등을 감안하여 보험약관에서 정한 방법에 따라 산정한다. 다만, 보험가입당시 보험가입자와 재해보험사업자가 보험가액 및 손해액 산정 방식을 별도로 정한 경우에는 그 방법에 따른다.

49. 농업재해보험 손해평가요령상 농작물의 보험가액 산정에 관한 설명이다. ( )에 들어갈 내용은?

> 적과전종합위험방식의 보험가액은 적과후착과수조사를 통해 산정한 (ㄱ)에 보험가
> 입 당시의 단위당 (ㄴ)을 곱하여 산정한다.
> ① ㄱ: 기준수확량, ㄴ: 가입가격 ② ㄱ: 보장수확량, ㄴ: 가입가격
> ③ ㄱ: 기준수확량, ㄴ: 시장가격 ④ ㄱ: 보장수확량, ㄴ: 시장가격

정답 및 해설 ①

제13조(농작물의 보험가액 및 보험금 산정) ① 농작물에 대한 보험가액 산정은 다음 각 호와 같다.
② 적과전종합위험방식의 보험가액은 적과후착과수조사를 통해 산정한 기준수확량에 보험가입 당시의 단위당 가입가격을 곱하여 산정한다.

50. 농업재해보험 손해평가요령에 관한 설명으로 옳은 것은?

> ① 농림축산식품부장관은 요령에 대하여 매년 그 타당성을 검토하여 개선 등의 조치를 하여야 한다.
> ② 농업시설물에 대한 손해액은 보험사고가 발생한 때와 곳에서 산정한 피해목적물의 원상복구비용을 말한다.
> ③ 농업시설물에 대한 보험가액은 보험사고가 발생한 때와 곳에서 평가한 피해목적물의 재조달가액으로 한다.
> ④ 농림축산식품부장관은 요령의 효율적인 운용 및 시행을 위하여 필요한 세부적인사항을 규정한 손해평가업무방법서를 작성하여야 한다.

정답 및 해설 ②

제17조(재검토기한) 농림축산식품부장관은 이 고시에 대하여 2020년 1월 1일 기준으로 매 3년이 되는 시점(매 3년째의 12월 31일까지를 말한다)마다 그 타당성을 검토하여 개선 등의 조치를 하여야 한다.

제15조(농업시설물의 보험가액 및 손해액 산정) ① 농업시설물에 대한 보험가액은 보험사고가 발생한 때와 곳에서 평가한 피해목적물의 재조달가액에서 내용연수에 따른 감가상각률을 적용하여 계산한 감가상각액을 차감하여 산정한다. ② 농업시설물에 대한 손해액은 보험사고가 발생한 때와 곳에서 산정한 피해목적물의 원상복구비용을 말한다.

제16조(손해평가업무방법서) 재해보험사업자는 이 요령의 효율적인 운용 및 시행을 위하여 필요한 세부적인 사항을 규정한 손해평가업무방법서를 작성하여야 한다.

참고문헌
류수노 외1인, 2011, 한국방송통신대학교출판부, 재배학원론
박순직, 2006, 향문사, 삼고재배학원론
문원 외2인, 2011, 한국방송통신대학교출판부, 시설원예학
문원 외2인, 2010, 한국방송통신대학교출판부, 원예학개론
이영복, 2015, 한국고시저널, 농학개론 중 재배학 및 원예작물학

상법 「보험편」 및 농어업재해보험법령

초판 인쇄 / 2017년 2월 20일
9판 발행 / 2024년 1월 05일
편저 / 사마자격증수험서연구원
발행인 / 이지오
발행처 / 사마출판
주소 / 서울시 중구 퇴계로45길 19, 402호
등록 / 제301-2011-049호
전화 / 02)3789-0909, 070-8817-8883
팩스 / 02)3789-0989

저자와의 협의에 의해 인지 첨부를 생략합니다.

ISBN / 979-11-92118-34-5 13520
정가 25,000원

· 이 책의 모든 출판권은 사마출판에 있습니다.
· 본서의 독특한 내용과 해설의 모방을 금합니다.
· 잘못된 책은 판매처에서 바꿔 드립니다.